Social Security

# 사회보장론

| 제5판 |

박 석 돈

양 성 원

# 머리말

2002년 사회보장론 초판을 발행한 이래 15년의 세월이 흘렀다. 그동안 정권은 네 번이나 바뀌었다. 김대중 정부, 노무현 정부, 이명박 정부를 거쳐 현재 박근혜 정부에 이르렀다. 이들 정권들이 지향하는 이념에 따라 사회보장제도 또한 춤을 추어 왔다. 앞의 두 정권은 보다 진보 성향을 띠었고, 뒤의 두 정권은 보다 보수적이었다. 특히 박근혜 정권은 경제민주화와 보편적 복지를 내세워 집권에 성공했다. 그럼에도 불구하고 경제를 내세워 복지를 후퇴시키고 있다. 증세 없는 복지를 하겠다고 했지만 복지의 재원을 마련할 길은 찾지 못하고 있다. 여기서 현실과 당위의 갭(gap)이 생기고 있다.

초판을 내고 3년 후인 2005년에 개정판을 내었다. 그것은 초판의 불비한 점을 보완하기 위해서였다. 그러나 그 후 5년이 지난 2010년에서야 제3판을 내었다. 그런데 제4판은 2년 반만에, 그리고 이번 개정 제5판을 내게 되었다. 그것은 사회보장정책이 그만큼 급속하게 변하고 발전한다는 것을 의미한다.

이번 제5판은 그동안 상황이 변한 제도부분을 보완 · 설명하고 통계 자료들을 가급적 최근의 것으로 바꾸었다. 통계 자료는 현실을 올바로 파악할 수 있는 근거를 제시한다. 통계 수치가 바뀐다는 것은 사회현상이 달라진다는 것을 의미한다. 그것은 정책 실현의 결과일 수도 있기 때문에 앞으로의 정책 방향을 내다볼 수도 있다.

그 외에 대폭적인 변경부분은 없다. 다만 부분적으로 선행 연구의 부정확했던 자료 해석과 미흡했던 설명들을 보완하였다. 총론 부분에서는 제7장 사회보장과 조세정책에 '근로장려세제'를 도입한 「조세특례제한법」을 간략하게 설명하였다. 각론 부분의 국민연금과 고용보험은 보험환경의 변화와 제도의 변경에 따라 적절히 보완하였다. 국회가 일년내내 정쟁만 하다가 정기국회 막바지에 개정 법률들을 쏟아 내놓는 바람에 이번에도 여유롭게 작업을 하지 못한 것이 아쉬움으로 남는다. 끝으로 여러 가지 어려운 사정에도 불구하고 출간하여 주신 양성원 강철원 사장님과 임직원 여러분께 진심으로 감사를 드립니다.

2016년 1월 초순에

三聖縣 백천골에서 **박 석 돈** 씀

# 차례

• 머리말 ········· 3

**제1장 사회보장의 의의** ········· 9

제1절 사회보장의 개념 ········· 9
제2절 사회보장의 관점 ········· 11
제3절 사회복지와 사회보장과의 관계 ········· 12
제4절 사회보장의 구성 ········· 14

**제2장 사회보장의 성립배경과 변천과정** ········· 17

제1절 구빈대책의 역사 ········· 17
제2절 사회보장제도의 형성과정 ········· 22
제3절 사회보장제도의 확립 ········· 28
제4절 사회복지서비스의 시대 ········· 33
제5절 향후 사회복지의 전망 ········· 37

**제3장 사회보장의 원리 · 원칙** ········· 39

제1절 공공부조의 이념과 원칙 ········· 39
제2절 베버리지 사회보험의 원칙 ········· 47
제3절 ILO의 사회보장 원칙 ········· 50
제4절 세계노동조합연맹의 원칙 ········· 53

**제4장 사회보장의 기초이론** ········· 55

제1절 사회보장의 목적과 기능 ········· 55
제2절 사회보장의 성립조건 ········· 60
제3절 사회보장의 주요 논점 ········· 66

Contents

제5장 사회보장과 소득재분배 ···· 72
제1절 소득재분배의 의의 ···· 72
제2절 소득재분배정책으로서의 사회보장 ···· 73
제3절 소득재분배에 대한 한국의 실태 ···· 74
제4절 사회보장과 소득재분배와의 관계 ···· 77
제5절 소득재분배의 형태 ···· 78
제6절 소득재분배의 방법 ···· 79
제7절 소득재분배의 역효과 ···· 79

제6장 빈곤과 공공부조 ···· 81
제1절 빈곤의 의의 ···· 81
제2절 절대적 빈곤 ···· 83
제3절 상대적 빈곤 ···· 87
제4절 주관적 빈곤 ···· 89
제5절 빈곤의 원인 이론 ···· 91
제6절 빈곤문화이론 ···· 98
제7절 빈곤문화이론과 구빈정책 ···· 100

제7장 사회보장과 조세정책 ···· 101
제1절 조세의 의의 ···· 101
제2절 조세의 종류와 특성 ···· 101
제3절 조세정책과 소득재분배 ···· 107
제4절 조세정책의 문제점 ···· 119
제5절 조세정책의 개선방향 ···· 123

제8장 현행 사회보장제도 ···· 125
제1절 사회보장기본법 ···· 125
제2절 사회보험 ···· 144
제3절 공공부조 ···· 150

차례

**제9장 국민연금** ··· 153

제1절 서론 ··· 153
제2절 국민연금의 적용대상 ··· 160
제3절 국민연금의 보험료 ··· 169
제4절 국민연금급여의 성격 및 구성 ··· 173
제5절 국민연금급여의 종류 및 급여수준 ··· 176
제6절 국민연금기금의 운용 ··· 189
제7절 기초연금제도 ··· 201

**제10장 건강보험** ··· 209

제1절 총론 ··· 209
제2절 우리나라의 건강보험제도 ··· 217
제3절 건강보험의 재정 ··· 220
제4절 건강보험급여 ··· 225
제5절 노인장기요양보험제도 ··· 230

**제11장 산업재해보상보험** ··· 250

제1절 산재보험의 성립 및 특성 ··· 250
제2절 한국 산재보험의 발전과 현황 ··· 256
제3절 한국 산업재해의 현황 및 특성 ··· 261
제4절 산재보험의 적용범위 ··· 267
제5절 보험료 ··· 271
제6절 보험급여 ··· 277
제7절 보험급여의 종류 ··· 289
제8절 다른 보상 또는 배상과의 관계 ··· 304
제9절 수급권의 보호 ··· 305

Contents

제12장 고용보험 ······ 307

제1절 고용보험제도의 생성 및 의의 ······ 307
제2절 현행 고용보험제도 ······ 318
제3절 고용보험사업의 종류와 내용 ······ 328
제4절 실업급여사업 ······ 351
제5절 모성보호사업 ······ 370
제6절 자영업자 고용보험(실업보험) ······ 374
제7절 우리나라 고용보험제도의 과제 ······ 376

제13장 국민기초생활보장제도 ······ 380

제1절 기초생활보장제도의 성립배경 ······ 380
제2절 국민기초생활보장제도의 원리 · 원칙들 ······ 381
제3절 보장기관 ······ 386
제4절 기초생활보장의 대상자 ······ 389
제5절 급여의 기준 ······ 397
제6절 급여의 종류와 내용 ······ 398
제7절 자활지원 ······ 407

참고문헌 ······ 414
찾아보기 ······ 421

# 제1장 사회보장의 의의

## 제1절 사회보장의 개념

### 1. 어원적(語源的) 의미

사회보장을 뜻하는 영어 'social security'의 'security'는 라틴어의 'securitas'를 어원으로 하고 있다. 'securitas'는 명사로 '무사, 태평, 안온, 안전'의 뜻을 가지고 있다. 따라서 'social security' 즉, 사회보장의 어원적 의미는 '평온한 삶을 사회가 보장한다'는 뜻으로 이해된다. 'Security'의 라틴어 어원을 'Se(=without) Cura(care)'로 보고 타인의 보호 없이 살아갈 수 있는 상태로 해석하는 견해도 있다.[1)]

### 2. 용어 사용의 역사

'social security'라는 용어는 1891년 남미 우루과이(?)의 민족해방운동가인 볼리바르(Simon Bolivar)가 "가장 완전한 정부조직은 최대의 복지, 최대의 사회보장(social security), 최대의 정치적 안정을 추구하는 정부조직이다."라고 하여 처음으로 사용한 것으로 알려지고 있다. 그 후 \엡스타인(Abraham Ebstein)은 1927년에 창립된 American Association for Old-Age Security(미국노령보장협회)의 명칭을 1933년에 American Association for Social Security(미국사회보장협회)로 바꾸었다(兪光浩, 1985: 3).

루스벨트(F. D. Roosevelt) 대통령은 1934년 6월 8일 미국 의회에 뉴딜정책을 설명하면서 'Social Security'라는 용어를 사용하였다. Social Security Act는 뉴딜정책의 한 부분이었다. 이 법은 이듬해인 1935년에 의회를 통과함으로써 세계 최초의 사회보장법(Social Security Act)

---

1) 여기서 영어 Security의 어원을 라틴어의 se(=apart, without)+cura(=care)에서 비롯된 것으로 보는 견해가 있다. 라틴어의 cura는 명사형으로 '삼감, 주의, 보호, 관심, 화장(化粧), 호기심, 일, 지도, 불안, 사랑' 등의 다양한 뜻을 가지고 있다(羅韓辭典, 성니콜라오신학교, 1926).

이 되었다. 그 후 1938년 뉴질랜드가 Social Security Act를 제정하였다. 이어 1952년에는 ILO가 "사회보장의 최저기준에 관한 조약"을 체결하였다.

우리나라에서는 1960년 제4차 개정헌법에서 처음으로 국가의 사회보장에 관한 노력을 규정하였고, 1963년 11월 5일 법률 제1437호로 전문 7개조의 「사회보장에 관한 법률」을 제정하였다. 그 후 1980년 10월 27일 개정된 헌법에서 '사회보장'이라는 용어와 함께 '사회복지'라는 용어를 최초로 사용하였다. 1995년 12월 30일 「사회보장기본법」이 법률 제5134호로 공포됨에 따라 「사회보장에 관한 법률」은 폐기되었다.

## 3. 백과사전의 정의

사회보장(social security)은 "실업, 노령, 질병, 사망 등으로 인한 개인과 그 가족의 소득상실로부터 개인과 가족을 보호하기 위한 공공 프로그램과 국민의 복지증진(예컨대, 의료보호)을 위한 공공서비스, 그리고 경제적 원조 등을 통한 가족생활을 향상시키는 공적 프로그램"을 말한다(Encyclopedia Britannica: 314). 일본의 사회복지사전도 이와 비슷하게 정의하고 있다. 즉 사회보장은 "국민이 그 생활을 영위해 나가는 과정에 있어서 발생하는 소득의 중단이나 영구적 상실에 대해서 최저생활의 보장을 전제로 하는 소득보장을 위하여 국가가 행하는 종합적·체계적 시책, 제도"(ミネルヴァ書房, 1981: 168)로 설명하고 있다.

## 4. ILO의 정의

ILO는 1942년 '사회보장에의 접근'이란 보고서를 통해 "사회보장은 사회구성원들이 부딪히는 일정한 위험에 대해서 사회가 적절한 조직을 통해 부여하는 보장"이라고 정의하면서 그 구성요소로는 ① 전체 국민을 대상으로 해야 하고 ② 최저생활이 보장되어야 하며 ③ 모든 위험과 사고에서 보호받아야 하고 ④ 공공의 기관을 통해서 보호나 보장이 이루어져야 한다고 했다. 즉 사회보장제도는 국민들에게 닥치는 불의의 생활상의 위험이나 소득의 중단이 온다 하더라도, 정상적인 생활을 유지할 수 있도록 그 생활을 보장하는 수단을 국가가 책임을 지고 수행하는 제도인 것이다. 이러한 사회보장에 대해 학자들은 일반적으로 그 중심이 되는 제도를 사회보험과 공공부조로 이루어진다고 한다.

### 5. 베버리지의 정의

베버리지(W. Beveridge)는 사회보장을 다음과 같이 설명하고 있다. 즉 "사회보장"이란 실직, 질병, 사고 등으로 인하여 소득이 중단되거나, 노령으로 인한 은퇴, 가장의 죽음으로 인한 소득의 중단, 출산・사망・결혼 등 예상치 못한 지출에 직면했을 때 등에 대비한 소득의 보장을 말한다. 다만, 평온한 삶의 조건을 경제적 수준에서만 보장해 준다는 것이다. 그래서 베버리지는 사회보장을 본질적으로 소득보장이라고 했다(Beveridge, 1942: 120). 그러나 이러한 내용들은 한결같은 사회보장을 설명하는 말들이다. 이것을 사회보장의 정의[2]라고 말할 수는 없다.

## 제2절 사회보장의 관점(觀點)

### 1. 협의의 관점

사회복지란 인간이 달성하고자 하는 이상과 목표에 대한 사회적 노력과 제도라고 할 수 있다. 그리고 그 이상과 목표는 인간존엄성의 구현에 두고 있다. 인간존엄성의 구현은 평등을 전제로 하고 있으며 평등의 객관적 기준을 사회적 욕구라고 보고 이 욕구충족의 최종적 책임을 사회 또는 국가에 지우고 있다. 이러한 개념들의 합의점을 통해 사회복지를 정의한다면 "사회복지란 개인의 사회적 욕구를 사회 또는 국가가 최종적인 책임을 지고 이를 충족시키고자 하는 시책, 제도 및 실제"라고 할 수 있다. 따라서 사회보장은 "개인의 사회적 욕구를 국가가 최종적인 책임을 지고 이를 물질적인 수준에서 충족시키고자 하는 정책 및 제도"라고 할 수 있다.

### 2. 광의의 관점

우리나라 「사회보장기본법」은 "사회보장이라 함은 출산, 양육, 실업, 노령, 장애, 질병, 빈

2) 정의란 말의 사전적인 뜻을 보면 "어떤 사물의 개념 범위를 한정하여 명백히 밝히는 것, 뜻을 명백히 밝혀 규정함"을 말한다. 또 개념이란 여러 견해나 관점 중에서 공통된 요소를 뽑아내어 그것을 종합하여 얻은 일반성이 있는 표상을 말한다. 따라서 정의는 개념이 가진 내포를 명확하게 규정함으로써 그 개념의 뜻을 결정하여 우리의 사상(事象)을 그 어두운 모호성에서 명확성을 밝혀내는 일을 말하는 것이다(학원사, 1972: 974).

곤 및 사망 등의 사회적 위험으로부터 모든 국민을 보호하고 국민 삶의 질을 향상시키는 데 필요한 소득・서비스를 보장하는 사회보험, 공공부조, 사회서비스를 말한다(사회보장기본법 제3조 제1호).”고 하였다.

이인재는 사회보장의 개념을 넓게 본다. 즉 “사회보장이란 사람들의 생활상의 위험(노령, 질병, 산재, 실업 등)이나 곤경에 대해 법으로 정해진 일정한 사회적 급부(현금, 현물, 서비스)를 제공하는 사회제도 혹은 사회적 장치를 의미한다.”고 하여 「사회보장기본법」과 같은 견해를 보이고 있다.

### 3. 광의의 관점이 갖는 문제점

여기서 ‘사회복지’와 ‘사회보장’과의 관계가 모호해진다. 우리나라 「헌법」은 “국가는 사회보장・사회복지의 증진에 노력할 의무를 진다(제34조 제2항).”고 하여 두 개념을 구분하고 있다. 그런데 「사회보장기본법」이 사회보장의 범위를 ‘사회보험・공공부조・사회서비스’로 규정한다면 헌법에서 말하는 사회복지는 무엇을 말하는 것인가? 또 사회서비스와 사회복지는 다른 것인가? 같은 것인가?

이러한 의문을 해소하기 위해서 사회복지와 사회서비스의 개념을 구분할 필요가 있다. 그리고 사회보장의 범위를 사회보험과 공공부조로 제한해서 보는 것이 옳을 것이다. 따라서 사회복지의 범위는 사회보장과 사회서비스로 보고 사회보장은 사회보험과 공공부조로 보는 것이 이해하기 쉬울 것이다. 「사회보장기본법」에서 정한 용어의 정의는 「사회보장기본법」의 적용범위로 이해하고 학문적으로는 다르게 보는 것이 좋을 것이다. 따라서 본서에서는 사회보장을 사회보험과 공공부조로 한정해서 보고자 한다.[3)]

## 제3절 사회복지와 사회보장과의 관계

### 1. 광의의 사회복지와 사회보장

사회보장이 경제적 곤궁만을 주요 대상으로 함에 반하여 사회복지는 경제적인 곤궁에서

3) 이러한 견해는 김상균(1987: 14-15), 윤찬영(1998: 78), 김태성(2001: 18) 등과 같다.

발생되는 사회생활의 곤란, 즉 사회적인 부적응 현상을 포함한 생활 전반 문제를 대상으로 하고 있다.

미국의 사회사업백과사전에는 사회복지를 "물질적·정신적 안녕(well-being)에 관한 최저 수준을 보장하기 위한 조직적인 노력"(NASW, 1977: 1503)이라고 규정했고, 프리드랜더와 앱트는 "사회복지는 국민들의 복지를 위한 최소한도의 사회적 욕구(needs)와 사회적 요구(order)에 대해 기능을 다할 수 있도록 준비를 강화하고 보호하기 위한 법률제도, 프로그램, 제 급여, 기타 각종 서비스들의 체계"(Friedland & Apte, 1974: 4)라고 했다.

NASW의 백과사전이나 프리드랜더와 앱트의 정의는 이 경우 사회복지를 광의로 보고 있다. 즉 여기서 물질적·정신적 최저수준을 모두 보장해 주는 것이라고 보는 것이나 사회적 욕구와 사회적 요구를 충족시켜 줄 수 있는 법률제도, 프로그램, 여러 가지 급부, 기타 각종 서비스를 들고 있음은 사회보장과 협의의 사회복지를 포함하고 있어 이들 정의는 사회복지를 광의로 보고 있다고 하겠다.

## 2. 협의의 사회복지와 사회보장

이에 비해 헤프만(Hefferman)은 "사회복지란 일반적으로 사회문제를 예방하거나 완화시키거나 해결하고자 하는 데 도움이 될 만한 일을 시도하거나 또는 개인이나 집단, 지역사회의 안녕(well-being)을 향상시키기 위한 시도 등의 총합적인 것을 의미한다. 이러한 활동은 의사, 간호원, 법률가, 교육자, 기술자, 성직자, 사회사업가, 그리고 이러한 전문가들이 서로 협조함으로써 광범위하고 다양한 전문요원을 통해 이루어진다(Heffernan, 1979: 6)."고 설명한다. 따라서 헤프만은 사회복지를 협의의 개념으로 보고 있다.

## 3. 사회보장의 생성배경

사회복지와 사회보장과의 관계는 사회변동의 역사적 과정을 통해 볼 때 더욱 분명하게 이해할 수 있다. 현대 국가의 기본권은 자유주의 사상을 기반으로 하고, 인간의 자유와 평등을 그 정치적 이념으로 주장함으로써 달성되었다. 즉 자유권적 기본권은 천부불가양(天賦不可讓)의 자연권임을 전제로 하여 국가권력으로부터의 침범을 방지하자는 데서부터 출발한다. 자유권은 '국가로부터의 자유'가 그 본질적 성격이다. 이것은 당연히 국가 권력의 소극화와 약화를 그 보장 기반으로 한다. 이에 비해 생존권은 국가에 대한 청구권이며, 이것은 국가가 적극적으로 국민생활에 관여하여 보장해줌으로써 향유할 수 있는 권리이다. 즉 현대국가의 모든 헌법이 국민의 기본권으로 규정하고 있는 자유권과 생존권은 결국 국민들의 투쟁의 산물이다. 국민은 국가로부터 자유권 쟁취를 위한 투쟁을 벌여 이를 먼저 획득하였고, 생존권은 자유권의 반사작용으로 나타난 빈부격차로 인한 빈곤자들의 최저생활 유지라는 측면에서 대두되기 시작한 것이다.

### 4. 사회복지의 하위개념으로서의 사회보장

빈부격차를 완화시키고 국민의 연대성을 강화시키는 일은 국가의 책임이라는 것이다. 이러한 국가의 책임이 강화된 나라를 복지국가라고 한다. 이러한 관점에서 오늘날 영국, 미국, 일본 같은 나라를 복지국가라고 할 수 없다는 주장이 있다. 그것은 복지에 대한 국가책임은 예산으로 반영되는데 이들 나라의 사회복지에 대한 예산이 다른 나라에 비해 현저히 낮기 때문이다. 이것은 결국 복지에 대한 국가책임이라는 의식의 결여 때문이라고 보는 것이다. 이것은 결국 국가제도로 모든 국민의 최저생활을 물질적 수준에서 보장하는 것이다.

그러나 현대 서구 복지국가들은 상당한 수준에서 물질적 풍요를 이루었으나 모든 국민들의 인간다운 생활은 가정의 파괴, 개인의 사회부적응 등 또 다른 측면에서 침해를 받고 있다. 이러한 사회적 문제들은 수발서비스나 사회복지의 전문적 서비스를 통해서 해결할 수 있는 것이다. 이와 같이 모든 국민의 인간다운 생활을 보장하기 위한 물질적 서비스를 사회보장이라 하고 수발·전문적 서비스를 사회서비스 또는 협의의 사회복지라고 본다. 따라서 사회복지는 물적 서비스를 주로 하는 사회보장과 사회서비스를 통합하는 개념이라고 보는 것이다.

## 제4절 사회보장의 구성

### 1. 사회보장의 구성요소

사회보장은 국가 또는 지방자치단체(주체)가 모든 국민(대상)에 대하여 사회보험과 공공부조를 통하여(방법·수단) 최저생활(수준·정도)을 물질적(내용)으로 보장해 주는 제도이다. 사회보장은 국가에 의한 국민의 최저생활보장 프로그램을 말한다. 따라서 민간에 의한 다양한 사회보장적 프로그램은 제외하는 것이 학자들의 일반적인 견해이다.

## 2. 사회보장의 주체

우리나라 「헌법」은 "국가는 사회보장·사회복지의 증진에 노력할 의무를 진다(제34조 제2항)."고 규정하고 있다. 「사회보장기본법」은 '국가 및 지방자치단체의 책임'을 규정(제5조)하고 "국가 및 지방자치단체는 국가발전의 수준에 부응하는 사회보장제도를 확립하고 매년 이에 필요한 재원을 조달하여야 한다."고 했다. 따라서 사회보장의 주체는 국가와 지방자치단체가 된다.

## 3. 사회보장의 대상

사회보장의 대상은 모든 국민이다. 헌법은 "모든 국민은 인간다운 생활을 할 권리를 가진다(제34조 제1항)."고 하여 사회보장의 대상자가 전체 국민임을 명확히 하고 있다. 그러나 의료보험은 1986년, 국민연금은 1998년에 와서야 전 국민을 대상으로 확대할 수 있었다. 이로써 우리나라도 ILO 대상의 보편적 보호원칙 규정을 지킬 수 있게 되었다. 사회보장의 발달사적으로 볼 때 대상범위는 최초 산업현장에 종사하는 노동자를 대상으로 각종 사회보험을 시행했다. 그러나 점차 대상범위를 모든 국민에게로 확대하여 마침내 오늘날 복지선진국에서는 국민이 아닌 주민에게까지 그 범위를 확대하고 있다. 그러나 우리나라는 아직도 외국인에 대해서는 상호주의 원칙에 의한 보호를 할 뿐이다.

## 4. 사회보장의 방법

사회보장의 시행방법은 보험의 원리에 따라 운영하는 사회보험과 무상으로 지급하는 공공부조이다.

## 5. 사회보장의 급여수준 및 급여방법

사회보장은 국민의 최저생활을 보장해 준다. 베버리지는 사회보장은 그 소득의 보장이 최저생계비의 지급을 의미하지만, "보장금의 지급이 소득의 중단상황을 가능한 한 빨리 끝낼 수 있는 조치와 연관성이 있어야 한다(Beveridge, 120)."고 했다. 수급자들이 사회보장에 안주하는 것을 염려한 것이며, 열등처우의 원칙을 인정한 것이다. 사회보장의 대상자들에게 직업교육을 시키고 직업을 알선하는 것만으로는 부족하다고 본 것이다. 그들 스스로 일을 하려는 의욕이 생기게 해야 한다는 것이다. 이는 보조성의 원리[4]를 제시한 것이다. 이것은 오늘날 복지병을 우려하는 자들의 비판과 일치한다.

## 6. 사회보장의 내용

사회보장의 내용은 물질적 지원으로 이루어진다. 사회복지의 전문적 서비스와 일상생활의 서비스는 사회보장의 급여가 아니다. 그래서 베버리지는 사회보장을 본질적으로 소득보장이라고 했다(Beveridge, 1942: 120). 사회보험과 공공부조는 물질적 급여를 주된 내용으로 한다. 그러나 사회보장의 범위를 어떻게 보느냐에 따라 보장의 내용이 달라질 수 있다.

## 7. 「사회보장기본법」의 관점

「사회보장기본법」(제3조 제4호)에 따르면 사회서비스가 사회보장에 포함된다(제3조). 여기서 '사회서비스'라 함은 국가·지방자치단체 및 민간부문의 도움이 필요한 모든 국민에게 복지, 보건의료, 교육, 고용, 주거, 문화, 환경 등의 분야에서 인간다운 생활을 보장하고 상담, 재활, 돌봄, 정보의 제공, 관련 시설의 이용, 역량 개발, 사회참여 지원 등을 통하여 국민의 삶의 질이 향상되도록 지원하는 제도를 말한다. 사회보장을 보는 관점에 따라 사회보장의 범위가 달라진다. 사회보장의 정의에서 설명한 대로 본서에서는 사회보장을 좁게 보고자 한다.

4) 개인의 창의와 노력으로 완수될 수 있는 것을 개인에게서 빼앗아 사회에 맡길 수 없다는 것이다. 즉 "하위의 조직체가 수행할 수 있는 기능과 역할을 더 큰 상위의 집단으로 옮기는 것은 불의(不義)이며 해악(害惡)"이라는 것이다. 보조성의 원리는 모든 사회활동은 본질적으로 사회 구성체의 성원을 돕는 것이므로 그 성원들을 파괴하거나 흡수해서는 안 된다는 원리이다. 따라서 모든 상위 질서의 사회는 하위 질서의 사회들에 대하여 도움의 자세(보조성)를 취해야 한다는 것이다(Pius XI, Quadragesimo Anno; 사십주년, 1931. 5.15. 35항; 교황청 정의평화평의회, 2004; 한국천주교중앙협의회, 2005, 간추린 사회교리, p.155. 참조).

# 제 2 장 사회보장의 성립배경과 변천과정

오늘날 여러 선진 국가들은 사회복지의 역사에 있어서도 오랜 경험을 가지고 있어 이들 나라들의 사회복지제도를 그 역사와 함께 현황과 전망을 분석·검토함으로써, 이제 복지국가를 활성화시키려고 하는 우리의 입장에서 제도 확립과 운영 및 발전 방향 등에 많은 도움을 얻을 수 있을 것이다. 또 복지선진국들이 오늘날 안고 있는 제도상의 불합리한 면과 어려움들을 우리는 불필요하게 되풀이하지 않을 수 있고, 나아가서는 우리의 실정에 맞는 복지제도를 구현할 수 있을 것이다. 사회복지제도에 있어서 선진국의 경험을 배우고자 하는 것은 "사회제도는 사전(事前) 실험이 불가능하기 때문이다(Higgins: 19)."

복지국가 또는 복지사회란 사회보장이 잘된 국가 또는 사회를 말한다. 미국 보건복지성의 사회보장청 조사통계국이 집계한 「세계 각국의 사회보장제도」(Social Security Programs throught the World, 2014)에 의하면, 2014년 현재[1] 어떠한 형태로든 사회보장제도를 시행하는 나라는 세계에서 170개국이 넘는다. 나라마다 차이는 있지만 그 구조의 대개는 사회보험, 공공부조, 공적서비스, 기타(노동법에 의한 사용자 책임의 규정 등) 등이 있다.

하여튼 그 어느 것이나 기원은 유럽에 있다. 사회보장의 급여라고 하는 것은 극히 소박한 형태로부터 시작된 이래, 긴 역사를 가지고 있다. 유럽 제국의 사회보장제도를 이해하기 위해서는 우선 다음과 같은 두 개의 흐름 즉, 중세 그리스도교회의 본당단위 활동으로부터 시작한 구빈대책과 또한 중세의 동종(同種) 직업인들의 길드(Guild: 동업자조합)를 통해 행해지던 상호부조로부터 시작한 공제활동을 살펴볼 필요가 있다.

## 제1절 구빈대책의 역사

중세의 본당(本堂; parish)[2] 또는 수도회가 행해오던 구빈활동은 그 주체가 시대의 변화와 함

1) 유럽은 2014년, 아시아 및 태평양 지역은 2012년, 아프리카는 2013년, 아메리카는 2013년 기준임.
2) 본당이란 가톨릭교회의 최소행정단위를 말한다. 우리나라의 행정단위와 비교한다면 동과 같은 것이다. 교

께 교회에서 지방자치단체로, 마침내 국가로 이전되었다. 이것이 주로 영국・북유럽의 여러 나라에서는 사회서비스 등으로 정착・발전했다.

공공부조의 형태로 출발한 국가의 구빈제도는 유럽에서 자본주의가 형성될 때로부터 치안 및 실업대책의 의미도 포함되어 있었다. 그 당시는 노동력이 없는 자는 재택구호에 맡기거나 아니면 구빈원에 수용해서 부조를 받게 했다. 구빈대책은 위로부터의 시혜(施惠)에 지나지 않았고, 노동빈민은 천시・멸시를 당했고 가혹한 처우를 받으면서 살아갔다.

영국의 엘리자베스여왕 시대인 1601년에 집대성된 구빈법(Poor Law)는 종래의 제도를 조직화하고, 치안판사(治安判事; Justice of the Peace)[3]의 권한 하에 구빈제도를 강압적으로 운영한 것으로 유명하다. 이 법률은 그 후 모양과 내용을 바꾸어 가면서 1948년 국가부조법이 나올 때까지 존속되어 오랫동안 노동자들의 증오의 표적이 되었다.[4] 엘리자베스 구빈법(Elizabethan Poor Law)의 주요 골자는 다음과 같다.

## 1. 엘리자베스 구빈법(the Poor Law of 1601)[5]

① 빈민구제에 대한 국가책임의 인식

② 구빈행정의 체제 확립－교구 구빈사업을 국가사업으로

③ 세금을 활용－교구단위로 주민들의 구빈세(poor rate)를 재원으로 사용

④ 노동능력자와 무능력자의 구분 처우: 노동능력이 있는 빈민(the able-bodied poor)은 노역

---

구(教區; Diocese)에는 여러 개 본당이 있다. 교구는 우리나라 행정단위로 보면 광역자치단체 정도에 해당된다. 따라서 종래 교구단위는 본당단위를 잘못 이해한 것이다.

3) 엘리자베스 구빈행정의 총책임자는 치안판사였다. 치안판사는 영미 법계에서는 오늘날에도 존재하지만 최초의 치안판사는 본래 주지사의 권한을 위임받은 지방행정관이었다. 튜더왕조에 들어와서 행정권과 사법권을 포함하여 형사재판권과 최저임금 결정권, 빈민구제 및 복지에 관한 모든 감독권을 위임 받으면서 주지사보다 높은 지위에까지 오르게 되었다. 그런데 이들은 직업관료가 아니었다. 의회에 진출하기 위해 기회를 노리는 세력들이었다. 이는 구빈법의 집행에 있어서 치안판사의 이권이 개입될 수 있었음을 의미한다(박지훈, 2010: 121-122).

4) 튜더왕조 전반에 걸친 구빈법의 내용에는 빈민을 구제하고 부랑자를 처벌하는 규정이 함께 포함되어 있다. 따라서 법의 목적은 빈민의 구제에 있다고 볼 수 있다. 그러나 법의 집행에 있어서는 빈민의 인권을 고려치 않고, 그들의 노동을 통하여 경제를 안정시키고 부랑자를 처벌함으로써 사회질서를 유지시키고자 하는 데 초점을 맞추고 있다는 비판을 받기도 한다(박지훈, 2010: 121-122).

5) 엘리자베스 구빈법의 정식 명칭은 'An Act for the Relief of the Poor'이다. 즉 '빈민의 구제를 위한 법'이다. 이를 일반적으로 'Elizabeth poor law' 또는 'Old poor law'이라고 불린다. 우리는 이를 '엘리자베스 빈민법 또는 구(舊) 빈민법'이라고 부른다. 법의 명칭이 '구빈법'임에도 불구하고 '빈민법'으로 부르는 것은 법이 시행되는 과정에서 빈민을 억압하는 측면이 많았음을 비판하는 주장이 강했기 때문이다.

장(workhouse)에 강제수용하여 이들에게 노동의 재료(아마·대마·양모·철 등)를 주어 노동을 강제하였다. 노동능력이 없는 빈민(the impotent poor)은 구빈원(almshouse)에 수용하여 보호하였고 신체장애인·노인·시각장애인 등을 공비(公費)로 구제하였다.

⑤ 고아와 빈민아동의 보호: 이들에 대한 보호뿐만 아니라 직업교육을 실시하였다.
- 직업교육의 방법: 도제 방식
- 목적: 장래에 대한 치안 유지와 구빈대상으로의 복귀를 예방하기 위하여
- 도제 연령: 남자는 24세, 여자는 21세 또는 결혼할 때까지

사회복지의 근원을 흔히 1601년 엘리자베스 구빈법에서 찾고 있다. 그것은 이 구빈법이 최초로 빈민구제를 국가책임으로 인정하고 국세를 빈민구제사업에 투입하였기 때문이다. 그러나 이것은 당시 인권사상의 발전 때문이 아니라 당시 영국 국왕 헨리 8세가 선포한 수장령(首長令)[6]에 의해 교회재산이 국가에 몰수되면서 교회가 수행하던 구빈사업이 국가로 넘어갔기 때문이었다. 이때부터 국가는 구빈재정을 줄이기 위해 각종 시책을 창안하게 되었고 이로 인해 빈민들은 억압을 받았지만, 결과적으로 사회복지의 발전을 가져오게 한 측면도 있다.

## 2. 정주법(The Settlement Act of 1662)

정주법은 'Law of Settlement and Removal'이었고 'Vagrancy Acts' 즉, 부랑인단속법이었다. 이러한 법이 나오게 된 배경은 걸인들이 좀 더 너그러운(generous) 본당으로 이동해 다녔기 때문에 이를 막아 본당은 자기 본당관할 내에서 출생한 자에 대해서만 책임지고자 했다.

## 3. 작업장법(The Workhouse Test Act of 1696, 1722)

이 법은 노동이 가능한 빈민을 고용하여 국가적 부의 증대에 기여코자 하는 목적에서 제정되었다. 동시에 빈민에게 노동을 강제함으로써 구빈재정의 지출을 줄여보자는 의도도 있었다.

1696년 영국의 브리스톨 시에서 여러 본당이 모여 연합체를 형성, 공동작업장을 마련하여

6) 영국의 왕 헨리 8세(1491~1547)는 왕비와의 이혼 문제를 계기로 교황과 대립하여 1534년에 수장령(首長令)을 발표하고 스스로 영국 국교회의 수장이 되었다. 그는 이 수장령에 의해 교황의 주교임명권을 자신이 행사하였으며 수도원을 해산하고 교회재산을 몰수하였다.

빈민들에게 일을 시키고 노임을 지불했다. 이것이 효과적이라고 보아 작업장법에서는 작업장 수용을 거부하는 빈민은 구제등록부에서 이름을 삭제하여 구제 받을 자격을 박탈하였다.

그 후 1722년 개정된 노역장심사법은 구제할 가치가 없는 게으른 빈민들로부터는 자유를 박탈하고, 고통과 공포를 주어 남구(濫救)를 방지하기 위한 목적으로 제정되었다(芹澤勇, 1982: 44). 그래서 상습적인 걸인이나 난폭한 부랑자들이 거리에서 사라졌다. 이러한 작업장은 세금으로 원료를 공급해 주고 생산제품을 팔아 빈민들에게 노임을 지급한다는 계획이었다. 그러나 이 작업장에서 생산되는 물건은 질이 떨어지고 판매에서도 다른 제품과 경쟁을 할 수가 없어 결국 재료의 낭비를 가져왔고 주민들의 세부담만 늘어났다. 그뿐만 아니라 빈민의 학대와 노동력의 착취 등 부작용도 많았다. 이것이 오늘날 직업보도의 성격을 띤 최초의 프로그램이었다.

## 4. 길버트법(Gilbert Act of 1782)

영국 리치필드(Richfield)의 하원의원 길버트 토마스(Gilbert Thomas)가 제안하여 제정된 법으로 그의 이름을 따서 길버트법(Gilbert Act)라고 한다. 이것은 'an Act for better Relief and Employment at the Poor' 즉, 작업장에서의 빈민들의 비참한 생활과 착취를 개선할 것을 목적으로 한 법이었다. 노동력이 있는 빈민을 작업장에 보내는 대신 자기 가정이나 또는 인근의 적당한 직장에서 취업하도록 알선해 주는 원외구호(outdoor relief)를 인정하는 내용이었다.

## 5. 스핀햄랜드법(Speenhamland Act of 1795)

버크셔 주 스핀햄랜드 지역의 치안판사회의에서 제정된 법으로 빈민에 대한 일종의 임금보조제도(Relief Allowance System)였다. 즉 최저생활비 미달의 임금에 대해서 그 부족분을 보조해 주는 제도로 이것이 오늘날 가족수당이나 최저생활보장의 기반이 되었다.

이때 최저생활의 기준은 남자는 매주 3갤런의 빵, 여자와 자녀는 매주 1.5갤런의 빵이 필요하다고 하였다. 이를 기준으로 빈민들에 대한 구제금액을 결정하고 또 가족의 수에 비례해서 금액을 산출했다. 이 제도의 시행 결과 다음과 같은 부작용이 나타났다.

① 고용주가 저임금을 지급해도 구빈세로부터 보조금이 나오기 때문에 이것은 노동자를 위한 임금보조금이 아니라 고용주에 대한 보조금이 되었다.

② 노동자는 수입이 적어도 본당으로부터 부족분을 받을 수 있기 때문에 열심히 일을 하지 않았다.

## 6. 신구빈법(Poor Law Reform of 1834)

1834년에 개정된 구빈법(an Act for the Amendment and Better Administration of the Laws to the Poor in England and Wales)은 1601년의 엘리자베스 구빈법에 대해서 일반적으로 신구빈법이라고 부른다. 이보다 앞서 1800년에 신구빈법이 하원에 제출되었다가 철회되었다. 그러다가 말더스의 사후(死後), 1834년에 개정구빈법이 통과되었다. 그러나 당초보다 빈민구호의 범위가 대폭 축소되었다. 산업혁명이 막 시작된 영국 사회에서는 지주와 자본가들의 이해관계(利害關係)를 조정하기 위해 빈민구제를 억제하는 방향으로 법을 개정하게 되었다. 이 법에 의하여 확립된 몇 가지 원칙은 20세기의 사회보장제도가 확립되기까지 영국 공공부조의 기본원리로 간주되었는데, 그 내용은 다음과 같다.

① 균일처우의 원칙(The Principle of National Uniformity): 즉, 행정기구를 개혁해서 전국적인 행정수준의 통일과 구빈행정의 중앙집권화를 뜻한다.

② 열등처우의 원칙(The Principle of Less Eligibility): 즉, 구빈대상자의 구제수준이 자활노동자들의 생활수준보다 높지 않아야 한다는 것이다.

③ 작업장활용의 원칙(The Principle of Workhouse System): 이것은 '노역장 강제수용의 원칙'이다. 즉 원조를 억제할 수 있는 작업장 수용을 원칙으로 하고 다만, 병자・노인・허약자・모자가족에게만 원외구호를 허용했다.

그 외에도 빈민들에게 대한 선거권의 제한, 보호청구권의 불인정, 사적부양의무의 이행, 자산조사의 실시 등을 규정하였다. 이것은 가능한 한 보호를 청구하지 않도록 하려는데 그 목적이 있었다. 이때는 빈곤의 원인을 게으름 또는 독립심의 결여 등 개인의 도덕적인 결함에 있다고 보아 빈곤자는 범죄자와 같이 취급해서 억압했다.

## 7. 빈곤의 국가책임 인식

영국에서는 빈곤문제가 가장 큰 사회악으로 국가가 이를 제거해야 한다고 생각하기 시작한 것은 1900년대에 와서였다. 1930년대에 와서 비로소 영국에서는 오랜 역사를 가진 구빈법으로부터 근대적인 공공부조제도에로의 전환이 이루어졌다. 이때에 와서 겨우 "빈곤은 저임금 및 실업 등 사회적인 요인에 있는 것이다. 따라서 최저생활의 보장은 국가의 책임이므로 국민은 이의 보장을 받을 권리를 가진다."는 것이 인정되었다. 이러한 사상에 따라 1948년 국가부조법이 제정됨으로써 국민의 생존권적 기본권이 보장되었다.

프랑스에서도 예로부터 시골에서는 교회단위의 구빈대책이 실시되어 왔지만, 국민주권사상이 대두된 때부터 불행한 처지에 있는 사람들을 구제하는 것은 국가의 책임으로 인식되기 시작했다. 그래서 프랑스는 1790년경부터 구빈대책이야말로 개인을 지키는 수단으로 생각하여, 스스로 생계를 유지하지 못하는 사람들도 인권 즉, 인간다운 생활을 할 권리를 보장해주어야 한다는 입장에서 구제가 행해져야만 한다는 사상이 나타났다. 그러나 1811년에 제정된 아동보호법에는 아직도 치안·보안적인 성격이 남아 있었다.

# 제2절 사회보장제도의 형성과정

## 1. 사회보장제도의 성립배경

### 1) 시대적 배경

17·8세기에 자유와 평등을 외치면서 일어난 미국 독립과 프랑스혁명의 여파로 봉건체제는 무너지고 영국에서 시작된 산업혁명은 근대자본주의 체제를 형성시켰다. 이렇게 시기적으로 시민혁명과 산업혁명이 발단이 되어 대지주와 영주로부터 자유권을 쟁취한 농민들은 해방을 얻어 도시로 모여들었다. 이것은 마치 미국의 남북전쟁 후 노예해방을 맞은 흑인 노예들이 자유민으로서 농장주와 새롭게 계약을 맺어 그전보다 더 악랄하게 노동력을 착취당하거나 아니면 대부분 새로운 일자리를 찾아 도시로 떠나던 모습과 흡사한 현상이 산업혁명 후 영국에서 일어났다. 이 당시 영국에서는 방직기와 증기기관의 발명으로 공장공업이 발전했고, 대규모의 공장은 일시에 많은 노동력을 필요로 했기 때문에 농민들은 일자리를 찾아 도시로 모여들었다.

### 2) 공장법 시대

농민들의 도시 이주가 계속되자 노동력은 과잉 공급을 가져왔고 자본가와 노동자는 자유민 대 자유민으로서 계약자유의 원칙에 따라 노동계약을 맺었고 노동시장은 시장경제의 원리에 따라 저임금과 노동시간의 연장을 초래했다. 이렇게 되니 가장(家長)의 임금만으로는 가족들의 생계유지가 어려워 부녀자와 아동들까지 노동을 하지 않을 수 없게 되었고 임금은 더욱 더 하락했다. 그래서 결국은 커다란 사회문제를 유발했고, 마침내 국가는 자유방임에 의한 자유주의 경제가 노동자에 대한 자본가의 착취를 조장하는 비인도적 제도임을 깨닫게 되었다. 여기서 우선 부인과 아동을 보호하기 위한 조치로 이들의 노동을 규제하는 '공장법'[7]을 제정하였다. 이것이 최초의 노동법이었다.

### 3) 노동 3권의 확립

이제 노동자들의 편에 서서 이들의 권익을 옹호하지 않을 수 없었던 국가는 노동자들이 정당한 대우를 받을 수 있도록 노동자들끼리 단결하여 자본가에 대항할 수 있도록 소위 노동 3권을 인정하는 노동법을 제정하였다.[8] 그러나 노동 3권만으로 노동자들의 생활 향상을 가져올 수는 없었다. 노동자들의 생활은 점차 더욱 빈곤해져 사회문제는 날로 심각해져 갔고 이에 발맞추어 사회주의운동이 격화되었다.

## 2. 사회보험법의 등장

이즈음 독일은 뒤늦게 통일국가를 형성하고 산업화를 막 시작하려던 시기였다. 당시 재상 비스마르크(Bismark)는 한편으로는 영국에서 격화되던 사회주의운동[9]이 독일에 영향을 미칠

7) 1802년 영국이 제정한 공장법(Factory Act)은 최초의 노동자보호법이었다. 이 당시 노동현장은 공장에서의 아동 혹사, 장시간 노동, 비위생적 환경, 저임금, 가혹한 규율, 공포 분위기와 고용주의 위압적 태도 등으로 노동자들의 인권은 찾아볼 수 없었다. 이러한 사태를 타개하기 위해 제정된 공장법은 9세 이하 아동의 고용을 금하고(1883년 이후), 13세 이하의 아동들에 대한 최고노동시간을 9시간으로 정했다. 그리고 청소년과 부녀자의 야간노동금지와 공장감독제 등을 확립했다.

8) 영국은 14세기부터 단결금지법을 가지고 있었고 1799~1800년의 단결금지법은 노동조합을 철저히 금하는 법이었다. 이러한 상황에서도 노동조합운동은 주로 비밀결사 또는 공제조합의 형태로 위장하여 지속되었다. 1860년대에 와서 영국의 노동조합과 국제노동조합협회가 단결하여 투쟁을 벌였고, 1871년 노동조합법과 개정형법의 통과로 노동법이 점차 노동자들에게 유리한 방향으로 개정되기 시작했다(禹在賢, 1984: 107).

9) 1848년 2월 공산당선언이 최초로 런던에서 독일어로 발간되었다.

것을 우려하여 사회주의를 금하는 입법조치를 하고 다른 한편으로는 노동자들을 무마하기 위한 수단으로서 사회보험을 채택했다. 이것이 유명한 비스마르크의 '일면 매 일면 엿'[10]이라는 유명한 '매와 엿의 사회정책'이었다. 이때 비스마르크가 채택한 매의 정책으로서는 1878년의 사회주의진압법이었고, 엿의 정책으로서는 질병보험법(1883), 노동재해보험법(1884), 노령·폐질·유족연금보험법(1889)의 세 가지였다(左藤 進, 1980: 31).[11]

이와 같이 현대 복지국가가 나타나기 이전의 사회정책은 노동자들의 사회적·경제적 생활조건을 개선함으로써 현존 자본주의 체제를 유지·안정화하려는 사회보험에 의한 국가정책이었다. 이것은 어디까지나 국가재정이 넉넉하지 못했던 단계에서의 시책으로 '자기가 노동해서 생계를 유지하는 사람도 인간다운 생활을 할 권리가 보장되지 못하는 형편에 스스로 일하지 못하는 사람들의 인간다운 생활을 보장한다는 것은 있을 수 없는 일'이라고 보았기 때문이다.

사회보험제도의 뿌리라고 할 수 있는 직업인들의 공제조합(guild)의 역사도 오래되었다. 일찍부터 노동자의 자조적인 공제조합이 형성되었다. 프랑스에서는 17세기 초, 광부들의 의료에 관한 조직이 있었다. 프로시아에서도 1854년에 광산에 관한 공제조합의 설립이 강제되었다. 그러나 일반노동자를 위해 국가가 강제적으로 조합을 만들어 고용주에게도 보험료를 분담하게 하는 사회보험제도를 도입한 것은 독일이 시초였다.

### 1) 독일의 사회보험

독일이 근대국가를 형성한 것은 1871년이다. 이때부터 자본주의의 확립을 보았는데, 독일은 후발 자본주의 국가였지만 격심한 노사 간의 투쟁이 일어났다. 그것 때문에 재상 비스마르크가 1878년 사회주의진압법을 제정함과 동시에, 사회민주당의 깃발 아래 모여들지 않도록 노동자들을 끌어당기기 위해, 이른바 '엿과 채찍'의 정책으로서 1880년대에 사회보험제도를 만들었다. 즉 1883년에 공장 및 광산노동자들을 대상으로 하는 질병보험법, 1884년에는 노재보험법을 제정했다. 또 1889년에는 노령폐질보험법(1891년 실시)을 제정하여 연금제도를 창설하였다. 독일은 그 후 1911년에 생명보험을 제정하여 질병보험, 재해보험, 노동자연금을 통합·정비했다. 또 같은 해 직원보험법, 1923년에 광부생명보험법, 1927년에 직업소개·실업보험법을 제정하여 사회보장제도의 확충을 도모했다.

10) 서구식 표현으로는 '채찍과 당근'으로 표현한다.
11) 정치·경제·사회학 등의 입장에서는 이것을 사회복지·사회보장의 시초로 보는 견해가 있다.

### 2) 영국의 사회보험

독일에 비해 다른 유럽 제국은 사회보장제도를 만든 시기가 비교적 늦었다. 다른 여러 나라에서는 최초로 만든 것이 노동재해보험이었다. 영국은 1897년, 프랑스와 이탈리아는 1898년, 스웨덴은 1901년에 이 법률을 제정하였다. 그 후 수년 동안 영국은 살아 움직이기 시작했다. 이때부터 영국은 선발 자본주의 국가로서 번영을 과시했다. 그래서 노동자도 자본가와 투쟁할 필요가 별로 없었다. 그렇지만 영국에서는 노동자들의 공제조합 결성이 인정되지 않았던 때가 있었다. 그것 때문에 20세기에 들어와서 후발 자본주의 국가들인 독일이나 미국 등과의 경쟁이 치열한 가운데서도 영국에서는 노동쟁의가 빈발하게 되었다. 이렇게 되어 결국 노동조합의 정치활동이 인정되고, 이와 관련해서 사회보험이 도입되기 시작했다. 여기에 가장 공로가 큰 사람이 훗날 자유당 당수가 된 로이드 경(Sir. Loyd David George, 1863~1945)이었다.

영국에서는 1908년에 무갹출노령연금이 제정되었다. 자산조사를 하지 않고서도 생활부조를 하나의 권리로서 인정한 것은 영국에서는 이 노령연금법이 처음이다. 이 법률은 노령 그 자체가 빈곤의 원인이 된다는 것을 확인하고, 고령자에 대해서는 열등처우의 원칙을 적용하지 않았다. 이것은 구빈법 해체의 한 측면을 가지고 있음을 보여 주는 것이었다.

영국에서는 1911년에 질병보험과 함께 실업보험을 규정하여 국민보험법을 갖추었다. 또 제1차 세계대전을 통해 나타난 자본주의의 모순은 전후에 와서 더욱 심해졌고 불황의 조짐이 보이기 시작하다가, 마침내 1929년 대공황을 맞게 되었다. 이런 과정에서 사회보장체계는 바뀌지 않으면 안 되었다. 즉 실업보험은 1920년에 개정되어 질병보험에서 분리되어 독립된 제도가 되었다. 이때부터 불황을 극복하기 위해 실업보험은 고난의 길을 걷게 되었다. 즉 1934년 새로운 실업법이 제정되었는데 이에 따르면 단기적 실업은 보험제도를 적용하고 장기적 실업에 대해서는 공공부조제도를 적용했다. 그것은 대량실업, 장기화하는 실업에는 갹출원리에 의한 실업보험으로서는 대처해 나갈 수 없었다는 것을 의미한다.

1908년에 제정된 무갹출노령연금은 그 후 1911년, 1920년, 1924년에 각각 개정되었는데, 그것은 소득제한을 완화하는 내용이었다. 그러나 이때부터 현저하게 나타나기 시작한 인구의 노령화로 인해 연금수급자는 예상 이상으로 늘어났고 비용은 대단히 큰 폭으로 상승했다. 그 대책으로 나타난 것이 1925년의 갹출제 과부·고아 및 노령연금이다. 이 연금은 질병보험과 결부되어 균일갹출 균일급부의 형태로 되어 일종의 연금보험 역할을 하게 되었다. 이때부터 이 제도는 제1차 세계대전 이후 영국에서의 생활보장체계에서 중심적인 지위를 점하게 되었다.

### 3) 프랑스의 사회보험

프랑스에서도 제1차 세계대전 후의 경제불황과 사회혼란을 배경으로 해서 여러 가지 사회적 입법이 나타났다. 프랑스의 노동재해보상법으로는 처음으로 1910년에 제정된 노동자・농민연금보험법이었다. 그러나 법원은 이 법 규정에 대해서 노사 쌍방에 보험료를 강제징수해서는 안 된다는 판결을 내려 결국 이 제도는 충분한 보험급여를 행할 수 없게 되어 효과를 거두지 못했다. 그 후 공무원, 해운, 광산 등 특수한 산업부문의 노동자를 대상으로 하는 입법이 있었지만 본격적인 사회보장입법이 이루어진 것은 1928년부터 1930년 사이였다.

1928년에는 프랑스 전국에 걸친 제1차 사회보험법이 의회를 통과했다. 그러나 여기에 대해 노사단체, 농업단체, 의사단체, 공제조합 등이 강력히 반대하여 결국 시행을 보지 못하고 말았다. 그 후 반대의견을 반영하여 법을 개정하였는데, 일정액의 임금수입을 갖지 못하는 상공업부문의 노동자를 대상으로 해서, 이들을 질병・출산・폐질・노령・사망 등의 보험사고로부터 보호하고자 하는 것이었다.

이 시기의 프랑스 사회보험입법에서 특이한 것은 1932년 가족수당법의 제정이었다. 프랑스에서는 19세기말부터 20세기 초까지 가족수당제도가 기업가 측으로부터 먼저 제안하였다. 그것은 노동력 확보를 위해서였다. 이러한 노동관습을 기초로 해서 다자가정(多子家庭)의 생활조건을 개선하기 위해 가족수당을 기업가의 의무적 갹출금으로 급여하는 것을 원칙으로 했다. 프랑스가 가족급여제를 정착시킨 것은 다른 나라보다 빨랐는데, 그 제도는 후에 프랑스에서 출산율이 극도로 저하되어 인구문제가 심각해지면서 더욱 발전하여 프랑스 사회보장제도의 중요한 지주가 되었다.

## 3. 사회보장법의 성립

사회보장법은 미국 루스벨트(F. D. Roosevelt) 대통령의 뉴딜정책의 일환으로 제정된 사회보장법(1935)이 최초였다. 뉴딜정책은 루스벨트 대통령이 당시 세계적 경제공황을 극복하기 위해 실시한 일련의 경제정책을 말한다.

영국에서 비롯된 산업혁명은 경제구조의 혁명적 변화를 가져왔을 뿐만 아니라 동시에 정치 구조도 크게 바꾸어 놓는 결과를 가져왔다. 유럽을 비롯해서 미국과 아시아의 일본 등 후발 산업국가들은 앞다투어 자유주의적인 경제체제로 가게 되었다. 이러한 자유자본주의 경제체제는 생산의 무정부(無政府) 상태를 불러왔고, 자본이 자본을 흡수하는 자본의 집중을 가져왔고, 결과적으로 자원의 낭비를 초래했다. 동시에 실업과 빈곤을 증대시켰고 주기적으로 공황을 유발했다. 열강들은 자국 생산품의 안정적인 소비시장을 확보하기 위해 해외 식민지 쟁탈전을 벌였다.

제1차 세계대전(1914.7.28~1918.11.11)과 1929년 10월 24일 월가(Wall Street)의 주식 대폭락은 전 세계를 공황에 빠트렸다. 무정부 상태에서 과잉생산된 상품은 판매가 되지 않고 재고가 쌓이게 되었다. 공장은 문을 닫았고 대량실업이 발생했다. 1929~1933년 동안 미국 실업률은 4%에서 25%로 증가했다. 공업 생산량은 약 3분의 1이 줄었다. 통화 가치의 하락으로 빚을 갚기가 더욱 힘들어졌다. 목재업, 광업, 농업은 물가 하락으로 특히 어려움을 겪었다.

미국 사회보장의 기초는 1929년 말에 시작된 불황을 타개하기 위한 루스벨트 대통령의 뉴딜정책의 일환으로서 1935년 8월 14일 제정되어 1937년 1월 1일부터 시행된 사회보장법(Social Security Act, 1935)인데, 노령 및 실업을 보험사고로 인정한 사회보험제도였다. 노령부문은 연방정부가 직접 운영하는 노령유족보험제도이고 실업부문은 연방·주정부가 공동 관리하는 실업보험제도이다. 이처럼 1935년의 사회보장법은 의료보험부문을 제외한 노령·유족보험 분야만 적용시켰다. 사회보장법 제정 이후 수많은 개정이 이루어졌는데, 의료보험부문은 최근에 와서야 빛을 보게 되었다. 2009년 12월 24일 미국 오바마(Barack Obama, 제44대 대통령) 정권의 의료개혁법안이 상원을 통과함으로써 수십 년간 추진해 오던 미국 민주당 정부의 의료개혁정책이 실현되었다.

뉴딜정책은 불황을 극복하고자 경제에 있어서의 자유주의정책을 버리고 정부의 개입정책을 쓴 것이다. 1929년부터 1938년까지의 불황은 당시 유행하던 케인즈주의(Keynesianism)자들의 견해에 커다란 충격을 주었는데, 이는 국가가 자본주의적 재생산과정에 개입해야만 한다는 것을 여실히 보여주었기 때문이다.[12] 정부의 개입정책은 대량실업으로 구매력을 잃은 저소득층에게 일자리를 마련해 주고자 다양한 일자리 창출사업을 벌이는 것이었다. 그중의 하나가 TVA(테네시강 유역 개발공사, Tennessee Valley Authority)와 사회보장법(1935)이었다. 후버댐(Hoover Dam)은 뉴딜정책의 가장 큰 프로젝트였다. 이 프로젝트에 동원된 인원은 일일 평균 3,500명이나 되었다. 그러나 이러한 일자리에서 제외되는 국민을 위해서 사회보장법을 제정하여 사회보험과 공공부조를 통해 생계비를 지급함으로써 소비를 촉진시키고자 했다. 이러한 정책의

12) 이러한 현상은 2008년 9월 미국의 금융위기로 시작된 세계경제의 침체 상황을 보고 정부의 강력한 개입 필요성을 주장하는 여론이 높은 것과 같은 상황이다.

목표는 소비를 촉진함으로써 공장을 재가동시킬 수 있을 것이고 그렇게 되면 고용을 유발하게 된다는 것이다. 이렇게 선순환을 일으켜 경제침체에서 탈피하고자 한 정책이었다.[13)]

### 4. 공공부조법의 등장

영국의 경우 사회보험이 어느 정도 정착되자 생활궁핍자에게 실시하는 무상급여 형태의 사회부조에까지 관심을 갖게 되었다. 사회보험과 공공부조를 두 지주로 하는 사회보장의 단계인 이때까지는 국가나 사회의 주된 관심이 어디까지나 경제적 빈곤에 한정되어 있었다. 이 당시에는 노동자를 중심으로 야기되는 여러 가지 문제들이 전체 사회문제로까지 인식될 만큼 노동문제가 바로 사회문제요, 사회문제가 바로 노동문제이던 시대였다.

1601년 엘리자베스 구빈법과 1834년 신구빈법은 빈곤의 원인이 개인에게 있다는 개인책임의 이념을 바탕에 깔고 있었다. 그러나 빈곤의 원인이 사회제도에 있다고 보고 빈곤에 대한 사회적 책임에 대한 인식을 바탕에 깔고 있는 최초의 법이 1948년 국민부조법이었다. 영국에서는 이 국민부조법에 의해 350년만에 구(舊) 구빈법이 해체되고 국민적 최소한(national minimum)이란 이념에 기반을 둔 공공부조제도로 전환하게 되었다(함세남 외, 1995: 75-78).

## 제3절 사회보장제도의 확립

### 1. 사회보장제도의 정착기

이상의 설명에서와 같이 유럽 제국의 사회보장제도는 두 가지 유형으로 발전해 왔다. 하나는 중세 교회의 본당단위로 행해지던 구빈활동이 지방공공단체와 국가로 이행된 것이다. 국가와 지방공공단체가 떠맡은 구빈대책은 마침내 세금을 그 재원으로 하게 되었고 원칙적으로 전 국민에게 동등하게 적용하는 단일의 제도를 갖게 되었는데 이것은 주로 '북구와 영국'을 중심으로 발전했다.

또 하나는 역시 중세로부터 발전한 것인데, 직업인들을 중심으로 한 상호부조의 정신에서

13) 이러한 정책은 IMF 때 우리나라의 김대중 정부도 사용하였다. 김대중 정부는 IMF의 영향이 한창이던 1999년에 「국민기초생활보장법」을 제정하여 수급대상자를 대폭 늘렸고, 고용보험제도를 강화하였다.

시작된 공제활동이 그것이다. 이것이 후에 독일에서 최초로 도입한 사회보험의 방식이다. 이 방식은 사회보험료를 주된 재원으로 하고, 직역단위를 원칙으로 하여 소득비례제로 급여의 혜택을 주는 '대륙형=구주대륙제국형'으로 정착했다. 그 후 각국의 사회보장제도는 자본주의의 발달, 사회문제의 증가, 노동운동의 격화 등을 배경으로 해서 정비·정착되었다. 그 내용은 나라에 따라 다르지만, 1930년대 세계경제대공황을 기점으로 해서 모든 국민의 최저생활을 보장하고, 국민생활을 안정시킬 필요가 있다는데 의견의 일치가 모아졌다. 그래서 제2차 세계대전 중에 시작되어 전후에 완성된 베버리지 보고서 등이 발표되어 체계적이고 새로운 방향으로 사회부조제도가 나타나기 시작했다. 이러한 포괄적인 사회복지 구상은 영국, 프랑스를 비롯해서 독일, 스웨덴 등에서도 제도로서 착실히 정착되어 갔다.

## 2. 사회보장제도의 확장기

각국의 사회보장제도는 특히 1960년대에 대폭적으로 확장되었다. 사회·경제 상황의 변화에 따라 욕구(needs)가 증가하고 다양화되었을 뿐 아니라 경제활동이 순조롭게 진행되어 이 시기에 사회복지 분야에의 자원배분을 늘리는 일이 가능하였다. 그래서 대상범위의 확대, 격차의 시정, 급여의 개선, 새로운 제도의 도입 등이 이루어졌다. 그 반면 실업보험[14]과 연금보험[15]의 양 부문에 대한 비용의 증대가 두드러졌고, 동시에 1970년대 초 전 세계적으로 불어 닥친 석유파동으로 유럽 경제는 큰 타격을 받게 되어 많은 나라에서 사회보장제도의 개혁을 서둘러야만 하였다.

이러한 개혁 또는 조정 현상은 보험재정의 수입과 지출 양면에서 나타났다. 수입 면에서는 보험료의 인상, 산정 기초의 변경, 일부 부담제의 도입, 수혜자 부담폭의 확대, 국고보조금의 지출 등이 실시되었다. 지출 면에서는 급여의 삭감 또는 중단 등으로 나타났다.

사회보장의 목표는 1970년대 중반 경에는 어느 정도 달성되었다. 국민생활의 안정과 충실, 노동생산성의 향상, 건강수준의 상승 등이 그것이다. 그러나 완전고용의 달성, 빈곤의 제거, 평등화의 실현 등의 목표는 충분히 달성되었다고 볼 수 없었다. 그중에도 완전고용 같은 것은 〈표 2-1〉에서 보는 바와 같이 이후에도 달성이 매우 어려운 형편이었다.

14) 이것은 대량실업과 장기실업이 겹쳐짐으로써 보험료 납입이라는 보험재정의 수입은 감소한 반면 실업급여의 지출이 늘어났기 때문이다.
15) 당초 예상했던 이상으로 평균수명이 늘어남에 따른 연금급여의 증가 때문이었다.

표 2-1 OECD국가의 실업률

| 국가 | 2005 | 2006 | 2007 | 2008 | 2009 | 2010 | 2011 | 2012 |
|---|---|---|---|---|---|---|---|---|
| 호주 | 5.1 | 4.9 | 4.4 | 4.3 | 5.7 | 5.3 | 5.2 | 5.4 |
| 오스트리아 | 5.2 | 4.8 | 4.5 | 3.9 | 4.8 | 4.5 | 4.2 | 4.4 |
| 벨기에 | 8.5 | 8.3 | 7.5 | 7.0 | 8.0 | 8.4 | 7.2 | 7.6 |
| 캐나다 | 6.8 | 6.3 | 6.1 | 6.2 | 8.4 | 8.1 | 7.5 | 7.3 |
| 칠레 | 8.3 | 7.9 | 7.4 | 8.0 | 10.0 | 8.4 | 7.4 | 6.7 |
| 체코 | 8.0 | 7.2 | 5.4 | 4.4 | 6.8 | 7.4 | 6.8 | 7.0 |
| 덴마크 | 4.9 | 4.0 | 3.8 | 3.4 | 6.1 | 7.6 | 7.7 | 7.7 |
| 에스토니아 | 8.1 | 6.0 | 4.8 | 5.6 | 14.1 | 17.2 | 12.7 | 10.3 |
| 핀란드 | 8.4 | 7.7 | 6.9 | 6.4 | 8.1 | 8.5 | 7.9 | 7.8 |
| 프랑스 | 8.9 | 8.8 | 8.0 | 7.4 | 9.1 | 9.4 | 9.3 | 9.9 |
| 독일 | 11.3 | 10.4 | 8.7 | 7.6 | 7.8 | 7.2 | 6.0 | 5.5 |
| 그리스 | 10.0 | 9.0 | 8.4 | 7.8 | 9.6 | 12.7 | 17.9 | 24.5 |
| 헝가리 | 7.2 | 7.5 | 7.4 | 7.9 | 10.1 | 11.2 | 11.0 | 11.0 |
| 아이슬란드 | 2.7 | 3.0 | 2.3 | 3.0 | 7.4 | 7.7 | 7.2 | 6.2 |
| 아일랜드 | 4.8 | 4.7 | 4.7 | 5.8 | 12.2 | 14.1 | 14.9 | 15.3 |
| 이스라엘 | 9.2 | 8.5 | 7.4 | 6.2 | – | 6.8 | 5.7 | 7.0 |
| 이탈리아 | 7.8 | 6.9 | 6.2 | 6.8 | 7.9 | 8.5 | 8.5 | 10.8 |
| 일본 | 4.6 | 4.3 | 4.1 | 4.2 | 5.3 | 5.3 | 4.8 | 4.6 |
| 한국 | 3.9 | 3.6 | 3.4 | 3.3 | 3.8 | 3.8 | 3.5 | 3.3 |
| 룩셈부르크 | 4.5 | 4.7 | 4.1 | 5.1 | 5.2 | 4.4 | 4.9 | 5.2 |
| 멕시코 | 3.6 | 3.3 | 3.5 | 3.6 | 5.4 | 5.4 | 5.4 | 5.0 |
| 네덜란드 | 5.1 | 4.2 | 3.5 | 3.0 | 3.9 | 4.5 | 4.4 | 5.3 |
| 뉴질랜드 | 3.9 | 3.9 | 3.8 | 4.3 | 6.3 | 6.7 | 6.7 | 7.2 |
| 노르웨이 | 4.7 | 3.5 | 2.6 | 2.6 | 3.2 | 3.7 | 3.3 | 3.3 |
| 폴란드 | 18.0 | 14.0 | 9.7 | 7.2 | 8.3 | 9.7 | 9.8 | 10.2 |
| 포르투갈 | 8.1 | 8.1 | 8.5 | 8.1 | 10.0 | 11.4 | 13.4 | 16.4 |
| 슬로바키아 | 16.2 | 13.3 | 11.0 | 9.6 | 12.1 | 14.4 | 13.6 | 14.0 |
| 슬로베니아 | 6.7 | 6.1 | 5.0 | 4.5 | 6.0 | 7.4 | 8.3 | 9.0 |
| 스페인 | 9.2 | 8.6 | 8.3 | 11.4 | 18.1 | 20.2 | 21.8 | 25.2 |
| 스웨덴 | 7.8 | 7.1 | 6.2 | 6.2 | 8.5 | 8.7 | 7.9 | 8.1 |
| 스위스 | 4.5 | 4.1 | 3.7 | 3.4 | 4.2 | 4.6 | 4.1 | 4.3 |
| 터키 | 10.9 | 10.5 | 10.5 | 11.2 | 14.3 | 12.1 | 10.0 | 9.4 |
| 영국 | 4.7 | 5.4 | 5.3 | 5.4 | 7.8 | 7.9 | 8.0 | 8.1 |
| 미국 | 5.1 | 4.7 | 4.7 | 5.8 | 9.4 | 9.8 | 9.1 | 8.2 |
| OECD종합 | 6.8 | 6.2 | 5.8 | 6.1 | 8.3 | 8.5 | 8.2 | 8.2 |

출처: Unemployment Rate, OECD 2013.

## 3. 사회보장제도의 전환기

1970년대 후반에 와서 유럽 제국의 사회보장제도는 하나의 전환점을 이루었다. 1973년 석유파동이 발생한 이래 경제성장이 둔화되어 저성장의 어려운 여건 속에서도 인플레이션이 진행되고 스태그플레이션 즉, 불황하의 물가고를 맞게 되었다. 또 각국에서 실업자의 증가가 큰 사회문제가 되었다. 한편 인구의 노령화가 점점 나타났고, 여성의 사회진출이 현저해졌다. 이러한 현상들은 어느 것이나 사회보장제도에 큰 영향을 미쳤다.

이러한 이유들로 해서 각국에서는 급여를 줄이거나 또는 중단하는 것 등이 개혁 또는 조정조치로 나타났다. 그 대책의 중심적인 것은 우선 지출이 큰 질병, 연금부문을 재정립하는 것이었다. 수입 면에서는 보험료의 인상, 일부 수혜자 부담의 증대 등이 계속되었다. 그렇게 해도 부담이 한계에 다다른 결과를 초래했다. 지출 면에서는 공공지출의 삭감, 의료비 증액의 억제, 의료공급체제의 조절(control) 등을 실시하는 국가가 나타났다. 연금에 있어서도 통일독일 이전의 서독 등과 같이 잠정적이긴 했지만, 연금액의 연동(sliding system) 조정중지 등 대담한 조치를 취한 나라도 있었다.

그 외에도 실업수당, 상병수당, 공공부조에 있어서도 이런 현상이 나타났다. 그 반면 가족수당, 사회복지서비스에 있어서는 더욱 충실해진 것도 있었다. 경제・사회 정세의 변화에 대응하는 방식은 나라마다 다양했지만, 기본적으로 공통되는 점이 몇 가지 있다. 즉 시책의 총합화, 자원의 유효이용, 지방에의 분산, 부담방식의 새로운 방식 도입 등이 그것이다.

이렇게 하여 당시 서독 등 일부 국가에서는 재정대책의 효과가 나타나기 시작했다. 프랑스에서도 역시 엄격한 조치가 계속되었고 영국에 있어서는 그 후에도 여러 가지 면에서 더욱 자세한 조정을 실시했다. 이러한 현상에 대해 정당 및 관계 단체들로부터 많은 의견들이 속출했다. 일부에서는 "복지국가의 재정은 파탄했다."는 소리도 있었지만 어떤 국가에서는 지금부터라도 복지에 관한 근본적인 재고가 있어야 한다고도 했다.

결과적으로 케인즈-베버리지에 근거한 복지국가의 정책은 위기를 맞게 되었고, 나아가서는 이러한 위기극복을 위한 돌파구를 찾아 각 복지국가들은 나름대로의 해결책을 모색하게 되었다. 이들 복지국가들이 추구한 해결책은 대개 세 가지 경향으로 분류할 수 있다(Esping-Andersen, 1996: 31).

① 스칸디나비아 방식이다. 스웨덴과 노르웨이 등 스칸디나비아 복지국가들은 매우 포괄

적이고 보편적인 사회복지 프로그램을 전개해 왔다. 이들 국가는 고용 확대를 통해 복지국가의 위기를 해결하려는 시도를 해 왔다.

② 신자유주의적 방식이다. 1980년대에 미국과 영국을 중심으로 본격화된 이 방식은 규제완화를 주요 전략으로 삼고 있어 국가복지의 축소가 불가피했다.

③ 노동감축 방식이다. 독일, 프랑스, 이탈리아 같은 유럽 국가들은 노동유연성을 보장함으로써 지금 가지고 있는 사회보장의 기준을 기본적으로 유지하면서 기업활동을 최대한 지원하는 방식을 취했다.

유럽 복지국가 또는 복지사회는 이후 경제동향과 인구구조에 많은 변화가 있었다. 유럽연합(EU)은 유럽 경제공동체이다. 유럽연합의 결성(1993)[16]을 기점으로 세계는 지역별로 경제블록을 형성함으로써 경제규모를 키우는 경제의 세계화(globalization)에 속도를 내게 되었다. 우리나라가 적극적으로 추진하고 있는 자유무역협정(FTA) 또한 경제의 세계화를 지향하는 노력이다.

오늘날 자본주의 경제의 세계화가 놀라운 속도로 확대되어 나가고 있다. 그것은 초첨단 정보통신망의 발달로 지구상의 '거리의 소멸'(death of distance) 현상이 초래되고 WTO협정의 발효로 경제적 의미의 국경이 점차 사라지고 있기 때문이다. 자본주의 경제의 세계화에 주도적 역할을 해온 일부 선진국들은 그들의 경제사상 유례를 찾아볼 수 없을 정도로 성장과 안정 그리고 복지를 구가해 왔다. 그러나 이에 아무런 준비나 대책 없이 휩쓸린 후발 국가들은 경제적 파탄과 '죽음의 고통'을 겪고 있다.

세계화에 견인적 역할을 해온 나라라고 해서 부정적 충격을 받지 않은 것은 아니다. 그들 나라에서도 여러 가지 사회·경제적 병리현상이 속출되고 있다. 어느 나라에서나 자본주의 경제의 세계화는 국가 간, 기업 간, 계층 간 무한경쟁을 초래시켰다. 이는 기업 간에도 잡아먹지 않으면 잡아먹히게 되는 '치열한 경쟁(Dog-Eat-Dog Competition)'을 불러왔다. 세계화가 확대됨에 따라 노출되는 부정적 효과는 인류에게는 일종의 재앙이 되고 있다. 그것은 1996년 스위스 다보스에서 '지속가능한 세계화'를 주제로 개최된 세계경제포럼에서 한 발표자는 "세계화가 계층 간 소득배분의 불균등을 초래시키고 근로자의 생존을 위협함으로써 자본주의의 심각한 재앙을 몰고 올 것"이라고 경고한 바가 있다. 이러한 경고가 우리나라에서는 지금

16) 유럽연합(EU)은 1993년 11월 1일 네덜란드의 마스트리히트에서 조약을 체결함으로써 설립되었다. 그래서 이 조약을 보통 '마스트리히트조약'이라고 부른다.

그대로 적중되고 있다. 우리나라의 GDP는 빠르게 증가해서 경제규모가 세계 10~15위권에 들고 있다. 이에 반해 부의 양극화는 더욱 심화되고 있다. 이것은 심각한 사회적 불안요소가 아닐 수 없다. 우리는 지금 완전고용 대신에 만성적 실업과 고용 불안정이 증대하는 현실을 목도하고 있다. 이러한 급작스런 변화에 국가마다 다양한 방법으로 적응해 가고 있다. 그러나 아직 그 흐름이 일정한 방향으로 정리되지 못하고 있다.

그래서 앞으로 우리나라가 해결하지 않으면 안 될 많은 과제들을 다음과 같이 제시해 본다. 즉 국민의 가치관 변화, 인구의 고령화, 여성의 사회진출 증대 등 상황 변화에 대응하는 문제와 공공지출의 계획화 및 효율화, 정책결정에 주민의 참여촉진, 자조노력, 가정의 역할의 재확립 등이 그 예라 할 수 있다.

## 제4절 사회복지서비스의 시대

오늘날의 사회문제는 노동문제뿐만 아니라 사회적 해체문제, 사회적 부조정 문제, 실업문제, 빈곤, 인구, 도시, 농촌, 매춘, 청소년, 범죄, 비행, 성, 교통, 교육, 보건위생, 주택, 물가, 장애인, 노인문제 등 모든 문제를 포함하게 되어, 오늘날의 사회문제를 지난날의 노동문제에만 국한하던 '사회문제'와 구분하기 위해서 '사회적 문제'라고 부르기도 한다.

이와 같이 사회정책이 종래의 노동정책만으로는 해결할 수 없고 광범위한 현대적 사회문제 즉, 사회적 문제를 고려하는 사회복지정책이 없이는 해결하기 어렵다고 하겠다. 그래서 현대 복지국가에 있어서는 경제적 곤궁만이 아니라 그로 인해 생기는 사회생활의 여러 가지 어려움(부조화)까지도 포함한 생활 전반에 걸친 생활권 보장을 대상으로 하는 사회복지서비스를 중시하는 단계라 하겠다.

### 1. 사회복지서비스의 필요성

전통적인 사회복지사업은 요보호노인이나 아동, 장애인 등 사회적 약자를 주로 시설에 수용보호하였으나 1909년 제1차 백악관 회의 이래로 특히 아동에 대해서는 소규모 가옥(cottage) 형태의 작은 단위 시설이 권장되었다(Friedland, 1980: 91). 1960년대 이후에는 자기 집(재가)에서 가족이나 지역주민의 도움으로 문제를 해결하려는 경향이 강하게 대두되고 있다. 그것은 시설에서의 열악한 보호 실태가 속속 폭로(전재일 외, 2000: 276-277)됨에 따라 수용시설의 부정적 측면이 사회적 이슈로 부각되었고 그 대안을 모색하게 된 결과였다. 또한 장기간의 시설보호는 시설생활자를 무기력하게 하고, 시설 의존적인 인간으로 만드는 등 소위 시설병 등의 부작용을 초래하게 됨을 알게 되었다.

또한 현대 가족은 핵가족화, 소가족화, 여성의 사회활동, 이혼 · 별거 등의 보편화로 가족이 가지고 있던 전통적인 복지기능을 상실하게 되었다. 길버트(Gilbert, 1998: 23-24)는 그 이유를 인구학적 경향에 관련이 있다고 설명[17)]한다. 이로 인한 복지의 문제는 대인서비스의 방법이 아니고서는 불가능한 것이다. 정상화(normalization) 이념(박태영 외, 2000: 187-215)에서 나온 이러한 변화는 경제적 지원만으로는 인간다운 삶을 누릴 수 없고 일상생활을 통해 다양한 불편들을 누군가의 손길을 통해 도움을 받음으로써 해결할 수 있어야 한다는 것이다. 이러한 대인서비스(personal social service)에는 평소 지역적으로 가까이 사는 이웃을 통해서 이루어져야 할뿐만 아니라 이웃의 자원봉사활동이 가장 효과적인 것이다.

## 2. 사회복지 전문서비스 급여

오늘날 사회문제는 경제적 빈곤문제뿐만 아니라 이로 인해 야기되는 여러 가지 사회부조정 및 부조화 문제가 더욱 심각하게 되었다. 이러한 문제들은 흔히 경제적 빈곤문제와는 관계없이 발생하기도 한다. 오늘날의 사회적 문제는 서로 연결고리를 형성하여 문제를 더욱 심각하게 만든다. 가난이 세습화하는 것도 바로 이런 이유 때문이다. 따라서 빈곤정책에서도 전문사회사업의 서비스가 필요하다.

현재 우리나라의 구빈정책은 무상의 생계비 지급과 취업 알선을 위한 직업훈련 또는 장학금의 지급 등이다. 이것은 소위 빈곤문화라는 것을 인정하지 않는 상황에서는 적절할 수도 있다. 다행히 학자들의 조사연구에 의하면 우리나라의 경우에는 빈곤문화가 없는 것으로 보는 것이 일반적인 견해다. 그러나 경험적으로 볼 때 빈곤문화가 전혀 없는 것도 아니다. 또 비전문가에 의해 잘못 행해진 사회복지사업으로 인해 빈곤문화에 빠지기도 한다. 중세 교회

17) 예컨대, "혼외 출생 및 이혼율이 거의 절정에 달함과 동시에 맞벌이 부부가 증가함으로써 아동과 노인, 그 외 보살펴야 할 연약한 친척들의 보호에 대해 현대가족은 그 전통적인 책임을 맡을 수 없게 되었다. 이러한 전개로 인해 국가는 아동보호 및 재정적 원조, 그리고 그 외 다른 원조서비스를 제공하도록 요구받고 있다."

의 구빈사업이 걸식을 직업화했다는 비판을 받는 것도 바로 이런 이유 때문이다.[18)]

만약 이러한 빈곤문화에 빠진 경우가 있다면 이러한 상황에서는 소득증대정책보다 근본적으로 빈곤문화의 지속·순환을 막고, 빈민의 심리적 무기력과 열등감을 해소하는 치료를 행해야 하는 것이다. 그리고 빈민의 자녀들에게 빈곤문화가 악순환되는 것을 막는 구빈정책이 필요하다. 예컨대, 첫째로 부적절한 부모에 대한 심리치료, 교육, 상담 등을 통해 부적절한 아동 양육방법을 고치는 것이다. 이것은 교육이나 전문 사회사업적인 치료를 통해서 가능하다. 둘째로 조기 아동교육 등으로 그들 부모의 아동 양육방법을 배우지 않도록 훈련시키는 것이다. 아동에 대한 사회복지사업과 사회교육 등의 방법이 필요하다. 그러나 이것은 덜 효과적이다. 셋째로 정규교육을 통해 빈곤 아동들이 그들 부모의 아동 양육방법을 배우지 않도록 훈련시키는 것이다. 이것은 학교교육을 통해서 일반적으로 행해질 수 있다. 그러나 이것도 둘째의 방법과 마찬가지로 별로 효과가 없다. 둘째와 셋째의 방법이 덜 효과적이라는 것은 ME운동(Marriage Encounter Movement)[19)]이 생기게 된 유래를 살펴보면 쉽게 이해가 간다.

빈곤문제 외에도 현대 산업사회에서 클라이언트들이 가지고 있는 문제는 봉건사회에서의 문제처럼 단순한 것이 아니라 여러 가지 문제들을 복합적으로 가지고 있으며 그 문제성이 쉽게 노출되지 않는 것이 특징이다. 그래서 여기에 개입해서 도움을 주는 사회사업이라는 전문적인 지식과 기술이 필요하게 된다.

현대사회에 있어서 이와 같은 서비스 급여의 중요성이 커진 결과 이러한 역할을 담당할 전문요원의 양성과 이러한 전문서비스의 제공을 위한 서비스 전달체계가 필요하게 된다. 이것은 사회보장의 영역을 넘어서는 것이다. 물질적 원조 차원에 한정되는 사회보장은 이제 사회복지 생활서비스와 사회복지 전문서비스를 필요로 한다.

## 3. 인간다운 삶에 대한 욕구와 지역사회복지

복지문제의 변화는 결국 인간의 삶에 대한 기본적인 욕구를 다시 살펴보게 한다. 사회복

---

18) 오늘날 자원봉사자들이 소년소녀가장세대의 아이들을 망친다는 불평들이 종종 들린다. 아이들이 조금만 수고하면 스스로 할 수 있는 일도 자원봉사자들이 대신해 줌으로써 아이들은 점차 자원봉사자들에게 의존하는 것을 당연시하게 된다는 것이다.

19) 제2차 세계대전이 끝난 후 스페인 사회는 극도로 혼란했다. 이때 아동과 청소년들의 비행문제가 심각하여 교회에서는 이런 아동을 불러모아 교육시켜 선량한 아동으로 가정에 돌려보냈는데 얼마 가지 않아서 다시 거리의 불량배로 되돌아왔다. 그래서 부모교육 없이 아동교육은 무의미하다는 것을 깨닫고 부부 재교육 프로그램을 고안해낸 것이다.

지의 목적은 궁극적으로 인간 존엄성의 구현에 있다. 헌법은 "모든 국민은 인간다운 생활을 할 권리가 있다(헌법 제34조 제1항)."고 규정하였다. 이것을 「국민기초생활보장법」은 "이 법에 의한 급여의 기준은 건강하고 문화적인 최저생활을 유지할 수 있는 것이어야 한다(제4조 제1항)."고 했다. 그러면 무엇이 '건강하고 문화적인 최저생활인가?'하는 문제는 언제나 의문으로 남는다. 그 기준은 매년 보건복지부장관이 정하도록 하였다(제4조 제2항). 결국 인간다운 삶이란 시대와 상황에 따라 변할 수 있고 또 변해야 한다는 말이다. 그렇다면 인간의 삶이란 도대체 무엇이란 말인가 ?

한국 고어(古語)에 'ᄉᆞᄅᆞᆷ'이란 단어가 있다. 이것이 하나는 '사람'이라는 명사로 변했고 또 하나는 '사름'→'삶'이라는 동명사로 변했다. 결국, '사람'과 '삶'은 같은 어원을 가지고 있다. 삶을 한자로는 생활(生活)이라고 한다. 생활이란 사람에게만 쓰이는 말이다. 삶이란 단어도 사람에게만 쓰는 말이다. 이것은 인간의 삶은 생존의 의미 그 이상의 어떤 특징적인 요소가 있음을 뜻한다. 즉 인간의 삶에는 몇 가지 조건이 전제되어야 한다.

첫째, 인간의 삶에는 희로애락(喜怒哀樂)이 있어야 한다. (향유)

둘째, 인간은 그 희로애락을 느껴야 한다. (인식)

셋째, 그 희로애락을 서로 나누어야 한다. (대화)

이 세 가지 요건을 갖추지 못하면 인간의 삶이라고 할 수 없다.

이러한 조건을 가지고 우리의 삶을 비추어 보자. 과연 우리의 삶에는 희로애락이 있는가? 우리는 그 희로애락을 느끼는가? 그리고 그 희로애락을 가족이나 다른 누군가와 충분히 나누고 있는가?

시설에서의 삶이나 재가복지의 대상이 되는 공공부조 수급권자들의 삶이 바로 이러하지는 않은가? 이들에게 진정 희로애락이 있을까? 그 희로애락이 어느 정도나 될까? 그들은 누구와 희로애락을 나누는가? 이런 것들이 앞으로 가장 첨예한 복지의 문제로 등장할 것이다.

인간의 삶 가운데 존재하는 희로애락은 물질이 반드시 전제되는 것은 아니다. 때로는 풍요로운 물질이 있음에도 불구하고 희로애락이 없을 수 있다. 인생의 희로애락은 물질적 욕구와 반드시 상관관계에 있는 것은 아니다. 따라서 물질적 욕구충족과는 전혀 다른 방법으로 접근해야 하는 것이다.

모든 사람들, 비록 복지의 수혜자들에게도 그들의 삶에 희로애락이 있어야 하고, 그 희로애락을 함께 나눌 사람이 있어야 한다. 이런 점에서 앞으로는 복지의 수혜자와 공급자가 따로 있을 수 없다. 모두가 수혜자인 동시에 공급자가 되어야 한다. 이런 차원에서는 국가나 지방자치단체가 행정적으로 개입해서 해결할 수 있는 성질의 것이 아니다. 이것은 바로 지역사회 공동체의 몫일 수밖에 없다. 이것은 사회보장의 범위와 한계를 넘어서는 것이다. 광의의 사회복지 즉, 자원봉사와 지역사회복지의 필요성이 요구되는 부분이다.

## 제5절 향후 사회복지의 전망

서유럽에서도 복지국가 혹은 복지사회라고 할 때 달성하지 않으면 안될 목표가 있지만, 그것에는 한계가 있다. 즉 나라마다 새로운 욕구(needs)에 효율적으로 대처하기 위한 복지정책을 재검토할 필요가 있다는 데에 대해서 강경파의 견해가 강해지고 있다는 것이다. 특히, 동구 공산진영이 몰락한 후 전 세계적으로 보수회귀 경향이 나타나고 있다. 사회복지 예산을 삭감하고 경제성장정책을 우선으로 하고 있다. 이러한 시대적 변화를 정리하면 〈표 2-2〉와 같다.

**표 2-2** 복지이데올로기의 변화와 복지의 변화 형태[20)]

| | 복지문제 | 서비스내용 | 전달주체 | 재정 | 이데올로기 |
|---|---|---|---|---|---|
| 제1단계 | 빈곤 | 사회보험, 공공부조, 시설수용 | 공행정체계, 민간시설 | 국가, 자치단체, 민간법인 | 제1의 길: 보수주의(우파) |
| 제2단계 | 가족의 복지 기능상실 | 수발서비스 전문서비스 | 전문사회복지사, 일반사회복지사, 자원봉사자 | 국가, 자치단체, 민간법인 | 제2의 길: 사회민주주의(좌파) |
| 제3단계 | 비인간적 삶 | 삶의 나눔 | 전문사회복지사, 일반사회복지사, 자원봉사자, 지역주민 | 국가, 자치단체, 민간법인, 공동모금 | 제3의 길: 신자유주의 (신중도좌파) |

20) 제3의 길은 좌도 아니요, 우도 아닌 좌와 우를 초월하는 것이라 했다. 그러나 결국은 우와 좌의 장점을 취하지 않을 수 없다. 그렇다면 우의 요소가 많다고 보면 중도 우파요, 좌의 요소가 많다고 보면 중도 좌파로 규정된다. 기든스는 "구식 사회민주주의와 신자유주의를 뛰어넘는 의미에서 제3의 길"(한상진, 1999: 62)이라고 하면서 "쇄신된 사회민주주의는 중도좌파이어야 한다(앞의 책: 87)."고 했다.

제1단계는 인류의 오랜 역사를 통해 행해져 오던 사회복지의 시대와 산업혁명기부터 제2차 세계대전이 끝난 시기까지로 볼 수 있다. 이 시기는 보수주의의 우파가 지배하던 시기이다. 이 단계에서는 사회보장제도가 주된 대응수단이었다.

제2단계는 베버리지(Beveridge) 이후부터 1970년대까지 짧은 유럽의 복지국가 전성기라고 볼 수 있다. 개인의 자유가 극대화됨으로써 야기되던 온갖 사회적 부조리 현상에 대해 진보·개혁(극좌: 공산주의)사상이 확산되던 시기이다. 이에 대한 절충주의로 의회주의를 바탕으로 한 점진적인 개혁을 주장하던 사회주의를 우파에서는 좌파의 한 아류로 보았다. 복지주의는 자본주의의 모순을 극복해 보고자하는 수정자본주의의 하나로 사회주의적 평등의 이념을 도입하였다. 이 단계에서는 사회보장제도를 바탕으로 해서 사회복지서비스가 활발하게 발전해 갔다.

제3단계는 1980년대 이후부터 향후의 시기로 볼 수 있다. 복지국가 위기기의 신보수주의 영향으로 지역사회복지에서는 자조(self-help)를 강조하는 모델이 확산되었다(정무성, 2000: 186). 복지국가의 평등은 고부담 저생산의 결과를 초래하였다. 이러한 모순점을 극복하기 위해 개인의 책임을 강조하고 민간의 참여를 요구한다는 점에서 신자유주의라고 한다. 이 점에 대해서 기든스는 "신자유주의의 가장 두드러진 특징 가운데 하나는 복지국가에 대한 적개심이다."라고 표현했다. 하여튼 "오늘날 세계는 신자유주의 물결이 하나의 유행과 같이 퍼져나가고 경제의 국제화·세계화 추세와 맞물려 사회복지의 민간참여 요구는 어쩌면 피할 수 없는 흐름인 것 같다. 이 단계에서는 자원봉사활동과 공동모금운동을 중심으로 한 지역사회복지운동이 요구되고 있다.

# 제 3 장 사회보장의 원리·원칙

## 제1절 공공부조의 이념과 원칙

사회보장은 개인의 사회적 욕구를 사회 또는 국가가 최종적인 책임을 지고 이를 충족시키고자 하는 정책 및 제도를 말한다. 그 방법은 사회보험과 공공부조를 통해 수행한다. 사회보험은 보험의 원리를 도입하여 국가가 강제보험의 방식으로 수행한다. 그러므로 사회보험의 수급을 위해서는 보험에 가입하고 보험료를 납부할 것이 전제조건으로 요구된다. 이에 비해서 공공부조는 스스로 최저생활을 할 수 없으면 누구나 국가로부터 최저생활을 보장받을 수 있는 것이다. 따라서 공공부조는 〈표 3−1〉과 같은 기본이념을 바탕에 가지고 있다. 즉 보편적용의 이념, 최저생활보장의 이념, 국가책임의 이념이 그것이다.

표 3-1 공공부조의 이념구분

| 기본적 이념 | 파생적 원리 | 운용상의 원칙 |
|---|---|---|
| 보편적용 | | |
| 최저생활보장 | 필요적응 | 개별성과 구체성 |
| 국가책임 | 보충성 | 자산·근로능력의 활용<br>사적부양의 우선<br>타법우선적용 |
| | 자활조성 | 보조성 |

보편적용의 이념은 당초 모든 국민에서 오늘날 점차 모든 주민에게로 확산되어 가고 있다. 최저생활보장의 이념은 필요적응의 원리를 파생시킨다. 필요적응의 원리는 개별성과 구체성의 원칙을 요구한다. 국가책임의 이념은 모든 사람은 스스로의 복지를 위한 1차적 책임을 가지고 있음을 전제로 하고 있다. 따라서 국가책임의 이념은 보충성의 원리와 자활조성의 원리를 파생시킨다. 보충성의 원리는 자산·근로능력 등의 활용원칙, 사적부양의 우선원칙, 타법우선적용원칙을 요구한다.

## 1. 보편성의 이념(모든 국민에서 모든 주민으로)

### 1) 수급권자의 범위

모든 국민은 법률이 정하는 요건만 충족되면 생활이 곤궁하게 된 원인의 여하는 묻지 않고(낭비 또는 무능력이라도) 누구나 차별 없이 법률의 보호를 받을 수 있다는 것이다. 즉 현재의 상황이 곤궁하면 족하고 곤궁의 원인이 무엇이냐를 묻지 않는다. 따라서 생활이 곤궁한 모든 국민은 인종, 신앙, 성별, 신분에 관계없이 평등하게 보호를 받을 수 있다는 것이다(岸野駿太, 1970: 130). 이것을 「국민기초생활보장법」은 수급권자의 범위를 "수급권자는 부양의무자가 없거나, 부양의무자가 있어도 부양능력이 없거나 부양을 받을 수 없는 자로서 소득인정액이 최저생계비 이하인 사람으로 한다(제5조 제1항)."고 명문화하였다.

### 2) 대상범위의 확대과정

사회보장의 역사는 노동자들의 생활조건 향상을 위한 투쟁의 역사를 통해 발전해 왔다. 노동자들의 임금향상과 노동조건의 개선, 그리고 노동능력의 중단·상실에 대한 대비책 등을 중심으로 투쟁해 왔기 때문에 일차적 대상이 노동자였다. 그러나 노동능력이 없는 사람들에 대한 최저생활의 보장 등 보호대상의 범위가 확대되어 오늘날 모든 국민에 대한 최저생활보장이 보편화되었다. 이러한 노동자들의 생활향상에 대한 노력은 ILO(국제노동기구)를 통해 이루어졌다.

### 3) 내외국인 평등의 원칙

ILO(1962)는 다음과 같은 내용의 '사회보장에 있어서 내국인 및 비내국인의 균등처우에 관한 조약'을 체결하였다.

제2조 ① 각 가맹국은 다음에 드는 사회보장부문의 1 또는 2개 이상에 대해 본 조약의 의무를 수락할 수 있다. 다만, 해당 가맹국이 해당 부문에 대해 그 영역 내에서 자국민에게 실제 적용되는 법령을 가지고 있는 경우에 한한다.

(a) 의료 (b) 질병급여 (c) 모성급여 (d) 폐질급여 (e) 노령급여 (f) 유족급여 (g) 업무상 상해급여 (h) 실업급여 (i) 가족급여

제3조 ① 가맹국은 영역 내에서 본 조약상 의무를 수락한 사회보장부문에 관하여 다른 가맹국의 국민에게 균등한 처우를 하여야 한다.

제10조 ① 본 조약은 상호주의를 조건으로 하지 않으며 난민 및 무국적자에게 적용한다.

### 4) 상호주의 원칙

우리나라는 「국민기초생활보장법」을 외국인에게 적용하지 않는다. 다만, 이러한 조약에 따라 사회보험의 경우에 우리나라가 UN 및 OECD회원국이 되면서 호혜주의를 채택하여 상대방 국가에서 내·외국인 평등의 원칙을 적용하는 국민에게 대해서만 우리도 적용한다. 이러한 조처도 국제화, 세계화 추세에 따라 국제적인 압력에 의해 소극적으로 취한 것이다. 즉 예컨대 1995. 5. 1~19까지 제네바에서 열린 'UN 경제적·사회적·문화적 권리위원회'는 한국이 외국인 노동자를 포함한 사회주변계층의 욕구를 충족할 만큼 복지제도를 신속하게 확대하도록 촉구했다.

아울러 극빈자, 무주택자, 정신적·육체적 질병의 희생자에 대해서도 특별한 관심이 필요하다고 권고를 했다. 위원회는 "한국은 급속한 경제성장으로 경제·사회·문화권의 향유를 강화하기 위한 기초를 만들었고, 사회복지제도의 기본요소를 도입했다는 점은 인정하지만 사회적 권리에 대해서는 불충분한 조치만을 해왔으며 따라서 사회주변계층에 대한 복지제도를 신속하게 확대해야 할 것"이라고 충고했다. 이 위원회의 권고는 법적 강제성은 없으나 매년 5월, 11월 총회에서 그 이행여부를 검토한다.

## 2. 최저생활보장의 이념

생존권보장을 그 제도가 보장하고 있는 생활내용 면에서 본 원리인데, 이 제도에 의해서 보호를 받는 자는 최저한도의 수요가 충족될 수 있는 정도의 생활을 모든 국민에게 한결 같이 보장하는 원리이다. 「국민기초생활보장법」 제4조는 보호의 기준을 "건강하고 문화적인 최저생활을 유지할 수 있는 것"이어야 한다고 규정하고 있어 이 원리를 표명한 것이라 하겠으나 그 구체적 수준은 국가의 재정형편 등 여러 가지 상황들을 종합적으로 감안하여 법률을 통하여 구체화할 때 비로소 인정되는 법률적 권리라고 보는 것이 우리나라 판례의 태도이다. 다만 국민 각자는 소득의 고저, 직업의 차이, 가족의 대소 등을 감안한 최저한도의 생활이 객관적으로 보장될 수 있어야 하고, 또 이러한 보장을 위협하는 원인을 배제하는 조치를 취하는 것도 포함하고 있다(金翰周, 앞의 책: 196-197). 국민 개개인에 대한 최저생활보장이 실현되려면 필연적으로 개별성과 구체성이 고려되어야 한다. 이것을 필요적응의 원리라 한다.

### 3. 필요적응의 원리(개별성 · 구체성)

급여는 수급권자의 연령, 성별, 건강상태에 따라 개인 또는 세대의 실제적으로 필요한 것을 고려하여 유효하고 적절하게 행해야 한다는 것이다. 이 원칙은 기초생활보장의 기본원리로서의 기준 및 정도의 원칙에 대한 보완적 성격의 원칙이다. 그럼에도 불구하고 기초생활보장법은 이 원리를 채택하지 않았다. 즉 기준 및 정도의 원칙이 기계적 · 형식적으로 해석 적용될 때 법의 본래 목적이 오히려 흐려질 우려가 있어 법을 구체적으로 운영함에 있어 이러한 폐단을 방지하고 보완하기 위한 원칙이라 할 수 있다. 이것은 바로 개인의 사정에 따라 통상의 일상수요 이외에 특별수요가 있는 경우에는 당연히 이를 고려해 주는 것이 진정한 의미의 평등이요, 최저생활을 보장해 줄 수 있는 필수적인 원칙인 것이다(岸野駿太, 1970: 139-140).

종전에 우리나라는 필요에 입각하기보다 일률적으로 일정한 급여를 해왔으나 1992년부터 정부는 부족분보충급여방식으로 바꾸었다. 이 방식은 자산조사를 필수적으로 요구한다. 왜냐하면 최저생계비에 대한 부족분을 계산하기 위해서는 요보호대상자의 실제소득을 정확히 파악해야 하기 때문이다. 그러나 엄격한 의미에서 부족분 보충급여방식은 필요적응의 원칙에 대한 소극적인 형태일 뿐 필요적응의 원칙의 본래 의미를 반영한 것은 아니다.

### 4. 국가책임의 이념(권리성)

우리나라 「헌법」 제34조 제5항의 "생활능력이 없는 국민은 법률의 정하는 바에 의하여 국가의 보호를 받는다."는 규정에 따라 제정된 「국민기초생활보장법」에서는 "생활이 어려운 자에게 필요한 급여를 행하여 이들의 최저생활을 보장하고 자활을 조성하는 것을 목적으로 한다."고 했다(법 제1조). 이와 같이 「헌법」과 「국민기초생활보장법」은 생활능력이 없는 국민에 대해서 최저한의 생활을 보장해 줄 국가책임을 규정하고 있다.

개인의 최저생활에 대한 국가책임의 이념은 개인 스스로 자신의 능력을 최대한 발휘할 것을 전제로 하고 있다. 즉 국가책임은 개인책임을 전제로 이를 보완한다는 의미를 가지고 있다. 이러한 이념에서 보충성의 원리와 자활조성의 원리가 파생된다.

## 5. 보충성의 원리

보충성의 원리는 국가책임의 이념에서 파생되는 원리이다. 즉 「국민기초생활보장법」은 "이 법에 의한 급여는 수급자가 자신의 생활의 유지 · 향상을 위하여 그 소득 · 재산 · 근로능력 등을 활용하여 최대한 노력하는 것을 전제로 이를 보충 · 발전시키는 것을 기본원칙으로 한다(법 제3조 제1항)."고 하여 보충성의 원칙을 채택하였다. 공공부조법에 의한 보호는 보호를 받아야 할 자가 자기의 생활유지를 위해서 개인적으로 가능한 모든 수단을 다해야 하고, 그래도 최저한도의 생활을 유지할 수 없을 경우에 최종적으로 부족한 부분을 메워주는 것이다. 이것을 보충성의 원리라고 한다. 자신의 생계유지책임은 일차적으로 자신에게 있으므로 개인적인 모든 노력과 수단을 동원해야 하고, 그래도 최저한도의 생활을 못할 때 그 부족분을 국가가 메워준다. 즉 보충해 준다는 것이 법의 정신이다.

공공부조는 국민의 세금을 재원으로 해서 운용되므로 공평의 원리에 의해 수급자 자신의 노력이 먼저 요청되는 것이다(桑原洋子, 1982: 81). 즉, 공공부조는 자본주의 사회에 있어서 생활유지에 관한 자기책임의 원칙에 대한 보충적 입장에 있을 뿐 아니라 다른 한편으로 국가에 의한 기초생활보장 이외의 공적이거나 사적인 생활보장, 예컨대 사회보험, 공적연금, 사회복지관계 급여 등의 사회보장시책 및 친족 간의 사적 부양에 대해 그 부족분을 보충해 주는 입장에 있기 때문이다(岸野駿太, 1970: 131). 따라서 이 원리는 다른 사회보장법에서는 볼 수 없는 특징으로서 공공부조법의 내재적(內在的) · 본질적 지표인 것이다. 이와 같은 보충성 원리의 취지는 남구(濫救)의 폐단을 방지하기 위한 것이지만, 근본적으로는 자본주의 법질서의 전제인 자기생활책임의 원칙에서 비롯된 것이다(金裕盛, 1985: 286).

보충성의 원리는 재산 · 근로능력 등 활용의 원칙, 사적부양 우선의 원칙, 타법 우선의 원칙 등으로 구성된다.

### 1) 재산 · 근로능력 등 활용의 원칙

공공부조에 의한 급여는 수급권자가 자신의 생활의 유지 · 향상을 위하여 그 소득재산 ·

근로능력 등을 활용하여 최대한 노력하는 것을 전제로 이를 보충·발전시키는 것을 원칙으로 하고 있다(법 제3조 제1항). 따라서 소득과 재산이 있는 자는 우선 그 소득과 재산을 처분하여 자신의 생활유지를 도모해야 하고 근로능력이 있는 자는 스스로의 노력으로 자신의 생활유지를 도모해야 한다는 것을 원칙으로 하고 있다. 그래서 국가는 피보호자의 수입액을 파악하여 최저한도의 건강하고 문화적인 생활을 유지하는 데 꼭 보유할 필요가 있는 재산을 제외한 나머지 재산을 처분하는 등으로 해서 스스로의 힘으로 최저생활수준에 미치지 못하는 경우, 그 미달의 부분, 즉 차액에 해당하는 금품을 급여하는 것을 원칙으로 한다. 따라서 피보호자의 능력이 증가하여 자력으로 최저생활비에 충당할 만큼 증대되면 그 부분만큼 공공부조법에 의해 급여되는 금품을 감소시키고 마침내는 전혀 금품을 급여할 필요가 없이 자립하게 하는 데 있다.[1)]

### 2) 사적부양 우선의 원칙

「국민기초생활보장법」 제3조 2항에서 "부양의무자의 부양과 …은 이 법에 의한 급여에 우선하여 행하여지는 것으로 한다."고 규정하고 있다. 따라서 요보호자에게 부양의무자가 있는 경우 이 법에 의한 급여에 우선하여, 먼저 부양의무자의 의무이행을 청구하지 않으면 안 된다. 「국민기초생활보장법」은 부양의무자의 범위를 "수급권자의 1촌의 직계혈족 및 그 배우자"로 한정하였다(제2조 제5호). 그리고 부양의무자가 충분한 부양능력이 없을 뿐 아니라 요보호자의 재산과 부양 및 기타 부조를 가지고도 최저생활을 유지할 수 없는 경우에 그 부족분을 보충해 주는 한도에서 급여가 행해지는 것이다.

### 3) 타법 우선의 원칙

타법 우선의 원칙은 공공부조법 이외의 다른 법률에 정한 보호는 공공부조법에 의한 보호에 우선하여 적용된다는 것이다. 「국민기초생활보장법」 제3조 제2항은 "〈전략〉 다른 법령에

1) 여기서 재산이란 토지, 건물 등의 부동산, 자동차, 가구 등의 동산, 예금, 유가증권, 채권 등의 모든 적극적인 재산을 말한다. 어떠한 재산이 최저생활의 내용으로서 필요하고 어떠한 재산이 생활의 자금으로 쓰기에 적절한 것으로 처분해야 하는가는 국민의 생활상태에 따라 판단되어야 할 것이다. 독일의 경우 "가족의 규모, 특별한 수요상황, 주택의 가격 등을 고려하여 일상생활 및 직업활동을 수행하는 데 필요한 범위 내의 재산과 현금은 우선투입의무(優先投入義務)가 있는 재산에서 제외된다."고 규정하고 있다(전광석, 1990: 183-184). 「국민기초생활보장법」은 재산의 소득환산방식으로 이 원칙을 적용하고 있다.

의한 보호는 이 법에 의한 급여에 우선하여 행하여지는 것으로 한다. 다만, 다른 법령에 의한 보호의 수준이 이 법에서 정하는 수준에 이르지 아니하는 경우에는 나머지 부분에 관하여 이 법에 의한 급여를 받을 권리를 잃지 아니한다."고 하였다. 즉 「국민기초생활보장법」은 최종적으로 적용되는 공공부조법이다. 저소득자나 생활빈궁자에 대해 국가 또는 지방자치단체의 부조가 행해질 때도 공공부조에 의한 급여는 최저생활수준을 유지하는 데 필요한 정도를 보충해 주는 한도에서 부조가 행해질 뿐이다. 따라서 사회복지라는 관점에서 볼 때 공공부조법에 앞서 다른 법률에 정한 보호를 우선적으로 받게 하는 것이 요보호자의 입장에서 볼 때도 유리한 것이다. 여기서 말하는 그 외의 법령에 의한 보호는 사회보험 관련법들과 사회서비스 관련법 등의 다른 사회보장주체에 대한 청구권과 불법행위에 따르는 손해배상청구권 등이 여기에 속한다(전광석, 1990: 184). 그러나 타법에 의한 보호가 행해지기 전 긴급상황하에서는 공공부조법에 의한 긴급보호를 행해야 한다.

## 6. 자활조성의 원리

이 원리는 공공부조가 최저한의 생활을 보장하는 것일 뿐만 아니라 그 자립을 조장할 것을 목적으로 하고 있다는 뜻이다. 그래서 「국민기초생활보장법」은 "자활을 조성하는 것을 목적으로 한다(법 제1조)."고 했다.

사실 복지의 최고 이상은 모든 국민에게 최저생활을 보장해 주는 데 있는 것이 아니라 모든 국민이 스스로 자기의 생계를 유지할 수 있는 능력을 길러주는 데 있는 것이다.[2] 개인의 생활유지에 대한 일차적 권리와 책임은 자신에게 있다. 또 사실상 인간은 누구나 정도의 차이는 있지만, 인간으로서의 가능성을 다 가지고 있는 것이다. 그래서 이 가능성을 발견케 하고 이를 계발 · 육성시킴으로써 자신과 가족의 생계를 스스로의 힘으로 해결할 수 있다면 이보다 더 큰 보람과 행복은 없을 것이다. 따라서 「국민기초생활보장법」은 이 원리를 도입, 궁극적으로 모든 사람이 떳떳한 사회의 일원으로서 자부심을 가지고 살 수 있도록 하는 데 목적을 두고 있다. 정부가 말하는 생산적 복지이념도 자활에 그 목표를 두고 있는 것이다.

2) "물고기 한 마리를 주면 그것으로 하루를 먹고 살 수 있으나 물고기 잡는 방법을 가르쳐주면 그것으로 일생동안 먹고 살 수 있다."는 탈무드의 이야기를 흔히 사회복지의 이상이요, 목표라고 설명한다.

### 1) 열등처우의 원칙(The Principle of Less Eligibility)

1834년 영국의 구빈법 조사위원회보고서에 수록된 신구빈법의 운영원칙 중 하나이며 구제를 받는 빈민의 처우는 최하급의 독립노동자 수준보다 낮아야 한다는 것이다. 영국 구빈법이 개정된 1834년에 확인된 원칙의 하나로 구빈법에 의해 구제받는 빈민의 생활수준을 임금노동자의 층보다 낮게 책정하는 것이 당연하다는 이론이다. 1601년 엘리자베스 구빈법 이래 영국에서는 빈민들의 빈곤 원인을 나태 때문으로 보았다. 그래서 빈민구제에 투입되는 비용의 최소화를 위한 방향으로 법을 운용했다. 이에 기인하여 복지서비스의 이용자에 대한 처우는 엄격하게 제한하는 것이 당연하며 그렇지 않을 때 그들의 의존심을 조장시킨다고 주장했다.

### 2) 보조성의 원칙(The Principle of Subsidiary)

"모든 상위 질서의 사회는 하위 질서의 사회들에 대하여 도움의 자세(보조성)를 취해야 한다."는 원칙이다. 즉 "개인의 창의와 노력으로 완수될 수 있는 것을 개인에게서 빼앗아 사회에 맡길 수 없는 것처럼, 한층 더 작은 하위의 조직체가 수행할 수 있는 기능과 역할을 더 큰 상위의 집단으로 옮기는 것은 불의이고 중대한 해악이며, 올바른 질서를 교란시키는 것이다. 모든 사회활동은 본질적으로 사회 구성체의 성원을 돕는 것이므로 그 성원들을 파괴하거나 흡수해서는 안 된다."는 것이다(Pius XI., Quadragesimo anno, 1931, 35항). 결국 개인의 인간다운 삶은 일차적으로 개인의 권리이자 책임이라는 것이다. 도움은 개인이 스스로 일차적 책임을 다할 수 있도록 도와야지 국가나 상위집단이 그 책임을 대신해 주는 것은 옳지 않다는 것이다.

### 3) 자립장려(Incentive)의 원칙

베버리지(1942)는 그의 보고서(제1부 9항)에서 "사회보장은 반드시 국가와 개인의 협력으로 달성되어야 한다. 국가는 인센티브나 자립의 기회를 제공하는 것은 좋지만, 자립에 대한 책임감 등을 없애서는 안 된다. 국민최저선을 설정하는 데 있어 국가는 최소한의 것을 보장해 주고 그 이상의 것은 자발적으로 해결할 수 있도록 격려해야 한다."고 권고했다. 이것은 보조성의 원리와 같은 취지이다. 지나친 도움은 의존심을 키울 수 있고 자립심을 해칠 수 있다고 보았다.

## 제2절 베버리지 사회보험의 원칙

### 1. 균일한 생계급여의 원칙(flat-rate of subsistence benefit)

어떤 이유로 소득이 중단되었거나, 어느 정도의 소득이 중단되었거나 간에 똑같은 보험금을 지급한다는 원칙이다. 이것은 사회보장의 기본목표가 소득상실 이전의 생활수준을 계속 유지해 주는 데 있는 것이 아니라, 기본적 욕구를 만족시키는 최저생활을 확보해 주는 데 있기 때문이다.

### 2. 균일갹출의 원칙(flat-rate of contribution)

소득의 고하를 막론하고 누구나 똑같은 갹출금을 내야 한다는 원칙이다. 이것은 첫째 원칙이 받아들여진 이상 형평의 논리에 의해 당연히 따라오는 것으로서, 부자이든 가난한 사람이든 모두가 다 똑같이 내고 똑같이 받는다는 정신이다. 즉 급여가 균일하므로 갹출도 균일해야 한다는 것이다.

이것은 보편주의(universalism) 정신의 반영으로 평등의 상징이었지만 여러 가지 역기능을 초래하였다. 예컨대, 국민보험은 3가지 재원에서 그 기금이 조달되는데 즉, 사용자와 노동자가 부담하는 갹출금과 정부보조금으로 보험재정이 이루어진다. 여기서 정부보조금은 일반과세에 의해 마련되는 것이고, 세금은 부유층이 많이 내는 것이니까 결국 부유층이 보험료도 많이 내는 셈이 되어 사회보험은 이 점에서 소득재분배의 기능을 한다고 볼 수도 있지만 그 효과는 지극히 미미한 것이다. 따라서 국민의 최저생활을 보장하기 위해 보험급여의 수준을 올리려면 국고부담을 늘리던가 아니면 갹출금을 높여야 하는데, 갹출금을 높이기 위해서는 근로자의 부담능력에 제한을 받게 된다. 이렇게 되어 결국 갹출금을 더 이상 높일 수 없게 되고 따라서 베버리지의 국민최저생활을 달성하고자 하는 기본목표마저 달성하지 못한다는 결과를 초래하게 되었다.

### 3. 행정책임 통합의 원칙(unification of administrative responsibility)

당시 영국에서는 기존의 사회보험과 그에 관련된 사회보험은 여러 상이한 중앙부처와 각 지방자치단체, 그리고 각양각색의 수많은 공익조합들에 의해 운영되고 있어 각 기관마다 상이한 원칙과 절차에 따라 처리되고, 자금과 노력의 낭비도 많았다. 따라서 경비절감과 부처 및 제도 간의 상호 모순을 없애기 위해 운영기관을 통일해야 한다는 것이다.

베버리지는 사회보장성을 신설하여 이 모든 기능을 하나로 흡수·통합하여 운영하고, 그 산하에 지방마다 사회보장국을 두어 모든 피보험자를 망라하도록 건의하였다.[3)]

## 4. 적절한 급여의 원칙(adequacy of benefit)

급여는 국민의 최저생활을 보장하는 데 그 금액이 적절한 수준의 것이어야 하고 적시에 지급되어야 한다는 원칙이다. 베버리지는 라운트리(Seebohm Rowntree)의 빈곤선(poverty line)을 최저생활수준으로 응용했다.

## 5. 적용범위의 포괄성의 원칙(comprehensiveness)

사회보험의 적용대상이 포괄적이라야 된다는 것이다. 여기에는 적용대상과 욕구(needs)가 모두 포괄적이라야 한다.

① 대상의 포괄성: 신분이나 수입에 관계없이 전국민이 대상이 되어야 한다는 원칙이다. 즉 특정 계급이나 직업집단에 한정될 것이 아니라 전 국민이 의무적으로 가입되는 것이어야 한다. 따라서 여태까지는 노동자를 대상으로 했으나 이제부터는 지금까지 보험에서 제외되었던 모든 계층에게 확대되어야 한다.

② 욕구의 포괄성: 모든 욕구를 포괄해야 한다는 원칙이다. 실업, 질병, 노령뿐만 아니라

3) 우리나라의 경우 1977년 의료보험이 처음 시행될 당시에는 조합방식으로 운영했다. 이때 조합의 수가 직장조합 140개, 지역조합 227개, 공무원·교직원조합 1개 등 모두 368개의 조합이 있었다. 이와 같이 직장, 지역, 공무원·교직원 의료보험조합 간에 보험료 부과기준 등이 상이함에 따라 동일한 소득일지라도 조합별로 보험료가 다를 뿐만 아니라, 직장가입자 간에도 조합에 따라 상이한 보험료를 적용받았다. 따라서 도시와 농어촌조합 간, 지역과 직장조합 간의 재정형편이 현격하게 차이가 나고 행정비용의 과다한 지출 등 여러 가지 문제점이 지적되었다. 이에 따라 부담능력에 따른 적정한 보험료 부과와 조합 간 재정수지 불균형 등을 해소하고 비효율적인 조직관리 운영비의 절감 등을 위하여 의료보험 통합이 필요하였다.
그러나 조합주의와 통합주의의 주장이 팽배한 채 논쟁만 치열하다가 김대중 정권 때 통합조치를 단행하여 행정·관리비를 대폭 절약할 수 있었다. 1997년 227개 지역조합을 통합하여 국민건강관리공단을 만들었고 2000년에는 직장의료보험조합을 공단에 통합시켰다. 그 후 2003년에는 마침내 직장과 지역재정을 통합하였다. 그리고 2011년에는 4대 사회보험의 징수업무를 통합하였다.

과부와 고아와 같이 부양자 상실의 위험, 그리고 장례, 혼인, 출산 등과 같이 특별 지출의 경우도 포함되어야 한다. 그리고 사보험(私保險)처럼 면책범위를 넓히거나 엄격한 면책조항이 있어서는 안 된다.

## 6. 대상의 계층화의 원칙(classification)

이것은 최저생활의 차이 그리고 발생사고의 종류에 따라 구분하여 보험을 조정해야 한다는 것이다. 사회보험은 재산에 관계없이 모든 국민을 대상으로 하지만 그 적용에 있어서는 전 인구를 몇 개의 계층으로 구분할 필요가 있다고 보았다. 이것은 통상적 의미에서의 경제적 · 사회적 계층을 의미하는 것은 아니다. 베버리지는 전체 국민을 6개의 계층으로 분류하였다.

① 피고용인 즉, 평소의 직업이 고용계약에 의하여 고용되어 있는 자
② 고용주, 상인, 기타 독립 노동자를 포함한 자영업자
③ 가정주부처럼 중요하지만 무보수에 종사하는 자
④ 그 밖에 취업연령에 속하는 비취업자(non-employed)
⑤ 취업연령 미달자(15세 미만) … 아동수당을 지급
⑥ 취업연령을 초과한 퇴직 자(남자: 65세, 여자: 60세 이상) … 퇴직연금을 지급

베버리지는 다음과 같은 이유를 들어 아동수당의 필요성에 대해서 주장하고 있다(송규범, 1983: 224).

① 크기가 각각 다른 가족에 대한 국민생활최저액(National Minimum)은 임금제도로서는 확보할 수 없다.
② 아동에 대한 부가적 부조가 없으면 임금이 실업수당보다 별로 높지 못하거나 자칫하면 오히려 낮아질 위험이 있다.
③ 출산율이 낮아지는 상황에서 아동들을 최대한 보호할 필요가 있으며, 뿐만 아니라 더 많은 자녀를 갖도록 최대한 장려할 필요가 있다. 베버리지는 아동수당에 대해서 첫 아이는 제외하고 둘째부터 지급하는 것이 좋다고 건의하였다. 그것은 자녀의 양육책임을 국가와 부모가 나누어 갖도록 하려는 의도에서이다.

## 제3절 ILO의 사회보장 원칙

1952년 제35회 ILO[4]총회에서 채택된 제102호 조약이 「사회보장의 최저기준에 관한 조약」이다. 이 조약은 사회보장의 발전에 획기적인 전기를 마련하였다. 이 조약은 사회보장에 있어서 중요한 세 가지 원칙을 결의했다. 그것은 사회보장에 있어서 ① 대상의 보편성, ② 비용부담의 공평성, ③ 급여수준의 적절성이다.

### 1. 대상의 보편성 원칙

사회보장에 있어 국민의 각계각층을 망라하는 전체 국민을 포괄적으로 적용해야 한다는 원칙을 말한다. 이 원칙은 1941년 뉴욕 시에서 열린 제25차 ILO총회에서 '대서양헌장의 지지에 관한 결의' 중에 나오는 것인데, 대서양헌장 제5장 '8개의 공동원칙' 중 "보다 나은 근로기준, 경제적 진보 및 사회보험을 모든 사람에게 확보하고자 하는 목적을 가지고 경제적 분야에 있어서 국민 상호 간에 충분한 협력을 가져오도록 희망한다."는 내용이 있다. 이것을 지지한다는 것은 ILO가 모든 국민이 사회보장의 대상이 되어야 한다는 보편적 보호원칙을 확인하게 된 것이다. 이로써 지금까지 노동자 전용의 사회보험이 모든 국민에게 확대, 전국민의 생활보호 수단으로 된 것이다. 그러나 이러한 보편적 보호원칙은 모든 사고나 급여에 해당되는 것은 아니고 전체 국민에게 공통적으로 일어나는 의료의 공적 서비스, 가족수당, 무갹출연금, 자산조사(means-test)에 의한 공공부조 등에 한정되고, 일부 계층만이 대상이 되는 '업무상 재해'(예: 산재보험) 등에는 이 원칙이 적용되지 않는다.

이러한 '보편적 보호원칙'은 개발도상국의 경우, 일시에 전 국민을 대상으로 한다는 것은 불가능한 일이기 때문에 장기적인 목표 아래 점진적으로 확대시켜 나갈 수밖에 없겠지만, 이런 경우에도 '대상의 보편적 보호원칙'이 이행되고 있다고 본다.

4) ILO는 1919년 베르사유 조약에 의해 국제연맹의 독립기구로 설립되었다. 그 후 1946년 ILO와 UN 간에 관계협정이 승인되어, ILO는 최초의 UN전문기구가 되었다. 1993년 11월 현재 회원국 수는 168개국에 달한다. 우리나라는 1982년 제68차 총회부터 옵서버로 참가했으며, 1991년 12월 우리나라가 UN회원국이 되면서 동시에 ILO에 가입하게 되었다. 이러한 우리나라와 ILO와의 관계로 보아서도 알 수 있듯이 우리나라의 사회보장 수준은 ILO의 기준에 훨씬 못 미치고 있다. 이제 UN 가입국이 되었고 동시에 ILO 가입국으로서 조약을 비준함과 동시에 이를 준수할 의무를 다하기 위해서라도 사회보장의 수준이 한층 발전하게 될 것으로 보인다.

사회보장에 관한 제118호(1962) 「사회보장에 있어서 내국인 및 비내국인의 균등처우에 관한 조약」 제3조는 "가맹국은 영역 내에서 본 조약상 의무를 수락한 사회보장 부문에 관하여 다른 가맹국의 국민에게 균등한 처우를 하여야 한다(한국기독교사회문제연구원, 1985: 74)."고 하여 사회보장에 있어 「내 · 외국인 평등대우의 원칙」으로까지 확대시켰다. 그러나 우리나라의 경우 상호주의를 채택하고 있다.[5)]

## 2. 비용부담의 공평성 원칙

「사회보장의 최저기준에 관한 조약」(1952) 제71조에는 사회보장의 재정에 관한 기본원칙이 3개항으로 규정되어 있다.

### 1) 비용 공동부담의 원칙

사회보장은 그 비용을 공동부담으로 하되 그 원칙은 다음과 같다.

① 재원은 보험료(insurance contribution) 또는 세금으로 충당한다.

② 자산이 적은 자에게 과중한 부담이 되지 않도록 하여야 한다.

③ 피보험자의 경제적 상태를 고려하여 결정해야 한다.

### 2) 피고용자의 비용부담 한계의 원칙

보험료에 대한 피고용자의 부담 한계는 피보험자계층의 직접보호를 위해서 지급되는 재원의 50%를 초과해서는 안 된다. 그 나머지는 사용자부담, 특별세수입, 일반재정으로부터의 보조금, 자본수입 등으로 충당되어야 한다. 이것은 갹출금에 대한 불가침 원칙을 말하는 것으로 즉, 피보험자로부터 갹출되는 보험료는 피보험자들에게 직접 지급되는 보호비용으로만 사용되어야 하며, 인건비 · 관리비 등 기타 비용에 충당되어서는 안 된다는 것을 뜻한다.

5) 우리나라는 이 규정에 따라 「사회보장기본법」에서 외국인에 대한 평등대우의 원칙을 규정하였다. 그러나 다음과 같이 상호주의를 채택함으로써 저개발국가에서 온 산업근로자들에게는 이 규정이 사실상 아무런 도움이 되지 않는다. 「사회보장기본법」 제8조(외국인에의 적용) 국내에 거주하는 외국인에 대한 사회보장제도의 적용은 상호주의의 원칙에 의하되, 관계법령이 정하는 바에 따른다.

### 3) 국가책임의 원칙

어떤 경우든 보험 자체의 수지로는 운영이 어려울 경우에 궁극적으로 국가가 책임을 져야 한다는 원칙이다.[6)]

## 3. 급여수준의 적절성 원칙

급여수준의 적절성 원칙은 보험의 급여수준 및 급여방법에 관한 원칙을 말한다. 사회보장은 현금급여를 원칙으로 하고 "부득이한 경우를 제외하고는 일시급여 대신 정기적 급여를 권장한다.[7)] 그 이유는 계속적인 생활보호의 방법으로 가장 적절한 수단이기 때문이다." 이러한 정기급여에 대해서도 3가지 원칙을 제시하고 있다.

### 1) 부양수준의 원칙

사회보장의 총액과 수익자의 자력(資力)을 합한 것이 최저생활이 되도록 하려는 원칙이다. 따라서 이 원칙은 자산조사(means-test)를 요건으로 하는 공공부조의 규정이라고 볼 수 있다. 이러한 원칙이 실효를 거두려면 생계비의 변동에 따르는 급여조정이 필요하고, 특히 장기급여에 있어서는 '급여의 등시성'으로서의 현금보상제도라 할 수 있는 연동제(sliding system)가 채택되어야 한다. 연동제에는 임금연동방식과 물가연동방식이 있다.

### 2) 균일급여의 원칙

보험급여는 어느 수급자에게도 동액의 급여를 행한다는 원칙이다. 이것은 최저기준선까지는 누구라도 동일하게 확보시켜 준다는 뜻이다. 최저의 요구를 필요로 하는 주민이 비교적 많은 나라에서는 이 제도가 환영받고 있다.

6) 우리나라가 현재 처해있는 각종 사회보험재정의 위기로 사회보험 자체를 불신하는 현상이 있는데, 이 원칙에 의하면 어떤 경우에도 보험이 파탄되는 현상은 없게 된다. 다만, 국가책임이란 국가예산으로 감당한다는 뜻인데 이것은 결국 국민의 부담이 된다는 뜻이다.

7) 이러한 원칙에도 불구하고 우리나라의 연금들은 과거 대부분 일시금으로 지급하여 연금 수혜자는 금리 인하로 최저생활마저 위협을 받게 되었고, 보험재정은 고갈되는 현상을 초래하였다. 따라서 연금의 경우 일시금제도는 폐지하는 것이 마땅하다.

이 원칙은 보장급여가 기본급여와 부가급여로 이원화되어 있는 경우 기본급여에 적용되는 것이다. 우리나라의 경우 국민기초생활보장에 이 원칙이 적용되어야 할 것이다.

### 3) 비례급여의 원칙

급여수준은 각 개인이 사회적으로 영위하는 생활의 정도가 모두 다르기 때문에 그것에 상응하는 정도의 급여수준이 되어야 한다는 것이다. 이것은 각 개인의 임금 · 보수 등에 비례하는 급여를 행하는 것으로서 '개인별 급여제'라고도 한다. 이러한 지급방법의 채택은 자본주의 사회가 지니는 자유의 양을 최대한으로 보장하는 하나의 방법이 되기도 한다.[8)] 이것은 베버리지의 동일급여의 원칙과는 다른 것이다.

## 제4절 세계노동조합연맹(WFTU)의 원칙

ILO가 UN 관련 국가 간 기구인데 반해 세계노동조합연맹(the World Federation of Trade Unions; WFTU)[9)]은 비정부 민간기구이다. 이러한 점을 감안해서 볼 때 사회보장에 대한 태도는 훨씬 진보적이고 노동자의 편에 훨씬 유리한 주장을 담고 있다. WFTU는 1961년 Moscow(구 소련) 제5회 세계노동조합대회에서 「사회보장헌장」(Social Security Charter)을 채택하였다(김태성 · 김진수, 2001: 109). 사회보장헌장은 세계노동조합연맹(WFTU)의 사회보장에 관한 기본적인 사고와 목표를 일반적 · 개괄적으로 밝힌 것이다. 이 헌장은 1953년에 열린 WFTU의 Wien(Austria) 국제사회보장회의의 사회보장강령을 이어받아 발전시킨 것으로서 노동조합 국제조직의 사회보장에 관한 견해를 나타냈다는 데 그 의의가 있다.

헌장은 서문에서 사회보장은 노동자들의 기본 권리라 하였다. 사회보장의 목적은 노동능력의 감퇴 또는 일시적 · 항구적으로 상실하는 경우 노동자들의 완전한 보호를 보장할 수 있어야 한다. 동시에 뜻하지 않은 사회적 재해에 대해서 노동자를 보호하며 그에 대한 예방조치를 강구하는 것이라 하였다. 그리고 참된 사회보장제도는 자기의 노동으로 생활하고 있는

8) 그러나 이 원칙을 지나치게 강화하면 연금으로 인한 새로운 빈부격차라고 하는 사회악을 초래할 위험이 있다.

9) WFTU는 1945년 10월 파리에서 열린 WTUC(World Trade Union Congress: 세계노동조합회의)에서 연합국들이 파쇼(fascio)에 반대하여 결성하였다.

사람, 일할 수 없는 사람, 일시적 또는 영구적으로 노동능력을 잃은 사람 모두와 그 가족에게 아무런 재정적 부담 없이 법률로 보장된 기본적인 사회적 권리를 가질 수 있어야 한다고 했다.

그 자세한 내용은 다음과 같다.

① 노동자 무갹출의 원칙

② 의료의 사회화 원칙: 전액무료의 의료제도 확립

③ 사회적 위험의 포괄 원칙: 질병, 출산, 신체장애, 실업, 사망

④ 적용대상의 포괄성 원칙: 농업노동자, 가사노동자, 계절노동자, 견습공, 소농민, 소작인, 학생, 자영업

⑤ 무차별 적용의 원칙

제1항 노동자 무갹출의 원칙은 ILO의 '피보험자(노동자)의 경제적 상태 고려' 주장보다 한 발 더 진전된 것이다. 그리고 '의료의 사회화', '위험의 포괄 원칙', '적용대상의 포괄', '무차별 적용' 등은 획기적인 주장이라 할 수 있다.

# 제 4 장 사회보장의 기초이론

## 제1절 사회보장의 목적과 기능

사회보장제도는 본질적으로 국민의 최저생활보장을 목적으로 한다. 최저생활을 규정짓기 위해서 빈곤선을 설정하고 빈곤선 이하의 소득을 절대적 빈곤으로 보고 사회보장의 대상으로 삼았다. 그러나 절대적 빈곤이 어느 정도 해소된 시점에서 점차 상대적 빈곤으로 발전하게 되었다. 상대적 빈곤은 평등을 목표로 하고 있다. 이를 위한 수단으로 소득재분배정책을 쓰게 되었다. 또한 사회보장정책은 자본주의 사회의 격심한 소득격차로 인한 사회적 위기를 극복하기 위한 대책으로 등장한 것이다. 따라서 사회보장정책은 사회공동체의 형성이라는 목표를 가지고 있다. 이렇게 볼 때 사회보장은 최저생활보장, 소득재분배, 사회공동체 형성이라는 목표를 가지고 있다.[1] 이에 반해 소득재분배는 사회보장의 수단일 뿐 목적으로 볼 수 없다는 견해도 있다(申守植, 1995: 212).

### 1. 최저생활보장 기능

모든 국민의 인간다운 생활에 대해서 국가적인 관심을 갖게 된 것은 산업혁명 이후부터이다. 봉건사회가 무너지고 근대 산업사회가 대두되면서 야기된 노동문제를 자본주의 경제체제 자체가 내포하고 있는 모순에서 발생하는 것으로 보고, 이들 노동자들이 가지고 있는 여러 가지 병리 현상에 대처하기 위한 정책 또는 제도를 총칭해서 사회정책이라 했다. 그것은 산업혁명 후 노동자들의 빈곤화와 그에 따른 노동운동이 사회문제의 핵심을 이루었기 때문이다.

자유자본주의 사회에서는 자본가와 노동자 간의 경쟁에 있어 노동자는 항상 약자의 편에

1) 이인재는 사회보장의 목적을 기본생활보장, 소득재분배, 사회적 연대감의 증대라고 하여 본 서와 같은 견해를 가지고 있다(이인재 외, 2000: 27-29). 김태성 등은 보호기능, 분배기능, 생산성 기능을 사회보장의 기본적 기능으로, 사회·정치적 기능을 그 파생적 기능으로 보고 있다(김태성·김진수, 2001: 74).

놓이게 되었고,[2] 노동자들의 빈곤, 질병 등은 언제나 사회문제를 야기하는 주된 원인이 되었다. 이러한 문제들이 오늘날 사회복지정책의 발상이 되었다. 산업혁명 당시의 노동문제에 대응해서 나온 노동정책이 오늘날 사회복지에로까지 발전해 온 과정을 단계적으로 살펴보면 다음과 같다.

영국에서 빈곤문제를 가장 큰 사회악으로 보고 국가가 이를 제거해야 한다고 생각하기 시작한 것은 1900년대에 와서다. 이와 같이 공공부조의 역사가 사회보험의 역사보다 늦은 것은 "스스로 일을 하는 노동능력자도 최저생활을 보장해 주지 못하는데 스스로 일을 하지 못하는 노동무능력자를 먼저 돌볼 수 없다."는 사고방식 때문이었다.[3] 이런 사고(思考)로 인해서 1940년대에 와서야 비로소 영국에서는 오랜 역사를 가진 구빈법으로부터 근대적인 공공부조제도에로의 전환이 이루어졌다. 이때에 와서 빈곤이 개인의 무지나 나태 때문만이 아니라 저임금 및 실업 등 사회적인 요인에 의한 것이라는 빈곤의 사회적 책임을 겨우 깨닫기 시작했다. 따라서 최저생활의 보장은 국가의 책임이므로 국민은 이의 보장을 받을 권리를 가진다는 '복지권'이 인정되었다.

인간다운 삶의 기준을 처음으로 과학적으로 설정하고자 시도한 것은 1899년 라운트리(Benjamin Seebohm Rowntree, 1871~1954)에 의한 사회조사였다. 라운트리는 건강한 생활을 유지하기 위한 최소한의 생활필수품을 획득하기에 불충분하다면 빈곤하게 살고 있다고 보아야 한다(1차적 빈곤)고 했다. 신체적 건강과 노동력을 유지하는 데 필요한 기본적인 필수품을 구입할 수 있는 정도의 비용" 즉, 최소한의 광열비, 집세, 식품비, 피복비, 가정이나 개인적 잡비 등을 충당할 최소한의 수입이 있어야 한다는 기준을 빈곤선(poverty line)으로 설정했다. 이러한 기준으로 보았을 때 당시 뉴욕 시의 빈곤인구 비율은 27.84%였다.

라운트리는 1936년에 같은 지역에서 두 번째 빈곤조사를 실시하였다. 이때에는 신문, 책값, 라디오, 맥주, 담배, 휴가, 선물비 등을 포함하였다. 이렇게 빈곤선의 수준을 높였음에도 불구하고 빈곤인구는 18%로 처음의 반 정도로 감소했다. 그 후 1950년에 같은 뉴욕 시의 세

2) 이 말을 최근 우리나라에서 유행하는 용어로 표현하자면 자본가는 언제나 '갑'의 위치에 있고 노동자는 언제나 '을'의 위치에 있다는 것이다.

3) 1601년 엘리자베스 구빈법 이래의 영국 구빈제도는 모든 국민의 최저생활보장에 대해 소극적인 태도를 취했다. 빈곤의 원인을 개인의 나태함으로 보았고 따라서 빈민구제를 가능한 한 회피하려는 태도를 취했다. 빈곤을 사회제도의 결함에 있다고 보고 적극적으로 빈곤정책을 수립한 것은 20세기에 들어와서 1948년 국가부조법이 제정됨으로써 국민의 생존권이 보장되게 되었다. 우리나라가 생활보호법에서 「국민기초생활보장법」으로 바뀐 것과 같은 맥락으로 볼 수 있다.

번째 빈곤조사에서는 빈곤인구가 1.5%에 불과했다. 이미 영국은 완전고용을 달성했고 성공적인 복지정책으로 복지국가를 달성하였다. 1950년대는 이미 풍요로운 사회(affluent society)가 되었다. 이것은 사회적 · 경제적으로 발전하여 전반적인 생활수준이 크게 향상되었음을 말해준다.

그러나 현실적으로 빈곤계층의 소득이 과거보다 크게 향상했다 하더라도 사회 전체가 골고루 소득이 상승했다면 빈곤계층은 언제나 상대적으로 열등한 위치에 그대로 있게 된다. 따라서 상대적 빈곤이 중요하게 된다. 이것은 소득의 불평등 분배를 전제로 한 개념으로 평등의 이념이 사회복지에서 새롭게 중요시된 것이다. 이에 따라 사회보험의 다양한 발전이 1950~1960년대에 유럽 각국에서는 크게 향상하면서 오늘날 유럽 복지국가의 기틀을 마련하게 된다. 사실 오늘날 소위 복지선진국이라고 불리는 유럽의 여러 나라에서는 빈곤의 문제는 18 · 9세기의 양상과는 전혀 다르다. 사회보험과 공공부조로 이루어지는 사회보장의 기능이 효과를 거둔 것이다.

제2차 세계대전을 경험하면서 영국은 현대전에서 국민의 일체감이 얼마나 중요한지를 절감하였다. 티트머스(R. M. Titmuss)는 현대전의 수행을 위한 전제조건은 사회기강의 확립인데 사회기강은 극심한 사회적 불평등이 존재하는 한 불가능하다고 설명함으로써 사회보장의 주요 목표를 불평등의 해소에서 찾고 있다(김상균, 1986: 48).

## 2. 소득재분배 기능

사회보장은 성립 당시에 모든 국민의 최저생활보장이라는 목적을 가지고 출발했다. 그래서 베버리지는 사회보장의 원칙으로 균일갹출 균일급여의 원칙을 제시했다. 그 후 ILO는 1952년 「사회보장의 최저기준에 관한 조약」에서 몇 가지 기본원칙을 설정했는데, 그것은 사회보장의 재원은 공동으로 하되 보험료 또는 세금으로 충당하고 자산이 적은 자에게 과중한 부담이 되지 않도록 해야 한다는 것이다. 급여에서는 수준의 적절성 원칙을 제시하고 어떤 경우에도 최저생활이 되도록 해야 한다고 했다. 또 세계노동조합연맹은 노동자 무갹출의 원칙을 제시하고 있다. 그뿐만 아니라 오늘날 선진국에서는 최저생활수준을 측정하는 빈곤의 개념이 절대적 빈곤에서 상대적 빈곤으로 바뀌어가고 있다. 이러한 현상들은 점차 평등을 지향하고 있으며 사회보장이 모든 국민의 평등한 삶을 위해 소득재분배의 기능도 어느 정도 수행해야 한다는 방향으로 진전되어 가고 있다. 따라서 사회보장의 1차적 목적은 모든 국민의 최저생활보장이라 해도 2차적으로는 계층 간 소득재분배의 목적을 가지고 있다고 보아야 할 것이다.

사회보장을 이루는 공공부조와 사회보험을 볼 때 공공부조는 전액 세금이 재원이 되고 세금은 누진률이 적용되므로 그 누진의 범위 한도에서 소득재분배의 효과가 가장 잘 나타난다. 연금의 경우 현행 국민연금에서 저소득자는 보험료를 적게 부담하고 급여는 비례적으로 많이 받도록 구성되어 있으므로 그 범위 안에서 소득재분배가 이루어진다고 볼 수 있다. 건강보험과 고용보험의 경우에는 소득에 비례하여 보험료를 납부하지만 반드시 소득에 비례하여 급여를 받는 것은 아니기 때문에 재분배가 일어난다고 볼 수 있다. 산재보험은 사용자가 보험료를 부담하고 노동자는 급여만 받는다.

소득재분배가 일어나는 형태로는 계층 간의 재분배와 계층 내의 재분배, 계급 간의 재분배와 계급 내의 재분배, 시간적 재분배와 공간적 재분배로 구분된다. 우리나라 연금은 시간적 재분배 형태의 적립방식(accumulation of funds)[4]을 채택하고 있다. 이에 비하여 부과방식(pay-as-you-go)[5]은 현 세대의 생계를 다음 세대에 전가하는 방식이다. 이것은 보통 세금으로 이루어진다.

이와 같이 사회보장제도를 통해 다양한 형태의 소득재분배가 나타나지만 사회보장을 통해 소득재분배의 효과가 나타나야 한다는 주장에는 소득계층 간의 소득재분배 효과가 있어야 한다는 뜻이다. 이런 점에서 우리의 국민연금은 보험료의 산정기준이 되는 표준소득월액표의 상한선[6]이 제한되어 있고 누진제가 전혀 채택되지 않고 있다. 따라서 소득재분배의 기능을 못하고 있다. 그러나 어느 정도의 소득재분배가 적절한가에 대한 논의는 시대와 장소에 따라 달라진다. 그리고 어쩌면 이 문제는 인류의 영원한 과제인지도 모른다(자세한 내용은 제5장 참조).

## 3. 사회공동체 형성 기능

퍼니스와 틸톤(Furniss & Tilton, 1979: 28)은 복지국가가 지향하는 가치를 평등, 자유, 민주주

4) 이것은 소득이 있을 때 보험료의 형태로 적립했다가 소득이 없을 때 연금의 형태로 급여를 받는 방식이다. 따라서 이런 경우에는 적립금의 운용이 매우 중요하게 된다.
5) 매년 연금급여 비용을 산출하여 그 해의 예산에 반영하는 방법이다.
6) 2014.7.1.~2015.6.30. 기간의 표준소득월액의 하한선은 224,000원, 상한선은 4,080,000원이었다.

의, 공동체의식(solidarity; 결속, 연대), 안정성, 경제적 효율성을 들고 있다. 사회구성원들의 극단적 빈부격차는 구성원들의 공동체의식을 말살시킨다. 공동체란 '한 성원이 다른 성원과 함께 있을 때 편안함을 느끼며 일상적으로 생활이 되풀이되는 가운데 놀라움이 없이 서로서로 친숙하게 마주칠 수 있는 잠재적이거나 실질적인 대면 집단'이라 할 수 있다(愼鏞廈, 1987: 25). 결국 사회복지의 이상은 공동체인 것이다. 다시 말하면 인류사회가 지향하는 목표는 공동체요, 사회복지는 그 수단이다.

### 1) 자유 · 평등 · 우애

현대 복지국가의 기본이념은 사회적 평등에 기초하고 있다. 근대 시민운동에서 부르짖은 자유, 평등, 우애는 서로 분리될 수 없는 하나의 가치인 것이다. 자유와 평등이라는 서로 모순되는 두 개념이 공존할 수 있기 위해서는 우애라는 가치개념이 매개가 되지 않으면 안 된다. 사회구성원 모두의 번영과 행복을 위해서 자본주의는 자유를 지상덕목으로 내세우고 사회주의는 평등을 제일 우선순위로 친다. 자본주의의 '자유'에는 '평등'이 자리할 곳이 없고, 사회주의의 '평등'에는 '자유'가 설 자리가 없다. 이렇게 볼 때 자본주의는 차등을 전제로 하기 때문에 소외계층이 생기게 되므로 사회불안을 야기하고 사회주의는 평등을 지향하므로 저성장을 초래하여 인간다운 생활을 보장하지 못한다. 이것은 (옛)소련을 비롯한 공산권의 몰락과 오늘날 북한 사회의 참상이 이를 증명해 주고 있다. 동시에 복지국가도 불평등을 감소시킨다는 의미에 있어서 정도의 문제일뿐 결코 평등주의적인 것은 아니다. 특히 유럽 복지국가들의 위기론과 소련 공산진영의 몰락사태를 초래했고 세계적인 우경화 현상을 초래했고 자본주의 국가이든 복지국가이든 간에 더욱 평등주의와는 멀어지고 있다. 이것이 오늘날 인류사회가 직면하고 있는 딜레마인 것이다.

### 2) 자유냐? 평등이냐?

지금까지 자본주의 진영에서는 개인의 자유를, 사회주의 진영에서는 사회적 평등을 제일 순위로 추구했지만 이것들을 제도라는 수단을 통해 강제에 의존했기 때문에 어느 것도 달성할 수 없었다. 근대 시민사회가 추구하고자 했던 덕목 중에서 우애라는 개념을 망각하고 있었기 때문이다. 자유, 평등, 우애가 동시에 공존하는 사회를 만드는 것이 우리의 목표가 되어야 한다.

미쉬라(Mishra)는 공동체적인 특징을 가진 사회나 집합체는 일정 정도의 연대감을 유지해야 한다고 지적한다(남찬섭, 1996: 92). 이는 이타주의를 표현하는 제도나 실천은 사회의 정상적인 특징의 하나라는 것을 의미한다고 했다. 이러한 점에서 사회복지는 공동체의 결과일 뿐만 아니라 목적이기도 하다는 점을 일깨우고 있다.

### 3) 사회통합: 공동체

전통적으로 사회통합과 사회통제의 유지는 종교가 담당해 왔다. 가난한 자와 병자 그리고 도움이 필요한 자를 돌보는 것, 부자에게 자선을 권장하고 가난한 형제에 대한 그들의 의무를 상기시키는 것, 구조(救助)를 조직하고 공동체의식을 유지시키는 것, 이 모든 것들은 농업사회에서 종교기관이 수행하던 훌륭한 통합 기능이었다(남찬섭, 1996: 95). 역사적으로는 초대 그리스도교의 공동체와 오늘날 종교의 수도공동체에서 공동체의 전형을 찾을 수 있다.

티트머스는 "사회행정이 통일적인 관심을 갖는 일차적 영역은 통합을 증진시키고 소외를 추방하려는 사회제도들이다"라고 했다. 그의 이러한 정의는 사회통합에 초점을 둔 것이지만 사회통합으로서의 복지라는 개념이 전혀 없는 것은 아니다. 사회복지의 기능주의적 분석은 '공동체' 또는 '연대'의 개념을 복지와 연결시킴으로써 '이타적' 행위의 주요 결과들뿐만 아니라 이타적 행위의 중요한 변천에도 주의를 기울이게끔 하고 있다(남찬섭, 1996: 97). 여기서 우리는 이념이 제도를 통해서 구현될 수 없음을 알게 된다. 이념은 이를 실현하려는 사회구성원들의 적극적인 의지가 있을 때 달성될 수 있는 것이다. 이러한 의지는 인간의 한계성 때문에 지속적인 교육과 운동(movement)이 필요하게 된다.

## 제2절 사회보장의 성립조건

베버리지는 사회보장제도를 검토하면서 모든 국민의 최저생활이 보장되기 위한 전제조건의 일부분으로서 '고용의 보장'을 들었다. 즉 사회보장 계획이 성공하기 위해서는 아동수당, 보건 및 재활서비스, 고용유지(maintenance of employment)가 전제되어야 한다고 했다(Beveridge, 1958: 154-164). 또한 그는 1944년 '자유사회에서의 완전고용'에서도 완전고용은 국민의 최저생활보장의 전제조건으로서 필요하다고 주장하였다. 즉 사회보장은 갑자기 소득이 중단된 경우에 이를 보상하기 위한 소득보장으로 간주하였는데 노동력을 가진 경제활동인구가 평소에 자신의 능력을 발휘하여 정규적인 수입을 획득해야만 가능하다고 보았다. 따라서 이러한 조건이 충족되지 않으면 소득보장은 아무런 의미를 가질 수 없다.

## 1. 완전고용

### 1) 완전고용의 의의

완전고용(full employment)이란 실질임금하에서 일하기를 원하는 사람이 모두 고용되는 상태를 말한다. 이것은 구조적 실업 이외의 실업이 존재하지 않는 경제상태 즉, 개개인의 노동형태에 맞는 임금수준에서 일하기를 원하는 사람이 고용되어 있는 상태를 뜻한다.[7)]

흔히 공산국가에서는 완전고용이 이루어진다고 한다. 그러나 개인의 노동형태에 맞는 고용조건이란 고려되지 않는다. 다시 말하면 직업선택의 자유가 없다. 현재 우리나라의 경우 고학력자와 청년실업이 많다. 그럼에도 불구하고 소위 3D업종에는 인력난을 겪고 있다. 2012년도 우리나라 평균실업률은 3.3%이고 청년실업률은 9.0%였다.[8)] 이러한 현상은 당분간 계속될 것이고 청년층 취업난은 지속될 것으로 전망된다. 이와 같은 구조적이고 만성적인 실업이 극복되지 않는다면 실업보험을 비롯한 사회보험 및 공공부조 등의 사회보장정책은 무력하게 된다. 이런 상황에서는 보험수입(보험료)의 감소와 보험급여(보험료)의 증대를 초래하게 되어 보험재정을 파산시킨다. 이런 측면에서 완전고용정책은 사회보장의 전제조건이 된다.

### 2) 사회보장의 전제조건으로서의 고용보장

또한 양차 세계대전 기간 중에 영국 사회는 실업의 극단적인 증가로 인해 커다란 사회적 혼란을 겪었는데, 기존에 운영되고 있던 실업보험은 이러한 상황을 감당하지 못해 제 기능

7) 실업은 실업의 원인에 따라 다음과 같이 구분한다. 자발적 실업(voluntary unemployment)은 일할 의사와 능력을 가지고 있으나 임금 등 노동조건이 맞지 않아 일하지 않는 상태를 말하고, 마찰적 실업(frictional unemployment)이란 노동의 수급관계에 있어 일시적 불균형으로 생기는 실업을 말한다. 비자발적 실업(involuntary unemployment)은 일할 의사와 능력을 가지고 있으나 생산물에 대한 충분한 유효수요가 없기 때문에 생기는 실업이다. 만성적 실업은 만성적 불황에 의해 발생하는 장기적이고 고율적인 실업을 말한다. 구조적 실업은 산업구조의 변화와 함께 필연적으로 발생하는 만성적 장기 실업으로 경기가 회복된 후에도 없어지지 않는다.

8) OECD(2013.7.16.), *Employment of Labour Market Statistics*(database).

을 발휘하지 못하고 실패하였다. 미국과 유럽의 국민경제에서 실업자가 백만 명이나 되었던 1929~1932년간의 세계경제대공황 이후 경제정책의 첫째 목표가 완전고용이었고, 국민경제에서 고용수준이 매우 낮은 경우엔 사회보장의 안전망은 제 기능을 발휘하지 못한다는 의견이 제시되었다. 따라서 사회보험이 제 기능을 발휘하기 위해서는 고용의 보장이 선결되어야 한다는 인식이 확산되었다. 결국 베버리지는 고용의 보장을 사회보장의 일부가 아닌 전제조건으로 보았다.

제2차 세계대전 후 오스트리아는 독일과 함께 패전국이 되었고 경제·사회적 여건은 서유럽에서 가장 열악한 조건에 처하게 되었다. 이러한 조건들을 극복하고 오스트리아는 사회적 동반협력제도(Social Partnership)라는 독특한 사회·경제제도로 지속적인 경제성장을 이룩하였다. 그러나 1970년대를 지나면서 유럽은 오일쇼크로 인한 경제적 어려움을 당하게 되어 OECD 국가 대표들은 1981년 파리에서 '위기에 처한 복지국가' 문제를 다루기 위한 대책회담을 갖게 되었다. 이 자리에서 '지난날 오스트리아의 성공이 앞으로도 계속될 것인가'에 대해 크라이스키(Bruno Cleisky)[9]는 다음과 같은 선결조건이 이루어진다면 오스트리아는 계속적인 성공이 가능할 것이라고 장담했다(OECD, 1981: 179). 그 선결조건이란 경제성장이 3.5% 이하로 떨어지지 않을 것과 실업률이 이웃 나라들보다 높지 않아야 한다는 것이었다. 만약 경제성장률이 지나치게 낮아지면 실업문제가 심각해질 것이고, 실업률이 높아지면 지출균형(balance of payments)을 깨트리게 될 것이기 때문이라고 했다.

결국 사회보장제도는 다양한 원인으로 인한 소득의 중단사태에 대응하는 소득보장정책이므로 대량실업이나 장기간 실업 등은 보험재정의 수입감소와 지출증대를 가져와 재정파탄을 초래할 수 있다는 것이다. 따라서 사회보장제도가 건전하게 발전하기 위해서는 그 전제조건으로 완전고용정책을 강화해야 한다.

## 2. 최저임금제의 실현

### 1) 최저임금제의 의의

최저임금제(minimum wage)란 국가가 법률로서 임금의 최저한을 강제적으로 규제하는 제도

9) 크라이스키는 1970~1983년까지 오스트리아의 수상으로 집권했다. 이 기간 동안 그는 오스트리아의 전후 복구에 성공을 거두어 오스트리아 부흥의 아버지로 칭송을 받았다.

를 말한다. 다시 말하면 법률에 의해 최저임금 이하로 노동자의 고용을 금하는 제도이다. 국가가 임금결정에 개입하여 임금의 최저수준을 결정하고 사용자에게 그 지급을 법적으로 강제하는 제도라 할 수 있다.

자유자본주의 사회에서는 원칙적으로 임금은 사용자와 노동자 간의 자유로운 계약에 의하여 결정된다. 이런 의미에서 최저임금제는 이 원칙에 대한 중대한 예외가 된다. 이러한 최저임금제는 구체적으로 국가의 경제구조를 바탕으로 하여 노동자와 사용자 간의 합의점을 찾되, 자본가들의 이윤추구에 큰 지장을 초래하지 않는 범위 내에서 정해진다. 이것이 최저임금제의 한계점이기도 하다.

### 2) 최저임금제의 목적

최저임금제도의 정책적 목적은 ① 임금을 높이고, ② 임금생활자의 소득을 증가시키고, ③ 수준 이하의 근로조건이나 빈곤의 제거를 도모하며, ④ 임금생활자의 노동력 착취를 방지함으로써, 궁극적으로 ⑤ 소득재분배의 효과를 얻고자 하는 데 있다. 결국 최저임금제 그 자체가 사회보장적 기능을 가지고 있다고 볼 수 있다.[10)]

### 3) 최저임금제와 사회보장과의 관계

최저임금제와 사회보장과의 관계를 살펴보면 다음과 같다.

10) 이런 의견에 반대하는 견해도 있다. 최저임금제는 실업을 유발할 것이고, 최저임금제로 임금이 인상된 노동자는 결과적으로 해고된 노동자와 다른 산업노동자의 희생의 대가로 얻은 것이라는 비판이다(전용덕, 대구대 경제학). 이런 논리에 따라 최근 고용노동부가 고령자 최저임금 삭감을 추진해 논란이 되기도 했다. 최저임금제는 정부가 노동시장에 개입하여 저임금 노동자들의 임금을 올림으로써 이들의 생활을 개선하고 빈곤 축소, 분배 개선에 기여하는 정책이다. 그 대신 고용이 줄고, 실업이 늘어날 수 있다고 경제학 교과서는 가르친다. 시카고학파 등 보수 성향의 경제학자들이 이 제도에 반대하는 이유도 바로 그것이다. 그런데 1980년대 말부터 종래의 통설을 뒤엎는 연구 결과들이 나오기 시작했다. 청소년들을 많이 고용하는 맥도널드, 켄터키 프라이드 치킨(KFC) 등을 대상으로 해서 최저임금의 고용효과를 조사한 경제학자들은 최저임금이 올라도 고용은 줄지 않는다고 결론을 내렸다. 1996년 미국 대통령 선거에서 이 문제가 주요 쟁점이 되었다. 빌 클린턴 대통령은 경제학계의 새 연구를 바탕으로 최저임금 인상을 공약으로 내걸었다. 공화당은 경제에 악영향을 준다며 인상에 반대했다. 선거 결과는 클린턴의 승리였고, 그는 곧 최저임금을 시간당 4.25달러에서 5.15달러로 대폭 올렸다. 결과는 클린턴의 임기 내내 경제는 호조였고, 고용도 완전고용에 가까웠다. 최저임금을 대폭 올렸는데도 실업은 늘지 않았다. 한국이 최저임금제를 도입할 당시 이미 세계 70여 개국이 최저임금제를 시행 중이었으니 한국은 경제발전수준에 비해 아주 늦게 법을 제정했음을 알 수 있다. 당시 재계와 보수파에서는 제도 도입에 강하게 반대했으나 그들이 우려했던 고용 감소는 일어나지 않았다(이정우, 경북대 경제학).

① 최저임금제는 사회보험의 급여수준 및 공공부조의 기준이 될 수 있다. 최저임금제의 확립은 사회보장의 급여수준을 향상시키는 데 영향을 미친다. 공공부조의 수준은 비록 열등처우의 원칙(principles of less eligibility)이 적용된다 해도 모든 국민의 인간다운 생활을 위한 최저생활보장의 기반이 될 수 있다. 열등처우의 원칙이 적용되지 않으면 근로자의 노동의욕을 상실케 할 수 있기 때문이다.

② 사회보장의 재원에서 근로자의 갹출금은 임금비례제가 일반적 원칙이다. 따라서 임금이 너무 낮으면 사회보장의 재정에 파탄이 올 수 있다. 이를 막기 위해 국고의 부담이 커질 수 있다.

③ 저임금에 따른 비례갹출－비례급여의 원칙을 적용하면 저부담－저급여가 되는데 이것은 모든 국민의 인간다운 생활에 대한 보장이라고 하는 사회보장의 의의와 기능을 기대할 수 없게 된다. 따라서 최저임금제는 사회보장의 전제조건이 된다.

### 4) 사회보장의 전제조건으로서의 최저임금

베버리지가 사회보장의 전제조건으로 아동수당, 보건 및 재활서비스, 고용유지를 제시한 반면, 프랑스의 라로크(Laroque)는 소득보장을 노동자가 각종 사고를 당하여 소득이 중단된 경우에 대한 보상으로 보는 베버리지 구상의 협소성을 비판하였다. 그는 1940년대에 '프랑스의 사회보장계획'에서 베버리지의 최저생계 개념을 수용하면서도 프랑스의 사회·경제적 여건을 고려하여 현대 프랑스의 사회보장제도의 골격을 마련하는 데 기여하였다.

그의 사고(思考)에서 주목할 것은 소득보장을 무엇보다도 임금정책으로 간주한다는 점에서 베버리지와 다르다. 즉 사회보장을 소득 그 자체의 지속적인 보장과 연관시켜 바라봄으로써, 베버리지의 사후대책적인 대처방안보다 진일보한 내용을 담고 있다고 할 수 있다. 그는 아무리 고용이 보장되더라도 저임금수준에서는 생활의 질을 개선하기 위하여 노력한다 하더라도 그 노력의 결과는 한계를 가질 수밖에 없으므로 양 중심보다는 질 중심의 보장의 중요성을 강조하였다. 따라서 그는 완전고용과 함께 임금정책(최저임금제)에 의한 소득재분배를 의도하였다. 그 후 영국에서도 베버리지 이후 사회보장의 또 하나의 전제조건으로 최저임금을 들고 있다. 그 배경은 설사 고용유지가 만족할 만하더라도 저임금 노동자의 수가 많으면 사회보장의 실시가 어렵기 때문이다(孫鶴奎, 1982: 16).

사실 임금이 근로의 대가라는 측면을 고려한다면 학력별·능력별 차이 등에서 발생하는 임금격차를 인정하지 않을 수 없는 실정이다. 이렇게 임금격차가 존재한다면 근로자의 복지수준은 제한적일 수밖에 없다. 따라서 임금을 단순히 근로의 대가만이 아니고 복지차원의 의미를 찾도록 해야 한다. 우리는 일반적으로 임금을 생계비 중심의 의미로만 인식하기 쉬우나 생계 차원을 넘어서 인간에게 쾌적한 삶을 영위할 수 있는 의미로 그 범위를 확대시킬 필요가 있다. 그렇다면 근로의 조건도 임금 중심에서 벗어나 임금 이외의 제반 요소 즉, 복지시설, 여가 등 근로환경의 개선에 이르기까지 그 폭을 넓혀야 될 것이다. 따라서 경제학이 추구하는 궁극적 목적이 인간의 삶의 질을 높이는 데 있다고 할 때 지금까지 양 중심의 경제학에서 질 중심의 경제학으로 변화시키는 노력이 강화되어야 할 것이다. 그러나 임금이라는 요소가 갖고 있는 중요성은 매우 큰데 즉, 생활의 기본요소가 바로 임금(소득)으로 결정되기 때문이다.

저임금수준에서 아무리 생활의 질을 개선하기 위하여 노력한다고 하더라도 그 노력의 결과는 한계를 가질 수밖에 없다. 생활의 여유를 갖는다는 것도 결국은 생활에 소요되는 소득이 있어야 한다는 것은 명백한 사실이다. 그런데 이러한 문제를 보완하기 위한 대책이 마련되어야 하는데 그렇게 하기 위해서는 최저임금제와 같은 제도가 있어야 한다. 최저임금제가 실시되지 않으면 다수의 저임금 노동자들에 대한 최저생활을 공공부조를 통해 보장할 수밖에 없고 이것 또한 사회보장 재정의 압박요인이 될 수밖에 없다. 따라서 최저임금제의 실현은 사회보장이 건전하게 발전할 수 있는 전제조건이 되는 것이다.

### 5) 최저임금의 기원과 그 기능

최저임금제의 기원은 〈표 4－1〉에서 보는 바와 같이 1894년 뉴질랜드의 산업조정중재법이다. ILO(조약 제26호, 「최저임금제도의 설립에 관한 조약」, 1928)도 최저임금제에 관한 조약 체결과 실시를 권고해 왔다. 사실 지나친 저임금은 노동력의 단순재생산을 어렵게 만든다. 노동력의 안정적인 재생산이 어려우면, 자본가 측에서 보더라도 영리추구의 지속적인 수단이 끊어지게 되고 사회적으로도 사회 전체의 재생산 기반이 흔들리게 되므로 지나친 저임금은 개선할 필요가 있다.

우리나라 「최저임금법」은 "근로자에 대하여 임금의 최저수준을 보장하여 근로자의 생활안정과 노동력의 질적 향상을 기함으로써 국민경제의 건전한 발전에 이바지함을 목적으로 한다(제1조)."고 규정하고 있다. 이 법에 의하여 "사용자는 최저임금의 적용을 받는 근로자에 대하여 최저임금 이상의 임금을 지급하여야 한다(제6조 제1항).” 따라서 최저임금에 미달하는 근로계약은 무효이며, 임금부분에 대해서는 최저임금액과 동일한 임금을 지급하기로 계약한 것으로 본다(법 제6조 제3항). 또한 법에 의한 최저임금을 이유로 종전의 임금수준을 저하시켜서는 안 된다(법 제6조 제2항).

**표 4-1** 세계 각국의 최저임금과 사회보험의 성립연도

| 국명 | 최저임금제 | 의료보험 | 노령보험 | 산재보험 | 실업보험 | 가족수당 |
|---|---|---|---|---|---|---|
| 영국 | 1909 | 1911 | 1908 | 1897 | 1911 | 1945 |
| 프랑스 | 1915 | 1928 | 1910 | 1898 | 1905 | 1932 |
| 독일 | 1923 | 1883 | 1889 | 1884 | 1927 | 1954 |
| 오스트리아 | 1918 | 1888 | 1906 | 1887 | 1920 | 1948 |
| 헝가리 | 1923 | 1891 | 1928 | 1907 | 1957 | 1938 |
| 이탈리아 | 1926 | 1912 | 1919 | 1898 | 1919 | 1937 |
| 네덜란드 | 1920 | 1913 | 1913 | 1901 | 1919 | 1939 |
| 스웨덴 | – | 1891 | 1913 | 1901 | 1934 | 1947 |
| 노르웨이 | 1918 | 1909 | 1936 | 1895 | 1906 | 1946 |
| 뉴질랜드 | 1894 | 1938 | 1898 | 1908 | 1930 | 1926 |
| 호주 | 1906 | 1944(질병)<br>1912(출산) | 1909 | 1902 | 1944 | 1941 |
| (구)소련 | – | 1912 | 1922 | 1912 | – | 1944 |
| 일본 | 1959 | 1922 | 1947 | 1947 | 1971 | – |
| 한국 | 1986 | 1977 | 1988 | 1964 | 1995 | – |

출처: 佐藤 進, 社會福祉の法と行財政, 東京: 勁草書房, 1980, p.32.
주: 우리나라 최저임금법은 1986년 12월 31일 법률 제3927호로 제정되었다.

## 제3절 사회보장의 주요 논점

### 1. 자본주의 대 사회주의

#### 1) 자본주의의 장 · 단점

사회보장제도는 자본주의 국가와 사회주의 국가에 따라 전혀 다른 모습으로 나타난다. 그것은 자본주의와 사회주의의 자유와 평등에 대한 기본 가치가 다르기 때문이다. 전통적인

보수적 관점에서는 자유에 더 큰 비중을 두고 진보적인 관점에서는 평등에 더 비중을 둔다. 사회보장의 목적을 어디에 두느냐의 문제도 자유냐 평등이냐에 따라 달라진다. 따라서 자본주의와 사회주의의 자본에 대한 관점이 어떻게 다르냐 하는 문제를 바로 이해하는 것이 매우 중요하다.

자본주의는 모든 재화가 상품화되고 사람의 노동력도 상품이 되어서, 생산수단을 가지는 계급이 그것을 가지지 못한 계급의 노동력을 이용하여 잉여가치의 생산을 추구하는 경제조직을 말한다. 즉 생산수단을 가진 자본가 및 기업가의 이익추구를 위해서 행해지는 결정에 따라 좌우되는 경제조직이다. 자본주의하에서의 노동자들은 임금을 받고 노동을 제공하는 단순한 생산도구로 전락하게 된다. 이러한 자본주의는 사유권 절대의 원칙, 계약자유의 원칙, 과실책임의 원칙을 이론적 바탕으로 하고 있다. 따라서 자본주의는 개인주의와 자유주의를 전제로 한다. 자본주의는 사회의 생산력 발전에 대해서 전근대적인 속박을 타파하고 거대한 생산력과 자연에 대한 위대한 지배력을 인류에게 제공해 준 것도 사실이다. 그러나 자본주의는 인간이 인간을 착취하는 것을 배제한 것이 아니라 오히려 더욱 가혹한 형태의 노동착취가 나타났다. 자본가 계급은 점점 비대하여 사회적 생산력의 결과와 그 혜택을 독점했다. 또 소수의 사람들이 부를 축적함으로써 노동자 계급의 빈곤과 궁핍은 누적되어 갔다. 자본주의의 이러한 폐단은 자본의 운용을 전적으로 개인의 자유에 맡겼기 때문에 일어난 현상이라고 보고 자본의 운용을 사회가 맡아야 한다는 주장에서 나온 것이 사회주의이다.

### 2) 자본주의의 대안으로서의 사회주의

사회주의는 자본주의 경제 원리인 개인주의에 대한 반대 원리로서 사회주의라고 불렀다. 즉 자본의 소유와 관리를 개인의 자유에 맡기게 되면 필연적으로 자본을 가진 자와 갖지 못한 자로 사회를 양분하게 되어 온갖 사회악을 발생시키므로 자본의 소유와 관리를 사회가 맡아야 한다는 주장이다. 오늘날 우리가 말하는 사회의 양극화(兩極化) 현상을 우려한 것이다.

자본주의의 경제체제는 개인적 이윤추구를 목적으로 하고 생산수단의 사적 소유와 자유경쟁을 수단으로 삼고 있는 제도로서 개인의 소유, 개인의 경쟁으로 되어 있는 경제적 개인주의이다. 이러한 자본주의는 여러 가지 모순과 병폐를 가지고 있었는데, 예컨대, 생산의 무정부성, 자본의 집중, 자원의 낭비, 실업과 빈곤의 증대, 주기적 공황, 제국주의와 전쟁 등은 자본주의의 원리인 개인주의에 그 원인이 있다고 보았다. 따라서 이러한 모순을 없애기 위해서는 자본주의의 원리인 개인주의를 폐지하고 반대로 사회주의로 대치해야 된다는 것이다. 그래서 초기 사회주의는 생산수단의 사회적 관리에 의해 자유·평등·사회정의를 실현하고자 하는 사상 또는 운동으로 출현했다. 이러한 사회주의의 극단적인 형태가 공산주의이다.

### 3) 사회주의의 극단적인 형태: 공산주의

공산주의는 여러 가지 사회주의 중의 하나로 볼 수 있다. 사유재산제도를 부정하고 공유재산제의 실현으로 빈부의 차를 없애려고 하는 주의와 주장을 말한다. 즉 사회의 모든 구성원이 재산을 공동소유·공동관리하는 제도이다.

마르크스(K. Marx)에 의하면 자본주의 사회에서 노동자는 충분한 대우를 받지 못하고 대부분을 자본가들에게 착취당함으로써 노동자들은 사회의 약자로, 또 빈자로 언제나 소외되어 있다는 것이다. 그래서 인간은 "개인의 능력에 따라 일하고 필요에 따라 분배 받는다."고 하는 이상을 공산주의라고 내세워 자본주의는 자체의 모순 때문에 언젠가 스스로 붕괴된다고 주장해 왔다. 그러나 아직도 자본주의는 몰락하지 않고 있을 뿐만 아니라 오히려 세계 공산진영이 몰락해 버린 현실에서는 더 이상 설득력을 잃고 말았다. 이렇게 볼 때 자본주의와 사회주의 어느 것도 완전한 것은 아니다. 그래서 자본주의의 단점을 보완함으로써 자본주의의 장점을 살려보자는 의도에서 나온 것이 수정자본주의이다.

### 4) 수정자본주의

수정자본주의는 노사 간의 대립이나 실업, 공황, 격심한 빈부의 격차 등 자본주의의 여러 모순점을 국가의 개입 등에 의하여 완화함으로써 자본주의 사회의 발전과 영속을 도모하려는 주의와 주장을 말한다. 이것은 자유주의의 결점을 수정·보완한다는 점에서 '수정자유주의' 또는 '진보적 자유주의'라고도 한다.

수정자본주의는 자본과 경영의 분리로 자본을 대중이 소유함으로써 소수지배를 막고 경영은 전문 경영인에게 맡겨 사회적 책임에 따라 주주·경영자·노동자의 협의에 의하여 운영케 함으로써 자본의 소유와 비소유에 따른 계급적 대립이 해소된다고 본다. 또 국가가 적극 개입하여 기업투자를 통제함으로써 자본주의의 모순을 제거하고, 누진세와 사회보장제도를 통해 사회계층 간의 소득을 평준화함으로써 갈등을 없애주고, 유효수요를 증대함으로써 불황을 극복하려는 주장이다. 이것은 생산성 향상이라는 자본주의의 장점을 살리면서 또한 자본주의의 여러 가지 모순을 없애고자 하는 주장이다. 이렇게 볼 때 사회복지주의는 자본주의 체제를 유지하면서 그 장점을 살리고 단점을 보완해 보자는 일종의 수정자본주의라고 할 수 있다.

### 5) 성장이냐? 분배냐?

사회주의나 수정자본주의가 다 같이 사회적 약자나 소외된 자를 없애보자는 목표는 같으나 그 방법과 수준(정도)이 다르다. 사회주의는 평등을 요구하지만 자본주의는 차등을 요구한다. 수정자본주의는 어느 정도의 차등을 인정한다. 사회복지주의는 최저한도의 생활수준까지는 평등을, 그 이상은 차등을 인정한다. 그러나 그 차등의 적정선을 설정한다는 것은 결코 용이하지 않다. 이를 위한 변수가 너무나 다양하기 때문에 어쩌면 그 적정선을 영원히 찾지 못할지도 모른다. 자본주의는 성장을 지향하고 사회주의는 분배를 지향한다. 자본주의는 자유를 지향하고 사회주의는 평등을 지향한다. 이러한 상호 모순 개념이라 할 수 있는 성장과 분배, 자유와 평등이 조화를 이룰 때 인류는 평화를 향유할 수 있을 것이다. 그러나 어쩌면 이러한 조화는 영원히 인간세상에서는 달성할 수 없는 그야말로 이상(理想; Ideal)인지도 모른다. 그래서 이것은 이념(Ideology)인 것이다.

## 2. 개인책임 대 사회책임

빈곤은 개인의 책임인가? 아니면 사회의 책임인가? 이 논쟁은 아마도 인류의 종말 때까지 계속될 것이다. 이 문제는 개인의 가치관 또는 정치적 이념(ideology)에 따라 달라진다. 보수적 입장에서는 개인의 무능력, 게으름 등 개인적 책임으로 본다. 진보적 입장에서는 자본주의 경제체제 그 자체에 기인하는 사회적 책임으로 본다. 이 양자의 입장 사이에서도 각각 다양한 관점의 차이를 보인다.

개인의 책임으로 본다 해도 개인 자신이 통제할 수 있는 부분 즉, 개인의 교육·기술 등에 대한 투자의 부족 때문이라고 보는 시각과 개인 자신이 통제할 수 없는 부분 즉, 타고난 능력의 부족, 나쁜 운 때문이라고 보는 시각이 있을 수 있다. 또한 사회의 책임이라고 본다 해도 취업 기회와 임금을 결정하는 노동시장의 구조에서 나타나는 문제점으로 보는 시각과 자본주의 경제체제의 속성에서 비롯되는 문제점 때문이라고 보는 관점이 있을 수 있다(이두호, 1991: 90). 빈곤의 원인을 어떤 관점에서 보느냐에 따라 그 해결책도 달라진다.

영국의 구빈법(1601)은 빈곤의 책임이 개인에게 있다는 것을 전제로 시행되었다. 따라서 가능한 한 구빈법의 보호대상에서 제외시키려는 입장을 취했다. 당시에는 빈곤을 나태 또는 개인적 무능력 때문이라고 보았다. 빈민을 치안판사가 다룬 것도 이 때문이다. 이런 이유로 오랜 세월 동안 구빈법은 가난한 자들의 공포의 대상이었던 것이다. 그러나 이제 가난은 개인의 책임이 아니라 사회의 책임이라고 보고 가난한 자들에게 지급되는 급여는 당연한 권리일 뿐만 아니라 충분한 급여가 되어야 한다는 것이다. 이러한 입장에서 수급권자들의 복지권을 주장하면서 그들에게 낙인(stigma)의식이 생기지 않도록 해야 한다고 주장한다. 한편에서는 수급권자들의 태도가 뻔뻔스럽고 감사하는 마음이 없다는 비난을 한다. 반대로 점심을 굶는 학생들에게 자원봉사자들이 도시락 배달을 해도 받아먹는 학생이 없다고 한다. 차라리 점심을 굶더라도 자존심에 손상을 받기 싫다는 것이다. 이러한 논쟁은 결론이 있을 수 없고 case by case로 해결해야 할 것이다.

## 3. 선별주의 대 보편주의

제2차 세계대전 후 유럽이 경제적으로 호황기를 누릴 때 유럽 여러 나라들은 복지국가로서의 기틀을 닦았다. 이즈음 영국에서는 요람에서 무덤까지 국민의 건강과 복지에 대하여 책임을 지는 복지국가임을 자랑으로 내세웠다. 베버리지는 이 원칙을 사회보험과 공공부조에 적용했다. 사회보험은 보험에 대한 기여를 조건으로 보험급여를 지급하지만 공공부조는 최저생활 미달의 조건만으로 급여를 행하는 것이다. 따라서 최저생계비 미달의 조건을 확인하기 위해 자산조사(means-test)를 요구하게 되었다. 여기서 수급자의 낙인의식(stigma)이 문제가 되었다.

사회복지급여에서 선별주의(selectivism)와 보편주의(universalism) 논쟁이 처음 일어난 것은 영국의 학교급식에서이다. 학교급식을 저소득층 자녀들에게만(선별적으로) 무료로 급식한데서 무료급식 아동들의 낙인의식이 문제로 제기된 것이다. 그래서 모든 학생들에게(보편적으로) 무료급식을 시행하였다.

복지재정의 운용에 있어서 효율성과 효과성을 따질 때 대안으로 선별주의를 내세운다. 선별주의는 피보호자의 인권과 낙인 논쟁을 불러일으킨다. 이와 같이 보편주의와 선별주의는 서로 상반되는 장·단점을 가지고 있다.

보편주의와 선별주의로 구분해서 본 것은 티트머스(1976)가 처음이었다. 라이언(John Augustine Ryan, 1865~1945)은 보편주의(universalism)와 예외주의(exceptionalism)로 표현했다. 결국 모든 국민을 대상으로 하느냐 또는 어떤 문제를 가진 국민만 대상으로 하느냐의 문제다. 이 양자는 각각의 장·단점을 가지고 있다. 보편주의는 행정을 간소화시킬 수 있고, 사회통합을 가져올 수 있다. 그러나 자원의 낭비요소가 많고 높은 의존성을 초래할 수 있다. 선별주의는 비용효과성 측면에서는 좋고 복지 의존성이 낮아 자립심을 길러줄 수 있다. 그러나 수혜자에게 낙인감(stigma)을 남기게 되고 행정비용이 많이 들며 사회분열을 가져올 수 있다.

선별적 복지의 가장 큰 단점은 낙인의식인데 이것은 행정 절차를 통해 보완할 수 있다는 주장도 있다.[11] 그러나 낙인감을 극복할 수 있는 성인이거나 나이가 너무 어려 낙인감을 받지 않는 영유아의 경우와는 달리 아동은 외형적으로 남이 모르게 도와준다고 해도 스스로에 대한 자격지심(自激之心)까지 없앨 수는 없다. 공공부조적 성격을 가지고 있는 급여라도 수급자가 심리·정서적으로 손상을 입기 쉬운 자에게는 보편주의를 적용할 필요가 있을 수 있다.

결국 어느 하나의 방법론만으로는 복지사회를 구현할 수 없다는 뜻이다. 이러한 논점들을 정리해 보면 <표 4-2>와 같다.

**표 4-2** 사회복지이념의 비교

| 선별적 복지 | 보편적 복지 |
|---|---|
| • 빈곤은 개인의 책임 | • 빈곤은 사회적 책임 |
| • 잔여적 복지 | • 제도적 복지 |
| • 자유와 성장을 강조 | • 평등과 분배를 강조 |
| • 자본주의적 이념 | • 사회주의적 이념 |
| • 보수적 우파 | • 진보적 좌파 |
| • 미국, 일본, 한국 등 | • 스웨덴, 오스트리아 등 유럽 복지국가들 |

11) 예컨대 일본에서는 보육비의 수납을 주민자치센터에서 담당하고 주민자치센터는 관할 구역 내의 어린이집에 매월 보육비를 지급한다. 따라서 기초생활수급자 등 무상보육을 받는 사람과 스스로 비용을 부담하는 사람이 구분되지 않는다. 서울의 무상급식 문제가 한창 논의될 때에도 선별주의를 주장하는 쪽에서 이러한 방법으로 낙인감을 없앨 수 있다고 주장하기도 했다.

# 제 5 장 사회보장과 소득재분배

## 제1절 소득재분배의 의의

### 1. 평등의 원리

사회복지의 기본이념은 인간존엄성의 구현에 있고 이것은 자유권과 함께 평등권이 실현될 때 가능해지는 것이다. 따라서 이러한 평등권은 국가권력으로 이룩해야 하는 것이다. 이렇게 볼 때 복지국가의 기본이념은 인간존중사상, 평등사상, 국가책임사상으로 요약된다.

오늘날 복지국가에서 주장하는 평등권의 내용에는 교육을 받을 균등한 기회를 가질 권리, 인간으로서 동등하게 존중받을 권리, 정치적·경제적 혜택을 공평하게 받을 권리를 포함한다(Furniss & Tilton, 1979: 29). 자유방임주의 국가는 불평등의 원리가 지배한다면 자유주의 국가는 기회의 균등이면 족하다고 한다. 그러나 복지국가에서는 분배의 공정 즉, 부의 공평하고 올바른 분배를 요구하며 따라서 어느 정도 결과의 평등까지를 요구하는 것이다. 따라서 복지국가의 평등의 원리는 "모든 사람이 풍요롭고 만족스러운 삶을 살 수 있는 다 같은 권리를 가지고 있다."는 것이다. 근대 여러 시민운동이 요구한 가치들은 결국 자유, 평등, 박애로 요약된다. 그런데 이 자유와 평등의 가치는 모순개념(Antithesis)으로, 이 양자를 한꺼번에 취한다는 것은 어쩌면 인류가 영원토록 획득하지 못할 한 마리의 파랑새인지도 모른다. 결코 붙잡지 못할 아름다운 무지개를 잡으려고 뛰어다니는 인류의 비극적인 역사는 타고난 운명인 것이다. 따라서 인류는 이 운명에서 결코 해방될 수도 없고 또 불가능한 이 노력을 절대로 포기해서도 안 된다. 이 파랑새는 자꾸만 도망을 가지만 인류를 보다 발전된 방향으로 인도하기 때문이다.

### 2. 평등의 정책 방안

여기서 문제가 되는 것은 평등의 개념인데, 아리스토텔레스(Aristotle, B.C. 384~322)는 "평등한 사람들이 불평등하게 취급되고, 불평등한 사람들이 평등하게 취급될 때 불공정이 생겨난다."고 하였다. 토마스(St. Thomas, 1225~1274, 스콜라철학자)는 "평등은 개개인이 동등하게 취급될 때 시행되는 것이 아니라 개개인의 처우가 정의와 공익을 바탕으로 하여 결정될 때 이루어진다."고 하였다(St. Thomas Aquinas, Ⅱ-Ⅱ, Q.9, a.1, a.2).

이러한 평등의 실현을 위한 구체적인 정책방안으로 미국의 정치철학자 롤스(J. Rawls, 1921~2002)는 그의 저서 『정의론(A Theory of Justice)』(1971)에서 "모든 국민의 최저생활은 '필요에 따른 분배의 원리'에 따라야 하며 그것은 사회보장제도가 맡아야 한다."고 주장했다. 그러나 그 이상의 분배는 '능력에 따른 분배의 원리'에 맡겨야 한다고 했다. 따라서 그것은 개인의 능력에 의한 저축 등 시장경제의 원리에 맡겨야 한다고 했다.

## 제2절 소득재분배정책으로서의 사회보장

### 1. 사회보장의 두 기둥

사회보장을 실시하는 방법에 있어 사회보험과 공공부조가 두 지주가 되는데 이 양자는 모두 국가가 주체가 되어 막대한 재정을 관리함으로써 구현하는 것이다. 사회보험은 소득에 따른 보험금의 갹출과 일정한 비율의 보험혜택을 주는 것이고, 공공부조는 세금이라는 형태로 자금을 염출하여 최저생계비 미달의 소득자에게 대하여 무상의 혜택을 주는 것이다. 이렇게 볼 때 사회보장제도란 결국 재화를 국가가 주관하여 공익에 따라 재분배한다는 일종의 사유 재산권을 제한하는 방법이라고 볼 수 있다.

### 2. 공공부조와 소득재분배

사회보장제도는 다양한 소득계층 간의 소득을 재분배 또는 이전시키는 기구로서의 의미가 크다. 사회보장에 있어 갹출(세금·보험료 등)과 급여(사회보장급여)가 비례적으로만 행해진다면 소득재분배의 의미가 없지만, 실제로는 비례관계가 아니기 때문에 소득재분배의 효과가 생긴다. 먼저 공공부조의 경우에는 국가부담으로 빈곤층에게 일정액이 지급되고 그 재원은 세금이며, 세금은 보통 고소득층이 누진적으로 부담하고 빈곤층은 갹출 없이 급여를 받기 때문에 소득재분배의 효과가 큰 것이다.

### 3. 사회보험과 소득재분배

연금보험의 경우는 정액갹출에 대한 정액급여 또는 비례갹출에 대한 비례급여라면 소득재분배의 효과는 없다. 그러나 오늘날 대부분의 국가에서 정액과 비례제도가 적절하게 혼재되고 있다. 즉 비례갹출에 정액급여 또는 같은 비례갹출 비례급여라도 갹출과 비례 간에 비례의 차등 등으로 평등분배의 효과가 나타난다. 연금보험의 경우 사업주와 국고도 일정한 역할을 담당하기 때문에 분배에 변화가 나타난다. 또한 건강보험의 경우 갹출은 소득에 비례하지만 급여는 소득과 직접 관계가 없기 때문에 재분배의 효과가 나타난다.

## 제3절 소득재분배에 대한 한국의 실태

### 1. 자유와 평등의 조화(調和)

사회복지의 이념은 자본주의의 체제 유지를 전제로 하고 있다. 따라서 사회적 약자의 위치에 있는 노동자들의 생활권 보장을 위한 국가책임도 자본주의 법질서의 전제인 자기생활책임의 원칙을 바탕으로 하고 있다. 결국 개인의 책임과 사회의 책임을 어느 선에서 조화를 이룰 것인가를 국가정책으로 결정하고자 하는 것이다. 이것을 다른 말로 하면 자유와 평등의 조화점(調和点)을 어디에 설정할 것인가의 정책이라 할 수 있다.

많이 가진 자는 자유에 가치를 두고, 덜 가진 자는 평등에 더 큰 가치를 둔다. 따라서 가진 자는 개인의 자유를 강조하면서 국가는 될 수 있는 한 작을수록 좋다고 한다. 이와 반대로 덜 가진 자는 국가가 적극적으로 개입해서 노동자들의 인간다운 삶을 보장해야 한다고 주장한다. 이 양자의 주장은 결국 시대와 나라에 따라서 조화점이 달라질 수밖에 없는 것이다. 그 변수가 너무나 다양하기 때문에 일률적으로 획일화시킬 수 없는 것이다. 이 문제를 우리나라의 경우에 비추어보면 우리는 과연 어느 위치에 놓여 있는가? 또 우리는 어느 방향으로 좀 더 나아가야 할 것인가?

### 2. 고복지 · 저효율 vs. 저복지 · 고효율

사회복지사업은 많은 재정적 부담이 따른다는 사실을 누구나 알고 있다. 이를 위해 국가는 국민들에게 많은 조세부담을 지울 수밖에 없다. 고복지는 고부담·저효율의 결과를 초래하고 저복지는 저부담·고효율의 결과를 가져온다. 여기서 고복지냐 저복지냐는 선택의 문제다. 오늘날 신자유주의적 경향은 바로 고효율을 위해 저부담을 택했고 결과적으로 초래하게 될 저복지를 보완하기 위해 민간의 자발적인 참여를 요구하고 있다. 여기서 조세와 복지를 어느 선에서 균형을 이루느냐의 문제가 복지국가의 어려움이다. 이러한 균형점은 너무나 다양한 변수에 영향을 받기 때문이다. 따라서 '한국의 수준이 어느 정도라야 하느냐?'의 문제는 간단히 대답하기 어렵지만 '한국의 현 수준이 적절한가?'의 여부는 쉽게 말할 수 있다. 그것은 타국과 비교할 때 엄청난 차이가 있기 때문이다.

유럽형 복지제도는 기본적으로 사회구성원들의 연대의식과 상호 신뢰에 바탕을 두고 있다. '고복지·고부담이냐? 저복지·저부담이냐?'하는 문제는 딱히 어느 것이 더 좋다는 것은 없다. 사실 인간 세상의 어떤 제도도 장점만 있는 것도 없고 단점만 있는 것도 없기 때문이다. 어느 제도든 다 장·단점을 가지고 있기 때문에 시대와 상황에 따라 어느 것이 우리에게 더 맞는가를 선택하면 되는 것이다. 유럽 복지국가들은 고부담을 하면서도 불평이 적은 것은 자신들이 내는 세금이 국민 모두의 복지에 잘 쓰이고 있음을 믿기 때문이다. 내가 내는 세금의 공정성에 대한 신뢰, 내가 낸 세금이 정당하게 쓰이고 있다는 데에 대한 믿음이 있기 때문이다. 우리가 고복지를 원하면서도 고부담을 꺼리는 것은 정부를 믿지 못하기 때문이다. 이러한 불신(不信)은 정부의 책임이요, 정치인들의 책임이다. 결국은 못 믿을 정치인들을 뽑은 국민들의 자업자득이다.

## 3. 한국 복지의 현(現) 수준

핑커 교수(Robert Pinker, 1995: 182)는 1995년 한국에 왔을 때 발표문에서 당시 영국의 조세부담이 결코 높은 것이 아니라고 했다.[1] 그렇다면 〈표 5－1〉에서 보는 바와 같이 영국에 비해서 한국의 조세부담은 반(半) 정도의 수준이며 사회보장비 지출은 1/3~1/4의 수준에 머물고 있다. 핑커 교수의 논리에 따른다면 한국의 복지수준을 어떻게 평가해야 할 것인가는 분명해진다.

1) 핑커는 "영국은 조세부담이 결코 높은 것이 아니다. 현재의 조세수입은 GDP의 37% 정도이다. 이 수치는 유럽에서는 가장 낮은 것이며 일본보다도 겨우 4% 높은 것이다."라고 했다.

표 5-1 GDP 대비 사회복지 공공지출(Government social spending)

| | 2007 | 2008 | 2009 | 2010 | 2011 | 2012 | 2013 | 2014 |
|---|---|---|---|---|---|---|---|---|
| 호주 | 16.3 | 17.5 | 17.4 | 17.2 | 17.8 | 18.3 | 19.0 | 19.0 |
| 오스트리아 | 25.9 | 26.4 | 28.6 | 28.6 | 27.7 | 27.9 | 28.3 | 28.4 |
| 벨기에 | 25.4 | 26.7 | 29.1 | 28.8 | 29.4 | 30.3 | 30.9 | 30.7 |
| 캐나다 | 16.2 | 16.9 | 18.5 | 17.9 | 17.4 | 17.4 | 17.2 | 17.0 |
| 칠레 | 8.3 | 9.6 | 11.2 | 10.5 | 10.1 | 10.2 | 10.0 | – |
| 체코 | 17.9 | 17.9 | 20.3 | 19.9 | 20.1 | 20.2 | 20.5 | 20.6 |
| 덴마크 | 26.0 | 26.2 | 29.7 | 29.9 | 30.1 | 30.2 | 30.2 | 30.1 |
| 에스토니아 | 12.7 | 15.7 | 19.8 | 18.8 | 16.8 | 16.2 | 16.1 | 16.3 |
| 핀란드 | 23.7 | 24.3 | 28.3 | 28.7 | 28.3 | 29.4 | 30.6 | 31.0 |
| 프랑스 | 28.8 | 29.1 | 31.5 | 31.7 | 31.4 | 31.5 | 32.0 | 31.9 |
| 독일 | 24.8 | 25.0 | 27.6 | 26.8 | 25.5 | 25.4 | 25.6 | 25.8 |
| 그리스 | 21.5 | 22.2 | 24.4 | 24.2 | 25.7 | 26.1 | 24.3 | 24.0 |
| 헝가리 | 22.9 | 23.1 | 24.7 | 23.5 | 22.6 | 22.3 | 22.1 | 22.1 |
| 아이슬란드 | 15.3 | 15.8 | 18.5 | 17.9 | 18.1 | 17.5 | 17.1 | 16.5 |
| 아일랜드 | 16.6 | 19.5 | 23.4 | 23.3 | 22.3 | 22.0 | 21.9 | 21.0 |
| 이스라엘 | 14.9 | 14.8 | 15.4 | 15.2 | 15.2 | 15.1 | 15.0 | – |
| 이탈리아 | 24.8 | 25.8 | 27.8 | 27.8 | 27.5 | 28.1 | 28.7 | 28.6 |
| 일본 | 18.6 | 19.7 | 22.0 | 22.1 | 23.1 | .. | .. | – |
| 한국 | 7.6 | 8.2 | 9.4 | 9.0 | 9.0 | 9.6 | 10.2 | 10.4 |
| 룩셈부르크 | 19.5 | 21.8 | 24.3 | 23.0 | 22.5 | 23.4 | 23.4 | 23.5 |
| 멕시코 | 6.7 | 7.2 | 7.7 | 7.8 | 7.7 | 7.9 | – | – |
| 네덜란드 | 21.3 | 20.9 | 23.1 | 23.7 | 23.5 | 24.1 | 24.6 | 24.7 |
| 뉴질랜드 | 18.4 | 19.9 | 21.0 | 21.0 | 20.7 | 21.0 | 20.8 | – |
| 노르웨이 | 20.0 | 19.5 | 22.8 | 22.4 | 21.8 | 21.7 | 22.0 | 22.0 |
| 폴란드 | 19.4 | 19.9 | 20.7 | 20.7 | 20.1 | 20.1 | 20.7 | 20.6 |
| 포르투갈 | 22.4 | 22.8 | 25.3 | 25.2 | 24.8 | 24.8 | 25.8 | 25.2 |
| 슬로바키아 | 15.6 | 15.7 | 18.5 | 18.4 | 18.1 | 18.3 | 18.7 | 18.4 |
| 슬로베니아 | 20.0 | 20.2 | 23.0 | 23.9 | 24.0 | 24.0 | 23.8 | 23.7 |
| 스페인 | 21.3 | 22.8 | 26.1 | 26.7 | 26.8 | 27.1 | 27.3 | 26.8 |
| 스웨덴 | 27.0 | 27.2 | 29.4 | 27.9 | 27.2 | 27.7 | 28.2 | 28.1 |
| 스위스 | 17.7 | 17.9 | 19.7 | 19.5 | 19.3 | 19.7 | 19.9 | 19.4 |
| 터키 | 10.7 | 11.1 | 13.2 | 12.6 | 12.2 | 12.3 | 12.5 | – |
| 영국 | 20.1 | 21.6 | 23.9 | 22.8 | 22.7 | 23.0 | 22.5 | 21.7 |
| 미국 | 15.8 | 16.4 | 18.5 | 19.3 | 19.0 | 18.7 | 18.6 | 19.2 |
| OECD 평균 | 18.9 | 19.7 | 21.9 | 21.7 | 21.4 | 21.6 | 21.7 | 21.6 |

출처: OECD iLibrary Home / Statistics / OECD Social Expenditure Statistics / Social Expenditure / Aggregated data Viewed on 03 January 2015 Source: OECD.

고프(Lan Gough)는 "1980년대 지출과 세입 간의 적자 확대로 대처 정부는 지출수준을 통제하기 위해 복지를 재구조화[2)]함으로써 위기에 대응했는데, 결과적으로 빈곤층을 더욱 궁핍하게 만들고 근로동기를 약화시켰다."고 평가했다(김영화, 2000: 136). 이러한 문제에 대해서 하버마스는 "사회권을 축소하고 급여를 약화시키고, 정부에서부터 가족과 지역사회로 책임을 전가시키는 식으로 사회서비스를 재구성하려는 시도들은 정부의 정당성에 대한 비판을 받게 될 것"(김영화, 2000: 157-158)이라고 말했다. 그렇다면 한국 정부가 복지문제를 가족과 지역사회로 책임을 전가시키려는 여러 시도들은 비판을 받아 마땅할 것이다.

## 제4절 사회보장과 소득재분배와의 관계

사회보장과 소득재분배정책의 상호 관계에 있어서는 소득재분배를 사회보장의 목적으로 보는 시각과 사회보장의 결과로 보는 두 가지 시각이 있다. 소득재분배를 사회보장의 목적으로 보는 입장은 소득재분배가 사회보장의 기본 목적이기 때문에 소득재분배의 효과를 나타내지 못하면 사회보장으로서의 가치가 없다는 것이다. 또 소득재분배의 효과가 크지 않으면 후진적 사회보장제도로 평가된다. 지난 날 건강보험의 통합 논쟁은 바로 소득재분배를 보는 시각의 차이에서 오는 것이었다.

이에 비해 소득재분배를 사회보장의 수단 또는 결과로 보는 입장은, 사회보장은 국가가 국민을 위하여 최저생활을 보장하는 제도이므로 소득재분배는 어디까지나 수단 또는 결과일 뿐 목적은 아니라고 본다. 그것은 사회보장제도의 일부는 조세제도를 통해 실현되는데 조세제도 자체가 소득재분배가 유일한 목적이 아니며 조세가 전부 사회보장의 재원만은 아니기 때문이다.

2) 조세부담률을 하향 조정하고 사회복지분야 예산을 삭감했다. 의료보험, 연금, 실업보험 등을 삭감하고 의료보험의 자기부담금은 증액시켰다. 공공부조도 삭감하고 근로능력이 있는 자는 공공부조의 대상에서 제외하였다.

## 제5절 소득재분배의 형태

소득재분배는 다양한 형태로 이루어진다. 일반적으로 자본가와 노동자, 고소득자와 저소득자, 도시지역과 농어촌지역, 소득이 있을 때와 소득이 없을 때 등 소득이 높은 곳에서 소득이 낮은 곳으로 재분배가 이루어진다(신수식, 1995: 212-213).

### 1. 계급 간의 재분배와 계급 내의 재분배

여기서 계급이라 함은 생산수단을 소유한 자본가 계급과 생산을 위한 노동을 제공하는 노동자 계급을 말한다. 그런데 보험료의 부담방식은 일반적으로 국가·사용자·노동자의 3자 부담방식과 국가와 사용자의 2자 부담방식이 있는데 이때 국가의 부담은 세금이 재원이 되고 세금은 누진율에 따르는 것이 보통이므로 이 부분만큼 소득재분배의 효과가 나타난다.

노동자 계급은 근로소득뿐이지만 자본가 계급은 사업소득, 배당소득, 이자소득 등이 훨씬 더 큰 비중을 차지한다. 그럼에도 불구하고 우리나라 국민연금이나 건강보험은 근로소득만을 기준으로 하고 있다.

### 2. 계층 간의 재분배와 계층 내의 재분배

여기서 계층이라 함은 소득이 많은 집단인 고소득 계층과 소득이 적은 집단인 저소득 계층을 말한다. 계층 간의 재분배는 수직적 재분배로 소득의 평등화를 촉진하며 국가부담으로 이루어질 때 그 효과는 크다. 그러나 계층 내의 재분배는 수평적 재분배로 재분배의 효과가 적다. 수평적 재분배의 예는 건강 시의 소득과 질병 시의 소득 간, 또는 가득 시의 소득과 비가득 시의 소득 간의 재분배를 생각할 수 있다.

계층 간의 재분배도 국민연금은 표준보수월액 상한선을 정하고 있다. 그 이상의 소득은 무시하고 이 상한선에 따라 보험료가 산정된다. 따라서 소득이 많은 집단과 소득이 적은 집단 간의 소득재분배는 보험료 부담의 상한선 안에서만 이루어진다.

### 3. 시간적 재분배와 공간적 재분배

시간적 재분배는 동일인에 대해서 시기에 따른 소득격차를 시정하는 것으로 위의 수평적 재분배의 경우와 같은 경우이고, 공간적 또는 지역적 재분배는 도시와 농촌, 상공지대와 농어촌지대와 같이 장소 간의 재분배이다. 우리나라의 건강보험제도에서도 조합주의와 통합주의의 논쟁이 치열했던 적이 있었다. 건강보험을 통한 소득재분배의 효과를 얻고 행정관리비를 줄이기 위해서는 조합주의를 버리고 조직과 재정을 통합해야 한다는 것이 학계와 시민단체의 주장이었다. 건강보험의 조직과 재정의 통합문제는 치열한 논쟁을 통해 마침내 2000년 7월 1일부터 직장조합과 지역조합의 조직을 통합하였고, 2003년 7월 1일부터는 재정의 통합까지 이루었다.

## 제6절 소득재분배의 방법

국가재정의 소득재분배는 조세와 사회보장의 방법으로 이루어진다(자세한 내용은 제7장 참조). 일반적인 소득세나 부유층의 세금이 누진율이 높을수록 그것이 재원이 될 때 소득재분배의 효과가 있지만, 임금소득에 비례한 갹출방식은 재분배의 효과가 불충분하다. 특히, 우리나라의 연금보험과 건강보험의 경우 보험료 갹출에서 소득상한제를 채택하고 있어 소득재분배의 효과가 매우 제한적이다. 따라서 소득재분배의 효과를 높이기 위해서는 소득상한제를 철폐하고 누진제를 강화해야 할 것이다.

## 제7절 소득재분배의 역효과

### 1. 근로의욕의 저하

근로자는 소득이 증가하므로 소득에 대한 의욕이 감퇴하고 여가를 즐기려 한다는 주장이다. 그러나 사회보장은 최저한도의 생활보장에 머물고 또 현실적으로 최저생활보장의 수준에도 못 미치는 경우가 많다. 또 부조가 아무리 권리성을 강조한다 해도 자립의지는 누구에게나 있고 부조소득과 자기노력에 의한 소득을 동일한 가치로 보지 않는다.

## 2. 저축의 감퇴

사회보장급여는 장래 예상되거나 또는 예기치 않은 지출에 대한 보상을 위해 행해지므로 개인적 저축의 필요성을 감퇴시킨다는 주장이다. 그러나 인간의 욕구가 한정이 없어 더 잘 살아보겠다는 의욕 때문에 현실적으로 오히려 저축이 증가하고 있다. 또 국가 전체적으로 볼 때 사회보험도 저축이기 때문에 총 저축액은 증가하고 있다(신수식, 1995: 214).

# 제 6 장 빈곤과 공공부조

## 제1절 빈곤의 의의

### 1. 빈곤(poverty)의 의미

베버리지(part Ⅰ.8)는 5대 사회악(빈곤, 질병, 무지, 불결, 나태) 가운데 빈곤(poverty)이 어쩌면 가장 극복하기 쉬운 것인지도 모른다고 했다.[1] 그러나 우리나라의 속담에 "가난은 나라님도 못 구한다."는 말이 있다. 루스벨트(F. D. Roosevelt) 대통령은 1941년 의회에 보낸 메시지에서 제2차 세계대전이 끝난 후에는 어떤 사회라도 다음의 4가지 자유가 바탕이 되어야 한다면서 언론의 자유, 예배의 자유, 결핍으로부터의 자유, 공포로부터의 자유를 들었다. 여기서 말하는 결핍으로부터의 자유는 다른 말로 바꾸면 모든 주민들이 건강하고 평화로운 삶이 보장되는 경제적인 수준을 말한다고 설명하고 있다.[2] 이와 같이 빈곤문제는 사회보장의 핵심적인 문제이다. 그런데 빈곤은 시대와 상황에 따라 다르게 인식된다. 예컨대, 오늘날의 빈민은 옛날의 부자보다 더 잘 산다. 우리나라의 기초생활수급자는 아프리카의 평균 수준보다 더 잘 산다.[3] 그렇다면 결국 빈곤의 개념은 경제발전 수준, 사회·문화적 환경, 기후 등 다양한 요인에 따라 정의가 달라진다.

---

1) Social insurance fully developed may provide income security: it is an attack upon Want. But Want is one only of five giants on the road of reconstruction and in some ways the easiest to attack. The others are Disease, Ignorance, Squalor and Idleness(Sir William Beveridge, *Social Insurance and Allied Services*, part. I.8.)

2) President Franklin D. Roosevelt, in a message to congress on jan. 6, 1941. said that any settlements made after World War II should be based on "four freedoms". He defined these four freedoms a freedom of speech, freedom of worship, freedom from want, and freedom from fear. President Roosevelt's words were as follows: The third is freedom from want-which, translated into world terms, means economic understandings which will secure to every nation a healthy peaceful life for its inhabitants-everywhere in the world.

3) 아프리카의 전체 평균 1인당 GDP는 2011년 기준 3,025달러이다(OECD 2012, Economic Outlook 2012, Table 7.1).

## 2. 가난한 자는 행복하다(?)

빈곤과 가난은 그 개념상 약간의 차이가 있다. 가난의 사전적 의미는 "재화나 재물이 없을 뿐만 아니라, 생활에 필요한 최소한의 재화조차 가지지 못한 상태"라고 했다. 성경에는 "가난한 이는 행복하다."고 했다. 그런데 이 말은 매우 알아듣기 어렵다. 가난은 선한 것이란 말인가?

빈곤의 그리스도교적 해석도 학자에 따라 다양하다. 그러나 일반적으로 "가난한 사람은 하느님의 자비에 스스로를 맡기는 사람을 말하고, 부유한 사람은 자신의 궁극적인 안전을 하느님 아닌 다른 것에서 찾는 사람"을 말한다. 이 말은 재물에 대한 각자의 태도를 말하는 것이다. 이것은 그리스도교의 신앙을 전제로 한 해석이다. 결국 성경에서 말하는 '가난'이란 "최소한의 인간다운 삶을 살 수 있는 정도의 재화를 가진 상태"를 말하고 '빈곤'이란 "최소한의 인간다운 삶을 살 수 있는 정도의 재화마저 갖지 못한 상태"라고 보는 것이 옳을 것이다.

이러한 빈곤도 관점에 따라 강조점이 달라진다. 경제적 관점에서 볼 때 빈곤이란 재화와 서비스의 부족을 말하고, 사회・문화적 관점에서 보면 사회・문화・정치제도상에 있어서 기회・수단・자원 등의 상대적인 박탈을 말한다. 이것이 현대와 같은 정보화시대에 있어서는 정보의 결핍을 빈곤이라고 본다.

## 3. 빈곤의 유형

빈곤에는 다음과 같은 3가지 유형이 있다.

첫째, 절대적 빈곤으로서 객관적으로 결정한 절대적 최저한도보다 미달되는 상태를 말하는데, 흔히 의식주 등 기본적 욕구를 해결하지 못하는 상태로 보고, 절대빈곤선 개념을 토대로 생존의 의미를 강조한다. 따라서 절대적 빈곤은 실질 경제성장이 계속되어 그 사회의 전반적인 생활수준이 향상되면 빈곤선 이하의 생활을 하는 사람의 숫자도 감소하게 된다.

둘째, 상대적 빈곤으로서 동일 사회 내의 다른 사람과 비교하여 적게 가지는 것을 말하는데, 이는 특정 사회의 전반적인 생활수준과 밀접히 관련된 개념이어서 경제・사회발전에 따라 정책적으로 중시되며 상대적 박탈과 불평등의 개념을 중시한다. 따라서 상대적 빈곤선은 특정 사회의 구성원 대다수가 누리는 생활수준에 못 미치는 수준을 말하는데, 이것은 특정 사회의 사회적 관습과 생활수준에 따라 크게 달라진다.

셋째, 주관적 빈곤으로서 자신이 충분히 갖고 있지 않다고 느끼는 것을 말하는데, 이는 제3자의 판단에 의해 어떤 객관적인 수준이 정해지는 것이 아니라 개인의 주관적인 판단수준에서 결정된다.

빈곤에 대한 대책으로는 사회보장정책, 기회평등정책, 노동시장정책, 조세정책 등이 있다.

## 제2절 절대적 빈곤(絶對的 貧困)

### 1. 절대적 빈곤(absolute poverty)의 개념

인간의 생존에 필요한 최저한의 물자조차 부족한 극도의 빈곤 즉, 최저생활을 유지하는 데 필요한 소득이 결여된 상태를 빈곤이라고 보고, 객관적인 빈곤선을 설정하여 이 선에 미달되는 소득수준을 빈곤으로 규정한다.

### 2. 최저생활수준(빈곤선; poverty line)의 의미

최저생활수준을 어떻게 보느냐 하는 문제도 관점에 따라 차이가 있다. 첫째, 최저생존수준으로 보는 입장은 인간이 생리적·생물적 존재로 살아가기 위한 수준으로 본다. 여기에는 기본적 의식주 정도만 포함한다. 둘째, 계속적 생존을 위한 생활수준(continued survival)이 되어야 한다고 본다. 예컨대, 목수의 연장, 농민의 씨앗, 최소한의 농기구 등 생산도구가 포함한다. 셋째, 생산적 생존(productive survival)에 필요한 생활수준으로 본다. 여기에는 질병으로부터의 보호, 생산활동에 필요한 교육·위생 등을 포함시킨다. 결국 절대적 의미의 빈곤이란 신체적 건강과 생산을 위한 노동력을 유지하는 데 필요한 생활의 기본 수요가 결여된 상태를 말한다.

### 3. 최저생계비의 계측방법

#### 1) 실태생계비 방식

가계실태조사를 실시하여 그 분석결과를 토대로 현실적인 최저생계비를 산정하는 방법이다.

다시 말하면, 노동자들의 현실적인 생활실태를 조사하여 이를 최저생계비로 결정하는 방법을 말한다. 실태생계비 방식은 현실적이라는 장점은 있으나 최저생활에 필요한 물량의 기준을 알기가 어렵다는 단점이 있다. 예컨대, 만약 조사대상자가 저임금을 받고 있는 가계이고, 이 조사자료를 기초로 산정된 것을 그대로 최저생계비로 한다면 불합리하다는 것이다.

### 2) 이론생계비 방식

노동과학적 기준에 의해 생활비의 항목별 최저물량수준을 설정하여 최저생활비를 구하는 방식이다. 이것은 실태생계비 방식이 갖는 불합리한 점을 보완하기 위해 고안된 방식이다. 따라서 실태생계비 방식이 'sein(현실; 現實)'에 치중해 있다면 이론생계비 방식은 'sollen(당위; 當爲)'에 중점을 두고 있다. 이것은 또 다음과 같은 두 가지 방식으로 구분된다.

#### (1) 전물량 방식(market basket 방식)

의식주 등에 있어서 최소한의 생활필수품 전 품목을 선정하여 이를 합산해서 계산하는 방식이다. 즉 노동 재생산에 필요한 최저음식물비, 최저주택비, 최저광열비, 최저피복비, 최저잡비 등 노동과학적 기준으로 산정하여 이를 합산한다.

하여튼 절대적 빈곤의 개념은 그 자체로서 많은 문제점을 가지고 있지만, 절대적 빈곤의 개념을 규정하는 빈곤선 그 자체도 시대와 상황에 따라 변한다. 라운트리는 "단순한 육체적 능률을 유지하기 위한 최소한의 생활필수품을 획득하기에 불충분하다면 빈곤하게 살고 있다고 보아야 한다."고 했다. 이에 따라 1899년 영국에서 라운트리가 최초로 빈곤조사를 했을 때 그 기준을 "신체적 건강과 노동력을 유지하는 데 필요한 기본적인 필수품을 구입할 수 있는 정도의 비용"으로 잡았다. 이것이 빈곤에 관한 근대적 연구의 시발이었다. '순수히 신체적 능률을 유지하기 위한 최저한의 필수품'도 스스로 획득할 수 없는 수준을 '1차적 빈곤상태(primary poverty)'[4]라고 하였다. 이것은 생존의 수준이며, 결코 생활의 수준이라 할 수 없다.

4) 이러한 기준에 의해 식료품비로 미국의 영양학자 앳워터(Atwater)의 이론에 따라 단백질과 최소한의 열량을 계산하였는데, 그 내용을 보면 다음과 같다.
- 아침: 오트밀 죽과 탈지분유
- 점심: 빵과 치즈
- 정찬(正餐; dinner: 하루 중에 가장 주요한 식사): 야채 고기국, 빵, 치즈, 푸딩
- 저녁: 빵과 오트밀 죽

여기에 최소한의 피복비, 연료비, 잡비, 집세 등을 합하여 빈곤선을 측정하였다. 이 외에는 사치품비(예컨대, 신문, 노조가입비, 우표, 담배, 맥주 등)는 물론이고, 일체의 선물비, 자선비, 문화활동비 등을 제외했다. 이러한 기준으로 1899년 조사를 했는데 요크 주민의 27.84%가 1차적 빈곤 상태였다.

라운트리는 1936년에 같은 지역에서 빈곤조사를 실시하였다. 이때에는 신문, 책값, 라디오, 맥주, 담배, 휴가, 선물비 등을 포함하였다. 이렇게 빈곤선의 수준을 높였음에도 불구하고 빈곤인구는 18%로 처음의 반 정도로 감소했다. 그 후 1950년에 같은 뉴욕시의 빈곤조사에서는 빈곤인구가 1.5%에 불과했다. 이미 영국은 완전고용을 달성했고 성공적인 복지정책으로 복지국가를 달성하였다. 1950년대는 이미 풍요로운 사회(affluent society)가 되었다.

이 방법이 이론적으로는 합리적인 방법이긴 하나 계산상 시간과 비용이 과다하게 소요되고, 사회환경과 물가변동이 급변하는 현대 사회에서는 일률적으로 최저필요물량기준을 정하기가 곤란하다는 단점이 있다. 이런 단점을 보완하기 위해 간편한 방법을 고안한 것이 엥겔(engel) 방식이다.

### (2) 반물량 방식(음식물량 방식: 엥겔 방식)

전물량 방식이 가지고 있는 단점을 보완하기 위해 음식물량만으로 빈곤선을 측정하자는 것이다. 가계의 총지출에서 식료품비가 차지하는 비율을 엥겔계수라고 한다. 이 값이 저소득 가계에서는 높고 고소득 가계에서는 낮다는 통계적 법칙을 엥겔의 법칙이라 한다. 이것은 법칙의 발견자인 에른스트 엥겔(Ernst Engel, 1824~1896)의 이름을 따서 엥겔법칙이라 한다. 이것은 엥겔이 1857년에 고안한 방식이다.

식료품은 생존을 위해 필수적이기 때문에 어떤 가정에서든 일정 정도는 소비해야 하지만, 소득에 비례해서 소비가 많아지는 재화는 아니기 때문에 소득이 증가하더라도 식료품비는 크게 증가하지 않는다. 따라서 소득이 적을수록 식료품비 지출의 비중이 크고, 반대로 소득이 많을수록 식료품비 지출의 비중은 낮은 경향이 있다.

① 엥겔계수: 총 생활비 중에서 차지하는 음식물비의 비율

② 엥겔법칙: 음식물을 위한 지출이 총지출 중에 차지하는 비율(엥겔계수)은 가족이 가난할수록 커진다는 법칙이다. 즉, 엥겔계수가 높을수록 가난하고, 반대로 낮을수록 부유하다.

엥겔 방식에 대한 비판은 다음과 같다.

① 엥겔계수의 크기에 따라 빈곤선이 달라지고 빈민층의 숫자도 달라진다. 생계비의 추정이 자의적일 수밖에 없다는 것이다.

② 열량의 필요량은 연령과 성별에 따라 달라진다기보다 육체적 활동에 따라 달라진다.

③ 저소득층의 실제 소비 패턴과 전문가의 판단 사이에는 상당한 괴리가 있다. 빈민들의 식품을 보다 비싸게 사고, 같은 값이면 저질의 물품을 구입하고 있다. 그 이유는 시장 정보의 부족과 규모의 경제를 누리지 못하기 때문이다.[5)]

### (3) 오샨스키척도

오샨스키(Mollie Orshansky, 1915~2006)는 1960년대 초반 빈곤선 척도를 개발했다. 오샨스키 빈곤선(Orshansky Poverty Thresholds)은 1963년부터 미국에서 빈곤인구를 측정하는 기준으로 사용되었다. 오샨스키는 "사회적 양심과 관습에 비추어 권장되는 영양학적 목표를 달성하고, 또한 관습적인 식사유형에 일치하는데 충분한 양뿐만 아니라 충분한 다양성이 있어야 한다. 열량만으로는 충분하지 않다."고 하였다. 다시 말해서 영양의 기준, 즉, 신체적 요구를 만족시켜 주는 기준도 변화·발전한다.

① 제1단계: 음식물의 열량 기준

② 제2단계: 단백질의 섭취량 기준

③ 제3단계: 비타민, 미네랄, 기타 무기질 영양소의 섭취량 기준

④ 제4단계: 섬유질, 다이어트식

오샨스키 빈곤선은 이후 매년 인플레이션을 감안하여 인상하였다. 이 방식도 장·단점이 있다. 장점은 명확하고, 계산이 쉽고, 수정도 쉽다는 점이다. 단점은 측정방법이 너무 단순하여 빈민들이 경험하는 다양한 생활의 압박을 제대로 반영하지 못한다는 데 있다.

5) 우리나라에서도 최근 급속히 늘어나는 대형소매점(슈퍼마켓)을 보면 이해할 수 있다. 동네 구멍가게보다 품질도 좋고 값이 싸지만 한꺼번에 대량구매를 해야 하고 거리가 멀어 자가용 차량이 없는 저소득층은 이용할 수 없다.

# 제3절 상대적 빈곤(相對的 貧困)

일정한 사회에 있어서 하위 계층의 소득과 비교적 상위 계층의 소득을 비교함으로써 빈곤의 개념을 정하는 것이다. 그 사회의 평균소득수준과 대비하여 상대적으로 낮은 계층을 빈곤층으로 본다. 이것은 절대적 빈곤이 너무나 정태적 개념으로 사회 전체의 분배 상태를 고려하지 않은 개념이라는 비판에서 반사적으로 대두된 개념이다.

현실적으로 빈곤계층의 소득이 과거의 소득보다 크게 향상했다 하더라도 사회 전체가 골고루 소득이 상승했다면 빈곤계층은 언제나 상대적으로 열등한 위치에 그대로 있게 된다. 따라서 상대적 빈곤(relative poverty)이란 개념은 소득의 불평등 분배를 전제로 한 개념이다. 상대적 빈곤의 개념도 순수 상대적 빈곤과 유사 상대적 빈곤이라는 두 가지 종류의 개념으로 구분해서 볼 수 있다.

## 1. 순수 상대적 빈곤(pure-relative poverty)

전체 사회의 소득 순위대로 계층을 늘어놓을 때 하위의 일정 비율(예컨대, 하위 20%, 또는 40%)을 빈곤층으로 보는 것이다. 이 방법은 사회의 소득불평등 그 자체를 바탕으로 하기 때문에, 그 사회의 소득불평등 정도가 낮으면 빈곤선에 해당되는 소득액은 높아지고, 반대로 소득불평등의 정도가 높으면 빈곤선의 액수는 낮아진다.

## 2. 유사(준) 상대적 빈곤(quasi-relative poverty)

전체 사회의 평균소득(또는 중위소득)의 일정 소득수준에 못 미치는 사람을 빈곤층으로 보는 것이다. 그 구체적 수준은 학자 또는 기관과 국가에 따라 다르다. 그 내용들을 비교해서 보면 〈표 6-1〉과 같다.

상대적 빈곤의 개념은 절대적 빈곤의 개념에 비해 이론적으로 상당한 타당성이 있는 것으로 보이지만, 이 개념도 문제점이 없는 것은 아니다. 즉 빈곤의 측정에 화폐소득만 포함된다는 것은 불합리하다. 그 외의 공원, 놀이터, 공공시설, 교통수단 등 광범위한 내용을 포함시켜야 한다는 것이다.

표 6-1 상대적 빈곤선의 비교

| | |
|---|---|
| P. Townsend | 평균소득의 50% 이하: 극빈층, 80% 이하: 빈곤층 |
| OECD | 중위소득의 40%, 50%, 60% |
| World Bank | 개발도상국에서는 평균소득의 1/3 이하, 선진국에서는 평균소득의 1/2 이하를 빈곤계층으로 본다. |
| V. Fuchs & S. Lansley | 중위소득의 1/2 이하를 빈곤 |
| H. Chenery et al. | 소득순에 따라 최저 40% 또는 20% |
| 영국 | 평균소득의 50% |
| 프랑스 | 중위소득의 50% |
| 일본 | 평균소비지출의 68% |

타운센트(Townsend)는 1979년 상대적 박탈의 개념으로 빈곤의 정의를 내리면서, 통상적인 소득의 부족 개념을 넘어 소득 이외의 면, 즉, 어떤 사람이 그가 거주하는 지역사회의 통상적인 '생활상태(style of living)'를 누리지 못하면 빈곤으로 간주하였다. 이것은 결국 그 사회구성원들의 통상적인 것으로 간주되는 관습·문화 등이 고려되어야 한다는 것이다. 이러한 통상적인 관습·문화 등은 영양학적인 의미와는 상관이 없을 수도 있다. 예컨대, 오늘날 차 또는 커피는 어느 사회에서나 손님 접대에 필수적이다.

또한 이 방법은 개인의 관습과 취향에도 영향을 많이 받는다. 예컨대, 오늘날 외식이 일반화되었고 월 1회 정도의 가족외식이 통상적인 생활양태로 볼 수도 있다. 그러나 이것은 개인의 성격과 취향, 생활패턴(pattern) 또는 가치관 등에 많은 영향을 받는다.

결국 라운트리는 빈곤선의 기준을 영양의 박탈을 중심으로 했으나 타운센트는 상대적 박탈(relative deprivation) 개념으로 대체시켰다는 점에서 이상적인 면이 있다.

이러한 상대적 빈곤의 개념으로 볼 때 우리나라의 빈곤수준은 대단히 낮다. OECD가 2011년 10월에 발간한 '어떻게 살고 계세요(How's Life?–Measuring well–being)' 보고서를 보면 한국 내 빈곤선(중위소득 60%) 이하 수입을 올리는 저소득층의 평균소득은 빈곤선보다 47% 낮았다. 빈곤선을 중위소득의 50%로 낮춰도 격차는 37%로 줄지만 여전히 OECD 회원국 가운데 4번째로 컸다. OECD 34개 회원국 저소득층의 평균소득과 빈곤선 간의 평균격차는 27%였다. OECD는 "한국의 빈곤 깊이가 가장 깊었다."고 지적했다(경향신문, 2011.10.25).

그런데 행복지수는 꼭 부와 관계되는 것은 아니다. 〈표 6-2〉와 같이 상대적 빈곤감이 인간의 행복감에 미치는 영향이 크다.

**표 6-2** 미국 빈곤층과 콩고 중산층 비교

| 미국 빈곤층 | | 콩고 중산층 |
|---|---|---|
| 에노스 뱅크 · 실업자(25년째) | 이름 · 직업 | 무베브베 카밤바 · 외과의사(28년째) |
| 521달러(정부 보조금) | 월 정규 소득 | 250달러(월급) |
| 위장 이혼한 부인이 별도 보조금 받음 | 기타 소득 | 별도 진료를 통해 한 달에 300달러 추가 |
| 아들 3명이 있지만 부양하지 않음 | 부양가족 | 12명 |
| 트럭 소유, 고기 자주 먹음 | 물질적인 여건 | 한 달에 2차례 정도 고기 먹음 |
| 가난 때문에 불행하다고 느낌 | 행복지수 | 주변의 존경을 받으며 행복하다고 느낌 |

출처: http://news.donga.com/3/all/20060102/8262283/1
donA.com "생계걱정 없는 美 실업자 VS. 박봉 阿 의사···누가 더 행복할까?" 참조.

# 제4절 주관적 빈곤

절대적 빈곤과 상대적 빈곤은 그것들이 '과학적'으로 결정되든 아니면 '정치적'으로 결정되든 제3자의 판단에 의한 어떤 객관적인 기준이 정해진다. 반면에 주관적 빈곤개념은 각자가 빈곤으로 간주하는(느끼는) 수준에서 결정된다. 이 개념은 자기의 생활상태에 대해서 사람들이 가지는 느낌이 중요한 의미를 가진다. 빈곤은 결국 개인들의 안녕(well-being)과 관련되는 문제이기 때문에 개인들의 주관적인 판단이라는 측면도 무시할 수 없으며, 어떤 의미에서는 앞에서 설명한 '객관적' 기준보다 더 중요할 수도 있다. 주관적 빈곤선을 설정하는 데는 다음과 같은 방식이 있다.

## 1. 여론조사에 의한 방식

킬패트릭(Kilpatrick, 1973)은 표준가구(부부와 2명의 자녀를 둔 4인 가족)에게 최저한의 생활에 필요한 소득이 얼마이겠는가를 물어서 그 응답을 평균해서 빈곤선을 결정하였다. 이것의 장점은 사회구성원들이 일반적으로 간주하는 빈곤선이 무엇인가를 알아낼 수 있어 어느 의미에서 사회의 현실을 반영한다고 할 수 있다.

그러나 이 방식의 단점은 이러한 질문이 조사대상자(응답자) 본인 개인의 상황이 아닌 어떤 다른 사람들의 상황에 대한 막연한 질문이기 때문에 이러한 설문에 대한 응답은 본인 개인의 상황을 질문했을 때 고려할 수 있는 여러 요인들이 포함되지 않을 수 있다는 단점이다. 이러한 단점을 보완하기 위해 개발된 것이 라이덴(Leyden) 방식이다.

## 2. 라이덴 방식

네덜란드의 라이덴(Leyden) 대학의 학자들에 의해 개발된 방식이다. 이 방식에 의한 빈곤선 책정은 먼저 사람들에게 당신이 인간다운 생활을 하기 위해 필요하다고 생각하는 최소소득(minimum income)이 얼마인가를 묻고 이를 바탕으로 이 사람들이 판단하는 최소소득과 그들의 실제소득(actual income)과의 관계를 분석하여 결정한다.

이러한 전제하에서는 어떤 소득수준 이상에서는 개인들의 실제소득이 그들의 주관적인 최소소득보다 높고, 그 이하에서는 반대로 최소소득이 실제소득보다 높게 된다. 따라서 이러한 방식으로 교차점 M′를 구할 수 있는데 이것을 주관적 빈곤선으로 하자는 것이다. 객관적으로는 [그림 6－1]과 같이 최저생활기준 또는 최저임금기준이 되는 교차점 M이 빈곤선이 된다. 그러나 주관적으로는 교차점 M′ 우측의 실제소득을 갖고 있는 사람들은 그들 자신의 판단으로 빈곤하지 않고, 반대로 교차점 M′ 좌측의 실제소득을 갖고 있는 사람들은 빈곤한 것으로 간주된다(Theo Goedhart, Victor Halberstadt, Arie Kapteyn, & Bernard van Praag, 1977: 27). 교차점 M과 M′와의 사이에 있는 소득자에게는 일정한 인센티브(Incentive)를 인정하는 것이다.[6] 빈곤선 가까이 위치한 소득자들은 자칫 근로의욕을 상실하게 될 우려가 있기 때문이다.

실제로 많은 사람들에게 질문을 하여 구한 값으로 그림을 그리면 다음의 [그림 6－1]의 최소소득과 같은 곡선이 될 것이다. 최소소득을 가리키는 곡선은 실제소득이 전혀 없는 사람도 생존을 위해 어느 정도의 최소소득을 필요로 할 것이기 때문에 소득이 전혀 없는 점(0)으로부터 상당히 올라간 부분(A)에서 출발한다. 그러나 최소소득 곡선은 점차 완만하게 상승하다가 어느 정도 상승한 후에는 거의 X선과 평행을 이루게 된다. 그것은 실제소득이 아무리 많아도 최소소득은 거의 같아지기 때문이다.

6) 이것은 베버리지가 말하는 인센티브(장려책)와 같은 취지이다. 우리나라는 '부족분보충급여방식'을 취하고 있어 인센티브를 인정하지 않는다.

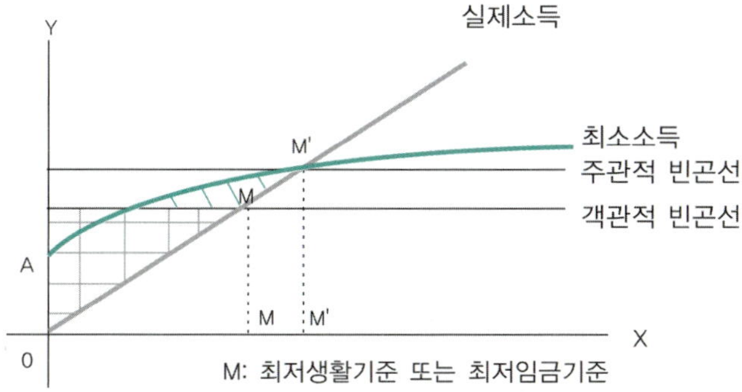


그림 6-1 실제소득과 최소소득의 상호 관계

# 제5절 빈곤의 원인 이론

## 1. 인적 자본이론(Human Capital Theory)

경제학적 입장에서 가장 일반적으로 사용되는 설명인데, 빈곤은 개인의 낮은 생산성(productivity) 때문이라고 본다. 즉 학교교육, 기술훈련, 취학 전 교육, 지식, 재능, 직업 획득을 위한 정보(취업정보) 등과 같은 인적 자본이 없기 때문에 생산성이 낮을 수밖에 없고, 따라서 수입이 적고 빈곤해진다는 것이다.

갈브레이즈(John Galbraith Kenneth, 1908~2006)는 그의 저서 『풍요로운 사회』(*The Affluent Society*, 1958)에서 선진국에서 풍요 속의 빈곤을 지적하였다. 해링턴(Michael Harrington, 1928~1989)은 『*The Other America*』(1962)에서 역시 '빈곤의 재발견'을 선포하였다. 1960년대 세계에서 가장 부유하다는 미국에도 빈곤이 많이 존재하며 더구나 지역적으로 집중되어 있다는 사실이 알려지면서 미국 국민에게 커다란 충격을 주었다. 대통령 존 F. 케네디(John F. Knnedy)는 이 빈곤지역을 퇴치하기 위한 정책을 준비하였고 그가 암살당한 다음해인 1964년 존슨(Lyndon B. Johnson) 대통령에 의하여 선언되고 실시된 여러 가지 활동을 '빈곤과의 전쟁'(war on poverty)이라고 부른다. 구체적으로는 1964년 경제기회법(Economic Opportunity Act)에 근거하여 지역활동계획(Community Action Program: CAP)을 내세워 경제기회국(Office of Economic Opportunity: OEO)에서 모든 인적·물적 자원을 동원하여 빈곤지역을 그 근원에서부터 뿌리 뽑으려 한 것이다.

빈곤이 더 이상 그 지역의 문제로 남아있지 못할 정도의 수준까지 끌어올리려 한 이 운동의 초점은 물질적 결핍과 사회적 타락이 끝없이 계속될 것으로 보이는 몇몇 빈곤지역과 흑인거주지역을 대상으로 교육과 훈련에 대한 기회, 취업의 기회, 품위와 위엄을 가지고 생활할 수 있는 기회를 모든 사람들이 누릴 수 있도록 함으로써 그 지역을 빈곤으로부터 전환, 소생시키자는 데 있었다.

이를 위한 방책에는 크게 두 가지 방식이 동원되었다.

첫째는 고용, 직업훈련, 보건, 교육 등의 특정 문제를 다루는 여러 계획, 예를 들면 직업훈련부대(Job Corps), 유아교육(Head Start) 등이다.

둘째는 지역활동계획(CAP)으로 지역의 모든 문제에 대해 거주자가 최대한의 정책적 참여를 하도록 장려하는 것으로써 자원봉사활동(Volunteers in Service to America: VISTA)을 통해 그 지역의 운영과 생활을 근본적으로 변혁시키자는 것이다.

이러한 노력에도 불구하고 소득불평등은 해소되지 않아 이 프로그램의 비현실성이 비판되었다. 이들 비판의 주된 동기는, 1960년대의 빈곤 해결을 위한 그 많은 프로그램에도 불구하고 빈곤과 소득불평등이 지속되었고 또한 구체적인 프로그램들이 별 효과가 없는 것으로 밝혀졌기 때문이다. 이러한 비판들의 초점은 자연히 인적자본이론이 바탕으로 하는 가정(假定)과 조건들이 비현실적이라는 데 맞추어졌다. 주로 비판되는 인적자본이론의 가설은 완전경쟁하에서의 완전정보, 임금경쟁, 그리고 단일, 동질적 노동시장들인데 이러한 가정들을 너무 실험적이었다고 비판하면서 개발된 것이 선발이론, 직무경쟁이론, 그리고 노동시장 분절이론 등이다(이두호, 1991 : 92-93).

## 2. 선발이론(Screening Theory) 혹은 학력주의(Credentialism)

인적자본이론의 가설을 반대하면서 논리를 전개한다. 인적자본이론은 사용자가 근로자를 고용하여 임금을 줄 때 그들의 생산성에 관한 정보를 충분히 알고 있거나 비교적 쉽게 측정할 수 있다는 가정에 바탕을 두고 있다. 이러한 가설을 비판하면서 사용자들은 노동자들의 생산성에 관한 정보가 불확실하다. 따라서 어떤 배경적 특색(예, 교육수준)을 기준으로 삼아 잠재적 생산성이 높은 근로자들을 선발하기 위한 도구로서 활용한다고 본다.

학력과 임금의 정적 상관관계(正的 相關關係; positive relationship)는 널리 수용되는 사실이다. 즉 '학력이 높을수록 임금이 높다'는 것이다. 이에 관해서 인적자본이론에 의하면 학교교육이 생산성을 높여 높은 임금으로 반영된 것이라고 보는 반면에 선발이론은 교육수준이 잠재적으로 생산성이 높은 근로자를 골라내는 데 정보제공 역할을 하는 것이라고 본다. 즉 교육수준이 임금과 교육과의 관계에 있어서 측정할 수 없는 속성을 대변하는 역할을 하기 때문이라는 것이다. 그것은 대부분의 근로자는 처음부터 구체적으로 분화된 기술이 필요한 것이 아니다. 대부분의 기술은 현장 훈련이나 일하면서 배우는 것이 보통이다. 따라서 선발효과는 생산성을 파악하기 어렵거나 비용이 많이 드는 직무에서 더 크게 나타날 수 있다. 예컨대, 교육수준은 임금과 교육과의 정적 상관관계에 직접적으로 연관 있는 속성을 대변하는 역할을 한다. 왜냐하면 학교에서 성공하는 사람은 직장에서도 성공할 가능성이 높다고 보기 때문이다.

선발이론에 의하면 학력이 높은 사람은 높은 임금 직종에 선발(고생산성) → 높은 임금 → 높은 사회적 지위를 누리게 되는 반면, 학력이 낮은 사람은 낮은 직종에 선발(낮은 생산성) → 낮은 임금 → 빈곤자로 전락할 가능성이 높다.

선발이론이 가지는 문제점은, 선발효과는 사용자가 근로자의 생산성에 관한 정보를 더 많이 알수록 사라진다는 것이다. 예컨대, 채용 후의 승진기회는 근로자에 대한 다양한 정보가 바탕이 된다. 때로는 선발효과는 영원히 지속되고 임금과 교육수준의 관계는 선발효과에 기인한다는 것이다. 학력이라는 것은 일생에 걸쳐 따라다니는 사회적 지위를 대표한다. 우리나라의 학력주의는 이러한 경향이 두드러지게 나타나고 있다.

선발이론이 특정 개인의 입장에서 보면 교육이 생산성을 높이든, 선발도구로서 사용되든 그 개인의 학력을 높이면 임금도 높일 수 있다. 그러나 사회 전체로 보면 학교교육이 선발도구의 역할만 한다면 교육에의 막대한 투자는 낭비가 될 수밖에 없다. 따라서 빈곤퇴치의 수단으로 빈곤계층에 대한 교육투자를 한다 해도 다른 계층의 교육수준이 고정되지 않는 한 의미가 없게 된다는 것이다. 왜냐하면 다 같이 교육을 향상시키면 선발의 효과가 나타나기 어렵기 때문이다.

이두호(1991: 95) 등은 "한국과 같이 학력주의 사회(credential society)로 알려진 곳에서는 교육의 이러한 선발효과가 클 수 있기 때문에 한국의 빈곤정책으로서 빈곤계층의 학력증진이 빈곤해결로 나타날 가능성은 더욱 약하다고 볼 수 있다."고 했다. 그러나 최근 학력주의가 타파되고 능력주의로 선회하는 분위기가 정착된다면 빈곤정책으로서의 기술교육을 통한 자격증 습득은 유리한 선발효과를 가져올 수 있을 것이다.

## 3. 직무경쟁이론(Job Competition Theory)

인적자본이론의 또 하나의 중요한 가정은 근로자들이 일자리를 찾을 때 이미 상당히 구체적으로 개발된 기술들을 가지고 서로 간의 임금경쟁(wage competition)을 통하여 특정의 직무가 결정된다는 것이다. 인적자본이론을 비판하는 직무이론은 근로자들은 취업기회를 두고 경쟁한다는 것이다.

직무경쟁의 기본적 요소는 첫째, 특정 사회의 일자리 숫자는 사회의 기술발전 정도로 결정된다. 둘째, 근로자들의 기술과 그들의 임금 제시는 실제로 충원되는 일자리에 영향을 주지 않는다. 대신 사회적 관습이나 제도에 의해 결정된다. 셋째, 이러한 임금은 직무별로 엄격히 고정되어 있다. 따라서 상대적 임금의 개념이 중요하게 된다. 넷째, 누가 어떤 직무를 차지하느냐는 근로자들의 훈련성(trainability)과 적응성(adaptability)에 의해 결정된다.

이 이론에 의하면, 근로자들 사이에 직무 할당 시 필요한 기술을 가르치는 데 지출되는 훈련비에 있어서, 근로자들 간의 상대적 차이가 중요하다. 즉 직무를 할당하는 데 있어서 훈련비가 적게 든다고 판단되는 근로자일수록 좋은 직무를 갖게 되고, 많이 들수록 나쁜 직무를 갖게 된다는 가정 아래 즉, 훈련비의 과다에 따라 근로자들의 서열이 결정된다. 그러나 사용자들은 근로자들의 훈련비가 얼마나 들지 정보가 없기 때문에 근로자들의 교육수준, 나이, 지능 정도와 같은 배경적 특징을 가지고 직무와 상대적 임금차이를 결정한다.

여기서 중요한 것은 근로자 서열에서의 상대적 위치와 상대적 임금의 개념이다. 즉 특정 노동자들의 서열상의 위치(임금의 정도)는 다른 근로자들의 행동에 영향을 받는다. 선호하는 배경적 특징을 가진 사람들의 수가 증가하면 그렇지 못한 사람들의 임금은 감소한다. 이것은 인적자본이론에 의하면 특정 생산성을 가진 근로자는 특정 임금을 받으므로 다른 근로자들의 행동 때문에 그들의 임금이 영향을 안 받는다는 주장과 대조적이다. 이러한 이론으로써 교육과 기술투자 프로그램이 실패하는 이유를 설명할 수 있다. 즉 가난한 사람들의 교육수준이 올라가도 그들의 상대적 위치(서열)에는 별 변화가 없다는 것이다. 왜냐하면 가난하지 않은 사람들의 교육수준도 역시 올라갔기 때문이다.

직무경쟁이론의 한계점은 임금을 높이기 위하여 가난한 사람들에 대한 투자를 높이는 것만으로는 빈곤을 해결할 수 없다는 것이다. 그것은 그들의 임금을 높여주기 위해서는 그들의 근로자 서열상의 위치를 높여주어야 하는데, 주어진 기술발전 상태 하에서 좋은 일자리의 숫자는 고정되어 있고, 또한 가난하지 않은 사람들도 그들의 상대적 위치(기득권)를 유지하려고 노력하기 때문이다. 따라서 이 이론에 의하면 빈곤대책은 공공부문의 좋은 일자리 창출과 소득보장정책이 제시된다(이두호, 1991: 95-97).

## 4. 노동시장 분절(분단)이론(Segmented Labor Market Theory)[7)]

인적자본이론의 노동시장에 대한 가정은 한 지역(나라)에서의 노동시장은 본질적으로 하나의 동질적인 시장으로 이루어져 있으며, 자유경쟁의 힘에 의하여 노동시장 분리 현상은 곧 사라져 한계생산성[8)]의 논리가 보편적으로 적용된다는 것이다.

이에 대한 반론으로 노동시장은 분절이 되어 있고, 분절된 노동시장에서의 임금결정과정은 서로 다르다는 것이다. 분절된 노동시장들에 속한 근로자들 사이에는 매우 제한된 이동이 있을 뿐이다. 노동시장의 분절 이유를 설명하는 데는 내부노동시장이론과 이중경제이론이 있다.

### 1) 내부노동시장이론(Internal Labor Market Theory)

노동시장은 내부노동시장과 외부노동시장으로 분리되는데, 내부노동시장은 경제변수(수요, 공급, 한계생산)에 의해 지배되는 경쟁시장과 분리되어 형성된다. 이러한 시장에서의 임금결정 방식은 특정한 행정적 규칙과 절차에 의해 결정된다. 즉 외부시장에서의 경쟁적 요소들에 의해 직무가 영향 받지 않는다는 것이다.

내부시장의 형성은 첫째, 특정 기업에는 독자적인 직무 관련 기술(job specific skills)이 존재하는데, 이런 기술은 다른 기업에서도 사용될 수 있다는 보장이 없기 때문에 근로자들은 기술훈련을 위해 투자하기가 어렵다. 따라서 보통은 사용자가 훈련비를 부담하게 된다. 이럴 경우에 근로자가 이직을 하게 되면 사용자에게 부담이 된다. 따라서 사용자는 고용안정을 추구할 수밖에 없다. 둘째, 기술은 현장훈련(on-the-job training)에 의해 전수되고, 동료 근로자

7) 노동시장은 전체적으로 하나의 경쟁적인 시장이 아니라 시장마다 각기 다른 속성을 가지고 근로자가 각각 분절된 노동시장에서 상호 간 이동이나 교류가 거의 단절된 상태에 있다. 따라서 임금이나 근로조건도 서로 차이가 현저하다고 보는 입장이다. 이는 일반 상품의 수급조절 기능과는 다른 특성을 가지고 있다고 본다.

8) 자본량은 일정하게 두고 노동량만 늘려나간다면 처음에는 노동량의 증가에 비례하여 생산량이 증가할 것이다. 그러나 일정한 범위를 벗어나면 생산량의 증가비율이 점차적으로 감소하게 된다. 임금이 이렇게 결정된다고 보는 것을 임금의 한계생산력설이라고 하는데, 즉 일정한 노동량의 최종 단위의 한계생산력이 노동의 일반적인 임금수준을 결정하게 된다는 것이다.

들에 의해 비공식적으로 배우게 된다. 이러한 형태는 고용안정을 더욱 중요하게 만든다. 이러한 훈련은 근로자들을 외부노동시장의 경쟁적인 요소들에 영향을 받지 않게 근로자를 보호해야만 가능하게 된다. 셋째, 고용안정이 장기간 이루어지면, 근로자 사이의 장기간의 비공식적 작업규칙이 생기게 된다. 일종의 기업 내부의 관습(custom)이 형성된다. 이것은 사용자가 외부의 경제적 변화에 더욱 대응하기 어렵게 만든다. 결국 외부노동시장과 차별화되고 내부노동시장은 더욱 유지가 된다.

내부노동시장 노동자들은 좋은 임금, 작업환경, 진급기회보장(이직에서 오는 손실 때문)이 제공되는 반면, 외부노동시장 노동자들에게는 이러한 혜택을 줄 필요가 없게 된다. 즉 낮은 임금을 받거나 나쁜 작업환경, 안정성도 적고, 진급할 기회도 없는 직무에 종사하게 된다(이두호, 1991: 98–99).

### 2) 이중경제이론(Dual Economy Theory)

이 이론은 자본주의의 속성(자본 축적)에 초점을 맞추어 노동시장 분절을 설명한다. 이 이론에 의하면 자본가들은 노동으로부터의 잉여가치를 착취하고 다른 자본가들과의 경쟁을 통하여 끊임없이 자본을 축적한다. 이러한 과정을 통하여 자본은 점차 소수의 자본가에게 집중되어 두 가지의 서로 다른 경제부문이 형성된다. 즉 자본이 집중된 독점부문(핵심부문)과 작은 경쟁적 기업(주변부문, 경쟁부문)들이다. 이때 독점부문은 경제규모, 시장점유, 자본집중도, 조직구조 등에서 경쟁부문과 뚜렷이 차이가 나고 노동시장의 분절이 이루어진다.

독점부문의 근로자들은 경쟁부문의 근로자들에 비하여 임금 등에서 유리한 혜택을 받는다. 그 이유는 첫째, 독점이므로 상품가격을 조절하여 이윤을 높일 수도 있고, 대기업의 규모의 경제(이득), 높은 자본집중률에 의해 생산성을 높이고 원가를 낮출 수 있다. 결국 이러한 높은 이익으로 근로자들은 높은 임금을 받을 수 있다. 둘째, 독점부문 기업들은 상품에 대하여 독점적 통제를 할 수 있기 때문에 경쟁부문보다 높은 가격으로 판매가 가능하다. 이로 인해 근로자들의 임금상승이 가능해진다. 셋째, 독점기업은 재정적 능력이 좋기 때문에 기술개발을 위한 투자가 가능하고 이것은 결국 높은 이익으로 돌아온다.

이러한 이론은 우리나라의 재벌정책과 비교할 때 상당히 타당성이 있는 듯하다. 그러나 최근 급격한 기업환경의 변화에 대기업은 적절히 대응할 수 없다는 한계성을 가지고 있어 구조조정으로 인한 실업의 위협에 항상 직면해 있다. 그리고 규모의 경제에 의한 소품종 대량생산의 시대에서 다품종 소량생산의 시대에 접어든 오늘의 시점에서는 주변 부문이나 경쟁부문이 오히려 안정적이라는 이점이 있다. 이렇게 볼 때 이중경제이론은 빈곤문제를 지금까지와는 반대의 현상으로 설명할 수 있을지도 모르겠다.

## 5. 마르크스주의(Marxist) 계급이론

마르크스(Marx)의 이론에 의하면 생산수단의 유무에 따라 계급들이 분리되고, 이러한 서로 다른 계급들은 생산의 사회적 관계에서 서로 다른 위치를 차지하게 되어, 이것이 각 계급들의 소득을 결정한다고 본다(이두호, 1991: 101–102).

① 자본가: 생산수단을 소유하는 자들로 이들은 노동자들의 노동력을 사용하여 그들의 잉여생산을 착취할 수 있는 위치에 있기 때문에 높은 소득을 누린다.

② 관리자(manager): 생산수단을 소유하고 있지는 않지만 노동을 통제할 수 있는 권위(authority)를 갖고 있기 때문에 자본가와의 협상력(bargaining power)을 높일 수 있는 위치에 있어, 자본가 다음의 높은 소득을 누릴 수 있다.

③ 쁘띠 부르주아(petty bourgeoisie): 생산수단은 소유하고 있으나 타인의 노동을 고용하지 않는 반면, 자신들의 노동력을 타인에게 팔지 않기 때문에 그들 노동의 잉여가치를 착취당하지 않아 자신들의 노동으로부터의 소득은 유지할 수 있다. 소규모 자영업자들이 여기에 속한다.

④ 노동자: 그들의 소득이 유일하게 그들의 노동을 팔아서 나오기 때문에 그들의 소득은 낮을 수밖에 없다.

결국, 계급 위치의 차이가 소득 결정의 가장 중요한 요인이 된다. 개인적 특성(예, 교육수준 등)에 의한 소득의 차이는 이러한 계급 위치의 한계 내에서 이루어진다.

# 제6절 빈곤문화이론

## 1. 빈곤문화의 의의

빈곤문화(Culture of Poverty)[9]란 빈민집단이나 빈곤계층에서 볼 수 있는 특유한 생활양식·태도·가치관 등의 문화적 특질을 말한다. 다시 말하면 한 사회의 빈곤계층은 다른 계층과 구별되는 독특한 사회적·심리적 속성 또는 특성을 가지고 있다고 보며, 이를 빈곤문화라고 한다. 즉 빈곤을 하나의 생활양식(way of life)으로 보는 것으로, 이러한 이론에 의하면 빈곤문화의 영향을 계속 받는한, 계속 가난해질 수밖에 없다고 한다.

## 2. 빈곤문화의 속성

루이스의 빈곤문화이론(1966)에 의하면, 그는 빈곤문화의 속성을 다음과 같이 들고 있다. 첫째, 지역사회에서 기존의 정치·경제·사회제도에 대한 효과적인 참여가 결여되어 있다. 빈곤계층은 학교, 교회, 정당, 노동조합 등 사회의 주된 제도들에 참여할 기회가 결여되어 있다. 따라서 이들은 사회의 지배적 가치 수용을 거부한다. 둘째, 가정생활에서는 권위주의, 합의이혼, 자유 동거, 자녀교육에서의 폭력 사용, 가정 붕괴로 인한 모계중심적인 가정(결손가

9) 오스카 루이스(Oscar Lewis, 1914~1970)는 1966년 'Culture of Poverty'를 발표, 처음으로 빈곤문화를 제기했다. 루이스는 1951년 멕시코 교외의 테포스틀란이라는 빈민지역에서 인류학적 현지조사를 실시한 후 그곳 주민들의 생활양식과 태도·가치관 등에서 볼 수 있는 특징들을 빈곤문화라고 정의하였다. 그에 따르면, 빈곤문화는 빈민집단 사람들이 그들 자신의 의지와 통제력에서 벗어나 외부로부터 주어지는 조건 속에서 삶을 영위해 나가기 위하여 택하는 적응과정의 산물이다. 그러므로 빈곤문화는 특수한 환경 속에서 생존하기 위한 하나의 방법으로 해석될 수 있다.

빈곤문화의 특징으로 지적되는 측면들은 다음과 같다.

효율적인 참여의 결여, 조직의 미발달, 유년시절(幼年時節)의 결여, 남존여비 경향, 언어 사용의 특색, 자아에 대한 관념의 미발달, 남녀간 구분의 불명확성, 충동 자제력의 결여, 소비지향적인 생활의 결여, 미래에 대비하는 생활의 결여, 모든 종류의 심리적 압박감에 대한 강한 인내력 등이다.

일반적으로 빈곤문화는 사회적·병리학적인 측면에서 이해되었고, 이에 대한 해결책으로는 빈곤계층의 집단을 강제로 철거시키는 급진적이고 피상적인 방법과, 건전하고 미래지향적인 중간계층의 가치관과 생활방식으로 이를 대체시키는 점진적인 방법이 시도되고 있다.

빈곤계층의 사람들이 사회적·경제적으로 적응하는 데 실패하는 것을 모두 그들 자신의 문화적 특성에 기인하는 것으로 결부시켜 탓함으로써, 아동과 청년을 대상으로 중간계층의 문화적 특성이라고 간주되는 것을 교육시키는 방법이 채택되어 온 것이다. 이러한 일반적인 반응은 중간계층의 것을 모든 가치판단의 기준으로 삼는 이른바 계급중심적인 사고방식의 반응이며, 빈곤문화를 부정적인 측면에서만 다룬 일방적인 해석에 원인이 있다는 비판을 받았다(두산백과사전 참조).

정) 등의 성격이 나타난다. 이들의 자녀들은 아동기가 짧고 조기 성경험 등으로 인해 법적 결혼 없이 자유롭게 동거하고 자유롭게 이혼한다. 셋째, 심리적으로는 의타심이 높고, 무기력, 열등감, 소외감 등이 보편적인 것이 된다. 모든 것을 운명 또는 숙명으로 받아들인다. 그래서 이들에게는 출세동기 등이 미약하고 성격은 충동적이다.

이러한 빈곤문화는 부모에서 자식으로 지속되며, 특히 자본주의 초창기 농촌에서 도시로 이주해 온 도시빈민 가운데 현저한 모습이 보인다. 이와 같이 빈곤문화는 도시에서 주로 나타난다. 도시는 각처의 인간으로 구성되어 있고, 분업으로 인해 사회적 기능이 고도로 분화되어 있고 생산수단도 다양하다.

근대 도시는 농촌이나 외국 등 고향에서 생존수단을 영위하지 못하고 실패한 사람들의 대량 이입으로 급격하게 팽창하고 있어, 이들이 새로운 도시환경에 잘 적응하지 못하고 행동의 분열을 경험하게 된다. 이들이 모여드는 곳은 도시의 빈민지대로 이곳은 그들의 도시생활의 학교 구실을 하게 되어, 결국 여기서 그들은 새로운 형태의 문화 즉, 소위 하위문화(subculture)를 형성하게 된다.

## 3. 빈곤계층의 분류

미국의 하버드 대학교 벤필드(Edward C. Banfield, 1919~1999) 교수는 빈곤계층을 다음의 두 가지로 분류했다. 첫째, 실업, 장기간의 질병, 가장의 죽음 등으로 빈곤해진 경우로 이러한 경우에는 외적 요인인 실업, 질병 등이 해결되면 빈곤도 해소되는 일시적 빈곤이다. 둘째, 장래에 대비하는 심리상태가 되어 있지 못하고 현재지향적인 심리상태에 지배되어 있기 때문에 빈곤해진 경우로 이때는 외적 요인이 개선되더라도 그들의 심리상태에 뿌리박힌 생활양식으로서의 빈곤은 해소되지 않고 다음세대에로 순환된다. 이것이 바로 빈곤문화가 되겠는데, 그 원인은 현재지향적인 심리상태 때문이라고 한다.

이러한 빈곤문화이론은 1960년대 이후 많은 이론적 혹은 이념적(인종적인 차별이라는) 비판을 받게 되었는데 그 중요한 것은 빈곤문화의 특징들이 실제로 가난한 사람들에게 존재하지도 않을 뿐만 아니라 더욱 중요한 것은 이러한 빈곤문화가 세습되지도 않는다는 것이다. 즉 빈곤한 사람과 빈곤하지 않은 사람을 구분하는 '빈곤문화'는 존재하지 않고 두 집단의 유일한 차이는 빈곤하지 않을 수 있는 '기회'의 차이이다(이두호, 1991: 104).

# 제7절 빈곤문화이론과 구빈정책

## 1. 빈곤문화를 인정하는 입장

빈민은 사회적·심리적으로 빈곤문화에 빠져 있기 때문에 가난하다. 이러한 상황에서의 구빈정책의 방향은 소득증대정책보다 근본적으로 빈곤문화의 지속·순환을 막고, 빈민의 심리적 무기력과 열등감을 해소하는 정책을 써야 한다. 따라서 빈민의 자녀들에게 빈곤문화가 악순환되는 것, 즉 빈곤문화에로 사회화되는 것을 막는 구빈정책이 요망된다. 따라서 빈곤문화에 대한 대책은 다음과 같다.

① 부적절한 부모에 대한 심리치료, 교육, 상담 등을 통해 부적절한 아동 양육방법을 고쳐야 한다. 여기에는 사회교육, 전문사회사업적인 방법들인, 사회복지실천, 사회복지실천기술 등이 동원된다.

② 이를 완화하기 위해 조기 아동교육 등으로 부모의 나쁜 양육으로부터 분리시켜야 한다.

③ 정규교육을 통해 빈곤아동들이 그들 부모의 아동 양육방법을 배우지 않도록 훈련시켜야 한다.

④ 가능한 한 부모교육을 동반해야 한다.

## 2. 빈곤문화를 인정하지 않는 입장

빈민은 수입 획득 기회의 결여로 가난하다. 따라서 구빈정책의 방향은 개인에 대한 취업기회를 높이고 직업훈련, 교육 등을 통해 소득증대정책을 써야 한다. 교육급여, 자활조건부생계급여, 자활급여 등이 여기에 속한다.

현재 우리나라의 경우 빈곤문화는 없는 것으로 보는 것이 일반적 견해이다. 우리나라 빈민들은 자신의 생활에 대한 전망을 성장·발전할 것으로 본다. 그 근거로는 자녀들의 성장과 취업 그리고 사회·경제상태의 발전 등에 희망을 걸고 있다. 즉 미래지향적 심리상태가 강하다는 일면을 보여주는 것이다.

# 제 7 장 사회보장과 조세정책

## 제1절 조세의 의의

조세란 국가 또는 지방자치단체가 그 존립목적을 달성하기 위하여 필요한 경비를 조달하기 위하여 또는 일정한 사회·경제정책적 목표달성을 위한 수단으로 직접적 반대급여 없이 국민들에게 부과하는 것이다. 국가 또는 지방자치단체는 이렇게 징수한 금액을 다양한 분야에 사용하는데 그 가운데서 국가의 사회보장·사회복지의 증진에 대한 책임(헌법 제34조 제2항)을 수행하는 데도 사용한다. 이와 같이 국가의 재정이 사회복지분야에 어느 정도 투입되느냐에 따라 복지선진국이냐 복지후진국이냐를 판단하는 기준으로 삼기도 한다.

현대 자본주의 사회는 불평등문제가 하나의 큰 사회문제로 되고 있다. 이러한 사회구성원 간의 불평등문제를 해결하기 위해 국가는 일정한 조정자 역할을 해야 하는데, 이러한 조정자 역할을 하는 방법 중에 조세정책이 매우 중요한 역할을 한다. 국가는 조세정책을 통해 소득재분배를 실현하고 궁극적으로 개별 국민들이 인간다운 삶을 실현할 수 있도록 보장해 주는 것이다. 이처럼 조세가 소득재분배 또는 사회복지의 실현에 투입되는 것은 결국 오늘날 평등을 지향하는 복지국가의 이념을 실현하는 것이기도 하다.

## 제2절 조세의 종류와 특성

사회보장비는 국민이 직접 내는 사회보험료와 국가의 일반예산이 재원이 되고 현대국가에서 이러한 국가예산은 대부분이 세금을 통해 마련된다.[1] 그러므로 조세정책이 궁극적으로 사회보장정책을 재정적으로 지원하고 있다고 할 수 있다. 따라서 사회보장정책의 재정적

1) 우리나라도 2012년 수입 중 국세가 차지하는 비율이 94.6%에 달한다(국세청, 「2013 국세통계연보」 참조). 이처럼 국가수입의 대부분이 세금으로 이루어지는 국가를 "조세국가"라고 하며, 현대국가는 거의가 조세국가의 형태를 취하고 있다.

후원자로서 세금의 종류와 그 특성을 바로 이해할 필요가 있다. 세금은 소득세, 소비세, 부(富)세로 나눌 수 있다.

## 1. 조세의 종류 및 특성

### 1) 소득세

소득세(income tax)는 납세의무자들의 소득에 대하여 부과하는 조세를 말한다. 일반예산을 구성하는 조세들 가운데 누진성을 높이는 데 가장 크게 기여하는 것이 소득세－특히 개인소득세－이다.[2)] 개인소득세의 소득재분배 효과가 높은 이유는 크게 세 가지로 설명할 수 있다.

① 개인소득세는 기본적으로 부담능력의 원칙에 따라 세율이 부과되므로 고소득층의 세율이 저소득층보다 높다.

② 개인소득세는 다른 조세에 비해 각종의 조세감면으로 저소득층의 조세부담을 면제·감면시키거나, 혹은 근로소득과 자산소득을 구분하여 근로소득의 경우에만 감세의 혜택을 줌으로써 소득재분배 효과를 높일 수 있다.

③ 일반적으로 개인소득세가 일반예산을 구성하는 조세 가운데 매우 큰 비중을 차지한다. 선진산업국가에서는 대부분 개인소득세가 가장 큰 부분을 차지하고 있고 누진적이기 때문에 소득재분배 효과가 더욱 크게 나타난다.

실증적으로 여러 조사에서 대부분의 국가는 최상층의 10% 사람들은 최하층의 10%의 사람들보다 평균적으로 10배 이상의 개인소득세를 부담한다.

### 2) 소비세

일반 예산을 구성하는 조세 가운데 소득세 다음으로 중요한 것이 소비에 대한 조세이다. 소비세(consumption tax)는 납세의무자들의 소비(=소득지출)행위를 과세대상으로 한다. 소비세는 앞의 개인소득세와는 달리 소비주체들의 부담능력(=소득규모)을 고려하지 않고 상품을 소비할 때 부과하기 때문에 개인소득세에 비해 고소득층의 조세부담률이 저소득층보다 상대적으로

2) 소득세는 납세의무자가 자연인인 경우에 개인소득세, 법인인 경우에 법인세가 된다. 현재 우리나라는 개인소득세는 소득세법에서, 법인세는 법인세법에서 규정하고 있다.

적을 수 있다. 소비에 대한 조세는 소비에 대한 일반세라고 할 수 있는 부가가치세와 다양한 개별소비세로 나눌 수 있다. 이러한 개별소비세에는 특별소비세, 주세, 담배소비세 같은 것이 있다. 특히 특별소비세는 일반소비세인 부가가치세의 역진성[3]을 극복하기 위해 도입된 세금으로, 부가가치세와 대비되어 중요하게 설명될 필요가 있다.

### (1) 부가가치세

소비에 대한 일반세라고 할 수 있는 것으로 생산에서 소비에 이르는 각 단계의 "부가가치"에 대해 부과되는 세금이라고 해서 부가가치세라고 한다. 현재 우리나라는 10%의 단일(비례) 세율로[4] 세금을 부과하기 때문에 세부담에 역진성이 나타나게 된다.[5] 이처럼 부가가치세에 역진성이 있다는 것은 결국 세금의 소득재분배 기능에 문제가 있다는 것을 의미하게 된다.

### (2) 특별소비세

일반소비세로서의 부가가치세에 존재하는 역진성을 극복하기 위해 부과되는 소비세가 특별소비세이다. 특별소비세는 이처럼 부가가치세의 역진성을 극복하기 위해 도입된 것이기 때문에 고소득자가 소비하는 소비품에만 세금을 부과한다. 이렇게 함으로써 소득재분배 효과가 나타날 수 있다.

---

3) 소득이 적은 사람이 소득이 많은 사람보다 상대적으로 많은 세금을 내게 되는 경우를 "세금에 역진성이 있다."라고 한다.

4) 조세의 세율에는 크게 누진세율, 역진세율, 비례세율의 3가지가 있다. 세율이 누진적(progressive)이라는 것은-소득세의 경우 소득, 소비세의 경우 소비가격과 같은-과세대상의 크기가 커질수록 부과하는 세율(tax rate)이 높아지는 것을 말하고, 역진적(regressive)이라는 것은 반대로 과세대상이 커질수록 세율이 낮아지는 것을 말한다. 또한 비례적(proportional)이라는 것은 세율이 과세대상 크기의 변화에 관계없이 일정한 것을 말한다(송원근 · 김태성, 1995: 325).

소득세의 경우 누진의 방법에 있어서 단순 누진법(1개의 과세물건에 하나의 세율을 부과), 초과누진법 또는 단계적 누진법(소득을 단계로 구분하여 높은 단계일수록 높은 세율 부과), 그리고 제한적 누진법(누진을 일정 한도까지만 적용. 그 이상에 대해서는 단순비례 적용) 등이 있다. 한국 등 대부분 국가는 제한적 누진법을 사용하고 있다.

세율의 방법 중 소득세, 상속세, 증여세 등 직접세는 누진세율을 적용한다. 주세, 부가가치세, 특별소비세 등 간접세에는 비례세율을 적용한다. 역진세율은 실제로는 존재하지 않는다. 그러나 조세액과 소득과의 관계에서 볼 때 역진적인 관계가 성립되는 조세가 있다. 예컨대 생활필수품에 소비세(간접세)를 부과하면 소득이 많은 사람이나 적은 사람이나 똑같은 세액을 부과하게 되어 결과적으로 조세부담률로 볼 때 저소득자일수록 높아지므로 사실상 역진적인 성격을 띠게 된다.

5) 예컨대 부자들은 다량의 물품을 도매시장에서 구입한다. 가난한 자들은 소량의 물품을 소매시장에서 구매한다. 따라서 가난한 자들이 한 단계 이상 더 부가가치세를 납부하게 된다.

### 3) 부세

부세(富稅)란 재산소유 또는 재산이전(移轉)이라는 사실을 대상으로 과세하는 조세를 말한다. 복지국가에서는 일반적으로 개인이 소유하는 부에 대하여 높은 누진세를 부과하고 있다. 이러한 높은 과세에 대한 사상적 배경은 그리스도교의 정의와 공동선 사상에 있다. 그리스도교 사상의 바탕을 제공한 토마스(St. Thomas, 1224/5~1274)는 "각 사람은, 물론 사회적 지위에 어울리는 재산을 가질 수 있다. 따라서 자기 신분이나 지위를 유지하는 데 필요한 것까지 타인에게 주어야 할 의무가 있는 것은 아니다."고 한다(박석돈, 1983: 11). 그렇지만 그 신분이 어떻게 해서 얻어진 것이냐 하는 문제를 따지고 있다. 즉 첫째는 자기의 주어진 신분을 바탕으로 노력을 쌓아서 이룩한 지위로, 이 경우는 일단 정당한 것으로 받아들인다. 둘째는 상속에 의해서 신분이 결정된 것으로, 이 경우는 일정한 한계를 정해서 받아들여야 한다고 주장한다. 오늘날 상속세 등을 불로소득세로 보고 높은 세율을 부과하는 것은 이러한 정신에서 나온 것으로 볼 수 있다. 셋째는 재산을 취득하고 이를 축적함으로써 얻어지는 지위로, 이 경우는 재산이 권력을 낳고 권력이 재산을 모으는 소위 부익부의 악순환을 초래해서 큰 사회악을 가져올 수 있다고 보았다.[6] 그래서 토마스는 둘째의 경우는 일정한 한계를 설정해서 인정하지 않으면 폐해를 초래할 염려가 있고, 셋째의 경우에는 질서를 문란시키지 않는 방법으로 그 대부분을 사회로 흡수시켜 공동선에 공헌하는 것이 당연한 이치라고 했다(趙基勳, 1973: 234). 이러한 관점에서 재산세와 상속·증여세는 일반적으로 높은 과세를 하고 있다.

#### (1) 재산세

재산세(property tax)란 일정한 재산에 대하여 부과하는 조세를 말한다. 재산세는 낮은 세율을 적용하며, 세금부과대상이 되는 재산의 가치평가액이 시장가격의 변화에 따라 변화하지 못한다. 이러한 재산들을 포괄적으로 세금부과대상에 포함시키기 힘들기 때문에, 일반적으로 고소득층의 재산세에 대한 실질 조세부담률은 적다고 볼 수 있다. 그러나 부자들이 재산을 더 많이 소유하고 있으므로 부자들이 결과적으로 더 많은 세금을 부담하게 된다.

#### (2) 상속세 · 증여세

상속 · 유증(遺贈) 또는 사인증여(死因贈與)에 의한 취득재산에 대하여 부과하는 조세를 상속

6) 대부분의 고소득자는 자신의 노동에 대한 대가로 얻는 소득보다 자기의 재산에서 나오는 부가 더 많다.

세라 한다. 증여로 취득한 재산가액을 표준으로 하여 과세하는 직접세를 증여세라 한다. 우리나라의 경우 상속세를 탈세하는 경우가 많고 재산의 도피수단으로 불법 내지는 편법적인 증여를 활용하는 경우가 매우 많다.

상속·증여 등으로 얻어지는 소득은 소위 불로소득이라 하여 일반적으로 높은 누진율이 적용되나 실질적으로 이러한 세를 내는 사람은 소수이고 또한 액수도 적기 때문에 전체 일반예산에서 차지하는 비중은 아주 적은 편이다.

## 2. 사회보장세(보험료)의 특성

세금과 함께 오늘날 산업국가에서 사회보장정책을 위한 지출의 재원 가운데 매우 중요한 것으로 사회보험료 내지는 사회보장세가 있다. 사회보장세는 국민연금, 건강보험, 노인장기요양보험, 산재보험, 고용보험 등의 사회보험을 위한 보험료를 사용자와 피고용자에게 강제로 부과하기 때문에, 엄밀한 의미의 세금은 아니지만 일종의 세금과 같은 성격을 가지고 있다. 이런 점에서 복지국가에서는 사회보장세라고 칭하기도 하고 세금이라고 할 때에는 일반조세와 사회보장세를 포함해서 말하기도 한다.

### 1) 사회보장세의 필요성

① 자본주의 사회를 살아가는 사람들은 살아가면서 여러 위험에 당면하여 소득이 상실될 때 각자에게 이전의 시장소득수준을 유지시켜야 하는 것이 국가의 책임이라는 인식이 강하다.

② 많은 사람들은 사회보장세를 납부하면서 일반조세와는 달리 미래에 받을 수 있는 저축성 예금이라는 인식 때문에 일반조세에서 해결하는 것보다 정치적으로 유리하다.

③ 일반예산을 통한 사회보장정책은 역사적으로 대개 저소득층을 대상으로 하는 일종의 적선이라는 측면이 강하였기 때문에 거부감을 갖는 경향이 있다. 따라서 사회보장세를 통한 급여는 자조(self-help)의 이념이라고 생각하기 때문에 일반예산과 분리하는 것이 유리하다.

④ 대부분의 사람들은 자신이 낸 세금이 어떻게 사용되는가에 관심이 있는데, 일반예산과는 달리 사회보장세는 특정한 목적을 위하여 사용되기 때문에 거부감이 적다.

### 2) 사회보장세의 역진성

① 대부분의 국가에서 사회보장세는 모든 소득계층의 근로소득에 동일한 비율로 부과되는데, 이는 고소득층은 저소득층에 비하여 일반적으로 근로소득이 적기 때문에 실질적으로는 총소득에 비하여 저소득층의 부담률이 높게 된다.

② 대부분의 국가에서 사회보장세는 조세부과대상 소득의 일정한 상한액 내에서만 부과되는데 이것은 상한액 이상으로 고소득층의 조세부담을 낮추는 효과가 되어버려 역진적으로 작용한다.

③ 사회보장세는 사용자와 피고용자가 동률로 부담하든지 아니면 사용자가 대부분 부담하는데 이것은 결국 총 노동비용이 상승하는 결과를 가져오기 때문에 상품가격의 상승으로 나타나며 소비자(피고용자)의 부담을 증가시킴으로써 재분배효과가 미미할 수밖에 없다.

④ 일반예산은 가족의 수나 욕구를 고려한 조세감면제도가 있으나, 사회보장세는 가족 수나 욕구를 고려하지 않고 모든 근로소득에 부과하기 때문에 저소득층의 부담률이 상대적으로 높다.

⑤ 사회보장세는 주로 근로소득에 부과되므로 자본집약적인 산업에 비해 노동집약적인 산업이 총노동비용의 측면에서 볼 때 불리하고, 많은 저소득층이 노동집약적인 산업에서 일할 가능성이 크기 때문에 경기하락에 따른 실업을 주로 이들이 부담할 가능성이 있어 재분배에 역진적인 영향을 줄 수 있다.

## 3. 조세비용

조세비용은 조세를 징수하여 국가가 직접적인 지출을 하는 대신 사람들이 내야 할 조세를 감면시켜 주는 것이다. 예를 들어, 세금을 거두어 아동이 있는 가족에게 아동수당을 주는 대신에 조세부담에서 아동수당만큼을 면제시켜 주는 것이다.

조세비용의 가장 큰 장점은 조세를 부과하고 이것을 다시 대상자를 선별해 급여하는 데 드는 비용들을 줄임으로써 국가운영의 효율성을 높이는 데 있다.

### 1) 조세비용의 형태

① 공평의 가치를 강조하는 것으로서 경제적 욕구를 고려한 조세감면이다. 노인, 장애인, 아동을 위한 조세감면과 의료, 주택, 교육에서도 공제가 포함된다.

② 경제적 효율을 강조하는 것으로서 각종의 경제 활성화에 필요한 비용들을 공제하는 것이다. 즉 투자나 근로동기 강화를 위한 세금의 일부를 면제해 주는 것이다.

### 2) 조세비용의 소득재분배 효과 분석

한 조사연구(송근원 · 김태성, 1995: 338)에 의하면 하위 50%의 사람들은 전체 조세비용의 약 12%를 차지하는 반면, 상위 7%의 사람들은 조세비용의 49%를 차지하여 매우 역진적인 재분배효과를 보인다고 했다. 이는 경제효율성을 위한 조세비용이 크기 때문이라 할 수 있다.

조세비용의 이러한 역진성은 아동이 있는 가족에 대한 소득의 감면과 적극적인 사회보장정책의 하나인 아동수당을 비교해 볼 때, 재분배 효과에서 뚜렷이 나타난다.[7]

# 제3절 조세정책과 소득재분배

## 1. 조세의 규모

전체적으로 조세정책이 조금이라도 누진적이라면 조세의 규모는 그 자체적으로 크면 클수록 소득불평등이 줄어들 수 있다. 또한 이러한 조세의 규모가 크면 클수록 사회보장정책 - 특히 소득보장정책 - 의 확대를 통한 소득재분배를 실시할 수 있다(김태성, 1996: 95-116).

조세수입이 많을수록 일반적으로 사회복지지출에 많이 사용되므로 조세부담률과 소득재분배는 밀접한 관계를 갖는다. 이러한 관계는 비교적 조세부담률이 높은 나라들과 낮은 나라들의 소득불평등 정도를 비교 - 지니계수[8]를 사용해 보면 알 수 있다.

7) 아동을 위한 조세감면정책은 재분배의 효과가 없을 수도 있다. 면세점 이하의 저소득자에게는 조세감면 그 자체가 아무런 의미가 없기 때문이다. 이럴 때에는 아동수당이라야 재분배효과가 크다.

8) 이탈리아의 통계학자 지니(C. GINI)가 제시한 '지니의 법칙'에 따라 나온 지표로 일반적으로 분포의 불평등 정도를 나타내는 수치로 쓰인다. 특히 소득분배의 불평등도(度)를 나타내기 위해 잘 사용된다. 횡축에 인구의 누적백분율을, 종축에 소득의 저액층부터 누적백분율을 취하면 로렌츠곡선이 그려지는데, 대각선(45도)은 균등분배가 행해진 것을 나타내는 선(균등선)이 된다. 불평등도는 균등선과 로렌츠곡선으로 둘러

**표 7-1** 조세부담률과 소득불평등 정도(2012)

| 국가 | 지니계수 | 조세 부담률 | 국가 | 지니계수 | 조세 부담률 | 국가 | 지니계수 | 조세 부담률 |
|---|---|---|---|---|---|---|---|---|
| 북구형 | 0.259 | | 유럽형 | 0.281 | | 영미형 | 0.333 | |
| 덴마크 | 0.253 | 48.0 | 오스트리아 | 0.282 | 43.2 | 호주 | 0.324 | 26.5 |
| 핀란드 | 0.261 | 44.1 | 벨기에 | 0.264 | 45.3 | 캐나다 | 0.316 | 30.7 |
| 노르웨이 | 0.250 | 42.2 | 독일 | 0.293 | 37.6 | 아일랜드 | 0.302 | 28.3 |
| 스웨덴 | 0.273 | 44.3 | 네덜란드 | 0.278 | 38.6 | 뉴질랜드 | 0.323 | 32.9 |
| | | | 스위스 | 0.289 | 28.2 | 영국 | 0.344 | 35.2 |
| | | | | | | 미국 | 0.389 | 24.3 |

출처: 지니계수-OECD. StatExtract. Gini(세후 및 이전소득 포함한 가처분소득 기준).
조세부담률-OECD(2013), Tax Statistics.

주: 지니계수 중 노르웨이, 스웨덴, 오스트리아, 독일, 스위스, 캐나다, 아일랜드, 뉴질랜드는 2011년 기준임. 벨기에는 2010년 기준임. 조세부담률 중 네덜란드, 호주는 2011년 기준임.

〈표 7-1〉에서 보면, 북구형 국가들은 전체적으로 조세부담률이 높고 지니계수는 낮다. 유럽형 조세부담률도 낮고 지니계수도 낮다. 영미형 국가들은 대체적으로 조세부담률은 낮고 지니계수는 높다. 이렇게 볼 때 조세부담률이 클수록 조세의 누진성 때문에 일반적으로 소득재분배의 효과도 커진다고 볼 수 있다.

**표 7-2** 조세부담률 추세

| 연도 | 2000 | 2001 | 2002 | 2003 | 2004 | 2005 | 2006 | 2007 | 2008 | 2009 | 2010 | 2011 | 2012 |
|---|---|---|---|---|---|---|---|---|---|---|---|---|---|
| 부담률(%) | 18.8 | 18.8 | 18.8 | 19.3 | 18.4 | 18.9 | 19.7 | 21.0 | 20.7 | 19.7 | 19.3 | 19.8 | 20.2 |

출처: 보건복지부(2014), 「2014보건복지통계연보」, 제60호, p.452.

싸인 면적으로 나타나는데 이를 균등선과 횡축, 종축으로 둘러싸인 삼각형의 면적으로 나누면 지니계수가 나오게 된다. 지니계수는 0과 1 사이의 값을 가지게 되며 그 값이 1에 가까울수록 불평등 정도가 높다는 것을 의미한다. 0.4를 넘으면 상당히 불평등한 소득 분배의 상태에 있다고 할 수 있다. 지니계수를 통해 근로소득이나 사업소득 등 소득분배 상황은 물론 부동산과 금융자산 등 자산분배 상황도 살펴볼 수 있다. 우리나라의 경우 IMF관리체제 이후 지니계수가 계속 높아지는 추세를 보였지만 최근에는 소득분배 구조가 다소 개선된 것으로 나타났다. 지니계수는 1997년 0.283, 1998년 0.316에 이어 1999년 0.320으로 최고치를 보이다 2000년에는 0.317로 소폭 하락했다. 경제의 디지털화가 진전될수록 소득계층 간 불평등 정도가 심화될 것이란 전망이 나오고 있는데 실제로 미국의 경우 1980년 0.403에서 1990년 0.428, 1995년 0.450, 1999년 0.457로 매년 증가 추세를 보이고 있다.

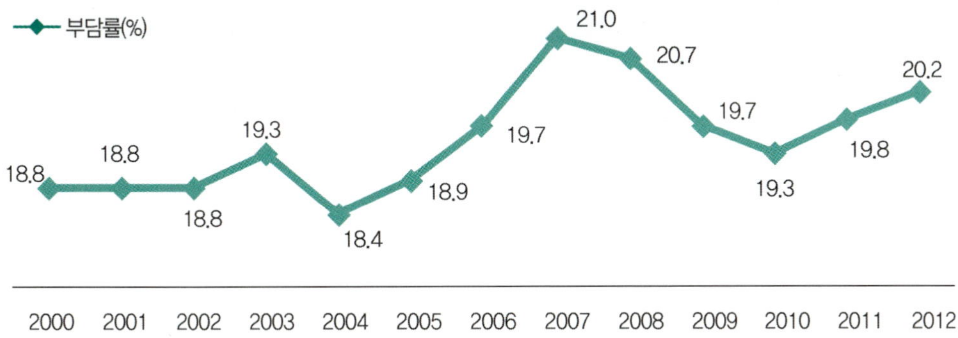


그림 7-1 우리나라 조세부담률 증가 추세

한국은 〈표 7-2〉과 [그림 7-1]을 비교해서 보면, 조세부담률이 다른 OECD 국가들에 비해 크게 낮음을 알 수 있다. 〈표 7-3〉에서 주요 선진국들이 1인당 GNP에서 10,000$가 되는 시점인 1970년대 중반의 조세부담률을 볼 때 단순비교의 한계를 감안하더라도 우리의 조세부담률이 낮다고 볼 수 있다. 이것은 역으로 소득재분배의 효과가 상대적으로 약함을 나타내고 소득불평등이 선진국들보다 크다는 것을 알 수 있다.

표 7-3 OECD 국가의 조세부담률

(단위: GDP 대비 %)

| 국가 | 2005 | 2006 | 2007 | 2008 | 2009 | 2010 | 2011 | 2012 |
|---|---|---|---|---|---|---|---|---|
| 호주 | 30.0 | 29.6 | 29.7 | 27.1 | 25.8 | 25.6 | 26.5 | – |
| 오스트리아 | 42.1 | 41.5 | 41.8 | 42.8 | 42.4 | 42.2 | 42.3 | 43.2 |
| 벨기에 | 44.5 | 44.1 | 43.6 | 44.0 | 43.1 | 43.5 | 44.1 | 45.3 |
| 캐나다 | 32.3 | 32.6 | 32.3 | 31.6 | 31.4 | 30.6 | 30.4 | 30.7 |
| 칠레 | 20.7 | 22.0 | 22.8 | 21.4 | 17.2 | 19.5 | 21.2 | 20.8 |
| 체코 | 36.1 | 35.6 | 35.9 | 35.0 | 33.8 | 33.9 | 34.9 | 35.5 |
| 덴마크 | 50.8 | 49.6 | 48.9 | 47.8 | 47.8 | 47.4 | 47.7 | 48.0 |
| 에스토니아 | 30.6 | 30.7 | 31.4 | 31.9 | 35.3 | 34.0 | 32.3 | 32.5 |
| 핀란드 | 43.9 | 43.8 | 43.0 | 42.9 | 42.8 | 42.5 | 43.7 | 44.1 |
| 프랑스 | 44.1 | 44.4 | 43.7 | 43.5 | 42.5 | 42.9 | 44.1 | 45.3 |
| 독일 | 35.0 | 35.7 | 36.1 | 36.5 | 37.4 | 36.2 | 36.9 | 37.6 |
| 그리스 | 32.1 | 31.6 | 32.5 | 32.1 | 30.5 | 31.6 | 32.2 | 33.8 |
| 헝가리 | 37.3 | 37.3 | 40.3 | 40.1 | 39.9 | 38.0 | 37.1 | 38.9 |
| 아이슬란드 | 40.7 | 41.5 | 40.6 | 36.7 | 33.9 | 35.2 | 36.0 | 37.2 |
| 아일랜드 | 30.1 | 31.6 | 31.1 | 29.2 | 27.6 | 27.4 | 27.9 | 28.3 |

| 국가 | 2005 | 2006 | 2007 | 2008 | 2009 | 2010 | 2011 | 2012 |
|---|---|---|---|---|---|---|---|---|
| 이스라엘 | 35.7 | 36.0 | 36.4 | 33.8 | 31.3 | 32.4 | 32.6 | 31.6 |
| 이탈리아 | 40.6 | 42.1 | 43.2 | 43.0 | 43.4 | 43.0 | 43.0 | 44.4 |
| 일본 | 27.3 | 28.1 | 28.5 | 28.5 | 27.0 | 27.6 | 28.6 | – |
| 한국 | 24.0 | 25.0 | 26.5 | 26.5 | 25.5 | 25.1 | 25.9 | 26.8 |
| 룩셈부르크 | 37.6 | 35.9 | 35.6 | 37.3 | 39.0 | 37.3 | 37.0 | 37.8 |
| 멕시코 | 18.1 | 18.2 | 17.7 | 20.9 | 17.4 | 18.9 | 19.7 | – |
| 네덜란드 | 38.4 | 39.1 | 38.7 | 39.2 | 38.2 | 38.9 | 38.6 | – |
| 뉴질랜드 | 36.4 | 35.7 | 34.5 | 33.6 | 31.1 | 31.1 | 31.5 | 32.9 |
| 노르웨이 | 43.2 | 43.5 | 42.9 | 42.1 | 42.0 | 42.6 | 42.5 | 42.2 |
| 폴란드 | 33.0 | 34.0 | 34.8 | 34.2 | 31.7 | 31.7 | 32.3 | – |
| 포르투갈 | 31.1 | 31.8 | 32.5 | 32.5 | 30.7 | 31.2 | 33.0 | 32.5 |
| 슬로바키아 | 31.5 | 29.4 | 29.5 | 29.5 | 29.1 | 28.3 | 28.7 | 28.5 |
| 슬로베니아 | 38.6 | 38.3 | 37.7 | 37.1 | 37.0 | 38.1 | 37.1 | 37.4 |
| 스페인 | 36.0 | 36.9 | 37.3 | 33.1 | 30.9 | 32.5 | 32.2 | 32.9 |
| 스웨덴 | 48.9 | 48.3 | 47.4 | 46.4 | 46.6 | 45.4 | 44.2 | 44.3 |
| 스위스 | 28.1 | 27.9 | 27.7 | 28.1 | 28.7 | 28.1 | 28.6 | 28.2 |
| 터키 | 24.3 | 24.5 | 24.1 | 24.2 | 24.6 | 26.2 | 27.8 | 27.7 |
| 영국 | 35.4 | 36.3 | 35.7 | 35.8 | 34.2 | 34.9 | 35.7 | 35.2 |
| 미국 | 26.0 | 26.8 | 26.9 | 25.4 | 23.3 | 23.8 | 24.0 | 24.3 |
| OECD 종합 | 34.8 | 35.0 | 35.0 | 34.5 | 33.6 | 33.8 | 34.1 | – |

출처: Revenue statistics: Comparative tables, OECD Tax Statistics(database) Last updated: 2014.01.17.

사회보장세는 일반 조세와는 달리 사회보장정책에만 사용되기 때문에 크면 클수록 소득재분배 효과는 커져서 소득불평등을 줄이는 데 기여할 수 있다.[9] 조세부담률을 통한 소득재분배의 정도를 분석하기 위해서는 〈표 7-4〉와 같이 사회보장세가 포함된 전체 조세의 부담률을 비교해야 한다.

사회보장세를 포함한 조세부담률 즉, 국민부담률을 서구와 비교해 보면 그 차이는 더욱 커진다. 우리나라의 조세부담률은 2011년과 2012년도에 크게 증가했다. 그러나 2011년 기준 25.9%로 OECD 34개 국가 중 32위 수준이었다. 우리나라보다 부담률이 낮은 국가는 멕시코

9) 그러나 앞부분에서 논의한 사회보장세가 대개 동일 비율로 부과되고, 부과되는 상한소득이 있으며, 소득세와는 달리 감면 제도가 없는 등의 이유로 역진적인 경향이 강하다. 따라서 서구 선진국들은 이러한 사회보장세의 역진성을 줄이기 위해서 일반조세와 같이 감면제도와 상한제 폐지, 누진세율 등을 적용하고 있다. 따라서 사회보장세는 논쟁이 될 수는 있지만 전체적으로 보면, 소득재분배에 기여한다고 볼 수 있다.

(19.7%), 칠레(21.2%) 뿐이었다. 한국은 조세부담률의 측면에서 소득재분배의 정도를 평가한다면 서구 OECD 국가들의 평균에 훨씬 못 미쳐 재분배의 기능이 약함을 알 수 있다.

**표 7-4** 조세부담률에서 소득세와 사회보험료의 비교

(단위: USD, %)

| 구 분 | 2008 | | | | 2011 | | | |
|---|---|---|---|---|---|---|---|---|
| | 합계 | 소득세 | 사회 보험료 | 노동자 평균임금 | 합계 | 소득세 | 사회 보험료 | 노동자 평균임금 |
| 호주 | 22.6 | 22.6 | 0.0 | 40,967 | 22.3 | 22.3 | 0.0 | 44,853 |
| 오스트리아 | 33.9 | 15.9 | 18.1 | 43,891 | 33.4 | 15.3 | 18.1 | 46,210 |
| 벨기에 | 42.5 | 28.5 | 14.0 | 45,750 | 42.2 | 28.2 | 14.0 | 49,351 |
| 캐나다 | 23.4 | 16.2 | 7.2 | 35,253 | 22.7 | 15.5 | 7.3 | 37,549 |
| 칠레 | – | – | – | – | 7.0 | 0.0 | 7.0 | 14,530 |
| 체코 | 23.6 | 11.1 | 12.5 | 19,029 | 23.0 | 12.0 | 11.0 | 20,868 |
| 덴마크 | 40.9 | 30.3 | 10.6 | 41,486 | 38.7 | 28.0 | 10.7 | 48,994 |
| 에스토니아 | – | – | – | – | 19.6 | 16.8 | 2.8 | 18,639 |
| 핀란드 | 30.0 | 23.8 | 6.2 | 37,006 | 29.8 | 22.7 | 7.2 | 43,798 |
| 프랑스 | 27.8 | 14.1 | 13.7 | 36,035 | 28.0 | 14.3 | 13.7 | 41,361 |
| 독일 | 42.7 | 22.2 | 20.5 | 51,630 | 39.9 | 19.0 | 20.9 | 54,950 |
| 그리스 | 26.3 | 10.3 | 16.0 | 35,955 | – | – | – | – |
| 헝가리 | 38.3 | 21.3 | 17.0 | 16,733 | 35.0 | 17.5 | 17.5 | 20,202 |
| 아이슬란드 | 24.5 | 24.3 | 0.2 | 33,288 | 28.3 | 27.8 | 0.5 | 40,507 |
| 아일랜드 | 14.6 | 9.4 | 5.2 | 36,714 | 18.9 | 14.9 | 4.0 | 39,225 |
| 이스라엘 | – | – | – | – | 16.1 | 8.4 | 7.7 | 32,098 |
| 이탈리아 | 29.3 | 19.8 | 9.5 | 30,245 | 30.8 | 21.3 | 9.5 | 36,360 |
| 일본 | 20.3 | 8.1 | 12.2 | 43,211 | 21.0 | 7.6 | 13.4 | 44,738 |
| 한국 | 12.5 | 4.9 | 7.6 | 45,613 | 12.3 | 4.3 | 8.1 | 43,943 |
| 룩셈부르크 | 27.2 | 15.1 | 12.1 | 49,488 | 28.1 | 15.0 | 13.1 | 53,480 |
| 멕시코 | 5.1 | 3.7 | 1.4 | 10,235 | 6.3 | 4.9 | 1.4 | 11,035 |
| 네덜란드 | 36.1 | 15.9 | 20.2 | 48,218 | 31.4 | 16.0 | 15.4 | 55,165 |
| 뉴질랜드 | 21.2 | 21.2 | 0.0 | 30,005 | 15.9 | 15.9 | 0.0 | 32,426 |
| 노르웨이 | 29.7 | 21.9 | 7.8 | 47,535 | 29.3 | 21.5 | 7.8 | 50,644 |
| 폴란드 | 28.6 | 7.1 | 21.5 | 18,227 | 24.6 | 6.8 | 17.8 | 20,567 |
| 포르투갈 | 22.8 | 11.8 | 11.0 | 24,814 | 24.5 | 13.5 | 11.0 | 27,836 |
| 슬로바키아 | 22.8 | 9.4 | 13.4 | 15,182 | 22.9 | 9.5 | 13.4 | 18,589 |
| 슬로베니아 | – | – | – | – | 33.4 | 11.3 | 22.1 | 27,577 |

| 구 분 | 2008 | | | | 2011 | | | |
|---|---|---|---|---|---|---|---|---|
| | 합계 | 소득세 | 사회 보험료 | 노동자 평균임금 | 합계 | 소득세 | 사회 보험료 | 노동자 평균임금 |
| 스페인 | 19.0 | 12.7 | 6.4 | 30,422 | 21.9 | 15.6 | 6.4 | 35,528 |
| 스웨덴 | 26.7 | 19.7 | 7.0 | 37,607 | 24.8 | 17.8 | 7.0 | 42,118 |
| 스위스 | 21.7 | 10.6 | 11.1 | 46,031 | 16.1 | 10.0 | 6.2 | 51,738 |
| 터키 | 27.5 | 12.5 | 15.0 | 19,112 | 27.4 | 12.4 | 15.0 | 21,736 |
| 영국 | 25.6 | 16.4 | 9.2 | 51,272 | 25.1 | 15.6 | 9.5 | 52,013 |
| 미국 | 24.7 | 17.0 | 7.7 | 40,857 | 22.8 | 17.2 | 5.7 | 46,800 |
| OECD 종합 | 26.4 | 15.9 | 10.5 | 35,394 | 24.8 | 14.8 | 10.0 | 36,696 |

출처: OECD, Taxing wages: Comparative tables, OECD Tax Statistics (database)
주: 노동자 평균임금은 독신 노동자의 평균임금을 USD로 환산한 금액이다.

임금노동자 개인의 국민부담률을 보면 이런 현상은 더욱 심하다. 2011년 기준으로 우리나라 국민부담률(소득세+사회보험료)은 12.3%인데 우리보다 국민부담률이 낮은 나라는 칠레(7.0%)와 멕시코(6.3%) 뿐이다.

## 2. 조세부담

단순히 조세규모가 커진다고 해서 소득불평등이 줄어들 가능성이 커진다는 것이지 반드시 그렇게 된다는 것은 아니다. 중요한 것은 계층별로 누가 얼마나 부담하느냐가 재분배에 큰 영향을 끼친다. 앞에서 살펴본 조세의 종류에서 소득세는 누진적이고, 소비세는 역진적인 반면에, 부세는 양(兩) 성격을 모두 가질 수 있다. 따라서 조세의 전체 규모에서 누진도가 클수록 재분배 효과는 커진다고 볼 수 있다.

조세부담에 따른 이러한 재분배 효과를 보려면 〈표 7-5〉와 같이 소득계층별로 과세 전 소득과 과세 후 소득을 비교해 볼 필요가 있다. 하지만 〈표 7-5〉를 보면 우리의 조세체계는 전체적으로 볼 때 누진성이 아주 약함을 알 수 있다. 최초의 시장소득 점유율이나 소득세·재산세를 공제한 후의 소득비율이나 거의 변동이 없다. 심지어 사회보장세를 공제한 후에도 비슷하다. 더구나 공적연금이나 공공부조 및 사회복지서비스 급여까지 포함해도 큰 변화가 없다.[10]

10) 통계청이 새로 분석한 지니계수가 경제협력개발기구(OECD) 회원국 가운데 최상위권으로 나타났다. 한

**표 7-5 소득계층별 과세 전·후의 소득 금액 및 점유율(2005)**

| | 시장소득 | | 재산세·소득세 공제 후 소득 | | 사회보장세 | | 세후소득 | | 공적 이전소득 | 가처분 소득 | |
|---|---|---|---|---|---|---|---|---|---|---|---|
| | 금액 | % | 금액 | % | 금액 | % | 금액 | % | 금액 | 금액 | % |
| 1분위 | 9,499 | 2.6 | 8,779 | 2.6 | 328 | 2.1 | 8,451 | 2.6 | 1,276 | 9,727 | 2.9 |
| 2분위 | 16,158 | 4.4 | 14,985 | 4.5 | 598 | 3.9 | 14,387 | 4.5 | 1,224 | 15,611 | 4.7 |
| 3분위 | 21,823 | 5.9 | 20,110 | 6.0 | 881 | 5.7 | 19,229 | 6.0 | 967 | 20,196 | 6.1 |
| 4분위 | 26,287 | 7.1 | 24,254 | 7.2 | 1,071 | 6.9 | 23,183 | 7.3 | 1,131 | 24,314 | 7.4 |
| 5분위 | 30,595 | 8.3 | 28,124 | 8.4 | 1,295 | 8.3 | 26,829 | 8.2 | 1,139 | 27,968 | 8.5 |
| 6분위 | 35,396 | 9.6 | 32,434 | 9.7 | 1,519 | 9.8 | 30,915 | 9.7 | 764 | 31,679 | 9.6 |
| 7분위 | 40,614 | 11.0 | 37,122 | 11.1 | 1,832 | 11.8 | 35,290 | 11.0 | 784 | 36,074 | 10.9 |
| 8분위 | 47,399 | 12.8 | 42,990 | 12.8 | 2,187 | 14.1 | 40,803 | 12.8 | 718 | 41,521 | 12.6 |
| 9분위 | 57,242 | 15.5 | 51,699 | 15.4 | 2,515 | 16.2 | 49,184 | 15.4 | 684 | 49,868 | 15.1 |
| 10분위 | 84,293 | 22.8 | 74,701 | 22.3 | 3,293 | 21.2 | 71,408 | 22.3 | 1,943 | 73,351 | 22.2 |
| 계 | 369,306 | 100.0 | 335,198 | 100.0 | 15,519 | 100.0 | 319,679 | 99.8 | 10,630 | 330,309 | 100.0 |

출처: 성명재(2006.9), "조세·이전소득의 분포", 『재정포럼』, 제123호, p.23.의 자료를 저자가 재구성하였음.

주: 공적이전소득은 공적연금과 기타 사회보장수혜를 포함한 것임.

한국처럼 과세 전과 과세 후의 소득차이가 매우 미미하다는 것은 〈표 7-6〉의 몇몇 OECD 국가들과 비교[11]해보면 그 차이가 큼을 알 수 있다. 과세 전 소득만을 놓고 볼 때는 서구의 경우에도 한국처럼 소득불평등이 상당히 높은 것으로 나타난다. 하지만 과세 후 소득을 보면 서구는 소득불평등이 상당히 완화되었음을 알 수 있다. 따라서 아직 한국은 조세정책을 통한 소득재분배가 거의 미미하게 이루어지고 있음을 알 수 있고, 시장소득에 의존한 생활을 하고 있음을 알 수 있다.

---

국의 소득분배가 매우 불평등하다는 뜻이다. 9일(2013.11) 통계청, 금융감독원, 한국은행이 함께 낸 '2013년 가계금융·복지조사 결과'를 보면, 지난해 가계금융·복지조사를 바탕으로 산출한 우리나라의 지니계수는 0.353(가처분소득 기준)으로 나타났다. 지니계수는 소득분배도를 나타내는 지표(0~1)로, 1에 가까울수록 불평등하다는 의미다. 앞서 통계청이 공표하지 않았던 2011년도 새 지니계수는 0.357이었다. 새 지니계수를 바탕으로 비교해 보면, 우리의 소득분배 불평등도는 34개 경제협력개발기구 나라들 가운데 6위였다. 그만큼 소득분배가 고르지 않다는 뜻이다. 회원국 평균치는 0.314(2010년 기준)였다(한겨레, 2013.11.19).

11) 일반적으로 국가 간 각종 통계를 단순 비교하는 것은 위험이 따르지만 위의 국가들은 비교적 통계가 통일되어 있어 문제가 없다. 그러나 한국의 경우 분석단위나 소득의 개념 등에서 다르기 때문에 비교상의 한계는 있다.

표 7-6 주요 국가의 과세 전·후의 소득 점유율

| 계층 \ 국가 | 미국 | 캐나다 | 영국 | 노르웨이 | 스웨덴 |
|---|---|---|---|---|---|
| 요소소득(과세 전 소득) | | | | | |
| 최저 1분위 | 4.2 | 5.4 | 4.0 | 4.4 | 6.5 |
| 2분위 | 12.8 | 14.9 | 15.0 | 17.0 | 18.5 |
| 3분위 | 19.2 | 19.2 | 19.9 | 19.6 | 18.8 |
| 4분위 | 25.1 | 24.5 | 24.9 | 24.2 | 23.0 |
| 5분위 | 38.8 | 36.0 | 38.8 | 34.9 | 33.2 |
| 과세 후 소득 | | | | | |
| 최저 1분위 | 9.0 | 10.8 | 12.4 | 14.7 | 16.4 |
| 2분위 | 15.9 | 16.4 | 15.9 | 18.6 | 21.2 |
| 3분위 | 19.5 | 18.8 | 18.6 | 18.6 | 18.3 |
| 4분위 | 23.6 | 22.6 | 22.4 | 21.0 | 19.9 |
| 5분위 | 32.0 | 31.4 | 30.6 | 27.2 | 24.2 |

출처: Smeeding, 1990; 김태성, 1996 재인용.
주: 요소소득은 과세 전 소득 즉, 시장에서 발생하는 근로소득, 사업소득, 자본소득 등을 말하고, 과세 후 소득은 직접세와 사회보장세를 납부한 후의 소득을 말한다.

〈표 7-7〉에서 조세별로 보면 개인소득세의 영향으로 전체적인 조세부담은 어느 정도 누진적이라 할 수 있다. 하지만 누진성이 가장 큰 소득세가 서구는 30% 이상으로 가장 큰 규모의 조세인데 반해서 우리는 조세수입에서 소득세는 18.6%만을 차지하고 부가가치세가 오히려 큰 23.6%를 차지하고 있다. 결국 전체 조세수입에서 누진성이 있다하더라도 서구에 비하면 그 누진성이 아주 미미할 수밖에 없다.

표 7-7 소득계층별 각종 조세의 부담률

| 계층 \ 조세 | 개인소득세 | 부가가치세 | 특별소비세 | 주세 | 모든 조세 |
|---|---|---|---|---|---|
| 1분위 | 0.91 | 3.33 | 0.31 | 0.22 | 4.77 |
| 2분위 | 1.58 | 3.07 | 0.31 | 0.20 | 5.13 |
| 3분위 | 2.14 | 2.97 | 0.33 | 0.23 | 5.67 |
| 4분위 | 2.44 | 2.83 | 0.40 | 0.18 | 5.85 |
| 5분위 | 2.86 | 3.02 | 0.52 | 0.16 | 6.56 |
| 6분위 | 3.85 | 3.08 | 0.65 | 0.14 | 7.72 |
| 7분위 | 4.87 | 2.96 | 0.59 | 0.13 | 8.55 |
| 8분위 | 5.77 | 3.09 | 0.69 | 0.12 | 9.67 |
| 9분위 | 7.14 | 3.09 | 0.85 | 0.10 | 11.08 |
| 10분위 | 10.26 | 2.39 | 0.66 | 0.07 | 13.38 |

출처: 나성린·현진권, 1993; 김태성, 1996 재인용.

## 3. 조세부담의 형평성

일반적으로 조세부담의 형평성은 수직적 형평성과 수평적 형평성으로 나눌 수 있다. 수직적 형평성은 소득수준의 차이에 따른 조세부담의 차이를 비교한 개념이고, 수평적 형평성은 같은 경제적 상황, 즉 소득수준이 비슷한 사람들이 동일한 조세부담을 하느냐를 비교한 개념이다.

수평적 형평성12)은 보통 가족 수, 소득원, 소득의 사용의 세 요소를 고려해야 한다. 이 가운데 한국에서 특히 문제가 되는 것이 소득원에 따른 비형평성문제이다. 예를 들어, 같은 소득수준의 근로소득자와 사업소득자(자영업자) 혹은 자본소득자 간의 조세부담의 비형평성 같은 문제이다.

원칙적으로는 수평적 형평성을 이루기 위해서는 모든 소득을 포착하여 과세해야 한다. 그러나 근로소득자는 소득에 따른 세금을 부과하기가 쉬우나 자영업자는 세금부과가 쉽지 않다. 따라서 〈표 7-8〉과 같은 소득세부담률에서 차이가 나타난다.

이러한 수평적 비형평성은 자영업자의 낮은 조세부담으로 조세수입 자체가 작아져서 재분배효과가 떨어지고, 더욱 큰 문제는 이러한 비형평성으로 인해 조세저항이 커져서 소득세율을 높이기가 어렵다는 것이다.

**표 7-8** 근로소득자와 자영업자 가구 사이의 계층별 조세부담률

| 소득계층 | 근로소득자가구 | | 자영업자가구 | |
|---|---|---|---|---|
| | 소득세부담률 | 부가가치세부담률 | 소득세부담률 | 부가가치세부담률 |
| 1분위 | 0.02 | 9.39 | - | - |
| 2분위 | 0.21 | 7.22 | 0.37 | 3.62 |
| 3분위 | 0.71 | 5.70 | 0.00 | 2.83 |
| 4분위 | 1.16 | 6.03 | 0.18 | 2.78 |
| 5분위 | 1.71 | 5.54 | 1.46 | 2.85 |
| 6분위 | 2.42 | 5.62 | 1.84 | 2.77 |
| 7분위 | 3.43 | 5.83 | 1.79 | 2.61 |
| 8분위 | 5.02 | 5.91 | 2.00 | 2.80 |
| 9분위 | 8.00 | 5.33 | 2.09 | 2.60 |
| 10분위 | 12.98 | 4.26 | 3.14 | 2.08 |
| 평균부담률 | 3.35 | 5.93 | 2.67 | 2.31 |

출처: 현진권·나성린, 1994 재구성.

12) 수직적 형평성은 앞에서 비교해보았기 때문에 여기에서는 수평적 형평성을 비교해 보고자 한다.

## 4. 조세감면정책

오늘날 거의 모든 국가들에서는 총소득에 세금을 부과하지 않고 각종의 방법(비과세, 소득공제, 세액공제 등)으로 조세를 감면해주는 제도를 가지고 있다. 이것이 앞에서 살펴본 효율성의 증대를 위한 조세비용이다.

조세비용과 소득재분배 사이의 관계는 세 가지 측면에서 볼 수 있다.

### 1) 조세비용의 유형별 규모 비교

기업을 대상으로 하는 경제적 효율을 위한 조세비용과 경제적 욕구를 해결하기 위한 조세비용을 비교하는 것인데, 일반적으로 전자가 큰 비율을 차지하고 있으며, 역진적인 성격을 띠고 있다.[13)]

### 2) 소득계층별 조세비용 혜택의 정도 비교

저소득층이 고소득층보다 조세비용을 많이 차지하면 재분배에 기여하는 것이지만, 이것 역시 고소득층에게 더 많은 혜택이 돌아가는 것으로 나타난다.

### 3) 사회보장정책과 조세비용 사이의 재분배 효과 비교

예를 들어, 아동을 키우는 가구에 대한 소득감면과 사회보장정책인 아동수당을 비교하여 소득재분배 효과를 비교하는 것이다.

개인소득세에 대한 여러 가지 방법으로 감면해주는 것은 결국 소득이 높은 사람에게 더 많은 혜택이 간다. 왜냐하면 조세를 내지 않는 저소득자는 이러한 조세감면제도로부터 아무런 이익이 없고, 소득이 높을수록 부양가족 수가 많아 필요경비적 공제액(의료비, 교육비)과 각종 저축액도 많아져 세액공제액(재형저축, 증권저축, 우리사주저축)도 그만큼 커지기 때문이다.

13) 이런 경우 정책의 목표가 다르기 때문에 재분배의 기준으로만 보아서는 안 된다. 예컨대 투자에 대한 조세감면정책은 경제의 활성화에 목적이 있다. 결과적으로 고용증대의 효과를 얻을 수 있다.

## 5. 근로장려세제

### 1) 근로장려세제의 의의

근로장려세제(Earned Income Tax Credit: EITC, 勤勞奬勵稅制)는 세금환급의 형태로 장려금을 지급함으로써 근로를 유인하고 실질소득을 지원하는 근로연계형 소득지원제도이다. 열심히 일은 하지만 소득이 적어 생활이 어려운 근로자 또는 사업자(보험모집인, 방문판매원 등) 즉, 근로빈곤층(Working Poor) 가구에 대하여 부양자녀 수와 총급여액 등에 따라 산정된 근로장려금을 세금환급의 형태로 지급한다.

2006년 12월 30일 제151차 조세특례법 일부개정 때 제도를 도입하여, 2008년 1월 1일 시행하였다. 우리나라의 경우 일하는 빈곤층에 연간 70만~210만 원의 근로장려금을 지원하여 근로의욕을 높이고 빈곤 탈출을 돕자는 취지로 2009년 선진국형 복지제도로서 아시아에서는 우리나라가 최초로 시행하였다.[14] 근로장려세제는 근로소득의 크기에 따라 근로장려금을 차등지급함으로써 제도 자체에 근로를 유인하는 기능을 부여하여 국민기초생활보장제도가 갖고 있는 한계인 근로의욕을 저해하는 문제점[15]을 해소하고, 수급요건에 소득 이외에도 부양자녀, 주택 및 재산 보유 상태를 반영하여 형평성 있는 근로장려금의 지급이 가능하도록 설계되어 있다.

### 2) 근로장려세제의 목적

저소득자의 근로를 장려하고 소득을 지원하기 위하여 근로장려세제를 적용하여 근로장려금을 결정·환급한다(조세특례제한법 제100조의2).

### 3) 근로장려금의 신청자격

소득세 과세기간 중에 사업소득 또는 근로소득이 있는 거주자로서 대통령령으로 정하는 자는 다음의 요건을 모두 갖춘 경우 해당 소득세 과세기간의 근로장려금을 신청할 수 있다(조세특례제한법 제100조의3 제1항).

14) 전 세계적으로는 1975년 미국에서 처음으로 시행하였다.
15) 국민기초생활보장제도는 부족분보충급여방식을 채택함으로써 근로의욕을 말살시킨다는 비판을 받고 있다.

① 배우자[16] 또는 "부양자녀"가 있거나 해당 과세기간 종료일 현재 다음의 구분에 따른 연령 이상일 것

㉮ 2014년 1월 1일부터 2014년 12월 31일 이내인 소득세 과세기간의 경우: 60세 이상

㉯ 2015년 1월 1일부터 2015년 12월 31일 이내인 소득세 과세기간의 경우: 50세 이상

㉰ 2016년 1일 1일이 속하는 소득세 과세기간과 그 이후 과세기간의 경우: 40세 이상

② 거주자(그 배우자 포함)의 대통령령으로 정하는 "연간 총소득의 합계액"이 거주자를 포함한 대통령령으로 정하는 "가구"의 "가구원"의 구성에 따라 정한 다음 표의 "총소득기준금액" 미만일 것

| 가구원 구성 | 내 용 | 총소득기준금액 |
|---|---|---|
| 단독가구 | 배우자와 부양자녀가 없는 가구<br>(조세특례제한법 제100조의3 제5항 제1호) | 1,300만 원 |
| 홑벌이가족 가구 | 배우자 또는 부양자녀가 있는 경우로서 맞벌이가족이 아닌 가구<br>(조세특례제한법 제100조의3 제5항 제2호) | 2,100만 원 |
| 맞벌이가족 가구 | 거주자의 배우자가 소득세 과세기간 중에 다음의 "총급여액 등"(근로소득 · 사업소득 제외)을 모두 합한 금액이 3백만 원 이상인 가구(조세특례제한법 제100조의3 제5항 제3호) | 2,500만 원 |

③ 가구원이 무주택 또는 1세대 1주택에 해당할 것

④ 가구원이 소유하고 있는 토지 · 건물 · 자동차 · 예금 등 "가구원 재산의 합계액"이 1억 4천만 원 미만일 것

## 4) 근로장려금의 산정

### (1) 근로장려금의 산정방식(조세특례제한법 제100조의5 제1항)

| ① 단독가구인 경우 | | |
|---|---|---|
| | 총 급여액 | 근로장려금 |
| 가 | 600만 원 미만 | 총 급여액×600분의 70 |
| 나 | 600만 원~900만 원 | 70만 원 |
| 다 | 900만 원~1,300만 원 | 70만 원−(총 급여액 등−900만 원)×400분의 70 |

16) 배우자에 해당하는지의 판정은 해당 소득세 과세기간 종료일 현재의 상황에 따른다. 다만, 해당 소득세 과세기간 종료일 전에 사망한 배우자에 대해서는 사망일 전일의 상황에 따른다(조세특례제한법 제100조의3 제3항).

| ② 홑벌이가족 가구인 경우 | | |
|---|---|---|
| 가 | 900만 원 미만 | 총급여액 등×900분의 170 |
| 나 | 900만 원~1,200만 원 | 170만 원 |
| 다 | 1,200만 원~2,100만 원 | 170만 원-(총 급여액 등-1,200만 원)×900분의 170 |
| ③ 맞벌이가족 가구인 경우 | | |
| 가 | 1,000만 원 미만 | 총 급여액 등×900분의 210 |
| 나 | 1,000만 원~1,200만 원 | 210만 원 |
| 다 | 1,200만 원~2,100만 원 | 210만 원-(총 급여액 등-1,300만 원)×1,200분의 210 |

### (2) 거주자의 총소득 합산

거주자의 배우자(비거주자 제외)가 근로소득 또는 사업소득이 있을 때에는 해당 거주자와 그 배우자 중 대통령령으로 정하는 "주소득자"의 총급여액 등에 그 배우자의 총급여액 등을 합산하여 총급여액 등을 산정한다(조세특례제한법 제100조의5 제2항).

### (3) 재산이 1억 원 이상인 경우

재산의 합계액이 1억 원 이상인 경우의 근로장려금은 산정된 근로장려금의 100분의 50에 해당하는 금액으로 한다(조세특례제한법 제100조의5 제3항).

# 제4절 조세정책의 문제점

어느 국가이건 불평등문제를 해결하기 위해 여러 가지 재분배정책을 사용한다. 조세정책 역시 조세부담을 저소득층에서 고소득층으로 올라갈수록 누진율을 적용함으로써 일반적으로 소득재분배에 기여한다. 그러나 한국의 조세정책은 다음과 같은 문제점이 나타나고 있다.

## 1. 직접세 비중이 낮음

앞에서 본 것처럼 직접세(특히 개인소득세)는 조세 중에서 가장 누진적이어서 소득재분배에 크게 기여하는데, 이러한 직접세가 전체 세금에서 차지하는 비중이 낮다는 것은 그만큼 소득재분배 기능이 떨어지는 것으로 볼 수 있다.

〈표 7-9〉에서처럼 한국이 직접세가 낮은 것은 별다른 조세저항이 없는 간접세, 특히 조세의 가장 높은 비율을 차지하고 있는 부가가치세에 대한 의존이 강하기 때문이다(이준구, 1992: 531-534). 한겨레21(1996: 34-37)에 따르면, 재정경제원이 발표한 통계자료를 분석한 결과 95년에 비해 96년 상반기동안 국세징수액은 11.6%로 증가했는데 그 안에 직접세인 상속·증여세는 10.5% 줄어들고, 반대로 간접세 중에서 부가가치세 12.3%, 특별소비세 3.6%, 주세 4.7% 정도로 늘어난 것으로 나타났다. 결국 92년 이후에도 간접세의 비중이 높아짐에 따라 소득재분배 효과는 오히려 후퇴했다고 볼 수 있다. 이러한 직접세·간접세 비율은 2000년대에 와서는 점차적으로 직접세 비율이 증가하고 있음을 보여준다.

**표 7-9 직접세와 간접세 비율의 국제비교**

| 국가 | | 2004 | | 2005 | | 2006 | | 2007 | | 2008 | |
|---|---|---|---|---|---|---|---|---|---|---|---|
| | | 직접세 | 간접세 | 직접세 | 간접세 | 직접세 | 간접세 | 직접세 | 간접세 | 직접세 | 간접세 |
| 한국 | 조세기준 | 44.6 | 55.4 | 46.9 | 53.1 | 49.0 | 51.0 | 51.9 | 48.1 | 51.0 | 49.0 |
| | 국세기준 | 53.6 | 46.4 | 55.2 | 44.8 | 57.3 | 42.7 | 58.7 | 41.3 | 58.2 | 41.8 |
| 일본 | | 59.4 | 40.6 | 62.4 | 37.6 | 62.6 | 37.4 | 59.6 | 40.4 | - | - |
| 미국 | | 91.8 | 8.2 | 92.7 | 7.3 | 93.5 | 6.5 | 94.5 | 5.5 | - | - |
| 영국 | | 56.2 | 43.8 | 59.1 | 40.9 | 60.0 | 40.0 | 59.6 | 40.4 | - | - |
| 독일 | | 41.7 | 58.3 | 41.4 | 58.6 | 43.4 | 56.6 | 43.7 | 56.3 | - | - |
| 프랑스 | | 41.2 | 58.8 | 41.2 | 58.8 | 41.9 | 58.1 | 42.0 | 58.0 | - | - |
| 이탈리아 | | 50.6 | 49.4 | 50.7 | 49.3 | 52.2 | 47.8 | 53.6 | 46.4 | - | - |

출처: 보건복지가족부, 2009 OECD사회통계지표, 1-7.
주: 조세는 국세와 지방세를 함한 것임.
일본은 결산기준, 나머지 국가는 예산기준임.
프랑스는 일반회계 국세기준임.

〈표 7-10〉에서와 같이 계층별로 직·간접세 부담률을 비교(이정우, 1991: 301-305)해보면, 간접세가 얼마만큼 역진적인가를 알 수 있다.

**표 7-10 소득계층별 조세부담의 추이**

(단위: 소득의 %)

| | 1분위 | 2분위 | 3분위 | 4분위 | 5분위 | 6분위 | 7분위 | 8분위 | 9분위 | 10분위 |
|---|---|---|---|---|---|---|---|---|---|---|
| 직접세 | 2.3 | 2.4 | 2.7 | 2.4 | 2.5 | 5.9 | 6.7 | 6.4 | 8.4 | 16.8 |
| 간접세 | 10.8 | 9.7 | 9.5 | 9.3 | 9.1 | 9.0 | 8.9 | 8.8 | 8.7 | 8.9 |
| 계(70년) | 13.1 | 12.1 | 12.2 | 11.7 | 11.6 | 14.9 | 15.6 | 15.2 | 17.1 | 25.7 |

| | 1분위 | 2분위 | 3분위 | 4분위 | 5분위 | 6분위 | 7분위 | 8분위 | 9분위 | 10분위 |
|---|---|---|---|---|---|---|---|---|---|---|
| 직접세 | 0.0 | 0.3 | 0.5 | 1.1 | 1.5 | 2.2 | 2.6 | 4.1 | 6.7 | 13.7 |
| 간접세 | 15.7 | 13.1 | 12.4 | 11.9 | 11.5 | 11.2 | 10.8 | 10.4 | 9.7 | 9.1 |
| 계(76년) | 15.7 | 13.4 | 12.9 | 13.0 | 13.0 | 13.4 | 13.4 | 14.5 | 16.4 | 22.8 |
| 직접세 | 0.0 | 0.5 | 0.9 | 1.2 | 1.6 | 2.2 | 2.6 | 3.4 | 4.7 | 13.1 |
| 간접세 | 20.4 | 15.8 | 13.8 | 13.1 | 12.1 | 11.4 | 10.6 | 9.9 | 9.0 | 7.1 |
| 계(78년) | 20.4 | 16.3 | 14.7 | 14.3 | 13.7 | 13.6 | 13.2 | 13.3 | 13.7 | 20.2 |
| 직접세 | 0.0 | 0.5 | 1.0 | 1.6 | 1.8 | 2.3 | 2.8 | 3.5 | 4.7 | 11.6 |
| 간접세 | 28.0 | 19.4 | 16.6 | 15.1 | 13.9 | 13.0 | 12.1 | 11.2 | 10.1 | 9.0 |
| 계(80년) | 28.0 | 19.9 | 17.6 | 16.7 | 15.7 | 15.3 | 14.9 | 14.7 | 14.8 | 20.6 |

출처: 한승수, 1982; 이정우, 1991. 재인용.

## 2. 수평적 형평성

앞의 〈표 7-8〉에서 본 것처럼 비슷한 소득을 가지고 있는 근로소득자가 자영업자보다 고소득층으로 올라갈수록 세금을 많이 내는 것으로 나타난다. 〈표 7-11〉를 보면 국세증가율에 따른 조세가 꾸준히 확대되고 있는데 자영업자 신고분 세금 증가율이 93년을 제외하고는 근로소득세의 증가율에 못 미치고 있다. 이것은 결국 탈세가 어려운 근로소득자가 지속적으로 같은 소득수준의 자영업자보다 세금을 많이 내는 것임을 알 수 있다.

**표 7-11 근로소득자와 자영업자 간의 소득세 증가율 비교**

| 연도 | 국세 증가율 | 근로소득세 증가율 | 신고분 세금 증가율 |
|---|---|---|---|
| 1992 | 16.2 | 45.3 | 5.3 |
| 1993 | 11.5 | 12.2 | 30.7 |
| 1994 | 20.4 | 25.3 | 14.2 |
| 1995 | 20.1 | 35.4 | 13.5 |

출처: 한겨레 21, 123호.

이러한 조세부담의 형평성은 조세포착률과도 관계(남세진 · 조흥식, 1995: 256)가 있는데, 원천징수되는 근로소득은 조세포착률이 100%인 데 비하여, 사업소득이나 자산소득은 과세포착률이 40%에도 못 미치는 수준이다(권순원 외, 1992; 남세진 · 조흥식, 1995: 256). 그리고 이자소득은 33%, 배당소득은 54%, 임대소득은 12% 정도만이 과세대상으로 포착된다고 보고 있다(홍원탁, 1993; 남세진 · 조흥식, 1995: 256).

## 3. 낮은 재산과세

① 〈표 7－12〉와 같이 우리나라는 자산[17)]에 대한 세율이 낮으며, 또한 제대로 과세되지 않고 있다. 특히 토지자산에 대한 세율이 낮은 것은 거래가격에 따라 세금을 내는 것이 아니라 정부가 실거래가보다 훨씬 낮은 공시지가[18)]에 따라 세금을 과세하기 때문이다(이상영, 332-335). 실거래가 기준으로 과세한다고 하지만 아직 제대로 시행되지 않고 있다.

**표 7-12** OECD 몇몇 나라의 재산세율 비교(2012)

| 국가 | 한국 | 일본 | 영국 | 미국 | 스웨덴 | OECD평균 |
|---|---|---|---|---|---|---|
| 재산세율(%) | 2.8 | 2.7 | 4.2 | 3.0 | 1.0 | 1.8(2011) |

출처: Revenue statistics(2014.01.17): Comparative tables, OECD Tax Statistics(database).

② 금융소득종합과세제도가 2001년도분 이자·배당소득부터 시행되었지만, 지나치게 많은 예외제도에 의해 유명무실해지고 있다는 점이다. 실제 국가재정위기를 겪으면서 자본소득자에게는 고율의 이자 때문에 매우 높은 소득이 발생했음에도 제대로 과세를 못해 결국 사회적 부의 분배가 왜곡되는(=자본소득이 많은 자에게 더 많은 사회적 부가 분배되고, 자본소득이 적은 자에게는 더 적은 사회적 부가 분배되는) 결과를 초래했었다.[19)]

---

17) 우리나라의 토지편중의 실태는 상위 5% 계층이 전체 종합토지세 대상토지의 51%를 차지하고 있는 것으로 나타났다. 또한 이 보고서는 한국의 조세정책에서 문제점은 소득세의 소득재분배 기능이 약하고, 소득분배를 악화시키는 간접세의 비중의 높음과 부동산 소유에 대한 조세부담의 낮음과 이전에 대한 조세부담이 높아 부동산 소유편중을 시정할 수 있는 적극적인 기능을 못하고 있다고 지적한다(한국조세연구원, 1996: 1-3).

18) 토지의 적정가격을 평가·공시하여 지가산정의 기준으로 삼는 제도이다. '지가공시 및 토지 등의 평가에 관한 법률'의 규정에 따라 건설교통부장관이 전국의 토지에 대해 단위면적당 가격(공시지가)을 공시한다.

19) '2012년 배당소득·이자소득 100분위 자료'를 보면, 배당소득 상위 1%가 전체 배당소득의 72.1%를 차지했다. 배당소득을 받은 사람은 모두 882만 5,442명인데, 상위 1%(8만 8,254명)가 전체 배당소득 11조 3,287억 6,100만 원 중 8조 1,720억 3900만 원(72.1%)을 가져갔다. 상위 10%로 확대하면 배당소득의 93.5%를 가져가는 것으로 집계됐다. 나머지 6.5%를 90%가 나눠 가지고 있는 셈이다. 예금, 적금, 채권 등에서 발생하는 이자소득도 마찬가지다. 이자소득 상위 1%(47만 8,584명)가 전체 이자소득 24조 8,970억 8,500만 원의 44.8%인 11조 1,418억 5,900만 원을 가져갔고, 상위 10%가 90.6%를 차지했다. 이자소득자 중 24~100%에 속하는 사람들은 1인당 평균 10만 원 미만의 이자소득을 받고 있었다. 이자소득자가 4,785만여 명에 이를 정도로 예금·적금 등은 보편적인 금융자산이지만, 규모를 따져보면 역시 대부분 소액이고, 거액 자산은 일부 부유층에 몰려 있음을 알 수 있다(한겨레, 2014.10.08).

③ 상속증여세 역시 제대로 과세하지 못함으로 해서 부의 세습이 조세정책을 통해 보장받는 결과를 가져왔다.

### 4. 대기업 중심의 조세감면

재벌 중심의 경제정책에 따라 특정 산업에 대한 조세감면을 대규모로 실시해 왔고, 이러한 감면조치는 기업에게 정당한 세금을 부담시키는 것이 아니라 국민 모두가 기업에게 보조금을 주는 결과를 가져왔다. 이러한 재벌 중심의 조세감면제도는 소득불평등을 심화시키는 결과를 가져왔다(이상영, 336-337).

## 제5절 조세정책의 개선방향

우리나라의 경우 OECD 회원국들에 비해 조세제도에 의한 소득재분배 효과가 낮게 나타나고 있다. OECD 회원국들의 최근 지니계수의 변화를 보면 대부분 회원국들의 지니계수가 상승세를 나타내고 있다. 이것은 국제적인 추세로 우리나라만의 현상은 아니다. 그러나 OECD 회원국들의 세전과 세후 지니계수를 비교해 보면 우리나라가 최하위 그룹으로 우리나라의 조세제도를 통한 소득불평등 개선 효과가 다른 회원국들에 비해 미흡함을 알 수 있다. 이는 다른 선진국들에 비해 사회보장지출이 낮고 조세구조에 있어서 GDP 대비 개인소득세의 비중이 낮기 때문이다. 따라서 경제상황과 소득계층구조 등을 고려한 실효성 있는 소득세제 개편 방안을 마련할 필요가 있다.

한 사회의 불평등을 줄여나가는 것이 복지국가의 합의된 하나의 목표로 본다면 그러한 불평등을 줄이는 데 기여할 수 있는 조세정책을 보다 바람직한 방향으로 개선시키는 것이 중요하다.

첫째, 조세의 비중을 간접세나 조세비용보다는 누진적인 효과가 큰 직접세의 확대로 나아가는 것이 필요하다. 이러한 직접세의 확대로 일반예산을 통하여 적극적인 재분배를 실현해 나가는 토대를 마련할 수 있다.

둘째, 위의 직접세의 확대는 결국 수평적 비형평성에 따라 조세저항에 직면할 수밖에 없다. 따라서 수평적 형평성에 따라 조세포착률을 금융소득과 자산소득도 근로소득과 같이 높여야 한다. 조세포착률만 높아진다면 직접세의 확대 없이도 조세수입이 상당히 늘어날 것이다.

셋째, 사회보장세의 역진성을 줄이기 위해 소득세와 같이 비례갹출에서 누진갹출로 변화시켜 감으로써 수평적 재분배뿐만 아니라 수직적 재분배의 효과가 나타나도록 제도적 변화가 있어야 한다.

넷째, 또한 조세비용의 역진성을 줄이기 위해서도 위에서 살펴본, 공평의 가치를 강조함으로써 경제적 욕구를 고려한 조세감면을 늘려나가는 것이다. 즉 저소득층을 위한 조세감면과 의료, 주택, 교육에서의 공제를 확대해 나가는 것이다.

다섯째, 위의 네 가지 개선방향은 결국 조세정책에서 세입의 측면에서 고려한 것이라 할 수 있다. 따라서 일반예산의 항목에서 흔히 말하는 '삶의 질'의 확대를 위한 지출에 예산을 확대시켜나가야 한다.[20)]

20) 일반적으로 재분배정책을 보다 상위의 정책으로 본다면 이것은 사회복지정책(사회보장정책)이라고 할 수 있는 영역이다. 또한 이외에도 노동정책에서 자본과 노동 사이의 분배과정에서 소외당하기 쉬운 노동부분의 몫을 얼마만큼 보장해주느냐에 따라 재분배에 영향을 준다.

# 제 8 장 현행 사회보장제도

## 제1절 사회보장기본법[1)]

### 1. 총칙

#### 1) 사회보장의 기본이념

사회보장은 모든 국민이 다양한 사회적 위험으로부터 벗어나 행복하고 인간다운 생활을 향유할 수 있도록 자립을 지원하며, 사회참여·자아실현에 필요한 제도와 여건을 조성하여 사회통합과 행복한 복지사회를 실현하는 것을 기본이념으로 한다(법 제2조).

#### 2) 용어의 정의

##### (1) 사회보장[2)]

"사회보장"이란 출산, 양육, 실업, 노령, 장애, 질병, 빈곤 및 사망 등의 사회적 위험으로부터 모든 국민을 보호하고 국민 삶의 질을 향상시키는 데 필요한 소득·서비스를 보장하는 사회보험, 공공부조, 사회서비스를 말한다(법 제3조 제1호).

##### (2) 사회보험

"사회보험"이란 국민에게 발생하는 사회적 위험을 보험의 방식으로 대처함으로써 국민의 건강과 소득을 보장하는 제도를 말한다(법 제3조 제2호).

---

1) 이 법은 1995.12.30 법률 제5136호로 제정된 이래 2014.12.30 법률 제12933호로 제16차 개정이 이루어졌다. 개정법의 시행일은 2015.07.01이다.

2) 「사회보장기본법」은 사회보장의 개념을 광의로 본다. 그렇게 되면 「헌법」(제34조 제2항)의 "사회복지·사회보장의 증진에 노력"할 국가의무 규정에서의 사회복지 개념과의 사이에 충돌이 일어난다. 자세한 내용은 본서 제1장 제2절의 3. "광의의 관점이 갖는 문제점"을 참조할 것.

### (3) 공공부조

"공공부조"(公共扶助)란 국가와 지방자치단체의 책임하에 생활 유지 능력이 없거나 생활이 어려운 국민의 최저생활을 보장하고 자립을 지원하는 제도를 말한다(법 제3조 제3호).

### (4) 사회서비스[3)]

"사회서비스"란 국가·지방자치단체 및 민간부문의 도움이 필요한 모든 국민에게 복지, 보건의료, 교육, 고용, 주거, 문화, 환경 등의 분야에서 인간다운 생활을 보장하고 상담, 재활, 돌봄, 정보의 제공, 관련 시설의 이용, 역량 개발, 사회참여 지원 등을 통하여 국민의 삶의 질이 향상되도록 지원하는 제도를 말한다(법 제3조 제4호).

### (5) 평생사회안전망

"평생사회안전망"이란 생애주기에 걸쳐 보편적으로 충족되어야 하는 기본욕구와 특정한 사회위험에 의하여 발생하는 특수욕구를 동시에 고려하여 소득·서비스를 보장하는 맞춤형 사회보장제도를 말한다(법 제3조 제5호).

## 3) 국가와 지방자치단체의 책임

### (1) 인간다운 생활의 유지·증진 책임

국가와 지방자치단체는 모든 국민의 인간다운 생활을 유지·증진하는 책임을 가진다(법 제5조 제1항).

### (2) 책임과 역할의 합리적 분담

국가와 지방자치단체는 사회보장에 관한 책임과 역할을 합리적으로 분담하여야 한다(법 제5조 제2항).

3) 개정법은 종전의 사회복지서비스라는 용어 대신에 사회서비스라는 용어를 사용하였다. 구법에서 "사회복지서비스"라 함은 국가·지방자치단체 및 민간부문의 도움을 필요로 하는 모든 국민에게 상담·재활·직업소개 및 지도·사회복지시설 이용 등을 제공하여 정상적인 사회생활이 가능하도록 지원하는 제도를 말한다. 이에 비해 사회서비스는 종래 관련 복지제도의 내용까지 포함시켜 훨씬 광의의 개념으로 사용하였다.

#### (3) 국가 발전수준에 부응하는 제도 확립

국가와 지방자치단체는 국가 발전수준에 부응하고 사회환경의 변화에 선제적으로 대응하며 지속가능한 사회보장제도를 확립하고 매년 이에 필요한 재원을 조달하여야 한다(법 제5조 제3항).

#### (4) 중장기 사회보장 재정추계 공표

국가는 사회보장제도의 안정적인 운영을 위하여 중장기 사회보장 재정추계를 격년으로 실시하고 이를 공표하여야 한다(법 제5조 제4항).

#### (5) 국민 등의 의견수렴

국가와 지방자치단체는 국민생활에 중대한 영향을 미치는 사회보장 계획 및 정책을 수립하려는 경우 공청회 및 정보통신망 등을 통하여 국민과 관계 전문가의 의견을 충분히 수렴하여야 한다(법 제40조).

### 4) 국가 등과 가정

#### (1) 건전한 가정 유지를 위한 노력

국가와 지방자치단체는 가정이 건전하게 유지되고 그 기능이 향상되도록 노력하여야 한다(법 제6조 제1항).

#### (2) 가정과 지역의 복지에 대한 국가의 보조성(補助性)

국가와 지방자치단체는 사회보장제도를 시행할 때에 가정과 지역공동체의 자발적인 복지활동을 촉진하여야 한다(법 제6조 제2항).[4]

4) 베버리지는 그의 보고서(제1부 9항)에서 "사회보장은 반드시 국가와 개인의 협력으로 달성되어야 한다. 국가는 인센티브나 자립의 기회를 제공하는 것은 좋지만, 자립에 대한 책임감 등을 없애서는 안 된다. 국민최저선을 설정하는 데 있어, 국가는 최소한의 것을 보장해주고 그 이상의 것은 자발적으로 해결할 수 있도록 격려해야 한다."고 권고했다. 이것은 보조성의 원칙(principle of subsidiary)을 말하는 것이다. 이 원칙은 "개인의 창의와 노력으로 완수할 수 있는 것을 개인에게서 빼앗아 사회에 맡겨서는 안 된다."는 것이다. 즉 모든 사회활동은 본질적으로 사회구성원을 돕는 것이므로 그 성원을 파괴하거나 흡수해서는 안 된다는 것이다(한국천주교 중앙협의회, 2005: 155). 결국 개인의 인간다운 삶은 일차적으로 개인의 책임이라는 것이다.

## 5) 국민의 책임

### (1) 자립 · 자활(自活)에 대한 노력

모든 국민은 자신의 능력을 최대한 발휘하여 자립 · 자활(自活)할 수 있도록 노력하여야 한다(법 제7조 제1항).

### (2) 도움이 필요한 이웃에 대한 관심

모든 국민은 경제적 · 사회적 · 문화적 · 정신적 · 신체적으로 보호가 필요하다고 인정되는 사람에게 지속적인 관심을 가지고 이들이 보다 나은 삶을 누릴 수 있는 사회환경 조성에 서로 협력하고 노력하여야 한다(법 제7조 제2항).

### (3) 국가 사회보장정책에 대한 협력

모든 국민은 관계 법령에서 정하는 바에 따라 사회보장급여에 필요한 비용의 부담, 정보의 제공 등 국가의 사회보장정책에 협력하여야 한다(법 제7조 제3항).

## 6) 외국인에 대한 적용

국내에 거주하는 외국인에게 사회보장제도를 적용할 때에는 상호주의의 원칙에 따르되, 관계 법령에서 정하는 바에 따른다(법 제8조).[5]

---

5) ILO(1962)는 다음과 같은 내용의 「사회보장에 있어서 내국인 및 비내국인의 균등처우에 관한 조약」을 채결하였다.

제2조 ① 각 가맹국은 다음에 드는 사회보장부문의 1 또는 2개 이상에 대해 본 조약의 의무를 수락할 수 있다. 다만, 해당 가맹국이 해당 부문에 대해 그 영역 내에서 자국민에게 실제 적용되는 법령을 가지고 있는 경우에 한한다.

(a) 의료 (b) 질병급여 (c) 모성급여 (d) 폐질급여 (e) 노령급여 (f) 유족급여 (g) 업무상 상해급여 (h) 실업급여 (i) 가족급여

제3조 ① 가맹국은 영역 내에서 본 조약상 의무를 수락한 사회보장 부문에 관하여 다른 가맹국의 국민에게 균등한 처우를 하여야 한다.

제10조 ① 본 조약은 상호주의를 조건으로 하지 않으며 난민 및 무국적자에게 적용한다.

그러나 우리나라는 「국민기초생활보장법」을 외국인에게 적용하지 않는다. 다만, 이러한 조약에 따라 사회보험의 경우에 우리나라가 UN 및 OECD 회원국이 되면서 호혜주의를 채택하여 상대방 국가에서 내·외국인 평등의 원칙을 적용하는 국민에게 대해서만 우리도 적용한다. 이러한 조치도 국제화 · 세계화 추세에 따라 국제적인 압력에 의해 소극적으로 취한 것이다. 즉 예컨대 1995.5.1~19까지 제네바에서 열린 「UN

## 2. 사회보장에 관한 국민의 권리

### 1) 사회보장수급권

모든 국민은 사회보장 관계 법령에서 정하는 바에 따라 사회보장급여를 받을 "사회보장 수급권"을 가진다(법 제9조).

### 2) 사회보장급여의 수준

#### (1) 건강하고 문화적인 생활수준

국가와 지방자치단체는 모든 국민이 건강하고 문화적인 생활을 유지할 수 있도록 사회보장급여의 수준 향상을 위하여 노력하여야 한다(법 제10조 제1항).

#### (2) 최저생계비 및 최저임금의 공표

국가는 관계 법령에서 정하는 바에 따라 최저생계비와 최저임금을 매년 공표하여야 한다(법 제10조 제2항).

#### (3) 최저생계비와 최저임금을 고려한 급여수준

국가와 지방자치단체는 최저생계비와 최저임금 등을 고려하여 사회보장급여의 수준을 결정하여야 한다(법 제10조 제3항).

---

경제적 · 사회적 · 문화적 권리위원회」는 한국이 외국인 노동자를 포함한 사회주변계층의 욕구를 충족할 만큼 복지제도를 신속하게 확대하도록 촉구했다.

아울러 극빈자, 무주택자, 정신적 · 육체적 질병의 희생자에 대해서도 특별한 관심이 필요하다고 권고를 했다. 위원회는 "한국은 급속한 경제성장으로 경제 · 사회 · 문화권의 향유를 강화하기 위한 기초를 만들었고, 사회복지제도의 기본요소를 도입했다는 점은 인정하지만 사회적 권리에 대해서는 불충분한 조치만을 해왔으며 따라서 사회주변계층에 대한 복지제도를 신속하게 확대해야 할 것"이라고 충고했다. 이 위원회의 권고는 법적 강제성은 없으나 매년 5월, 11월 총회에서 그 이행여부를 검토한다.

## 3) 사회보장급여의 신청

### (1) 신청급여의 원칙[6)]

사회보장급여를 받으려는 사람은 관계 법령에서 정하는 바에 따라 국가나 지방자치단체에 신청하여야 한다. 다만, 관계 법령에서 따로 정하는 경우에는 국가나 지방자치단체가 신청을 대신할 수 있다(법 제11조 제1항).

### (2) 신청기관의 상호연계

사회보장급여를 신청하는 사람이 다른 기관에 신청한 경우에는 그 기관은 지체 없이 이를 정당한 권한이 있는 기관에 이송하여야 한다. 이 경우 정당한 권한이 있는 기관에 이송된 날을 사회보장급여의 신청일로 본다(법 제11조 제2항).

## 4) 사회보장수급권의 보호

사회보장수급권은 관계 법령에서 정하는 바에 따라 다른 사람에게 양도하거나 담보로 제공할 수 없으며, 이를 압류할 수 없다(법 제12조).

## 5) 사회보장수급권의 제한

### (1) 수급권의 제한 금지 원칙

사회보장수급권은 제한되거나 정지될 수 없다. 다만, 관계 법령에서 따로 정하고 있는 경우에는 그러하지 아니하다(법 제13조 제1항).

6) 우리나라는 1991년부터 신청보호를 원칙으로 하고 직권보호를 예외로 하는 공공부조 대상자 선정방식을 바꾸었다. 신청보호를 정착시키기 위해서는 국민의 복지의식 수준의 향상과 사회복지사의 확보가 선결 과제이다. 물론 국민의 복지권이 인정되는 이상 국민 스스로 자기의 권리를 지켜야 하는 것이 원칙이다. 그러나 신청보호제도를 정착시키는 데는 제도에 대한 무지나 낙인에 대한 두려움으로 보호를 신청하지 않을 수 있다는 문제점이 있다. 그리고 신청자가 원칙적으로 자신의 곤궁에 대한 사실을 입증(立證)해야 할 책임을 져야 한다는 것이다. 만약 신청보호원칙을 강조하고 곤궁에 대한 입증책임을 신청자에게 요구한다면 신청자가 장애인 또는 무학력 등 입증능력이 없는 경우에는 해결책이 없게 된다. 따라서 우리나라는 직권보호방식을 병행하고 있다.

#### (2) 필요 최소한의 제한

사회보장수급권이 제한되거나 정지되는 경우에는 제한 또는 정지하는 목적에 필요한 최소한의 범위에 그쳐야 한다(법 제13조 제2항).

### 6) 사회보장수급권의 포기

#### (1) 서면에 의한 수급권 포기

사회보장수급권은 정당한 권한이 있는 기관에 서면으로 통지하여 포기할 수 있다(법 제14조 제1항).

#### (2) 수급권 포기의 취소

사회보장수급권의 포기는 취소할 수 있다(법 제14조 제2항).

#### (3) 수급권을 포기할 수 없는 경우

사회보장수급권을 포기하는 것이 다른 사람에게 피해를 주거나 사회보장에 관한 관계 법령에 위반되는 경우에는 사회보장수급권을 포기할 수 없다(법 제14조 제3항).

### 7) 불법행위에 대한 구상(求償)

제3자의 불법행위로 피해를 입은 국민이 그로 인하여 사회보장수급권을 가지게 된 경우 사회보장제도를 운영하는 자는 그 불법행위의 책임이 있는 자에 대하여 관계 법령에서 정하는 바에 따라 구상권(求償權[7])을 행사할 수 있다(법 제15조).

### 8) 권리구제

위법 또는 부당한 처분을 받거나 필요한 처분을 받지 못함으로써 권리 또는 이익을 침해

7) 구상권이란 타인에 갈음하여 채무를 변제한 사람이 그 타인에 대하여 가지는 상환청구권을 말한다. 여기서 제3자의 불법행위로 인해 사회보장수급권을 가지게 된 피해자는 동시에 가해자에 대한 손해배상청구권을 갖게 된다. 이때 피해자가 가해자에 대한 손해배상청구권을 행사하지 않고 국가에 대한 사회보장수급권을 행사하였다면 국가는 이 사람(피해자)이 가해자에 대해 갖게 되는 손해배상청구권을 대신 행사할 수 있다. 이것을 구상권이라 한다.

받은 국민은 행정심판을 청구하거나 행정소송을 제기하여 그 처분의 취소 또는 변경 등을 청구할 수 있다(법 제39조).

## 3. 사회보장 기본계획과 사회보장위원회

### 1) 사회보장 기본계획[8)]

#### (1) 기본계획의 수립

보건복지부장관은 관계 중앙행정기관의 장과 협의하여 사회보장 증진을 위하여 사회보장에 관한 "기본계획"을 5년마다 수립하여야 한다(법 제16조 제1항).

#### (2) 기본계획의 내용

기본계획에는 다음의 사항이 포함되어야 한다(법 제16조 제2항).

① 국내외 사회보장환경의 변화와 전망

② 사회보장의 기본목표 및 중장기 추진방향

③ 주요 추진과제 및 추진방법

④ 필요한 재원의 규모와 조달방안

⑤ 사회보장 관련 기금 운용방안

⑥ 사회보장 전달체계

⑦ 그 밖에 사회보장정책의 추진에 필요한 사항

#### (3) 기본계획의 확정

기본계획은 사회보장위원회와 국무회의의 심의를 거쳐 확정한다. 기본계획 중 대통령령으로 정하는 중요한 사항을 변경하려는 경우에도 같다(법 제16조 제3항).

8) 사회보장 기본계획의 수립은 사회복지행정의 계획 수립을 위한 계획・실천・평가의 순환원리를 규정한 것이다. 하나의 정책이나 프로그램을 완성하기 위해서는 먼저 주민들의 문제와 욕구를 파악하는 것이 중요하다. 이를 바탕으로 목표를 설정하고 이에 따라 계획을 수립하는 것이다. 그리고 계획대로 실천해 보고 그 다음에 실천 결과를 평가한 후에 평가결과의 피드백 과정을 밟게 된다. 이런 과정을 되풀이하면서 하나의 정책이나 프로그램이 완성되어 가는 것이나. 그럼에도 불구하고 법의 이런 정신을 잘 이해하지 못하고 현실파악을 중요하게 인식하지 못하는 듯하여 아쉬움이 남는다.

### 2) 다른 계획과의 관계

기본계획은 다른 법령에 따라 수립되는 사회보장에 관한 계획에 우선하며 그 계획의 기본이 된다(법 제17조).

### 3) 연도별 시행계획의 수립 · 시행

#### (1) 기관별 시행계획의 수립

보건복지부장관 및 관계 중앙행정기관의 장은 기본계획에 따라 사회보장과 관련된 소관 주요 시책의 “시행계획”을 매년 수립 · 시행하여야 한다(법 제18조 제1항).

#### (2) 시행계획 및 추진실적의 제출

관계 중앙행정기관의 장은 수립한 소관 시행계획 및 전년도의 시행계획에 따른 추진실적을 대통령령으로 정하는 바에 따라 매년 보건복지부장관에게 제출하여야 한다(법 제18조 제2항).

#### (3) 추진실적의 종합 및 평가

보건복지부장관은 받은 관계 중앙행정기관 및 보건복지부 소관의 추진실적을 종합하여 성과를 평가하고, 그 결과를 사회보장위원회에 보고하여야 한다(법 제18조 제3항).

#### (4) 조사 · 분석 등 전문기관 의뢰

보건복지부장관은 평가를 효율적으로 하기 위하여 이에 필요한 조사 · 분석 등을 전문기관에 의뢰할 수 있다(법 제18조 제4항).

### 4) 사회보장에 관한 지역계획의 수립

#### (1) 지역계획의 수립 · 시행

특별시장 · 광역시장 · 특별자치시장 · 도지사 또는 특별자치도지사 · 시장 · 군수 · 구청장은 관계 법령으로 정하는 바에 따라 사회보장에 관한 “지역계획”을 수립 · 시행하여야 한다(법 제19조 제1항).

#### (2) 지역계획과 기본계획의 연계

지역계획은 기본계획과 연계되어야 한다(법 제19조 제2항).

### 5) 사회보장위원회

#### (1) 사회보장위원회의 설치

사회보장에 관한 주요 시책을 심의·조정하기 위하여 국무총리 소속으로 사회보장위원회를 둔다(법 제20조 제1항).

#### (2) 사회보장위원회의 심의·조정 기능(법 제20조 제2항)

① 사회보장 증진을 위한 기본계획

② 사회보장 관련 주요 계획

③ 사회보장제도의 평가 및 개선

④ 사회보장제도의 신설 또는 변경에 따른 우선순위

⑤ 둘 이상의 중앙행정기관이 관련된 주요 사회보장정책

⑥ 사회보장급여 및 비용 부담

⑦ 국가와 지방자치단체의 역할 및 비용 분담

⑧ 사회보장의 재정추계 및 재원조달 방안

⑨ 사회보장 전달체계 운영 및 개선

⑩ 제32조 제1항에 따른 사회보장통계

⑪ 사회보장정보의 보호 및 관리

⑫ 그 밖에 위원장이 심의에 부치는 사항

#### (3) 위원장이 각급 기관장에게 통지할 사항

위원장은 다음의 사항을 관계 중앙행정기관의 장과 지방자치단체의 장에게 통지하여야 한다(법 제20조 제3항).

① 확정된 기본계획

② 위원회가 심의·조징한 결과

### (4) 위원회가 심의 · 조정한 사항의 반영

관계 중앙행정기관의 장과 지방자치단체의 장은 위원회의 심의 · 조정 사항을 반영하여 사회보장제도를 운영 또는 개선하여야 한다(법 제20조 제4항).

### (5) 위원회의 조직

위원회는 위원장 1명, 부위원장 3명과 행정자치부장관, 고용노동부장관, 여성가족부장관, 국토해양부장관을 포함한 30명 이내의 위원으로 구성한다(법 제21조 제1항). 위원장은 국무총리가 되고 부위원장은 기획재정부장관, 교육부장관, 보건복지부장관이 된다(법 제21조 제2항).

### (6) 위원회 위원의 구성

위원회의 위원은 다음에 해당하는 사람으로 한다(법 제21조 제3항).

① 대통령령으로 정하는 관계 중앙행정기관의 장

② 다음의 사람 중에서 대통령이 위촉하는 사람

- 근로자를 대표하는 사람
- 사용자를 대표하는 사람
- 사회보장에 관한 학식과 경험이 풍부한 사람
- 변호사 자격이 있는 사람

### (7) 위원의 임기

위원의 임기는 2년으로 한다. 다만, 공무원인 위원의 임기는 그 재임 기간으로 하고, 위원이 기관 · 단체의 대표자 자격으로 위촉된 경우에는 그 임기는 대표의 지위를 유지하는 기간으로 한다(법 제21조 제4항). 보궐위원의 임기는 전임자 임기의 남은 기간으로 한다(법 제21조 제5항).

### (8) 위원회의 실무위원회

위원회를 효율적으로 운영하고 위원회의 심의사항을 전문적으로 검토하기 위하여 위원회에 실무위원회를 두며, 실무위원회에 분야별 전문위원회를 둘 수 있다(법 제21조 제6항).

실무위원회에서 의결한 사항은 위원장에게 보고하고 위원회의 심의를 거쳐야 한다. 다만, 대통령령으로 정하는 경미한 사항에 대하여는 실무위원회의 의결로써 위원회의 의결을 갈음할 수 있다(법 제21조 제7항). 위원회의 사무를 효율적으로 처리하기 위하여 보건복지부에 사무국을 둔다(법 제21조 제8항).

## 4. 사회보장정책의 기본방향

### 1) 평생사회안전망의 구축 · 운영

#### (1) 평생사회안전망의 구축

국가와 지방자치단체는 모든 국민이 생애 동안 삶의 질을 유지 · 증진할 수 있도록 평생사회안전망을 구축하여야 한다(법 제22조 제1항).

#### (2) 취약계층에 대한 최저생활보장

국가와 지방자치단체는 평생사회안전망을 구축 · 운영함에 있어 사회적 취약계층을 위한 공공부조를 마련하여 최저생활을 보장하여야 한다(법 제22조 제2항).

### 2) 사회서비스 보장

#### (1) 사회서비스에 관한 시책 마련

국가와 지방자치단체는 모든 국민의 인간다운 생활과 자립, 사회참여, 자아실현 등을 지원하여 삶의 질이 향상될 수 있도록 사회서비스에 관한 시책을 마련하여야 한다(법 제23조 제1항).

#### (2) 사회서비스와 소득보장의 연계

국가와 지방자치단체는 사회서비스보장과 소득보장이 효과적이고 균형적으로 연계되도록 하여야 한다(법 제23조 제2항).

### 3) 소득보장

#### (1) 소득보장제도의 마련

국가와 지방자치단체는 다양한 사회적 위험하에서도 모든 국민들이 인간다운 생활을 할 수 있도록 소득을 보장하는 제도를 마련하여야 한다(법 제24조 제1항).

### (2) 공공부문과 민간부문의 연계

국가와 지방자치단체는 공공부문과 민간부문의 소득보장제도가 효과적으로 연계되도록 하여야 한다(법 제24조 제2항).

## 5. 사회보장제도의 운영

### 1) 운영원칙

#### (1) 보편적용의 원칙

국가와 지방자치단체가 사회보장제도를 운영할 때에는 이 제도를 필요로 하는 모든 국민에게 적용하여야 한다(법 제25조 제1항).

#### (2) 급여수준과 비용부담의 형평성 원칙

국가와 지방자치단체는 사회보장제도의 급여수준과 비용부담 등에서 형평성을 유지하여야 한다(법 제25조 제2항).

#### (3) 민주적 운영의 원칙

국가와 지방자치단체는 사회보장제도의 정책 결정 및 시행 과정에 공익의 대표자 및 이해관계인 등을 참여시켜 이를 민주적으로 결정하고 시행하여야 한다(법 제25조 제3항).

#### (4) 연계성과 전문성의 원칙

국가와 지방자치단체가 사회보장제도를 운영할 때에는 국민의 다양한 복지 욕구를 효율적으로 충족시키기 위하여 연계성과 전문성을 높여야 한다(법 제25조 제4항).[9)]

9) 「사회보장기본법」의 최초안(1995년 12월 보건복지위원장 제안)에는 '제도 간 연계성'이라고 했다. 그리고 "사회보장에 관련된 분야에는 전문인을 우선적으로 배치하여야 한다."고 하였다. 이것을 심의과정에서 하나의 문장으로 만들어 버렸다. 따라서 여기서 말하는 연계성은 '제도 간 연계성'으로, 전문성은 '전문인 배치'로 이해하여야 할 것이다.

#### (5) 국가 · 지방자치단체 책임의 원칙

사회보험은 국가의 책임으로 시행하고, 공공부조와 사회서비스는 국가와 지방자치단체의 책임으로 시행하는 것을 원칙으로 한다. 다만, 국가와 지방자치단체의 재정 형편 등을 고려하여 이를 협의 · 조정할 수 있다(법 제25조 제5항).

### 2) 협의 및 조정

#### (1) 사회보장제도 상호 간의 협의

국가와 지방자치단체는 사회보장제도를 신설하거나 변경할 경우 기존 제도와의 관계, 사회보장 전달체계와 재정 등에 미치는 영향 등을 사전에 충분히 검토하고 상호 협력하여 사회보장급여가 중복 또는 누락되지 아니하도록 하여야 한다(법 제26조 제1항).

#### (2) 중앙과 지방 간의 협의

중앙행정기관의 장과 지방자치단체의 장은 사회보장제도를 신설하거나 변경할 경우 신설 또는 변경의 타당성, 기존 제도와의 관계, 사회보장 전달체계에 미치는 영향 및 운영방안 등에 대하여 대통령령으로 정하는 바에 따라 보건복지부장관과 협의하여야 한다(법 제26조 제2항).

#### (3) 중앙과 지방 간의 협의에 대한 위원회의 개입

협의가 이루어지지 아니할 경우 위원회가 이를 조정한다(법 제26조 제3항).

#### (4) 사회보장 관련 공통기준 마련

보건복지부장관은 사회보장급여 관련 업무에 공통적으로 적용되는 기준을 마련할 수 있다(법 제26조 제4항).

### 3) 민간의 참여

#### (1) 사회보장에 대한 민간참여의 유도

국가와 지방자치단체는 사회보장에 대한 민간부문의 참여를 유도할 수 있도록 정책을 개발·시행하고 그 여건을 조성하여야 한다(법 제27조 제1항).

### (2) 민간참여 유도 시책

국가와 지방자치단체는 사회보장에 대한 민간부문의 참여를 유도하기 위하여 다음의 사업이 포함된 시책을 수립·시행할 수 있다(법 제27조 제2항).

① 자원봉사, 기부 등 나눔의 활성화를 위한 각종 지원사업

② 사회보장정책의 시행에 있어 민간부문과의 상호협력체계 구축을 위한 지원사업

③ 그 밖에 사회보장에 관련된 민간의 참여를 유도하는 데에 필요한 사업

### (3) 민간참여에 대한 비용지원

국가와 지방자치단체는 개인·법인 또는 단체가 사회보장에 참여하는 데에 드는 경비의 전부 또는 일부를 지원하거나 그 업무를 수행하기 위하여 필요한 지원을 할 수 있다(법 제27조 제3항).[10]

## 4) 비용의 부담

### (1) 비용부담의 조정

사회보장비용의 부담은 각각의 사회보장제도의 목적에 따라 국가, 지방자치단체 및 민간부문 간에 합리적으로 조정되어야 한다(법 제28조 제1항).

### (2) 사회보험비용의 부담

사회보험에 드는 비용은 사용자, 피용자(被傭者) 및 자영업자가 부담하는 것을 원칙으로 하되, 관계 법령에서 정하는 바에 따라 국가가 그 비용의 일부를 부담할 수 있다(법 제28조 제2항).

10) 이 규정에 의하면 민간위탁은 예외로 할 수 있다는 뜻으로 이해된다. 그러나 현실은 민간위탁을 원칙으로 하고 대부분의 시설을 민간에 위탁운영을 하고 있다. 물론 사회복지사업이 관료화되어서는 안 되지만 그렇다고 해서 어떤 경우에나 민간위탁이 최상은 아닐 수 있다. 민간위탁을 원칙으로 하기 때문에 생기는 부작용도 있다. 예컨대, 민간의 재정적 부담능력을 고려하지 않은 로비에 의한 민간위탁으로 인해 국민만 피해를 입는 경우가 있기 때문이다.

#### (3) 공공부조 및 사회서비스에 대한 비용부담

공공부조 및 관계 법령에서 정하는 일정 소득수준 이하의 국민에 대한 사회서비스에 드는 비용의 전부 또는 일부는 국가와 지방자치단체가 부담한다(법 제28조 제3항).

#### (4) 능력 있는 자의 수익자 부담원칙

부담능력이 있는 국민에 대한 사회서비스에 드는 비용은 그 수익자가 부담함을 원칙으로 하되, 관계 법령에서 정하는 바에 따라 국가와 지방자치단체가 그 비용의 일부를 부담할 수 있다(법 제28조 제4항).

### 5) 사회보장 전달체계

#### (1) 지역적 · 기능적 균형

국가와 지방자치단체는 모든 국민이 쉽게 이용할 수 있고 사회보장급여가 적시에 제공되도록 지역적 · 기능적으로 균형 잡힌 사회보장 전달체계를 구축하여야 한다(법 제29조 제1항).

#### (2) 운영에 필요한 조직, 예산 등 확보

국가와 지방자치단체는 사회보장 전달체계의 효율적 운영에 필요한 조직, 인력, 예산 등을 갖추어야 한다(법 제29조 제2항).

#### (3) 공공부문과 민간부문의 연계

국가와 지방자치단체는 공공부문과 민간부문의 사회보장 전달체계가 효율적으로 연계되도록 노력하여야 한다(법 제29조 제3항).

### 6) 사회보장급여의 관리

#### (1) 사회보장급여의 관리체계 구축

국가와 지방자치단체는 국민의 사회보장수급권의 보장 및 재정의 효율적 운용을 위하여 다음에 관한 사회보장급여의 관리체계를 구축 · 운영하여야 한다(법 제30조 제1항).

① 사회보장수급권자 권리구제
② 사회보장급여의 사각지대 발굴
③ 사회보장급여의 부정·오류 관리
④ 사회보장급여의 과오지급액의 환수 등 관리

#### (2) 사회서비스 품질관리 전담기구

보건복지부장관은 사회서비스의 품질기준 마련, 평가 및 개선 등의 업무를 수행하기 위하여 필요한 전담기구를 설치할 수 있다(법 제30조 제2항).

### 7) 전문인력의 양성

국가와 지방자치단체는 사회보장제도의 발전을 위하여 전문인력의 양성, 학술조사 및 연구, 국제교류의 증진 등에 노력하여야 한다(법 제31조).

### 8) 사회보장통계

#### (1) 사회보장통계의 작성·관리

국가와 지방자치단체는 효과적인 사회보장정책의 수립·시행을 위하여 사회보장에 관한 통계를 작성·관리하여야 한다(법 제32조 제1항).

#### (2) 관계기관장의 통계자료 제출

관계 중앙행정기관의 장과 지방자치단체의 장은 소관 사회보장통계를 대통령령으로 정하는 바에 따라 보건복지부장관에게 제출하여야 한다(법 제32조 제2항).

#### (3) 보건복지부장관의 종합

보건복지부장관은 제출된 사회보장통계를 종합하여 위원회에 제출하여야 한다(법 제32조 제3항).

### 9) 관계 행정기관 등의 협조

#### (1) 국가 등의 사회보장 관련 자료 요청

국가와 지방자치단체는 사회보장 관련 계획 및 정책의 수립·시행, 사회보장통계의 작성 등을 위하여 관련 공공기관, 법인, 단체 및 개인에게 자료제출 등 필요한 협조를 요청할 수 있다(법 제41조 제1항).

#### (2) 행정기관장에 대한 협조 요청

위원회는 사회보장에 관한 자료 제출 등 위원회 업무에 필요한 경우 관계 행정기관의 장에게 협조를 요청할 수 있다(법 제41조 제2항). 협조 요청을 받은 자는 정당한 사유가 없으면 이에 따라야 한다(법 제41조 제3항).

### 10) 정보의 공개

국가와 지방자치단체는 사회보장제도에 관하여 국민이 필요한 정보를 관계 법령에서 정하는 바에 따라 공개하고, 이를 홍보하여야 한다(법 제33조).

### 11) 사회보장에 관한 설명

국가와 지방자치단체는 사회보장 관계 법령에서 규정한 권리나 의무를 해당 국민에게 설명하도록 노력하여야 한다(법 제34조).

### 12) 사회보장에 관한 상담

국가와 지방자치단체는 사회보장 관계 법령에서 정하는 바에 따라 사회보장에 관한 상담에 응하여야 한다(법 제35조).

### 13) 사회보장에 관한 통지

국가와 지방자치단체는 사회보장 관계 법령에서 정하는 바에 따라 사회보장에 관한 사항을 해당 국민에게 알려야 한다(법 제36조).

## 6. 사회보장정보의 관리

### 1) 사회보장정보시스템의 구축 · 운영

#### (1) 사회보장업무의 전자적 관리

국가와 지방자치단체는 국민편익의 증진과 사회보장업무의 효율성 향상을 위하여 사회보장업무를 전자적으로 관리하도록 노력하여야 한다(법 제37조 제1항).

#### (2) 사회보장정보시스템 구축

국가는 관계 중앙행정기관과 지방자치단체에서 시행하는 사회보장수급권자 선정 및 급여 관리 등에 관한 정보를 통합 · 연계하여 처리 · 기록 및 관리하는 "사회보장정보시스템"을 구축 · 운영할 수 있다(법 제37조 제2항).

#### (3) 보건복지부장관의 정보시스템 총괄

보건복지부장관은 사회보장정보시스템의 구축 · 운영을 총괄한다(법 제37조 제3항).

#### (4) 개인정보 보호시책 마련

보건복지부장관은 사회보장정보시스템 구축 · 운영의 전 과정에서 개인정보 보호를 위하여 필요한 시책을 마련하여야 한다(법 제37조 제4항).

#### (5) 보건복지부장관의 정보제공 요청

보건복지부장관은 관계 중앙행정기관, 지방자치단체 및 관련 기관 · 단체에 사회보장정보시스템의 운영에 필요한 정보의 제공을 요청하고 제공받은 목적의 범위에서 보유 · 이용할 수 있다. 이 경우 자료의 제공을 요청받은 자는 정당한 사유가 없으면 이에 따라야 한다(법 제37조 제5항).

#### (6) 사회보장정보시스템의 활용 시 보건복지부장관과의 협의

관계 중앙행정기관 및 지방자치단체의 장은 사회보장정보와 관련하여 사회보장정보시스템의 활용이 필요한 경우 사전에 보건복지부장관과 협의하여야 한다. 이 경우 보건복지부장관은 관련 업무에 필요한 범위에서 정보를 제공할 수 있고 정보를 제공받은 관계 중앙행정기관 및 지방자치단체의 장은 제공받은 목적의 범위에서 보유·이용할 수 있다(법 제37조 제6항).

### 2) 개인정보 등의 보호

#### (1) 사회보장업무 종사자의 정보보호의무

사회보장업무에 종사하거나 종사하였던 자는 사회보장업무 수행과 관련하여 알게 된 개인·법인 또는 단체의 정보를 관계 법령에서 정하는 바에 따라 보호하여야 한다(법 제38조 제1항).

#### (2) 사회보장 관련 개인·법인·단체 정보의 보호

국가와 지방자치단체, 공공기관, 법인·단체, 개인이 조사하거나 제공받은 개인·법인 또는 단체의 정보는 이 법과 관련 법률에 근거하지 아니하고 보유·이용·제공되어서는 아니 된다(법 제38조 제2항).

# 제2절 사회보험

## 1. 보험일반이론

사회보험이라 함은 국민에게 발생하는 사회적 위험을 보험방식에 의하여 대처함으로써 국민건강과 소득을 보장하는 제도를 말한다. 따라서 사회보험을 이해하기 위해서는 보험의 일반적 원리를 먼저 이해할 필요가 있다.

### 1) 보험의 의의

보험이란 보는 관점에 따라 강조점이 달라진다. 먼저, 법적 관점에서 보면 "우연한 손해가 발생할 경우에 이를 갚아줄 것을 약속하는 유상적인 계약"(吳萬植, 1980: 27)이라고 말할 수 있다. 또 경제적 관점에서 보는 보험이란 "우연한 사고에 대한 경제적 준비의 한 형태로서, 다수인이 단체가 되어 일정 비율에 따라 부담금을 내고, 만일 사고가 발생하면 그것으로 손해를 갚아 주는 경제제도"라고 말할 수 있다. 결국 보험이란 "위험의 결합을 통하여 불확실성(uncertainty)을 확실성(certainty)으로 전환시키는 사회적 제도"(方甲洙, 1983: 23)라고 이해할 수 있다.

### 2) 보험의 성격

보험은 정의에서도 알 수 있는 바와 같이 우연한 사고 즉, 위험을 타인에게로 이전시키는 장치이다. 그 위험의 전가는 보험계약자에게서 보험자에게로 이루어진다. 보험자의 입장에서 보면 실제손실을 평균손실로 대체시키는 것이다. 이것은 위험의 동질성이 커지고 다수성이 커질수록 평균손실이 적어진다. 즉 사회 다수인이 보험료의 형태로 평균손실을 부담하게 된다.[11] 따라서 다수인이 소액의 보험료 갹출로 소수의 불행한 사람을 돕는 제도라 할 수 있다. 이것이 보험의 사회성이며 보험이 사회적 시설이라는 것이다.

### 3) 보험의 요건

보험이 성립되기 위해서는 다음과 같은 요건 즉, 우연한 사고, 경제적 안정대책, 보험 다수 경제주체의 결합, 그리고 보험료 공평의 원칙이 성립되어야 한다. 첫째, 우연한 사고의 발생을 전제로 한다. 따라서 고의성이나 예정된 사고는 제외된다. 우연적 사고라 함은 사실 자체의 불확정뿐만 아니라 도래 시기의 불확정까지도 포함된다. 예컨대, 생명보험의 경우 사람은 누구나 사망한다는 사실은 확정적이지만 그 시기가 불확정적이다. 고의적 사고는 흔히 보험사고를 일으키는 경우이다. 보험금을 노린 고의적 사고를 일으키면 스스로 범죄자가 되는 것은 물론, 보험의 수혜자격도 잃게 된다. 둘째, 경제적 안정대책이므로 보험은 피해보상적 성격을 띠게 된다. 따라서 사고로 인한 피해액 이상으로 보상하지 않는다. 동시에 사고가 없으면 보험료는 소멸하는 것이 원칙이다. 우리나라에 성행하고 있는 보장성 보험이란 일종의 저축성 보험으로 보험료의 이자로 보험료를 납부하게 된다. 따라서 그 보험료가 소멸성 보험료보다 훨씬 비싸게 된다. 이러한 보장성 보험이 우리나라에 성행하게 된 것은 우리의 현세 중심적인 민족성과도 깊은 관련이 있는 것으로 보인다. 셋째, 보험 다수 경제주체

---

11) 우리말에 십시일반(十匙一飯)이란 말이 있다. "열 술이면 한 사람 분의 먹을 분량이 된다는 뜻으로, 여러 사람이 힘을 합하면 한 사람을 구제하기는 쉽다는 말"이다. 보험은 바로 이런 것이다. 위험을 한 사람이 감당하기란 벅찬 일이지만 두수가 조금씩 분담하면 대수롭지 않게 극복할 수 있다는 것이다.

의 결합으로 가능해진다. 가입자가 많을수록 안정적이다. 가입자가 극히 적다면 그것은 하나의 투기일 뿐이다. 넷째, 보험료 공평의 원칙을 바탕으로 한다. 보험료는 합리적 계산(확률계산)에 의해 책정된다. 예컨대, 화재보험의 경우 소재지, 구조, 용도 등을 고려하여 보험료를 책정한다. 즉 화재의 위험이 높으면 보험료는 많아진다.

### 4) 보험의 종류

보험의 종류는 무엇을 중심으로 보느냐에 다라 다양하게 분류된다. ① 우연의 사실에 의한 분류(협의의 보험 종류)를 보면 생명보험, 화재보험, 해상보험으로 구분된다. 생명보험에는 사망, 생존, 양로보험이 있을 수 있다. 때로는 사망과 생존의 혼합형식이 있을 수 있다. 이것은 우리에게 많다. ② 위험의 대상에 의한 분류로는 인보험(생명보험)과 물보험(손해보험)으로 구분된다. ③ 가입의 자유 정도에 따른 분류에는 임의보험과 강제보험으로 구분된다. 사보험은 임의보험이고 공보험은 강제보험이 원칙이다. 따라서 사회보험은 강제보험이다.[12] ④ 경제주체의 결합에 의한 분류로는 사보험과 공보험으로 구분된다. 사보험은 보통의 보험을 말하고 공보험은 사회보험을 말한다. 이러한 기준으로 보험을 종류별로 분류해 보면 [그림 8-1]과 같다.

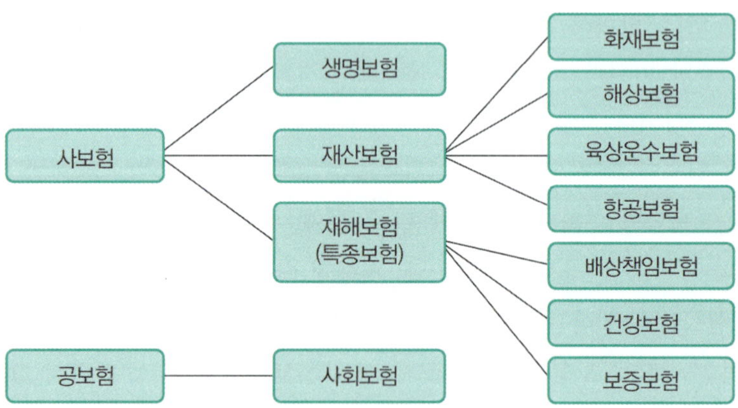


그림 8-1 보험의 종류별 분류

12) 사회보험이 때로는 임의성을 혼합할 경우도 있다. 사회보험이 도입되는 초창기에는 흔히 혼합방법을 쓴다. 우리도 의료보험의 예를 보면 초창기에 대규모 사업장은 강제보험으로 하고 일정규모 이하의 사업장은 임의보험으로 하면서 점차 대상범위를 확대시켜 나갔다.

사회보험과 사보험은 상호 보완적인 성격을 가지고 있으며 사회보험은 국민 최저생활을 보장하고 그 이상은 개인의 노력으로 사보험을 통하여 여러 가지 위험의 발생으로 생기는 경제적 타격의 정도를 완화시키도록 한다.

사회보험은 그 사회에서 최저로 인정되는 불가피한 욕구(needs)를 충족시키는 데 목적이 있으므로 얼마든지 그 이상의 경제적 준비가 필요하게 되고, 여기에 사보험의 필요성이 존재하게 된다. 사회보험과 사보험을 좀 더 구체적으로 차이점을 지적한다면 〈표 8-1〉과 같다.

**표 8-1 사회보험과 사보험과의 차이점**

| 구분 | 사회보험 | 사보험 |
|---|---|---|
| 목적 | 최저생활보장 | 현재 수준의 생활유지 |
| 갹출과 급여와의 관계 | 보험료와 보험급여에 일정한 비례가 없음.<br>소득재분배를 통한 부의 이전에 치중 | 보험료와 보험급여는 정비례 |
| 가입 | 강제적 | 임의적 |
| 비용부담 | 정부, 기업, 피고용인 | 보험계약자(보험회사) |
| 운영형태 | 정부독점 | 자유경쟁체제 |

## 2. 사회보험

### 1) 정의

「사회보장기본법」은 사회보험을 정의하기를 "국민에게 발생하는 사회적 위험[13]을 보험방식에 의하여 대처함으로써 국민건강과 소득을 보장하는 제도"라고 했다(제3조 제3호). 즉, 사회보험이란 "사회구성원에 대해서 그 생활을 위협하는 사고에 대해서 일정기준의 소득을 보장하기 위한 강제보험"이라 할 수 있다.

### 2) 구성요건

사회보험이 성립되기 위해서는 다음과 같은 조건이 갖추어질 것을 요구한다.

첫째, 보험의 일반 요건과 마찬가지로 다수 경제단위의 결합이 전제가 되어야 한다.

둘째, 우발적 사고이다. 보험의 일반적 요건과 마찬가지로 우발적 사고를 전제로 하지만

13) 사회구성원 누구나 예외 없이 닥칠 수 있는 위험을 말한다. 예컨대 노령, 폐질, 부양의무자의 사망, 건강상실, 실업 등이다.

사회보험의 경우 사고 자체의 불확정성보다 도래 시점의 불확정성이 대부분이다. 사회보험의 대상이 되는 위험은 노령, 부양의무자의 사망, 건강상실, 실업 등이다. 이러한 각각의 위험에 따라 대처하는 수단도 다르다. 예컨대, 노령에 대해서는 노령연금으로, 부양의무자의 사망에 대해서는 유족연금, 건강상실에 대해서는 건강보험과 산재보험으로, 실업에 대해서는 고용보험 등으로 대처하고 있다.

셋째, 경제적 손실의 전보라고 하는 재산적 필요가 요건이 된다. 이 점에서 일반 사보험은 경제적 원상회복을 목표로 하지만 사회보험은 최저생활을 목표로 한다는 점에서 차이가 있다.

넷째, 공동위험에 대한 공동대처의 의미가 있어야 한다. 이것은 상호적 충족을 의미한다.

### 3) 사회보험의 특성

사회보험이 사보험과 다른 특성으로는 첫째, 강제성을 들 수 있다. 사회보험은 가입을 법률로 강제한다. 그것은 모든 국민에 대한 부양성의 실현을 목적으로 하기 때문이다. 이 점에 대해서 자유주의 경제원리에 맞지 않는다는 비판의 소리가 있다. 강제성은 사회주의의 원리이기 때문이다. 둘째, 사회보험은 국민의 다수를 대상으로 한다. 한꺼번에 전체 국민을 대상으로 할 수는 없다해도 점차로 확대해 나간다면 전 국민을 대상으로 하는 것이라고 본다. 셋째, 사회보험은 정부가 관장하거나 감독한다. 따라서 최종적인 책임은 정부가 진다. 전체 국민의 생존에 관한 일이므로 사적 기업경영에 맡길 수는 없다는 것이다.[14] 넷째, 사회보험은 특별세(보험료)로 운영된다. 보험료는 평균보험료제로 채택하게 된다. 즉 고소득자는 많은 부담을 하게 되고 저소득자에게는 적은 부담을 지운다. 사회정의를 달성할 목적으로 소득재분배를 이룩하기 위해 급여내용을 결정한다. 일정액 이하의 저소득자에게는 보험료를 면제하기도 한다. 이것은 부양성의 고려 때문이다.

### 4) 사회보험의 비보험성

사회보험은 다음과 같은 이유로 보험이 아니라는 견해가 있다. 첫째, 보험수리에 의한 보험급여의 산출보다는 사회정의를 강조하기 때문이다. 둘째, 보험계약은 자유주의 경제원리에 따라 계약자유의 원칙이 결여되어 있다. 계약자유의 원칙은 계약내용의 자유는 물론이지

14) 따라서 국민연금이 파탄을 맞을 수 있다는 위기론은 근거가 없는 것이다. 최악의 경우에는 국가책임으로 예산의 지원이 강화될 수 있을 것이기 때문이다.

만, 가입과 탈퇴의 자유가 보장되어야 함에도 불구하고 사회보험은 가입이 강제되기 때문이다. 셋째, 사회보험은 필요비용으로 현재의 보험계약자를 대상으로 산출하여 이들에게 부담시키는 것이 아니라 소요비용의 많은 부분을 다음 세대에 넘기는 재원염출방식을 사용한다.

만일 사보험이 갖는 모든 요건과 특징을 다 갖추어야 보험이라고 한다면 사회보험은 보험이 아니다. 그러나 보험을 개괄적으로 '위험의 결합이나 분담'으로 정의한다면 사회보험도 분명히 보험이다. 왜냐하면 사망, 노령, 실업, 건강불량 등 사회성이 강한 위험을 결합시키는 사회적 시설이기 때문이다.

### 5) 우리나라 사회보험의 종류

사회보험의 종류에는 일반적으로 연금보험, 의료보험, 산재보험, 실업보험으로 구분한다. 우리나라에서는 이러한 종류의 사회보험을 그 성격에 따라 용어를 바꾸어 연금보험, 건강보험, 산재보험, 고용보험으로 나누고 있다. 이에 따라 현행 사회보험의 종류들을 구분해보면

**표 8-2** 사회보험 가입률

(단위: %)

| | 2008 | 2009 | 2010 | 2011 | 2012 | 2013 |
|---|---|---|---|---|---|---|
| 국민연금 | 86.8 | 87.4 | 87.5 | 87.2 | 86.7 | 87.6 |
| 건강보험 | 86.9 | 87.4 | 87.5 | 87.0 | 86.6 | 87.6 |
| 산재보험 | 95.2 | 96.2 | 96.8 | 96.3 | 97.3 | 97.5 |
| 고용보험 | 85.5 | 85.9 | 86.0 | 85.1 | 87.5 | 88.6 |

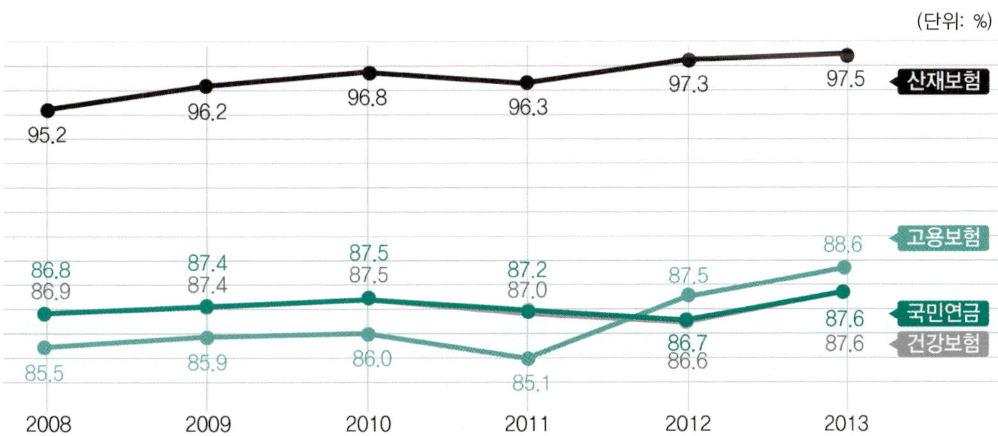


출처: 고용노동통계 홈페이지.

**그림 8-2** 사회보험 가입률

다음과 같다. 연금보험에는 대표적인 국민연금과 공무원연금, 사립학교교직원연금, 군인연금, 별정우체국직원연금, 군인연금이 있다. 의료보험으로는 건강보험, 노인장기요양보험이 있고 산재보험과 고용보험이 있다. 건강보험과 노인장기요양보험은 통합징수를 하기 때문에 그 가입자 수가 동일하다. 현행 사회보험 가입률을 대표적인 보험 종류별로 보면 [그림 8-2]와 같다.

## 제3절 공공부조(公共扶助)

### 1. 공공부조의 의의

"공공부조"란 국가와 지방자치단체의 책임하에 생활 유지 능력이 없거나 생활이 어려운 국민의 최저생활을 보장하고 자립을 지원하는 제도를 말한다(사회보장기본법 제3조 제3호).

### 2. 공공부조의 기본이념과 원리

사회보장은 개인의 사회적 욕구를 사회 또는 국가가 최종적인 책임을 지고 이를 충족시키고자하는 정책 및 제도를 말한다. 그 방법은 사회보험과 공공부조를 통해 수행한다. 사회보험은 보험의 원리를 도입하여 국가가 강제보험 방식으로 수행한다. 그러므로 사회보험의 수급을 위해서는 보험에 가입하고 보험료를 납부할 것이 전제조건으로 요구된다. 이에 비해서 공공부조는 스스로 최저생활을 할 수 없으면 누구나 국가로부터 최저생활을 보장받을 수 있는 것이다. 따라서 공공부조는 〈표 8-3〉과 같은 기본이념을 바탕에 가지고 있다. 즉 보편적용의 이념, 최저생활보장의 이념, 국가책임의 이념이 그것이다.

**표 8-3** 공공부조의 이념구분

| 기본적 이념 | 파생적 원리 | 운용상의 원칙 |
|---|---|---|
| 보편적용 | | |
| 최저생활보장 | 필요적응 | 개별성과 구체성 |
| 국가책임 | 보충성 | 자산·근로능력의 활용, 사적부양의 우선, 타법우선적용 |
| | 자활조성 | 보조성 |

보편적용의 이념은 헌법의 "모든 국민은 인간다운 생활을 할 권리를 가진다(제34조 제1항)." 에 근거를 두고 있다. '인간다운 생활을 할 권리'는 당초 모든 국민에서 오늘날 점차 모든 주민에게로 확산되어가고 있다. 인간다운 생활은 최저생활보장으로 구체화된다. 최저생활보장의 이념은 필요적응의 원리를 파생시킨다. 필요적응의 원리는 개별성과 구체성을 요구한다. 국가책임의 이념은 모든 사람이 스스로의 복지를 위한 1차적 책임을 가지고 있음을 전제로 하고 있다. 따라서 국가책임의 이념은 보충성의 원리와 자활조성의 원리를 파생시킨다. 보충성의 원리는 자산·근로능력 등의 활용원칙, 사적부양의 우선원칙, 타법우선적용원칙을 요구한다(박석돈 외, 2009: 120).

이러한 공공부조의 기본이념이 우리의 「국민기초생활보장법」에서는 최저생활보장의 이념을 규정하고 있으나 종전의 우리나라 「사회보장기본법」이나 「국민기초생활보장법」은 최저생활보장의 이념에서 파생되는 필요적응의 원리와 보조성의 원칙을 채택하지 않고 있다. 그러나 이번 개정 「국민기초생활보장법」(2014.12.30.)은 '그 밖에 추가적인 지출요인'에 해당하는 금액을 감하여 실제소득을 산정함으로써 필요적응의 원리로서의 개별성과 구체성을 규정하였다. 또 '근로를 유인하기 위한 요인'을 반영하여 실제소득을 산정함으로써 자활조성의 원리 중 보조성의 원칙을 규정하였다. 그리고 보편적용의 이념은 '모든 국민'에게 한정할 뿐 ILO가 권장하는 '모든 주민'에게까지 확대하지는 않고 있다. 다만 「사회보장기본법」에서 상호주의를 택하였다.

## 3. 사회보험과 공공부조의 차이점

사회보험과 공공부조는 사회보장의 양대 지주가 되는 것으로 상호 보완적인 관계에 있다. 사회보험은 우선 그 대상에서 피고용자 즉, 현재 고용되어 소득이 있는 자를 대상으로 하지만 공공부조는 전 국민을 대상으로 하고 있다. 따라서 수혜자격에 있어서 공공부조는 궁핍의 증명 즉, 자산조사(means-test)를 받아야 하지만 사회보험은 갹출 즉, 보험료를 납부했으면 보험급여를 받을 수 있다. 그리고 사회보험은 보험가입자의 갹출 즉, 보험료가 주된 재원이 되지만 공공부조는 국가의 예산이 재원이 된다. 또 운영은 사회보험의 경우 정부직영 또는 민영 보험회사나 금융기관에 위탁관리하는 것이 보통인데 공공부조는 언제나 국가가 직접 운영한다. 이를 표로 나타내면 〈표 8-4〉와 같다.

**표 8-4** 사회보험과 공공부조의 차이점

| 구분 | 사 회 보 험 | 공 공 부 조 |
|---|---|---|
| 대상 | 피고용인 | 전국민 |
| 수혜자격 | 갹출-보험료 납부 | 빈곤증명(means-test) |
| 재원 | 갹출금-특별세 | 예산-일반세 |
| 운영형태 | 정부 또는 민영보험 등에 위탁(공단, 조합 등) | 정부 |

# 제 9 장 국민연금

## 제1절 서론

### 1. 연금제도의 생성과 발전

연금제도란 노령, 폐질, 사망 등과 같은 이유로 소득중단이나 상당한 정도의 소득감소에 대한 대비책으로서 회복할 수 없는 장기적인 위험에 대한 소득보장제도이다(ILO, 1984). 공적연금제도는 산업사회의 구조적인 변화에 대한 정책적 대응으로서 등장했다. 연금제도는 일상생활을 영위하던 중에 노령, 사고, 사망, 질병이나 장애 등 영속적 생활장애로 인한 소득의 중단 또는 소득감소 상태에 대비하여 근로 시기에 정기적인 보험료 기여를 통해 사고 발생 이후 일정액을 지급하는 생활보장 방식을 말한다.

가장 보편적으로 쓰이는 노후생활보장방법으로는 사회보험형 공적연금제도로서 우리나라도 이를 채택하고 있다. 이 제도는 급여를 받기 위해 반드시 기여를 조건으로 하는 보험원칙이 적용되지만, 법률로 가입이 강제되고 급여가 저소득층에 유리하게 되어 있어서 소득재분배 기능이 있다는 장점이 있다. 즉 사회보험형 연금제도는 가입자의 생애에 있어서 근로기간과 퇴직기간 간의 수평적 소득이전(보험원칙), 가입자 소득계층 간의 수직적 소득이전(재분배원칙)이라는 상호 배타적인 기능을 동시에 추구하는 사회제도이다. 연금제도의 기능의 균형을 보험원칙과 재분배원칙 중 어느 것에 강조점을 두느냐가 사회보험형 공적연금제도의 성격을 결정짓는 핵심적인 요소가 된다. 이러한 갈등적 두 원칙 중에서 그 사회가 지향하는 요소에 따라 연금제도의 구조는 달라진다(남세진 · 조흥식, 1995: 229).

처음에 연금제도는 산업화로 인하여 야기된 퇴직근로자를 위한 노후소득보장 문제에 대한 대응책으로 유럽을 중심으로 발전해 왔다. 이 제도는 1889년 독일에서 최초로 시작되었으며, 제2차 세계대전 이전까지 대부분의 유럽국가에서 도입되었다. 이 시기에는 적은 수의 선별적인 제도를 통해 한정된 위험만을 보호함으로써 '제한적인 사회보험'의 면모를 보였다. 그 이후 지속적인 경제성장과 인구증가는 연금제도의 질적 · 양적 확대를 낳았고, 최저소득보장을 위한 기초연금과 개인의 소득과 연계되는 소득비례연금이 정착되었다. 이러한 제도의 변화는 연금제도가 단순히 임금노동자의 최저생계보장을 위한 제도에서 전국민을 대상으로 하는 퇴직 이후 적절한 급여를 제공하는 소득보장정책으로 변화되었음을 의미한다. 1950년대 이후 많은 국가에서 연금제도를 도입하였으며, 빈곤완화와 노후소득보장에 중요한 역할을 담당하여 왔다.

그러나 1970년대 초반 오일쇼크 이후 서구 경제가 스테그플레이션이라는 경제위기에 직면하게 되자 복지제도에 대한 회의론이 제기되기 시작하였다. 무엇보다도 경제성장률의 저하, 높은 실업률, 물가상승 등으로 인한 보험료와 급여의 상승, 또한 연금제도의 성숙과 더불어 인구 노령화는 연금제도의 기반을 급속하게 약화시키는 결과를 초래하게 된 것인데 1980년대에 들어서 미국과 유럽이 연금제도를 비롯한 복지제도를 근본적으로 재검토하기 시작하였으며, 1990년대에 들어 연금제도의 개혁이 본격화되었다.

## 2. 우리나라 연금제도의 역사

우리나라 공적연금제도의 형성 및 확대과정을 연금제도 도입 시기의 사회적 상황과 정치·경제적 요인과의 상호작용을 중심으로 하여 살펴보면 다음과 같다. 우리나라 연금제도는 1960년 공무원연금의 도입을 효시로 하였다. 5·16 쿠데타로 들어선 군사정부는 1960년대 초반 10여 개가 넘는 사회복지 관련법을 제정하였다.[1] 그러나 실제로 시행된 것은 공무원연금, 군인연금, 산업재해보상보험, 생활보호 등에 불과하였다. 이 시기에 이루어진 사회복지 관련법의 대량입법은 군사정권의 정당성 확보를 위한 선전에 불과하였을 뿐만 아니라 사실상 이를 시행할 경제적 능력도 없었다. 1960년대 제정된 공적 연금제도는 「공무원연금법」(1960)과 「군인연금법」(1963)으로서 공무원·군인 등 전략적인 특수직업에 최초로 공적연금제도를 도입했다.

1970년대는 1962년부터 시작한 경제개발계획의 성공으로 고도의 경제성장과 소득수준의 향상이 이루어진 시기였다. 그러나 사회복지에 관한 입장은 그전과 변함없이 경제개발을 위한 도구로 사용되었을 뿐이었다. 특히 권위주의 국가는 복지지출을 비생산적이고 낭비적인

1) 이때 제정된 법안은 「생활보호법」(1961), 「군인연금법」(1963), 「산업재해보상보험법」(1963), 「의료보험법」(1963), 「공무원연금법」(1961), 「원호법」(1961), 「사회보장에 관한 법률」(1963), 「아동복지법」(1961), 「재해구호법」(1962) 등이 있다.

것으로 간주하여, 빠른 경제성장을 통하여 소득을 증대시킴으로써 복지를 구현할 수 있다고 하여 선성장후복지정책을 채택하고, 복지는 개인의 책임으로 일단 미루었다.

1970년대 초반, 정부는 기존의 경공업 중심 산업구조에서 중화학공업 중심 산업화 단계로의 전환을 선언하고, 중화학공업 육성계획과 함께 국민복지연금제도의 도입을 발표하였다. 경제목표에 치중한 정부는 국민의 노후생활보장이 주요 목적인 연금제도조차 강제저축의 수단으로 고안해 내자동원의 도구로 활용했다.

1973년 당시 65세 이상 노인인구는 약 3%로 다른 선진국의 공적연금 도입시기의 노인인구의 5% 선보다 훨씬 낮은 수치였고,[2)] 대개 노인의 부양은 가족의 책임으로 간주되었으며 공업화 과정에서 나타난 사회문제도 그다지 심각한 것으로 받아들여지지 않았다.

1980년대에 들어서면서 급속한 경제성장으로 인하여 다양하고 심각한 사회구조의 변화를 경험하였고 사회적 위험이 증대되었으며 노인인구의 비율이 증가되는 등 정치적 여건과 사회·경제적 여건이 크게 변모하였다. 석유파동(1973)으로 인한 세계경제 침체와 함께 우리나라의 경제도 침체에 빠졌던 1970년대의 위기상황에서 점차 회복되었고, 1980년대 중반 이후 지속적인 민주화의 노력과 국민들의 정치적 참여에 대한 요구가 증가하였다. 국가는 노사관계에 있어서 노동자 측에 대한 억제일변도의 정책에서 노동자의 요구를 수용하는 방향으로 제도를 전환하였다.

1988년 1월부터 시행된 국민연금제도는 최초 10인 이상 사업장의 피용자를 대상으로 시작하여 1992년 5인 이상 사업장으로 확대되었고, 1995년 농어촌 지역주민, 1999년 4월에는 도시지역 자영업자 및 5인 이하 사업장의 피용자로 확대 시행되었다. 그 후 2003년 7월 1일부터 1인 이상 사업장에까지 확대 시행되면서 전국민 연금시대가 도래하였다.

현재 노후생활보장제도로 시행하고 있는 것은 국민연금, 공무원연금, 군인연금, 사립학교교직원연금, 별정우체국직원연금이다. 각 연금별 제도의 내용과 현황을 개괄적으로 살펴보면 〈표 9－1〉과 같다. 국민연금과 직역연금의 가입자 비율은 〈표 9－2〉와 같다. 공적연금 수급자 현황은 〈표 9－3〉과 같다. 이들 공적연금 급여수급자를 보면 2010년 기준으로 국민연금 수급자가 86.9%로 절대적으로 많다. 다음으로 공무원연금 9.6%, 군인연금 2.3%, 사학연금 1.1%를 차지하고 있다.

2) 공적연금제도 도입 당시 65세 이상 노인인구의 비율을 살펴보면, 영국은 1921년 6.0%(도입한 해 1926), 미국 1930년 5.4%(1935), 독일 1890년 5.1%(1889), 일본 1940년 13.1%(1942)이었다.

**표 9-1** 우리나라의 공적연금제도(2013년 기준)

<table>
<tr><th colspan="2">종 류</th><th>국민연금</th><th>공무원연금</th><th>사립학교<br>교직원연금</th><th>별정우체국<br>직원연금</th><th>군인연금</th></tr>
<tr><td colspan="2">도입연도</td><td>1988년</td><td>1960년</td><td>1975년</td><td>1982년</td><td>1963년</td></tr>
<tr><td colspan="2">관장기관<br>(집행기관)</td><td>보건복지부<br>(국민연금<br>관리공단)</td><td>행정자치부<br>(공무원연금<br>관리공단)</td><td>교육부<br>(사학연금<br>관리공단)</td><td>산업통상자원부<br>(우정사업본부)<br>(별정우체국<br>연금관리단)</td><td>국방부<br>(보건복지관실)</td></tr>
<tr><td colspan="2">적용대상</td><td>18세 이상<br>60세 미만 국민</td><td>국가 및 지방공무원</td><td>사립학교교직원</td><td>별정우체국직원</td><td>하사 이상 직업군인</td></tr>
<tr><td colspan="2">가입자</td><td>20,744,780명</td><td>1,072,610명</td><td>325,346명</td><td>3,863명</td><td>175,153명</td></tr>
<tr><td colspan="2">수급자</td><td>3,653,113명</td><td>363,017명</td><td>48,407명</td><td>1,256명</td><td>82,313명</td></tr>
<tr><td rowspan="2">연계현황</td><td>신청자</td><td>3,764명</td><td>국민→공무원: 45명<br>공무원→국민: 1,646명</td><td>국민→사학: 163명<br>사학→국민: 1,585명</td><td>국민→별정: 1명<br>별정→국민: 6명</td><td>군인→국민: 318명</td></tr>
<tr><td>수급자</td><td>422명</td><td>232명</td><td>133명</td><td>없음</td><td>없음</td></tr>
<tr><td rowspan="3">보험료</td><td>보험료율</td><td>기준소득월액의<br>9.0%</td><td colspan="3">기준소득월액의 13.4%</td><td>보수월액(소득월액의 65%)의 17%</td></tr>
<tr><td>소득상한</td><td>있음<br>(398만 원)</td><td colspan="3">있음<br>(783만 원)</td><td>없음</td></tr>
<tr><td>분담형태</td><td>사용자 및 근로자<br>각 4.5%(지역 9%)</td><td>국가 및 공무원<br>각 7%</td><td>• 교원: 개인 7%<br>법인 4.117%<br>국가: 2.883%<br>• 사무직: 개인 및 법인 각 7%</td><td>피지정인(국가) 및<br>별정우체국직원<br>각 7%</td><td>국가 및 군인<br>각 8.5%</td></tr>
<tr><td rowspan="2">급여</td><td>급여종류</td><td>• 노령연금: 가입기간 10년 이상<br>• 장애·유족연금: 가입 중 장애, 사망</td><td colspan="4">• 퇴직연금: 가입기간 20~33년<br>• 장해 및 조기 사망 시: 단기급여 지급</td></tr>
<tr><td>급여수준</td><td>47.5%<br>(40년 가입,<br>생애평균소득 대비)<br>→ 40%(2028)</td><td colspan="3">퇴직연금액=(평균기준소득월액×19/1000)×재직년수<br>※ 평균기준소득월액 보정률을 곱한 금액<br>• 최대 62.7%(33년 가입, 가입기간 전체 기준소득월액 대비)</td><td>퇴직연금액=전기간<br>평균기준소득월액<br>(복무연수 × 1.9%)<br>× 보정률-최대<br>76% (33년 가입,<br>최종 3년<br>보수월액대비)</td></tr>
</table>

출처: 보건복지부(2014.8), 「2014 주요업무」 참고자료, p.477.

**표 9-2** 연도별 · 연금별 가입자 비율

| 연도 | 국민연금 | 공무원 | 사교직원 | 군인연금 | 별정우체국 |
|---|---|---|---|---|---|
| 2010 | 19,228,875 | 1,052,407 | 267,481 | – | 4,089 |
| 2011 | 19,885,911 | 1,057,958 | 272,899 | – | 4,043 |
| 2012 | 20,329,060 | 1,064,472 | 271,415 | – | 3,959 |
| 2013 | 20,744,780 | 1,072,610 | 325,366 | – | 3,863 |

출처: 보건복지부(2014), 「2014 보건복지통계연보」 제60호, p.385.

**표 9-3** 연도별 · 연금별 수급자 현황

| 연도 | 국민연금 | 공무원 | 사교직원 | 군인연금 | 별정우체국 |
|---|---|---|---|---|---|
| 2010 | 2,992,458 | 311,429 | 37,381 | 75,677 | 1,039 |
| 2011 | 3,184,601 | 326,509 | 40,576 | 78,103 | 1,094 |
| 2012 | 3,518,090 | 348,493 | 44,357 | 80,262 | 1,173 |
| 2013 | 3,653,113 | 363,017 | 48,407 | 82,313 | 1,256 |

출처: 보건복지부(2014), 「2014 보건복지통계연보」 제60호, p.386.

## 3. 국민연금의 연혁

1986년 「국민연금법」 제정 이후 우리나라 연금제도의 변천과정은 다음과 같다.

| | |
|---|---|
| 1973.12.24. | 「국민복지연금법」 제정(시행 연기) |
| 1986.12.31. | 「국민연금법」 제정(구법 폐지) |
| 1987.09.18. | 국민연금관리공단 설립 |
| 1988.01.01. | 국민연금제도 실시(10인 이상 사업장) |
| 1992.01.01. | 5~9인 사업장에 대한 당연적용 확대 실시 |
| 1993.01.01. | 연금보험료율 6%로 인상 |
| 1994.04.01. | 특례노령연금 지급 |
| 1995.07.01. | 농어민연금 실시 |
| 1998.01.01. | 연금보험료율 9%로 인상 |
| 1999.04.01. | 도시지역 자영업자로 확대 → 전국민연금 실시 |
| 2001.07.01. | 5인 미만 사업장에 대해서 임의적용사업장으로 확대 |
| 2003.07.01. | 1인 이상 사업장에 대해서 당연적용 확대 |
| 2007.07.01. | 제2차 국민연금제도 개혁, 기초노령연금제도 도입<br>※ 국민연금 급여율 하향 조정: 50%(2008) → 40%(2028)까지 매년 0.5%씩 감소<br>※ 기초노령연금: 65세 이상 노인의 60% → 70%로 |
| 2008.01.01. | 완전노령연금 지급 |
| 2014.07.01. | 기초연금제도 시행 |

## 4. 국민연금과 직역연금의 연계

### 1) 연계대상과 연계의 의의

국민연금의 가입기간과 공무원연금, 사립학교교직원연금, 군인연금 및 별정우체국직원연금의 재직기간·복무기간을 연계하여 연계급여를 지급한다(연계법 제1조). 정부는 국민의 노후생활 안정과 복지증진에 이바지하려는 목적으로 2009.02.06. 법률 제9431호로 「국민연금과 직역연금의 연계에 관한 법률」을 제정하였다.

### 2) 연계대상 기간의 종류

연계대상 기간은 다음의 기간으로 한다(연계법 제7조 제1항).

① 국민연금 가입기간(임의계속가입기간(제13조)·추가 산입되는 군복무기간(제18조) 및 출산에 대한 가산기간(제19조)은 제외)

② 공무원으로서의 재직기간

③ 사립학교교직원으로서의 재직기간

④ 군 복무기간

⑤ 별정우체국 직원으로서의 재직기간

### 3) 중복기간의 연계기간 제외

연계기간을 산정할 때 서로 중복되는 기간이 있는 경우에는 그 중복된 기간은 연계기간에서 제외된다. 다만, 연계노령연금액과 연계퇴직연금액을 산정할 때 중복하여 보험료를 납부한 경우에는 그 중복된 기간을 국민연금가입기간과 직역재직기간에 포함한다(연계법 제7조 제2항). "연계기간"이란 국민연금가입기간과 직역재직기간이나 직역재직기간과 직역재직기간을 더한 기간을 말한다(연계법 제2조 제1항 제9호).

## 5. 국민연금의 의의 및 목표

### 1) 국민연금의 의의

국민연금은 국민의 노령, 폐질 또는 사망 등 사회적 위험이 발생한 경우에 가입자의 갹출금을 주된 재원으로 하여 연금급여의 실시를 통한 장기적 소득보장을 함으로써 국민의 생활안정과 복지를 증진시키고자 하는 제도이다. 즉 국민연금제도는 가입자인 국민이 노령에 달하거나 장애, 사망을 당하는 경우 국민연금관리공단을 통하여 본인이나 그 유족에게 일정액의 연금을 지급함으로써 소득능력 상실 시에도 기본생활을 보장하여 국민의 생활안정과 복지증진에 기여코자 마련된 제도이다.

### 2) 국민연금의 목표

국민연금제도는 모든 국민이 최저생활을 할 수 있도록 그 소득을 보장하고, 전 국민을 가입대상으로 함으로써 보편적으로 적용하는 것을 목표로 삼고 있다. 그리고 국민평등의 원칙에 따라 연금보험을 통해 소득재분배를 이룩하고자 하는 것이다.

① 소득보장: 오늘날과 같은 현대 자본주의 사회에서는 대부분의 구성원들은 임금으로 자신과 가족의 생계를 유지해 나간다. 따라서 임금소득자에게 임금 상실은 심각한 생활상의 곤란을 가져올 뿐만 아니라 인간존엄성까지도 훼손시킬 수 있는 중대한 사회문제이다(김영모, 1986). 이에 따라 국민연금은 노령, 질병, 장애 등으로 인한 소득상실자 및 그 가족에 대한 소득보장을 위한 공적제도로 출발하게 되었다.

② 보편주의: 국민연금제도는 선별주의에 근거하여 운용되는 공공부조와는 달리 18세에서 60세에 이르는 전국민을 가입대상자로 하는 보편주의의 실현을 목적으로 한다. 일반적으로 공적연금제도가 추구하는 보편주의는 각국의 사회적 상황에 따라 그 범위가 다르게 설정되지만[3] 연금수급권은 사회권을 이루는 기본적인 권리임에 틀림없다.

③ 소득재분배: 국민연금제도는 자본주의 사회의 소득불평등 완화에 기여하는 계층 간의 소득재분배를 실현하고자 한다. 그뿐만 아니라 노동능력이 있는 시기로부터 노동능력

3) 일반적으로 공적연금은 북구형과 대륙형으로 구분된다. 스칸디나비아 국가를 비롯한 북구형은 그 지역에 거주한다는 이유만으로도 전 주민을 대상으로 단일한 연금제도를 실시한다. 반면 대륙형은 소득이 없는 국민을 대상으로 임금노동자, 농민, 자영업자, 공무원 등 직능별의 복수형 연금제도를 운용하고 있다. 따라서 대륙형보다는 북구형이 보편주의를 더욱 적극적으로 실현한다고 볼 수 있다(신섭중, 1998).

이 없는 시기로의 전 생애동안, 그리고 세대 간 재분배효과를 통해 연금재정의 지속적 안정을 도모하고 있다.

### 6. 국민연금의 필요성

개인이 노령으로 인하여 일을 할 수 없게 되거나 또는 장애로 인해 노동불능의 상태가 된 경우에는 곧 소득능력의 상실을 가져온다. 또한 가족의 생계를 유지하던 사람이 사망한 경우에는 유족은 생계를 지탱할 소득을 상실하게 된다. 이와 같은 원인으로 인한 소득상실 상태는 상병이나 실업의 경우에 비하여 그 회복이 곤란하거나 불가능하여 장기간 지속되기 마련이다. 따라서 이에 대하여 연금급여 방식을 통한 장기적이고 안정적인 소득보장을 할 필요가 있는 것이다.

최근 들어 생활수준의 향상에 따른 평균수명의 연장과 출산율의 저하는 부양을 받아야 할 노인인구를 급속히 증가시키고 있으며, 핵가족화의 급속한 진행으로 노인에 대한 부양의식이 약화되어, 이러한 노인문제는 커다란 사회문제로 대두되고 있다. 더구나 산업화 및 도시화와 더불어 각종 사고 등이 급격히 증가하여 사망 및 장해의 위험이 높아짐으로써, 이에 대비하여 본인 및 부양가족의 생계안정대책 마련이 절실히 필요하게 되었다.

## 제2절 국민연금의 적용대상

### 1. 가입대상

국내에 거주하는 18세 이상 60세 미만의 국민은 국민연금의 가입대상이 된다. 다만, 「공무원연금법」, 「군인연금법」 및 「사립학교교직원연금법」의 적용을 받는 공무원・군인 및 사립학교교직원, 기타 대통령령이 정하는 자를 제외한다(법 제6조). 이를 간략히 정리하면 〈표 9-4〉와 같다.

### 2. 가입자의 종별

가입자는 사업장가입자, 지역가입자, 임의가입자 및 임의계속가입자로 구분한다(법 제7조).

**표 9-4** 국민연금 적용대상자 종류별 가입조건

<table>
<tr><th colspan="2">종별</th><th>종류</th><th>가입요건</th></tr>
<tr><td rowspan="4">사업장가입자</td><td rowspan="3">적용대상</td><td>일반가입자</td><td>• 근로자 1인 이상 사업장에 종사하는 18세 이상 60세 미만의 자</td></tr>
<tr><td>특례적용</td><td>• 국민연금가입 사업장에 종사하는 18세 미만의 근로자로서 사용자의 동의를 얻어 가입한 자</td></tr>
<tr><td>외국인</td><td>• 18세 이상 60세 미만으로서 국민연금 적용사업장에 종사하는 외국인 또는 외국에 거주하는 국민(해외교포 등)으로 국내에 체류하면서 국민연금 적용 사업장에 종사하는 자</td></tr>
<tr><td colspan="2">적용대상 제외자<br>(임의가입자로 가입 가능)</td><td>• 「공무원연금법」·「사립학교교직원연금법」·「별정우체국법」에 의한 퇴직연금·장해연금·퇴직연금 일시금이나 「군인연금법」에 의한 퇴직연금·상이연금·퇴역연금 일시금의 수급권을 취득한 자(퇴직연금 등 수급권자)<br>• 「국민기초생활보장법」에 의한 수급자</td></tr>
<tr><td rowspan="3">지역가입자</td><td rowspan="2">적용대상</td><td>일반가입자</td><td>• 18세 이상 60세 미만으로서 사업장가입자가 아닌 자</td></tr>
<tr><td>외국인</td><td>• 18세 이상 60세 미만으로서 국내에 거주하는 외국인(국내체류 교포 등 포함)</td></tr>
<tr><td colspan="2">적용대상 제외자<br>(임의가입자로 가입 가능)</td><td>• 다음에 해당하는 자의 배우자로서 별도의 소득이 없는 자<br>– 타 공적연금가입자<br>– 사업장가입자·지역가입자·임의계속가입자<br>– 별정우체국직원<br>– 노령연금·퇴직연금 등 수급권자<br>• 18세 이상 27세 미만인 자로서 별도의 소득이 없는 자(연금보험료 납부이력 있는 자는 제외)<br>• 퇴직연금 등 수급권자<br>• 「국민기초생활보장법」에 의한 수급자</td></tr>
<tr><td colspan="3">임의가입자</td><td>• 사업장가입자 및 지역가입자 이외의 18세 이상 60세 미만의 자<br>※ 본인의 신청에 의해 가입</td></tr>
<tr><td colspan="2" rowspan="3">임의계속가입자</td><td>사업장 임의계속가입자</td><td>• 사업장에 종사하는 60세 이상 65세 미만의 자로 연장가입 신청한 자</td></tr>
<tr><td>지역 임의계속가입자</td><td>• 60세에 달한 지역가입자로서 65세 미만까지 연장가입 신청한 자</td></tr>
<tr><td>기타 임의계속가입자</td><td>• 60세에 달한 임의가입자로서 65세 미만까지 연장가입 신청한 자 및 지역·사업장임의계속가입자를 제외한 임의계속가입자</td></tr>
</table>

※ 특수직종근로자로서 노령연금수급권을 취득한 자는 60세 미만이라 하더라도 임의계속가입자로 가입할 수 있음.

※ 국민연금 가입대상 제외자: 「공무원연금법」, 「군인연금법」 및 「사립학교교직원연금법」의 적용을 받는 공무원, 군인 및 사립학교교직원, 기타 노령연금의 수급권을 취득한 자 중 60세 미만의 특수직종근로자, 조기노령연금의 수급권을 취득한 자(지급정지 중인 자 제외)

### 1) 사업장가입자

국민연금에 가입된 사업장의 18세 이상 60세 미만의 사용자 및 근로자로서 국민연금에 가입된 자를 말한다. 1인 이상의 근로자를 사용하는 사업장 또는 주한외국기관으로서 1인 이상의 대한민국 국민인 근로자를 사용하는 사업장에서 근무하는 18세 이상 60세 미만의 사용자와 근로자는 당연히 사업장가입자가 된다. 따라서 지역가입자가 사업장에 취업하면 자동적으로 사업장가입자가 되고, 지역가입자 자격은 상실된다.

#### (1) 당연적용 사업장가입자

사업의 종류, 근로자의 수 등을 고려하여 "당연적용사업장"의 18세 이상 60세 미만의 근로자와 사용자는 당연히 사업장가입자가 된다(법 제8조 제1항 전단). 당연적용사업장은 다음에 해당하는 사업장으로 한다(시행령 제19조 제1항).

① 1인 이상의 근로자[4]를 사용하는 사업장

② 주한외국기관으로서 1인 이상의 대한민국 국민인 근로자를 사용하는 사업장

#### (2) 사업장가입의 제외자

사업장에 사용된 근로자 및 사용자라 하더라도 다른 연금법에 의한 연금가입자와 「국민기초생활보장법」에 의한 수급자는 국민연금가입에서 제외된다(법 제8조 제1항 단서).

---

4) 사회보험(국민연금 포함)에서 근로자라 함은 직업의 종류에 관계없이 사업장에서 노무를 제공하고, 그 대가로 보수를 받아 생활하는 자(법인의 이사, 기타 임원을 포함)를 말한다. 사회보험에서 말하는 근로자와 노동 관련법에서 말하는 근로자는 다르다. 노동 관련법에 의하면 "임금을 목적으로 타인(사용자)의 지휘·명령에 근로를 제공하는 자는 그 노동이 육체적인 것이든 정신적인 것이든 모두 근로자"라 할 수 있다. 이러한 노동법상의 근로자 개념은 사용자라는 관념과 상관 지어 이해하며, 근로자이면서 사용자로 인정되는 경우도 많다(예, 노무과장). 노동법에서는 관리계층은 노동자로 보지 않기 때문에 노동조합에 가입할 수 없으나 사회보험법에서는 임원도 근로자로 보기 때문에 사회보험의 가입대상이 된다. 다만, 「국민연금법」에서는 다음에 해당하는 자는 국민연금의 사업장가입자가 될 수 없다. 이들은 노동법에서는 근로자이면서도 「국민연금법」에서는 근로자로 보지 않는다.

① 일용근로자나 1개월 미만의 기한을 정하여 사용되는 근로자. 다만, 1개월 이상 계속 사용되는 경우는 그러하지 아니하다.

② 소재지가 일정하지 아니한 사업장에 종사하는 근로자

③ 법인의 이사 중 근로소득에서 비과세근로소득(제3조 제1항 제2호)을 뺀 소득이 없는 자

④ 1개월 동안의 근로시간이 80시간 미만인 시간제 근로자 등 사업장에서 상시 근로에 종사할 목적으로 사용되는 자가 아닌 자

### (3) 특례적용 사업장가입자

국민연금에 가입된 사업장에 종사하는 18세 미만의 근로자는 자기가 원하면 사업장가입자가 되는 것으로 본다. 본인이 원하지 아니하면 사업장가입자가 되지 아니할 수 있다(법 제8조 제2항).

## 2) 지역가입자

"지역가입자"란 사업장가입자 외의 자로서 국민연금에 가입된 자를 말한다(법 제3조 제1항 제7호).

### (1) 당연적용 지역가입자

사업장가입자가 아닌 자로서 18세 이상 60세 미만인 자는 당연히 지역가입자가 된다(법 제9조 전단).

### (2) 지역가입의 제외자(법 제9조 단서)

① 다음에 해당하는 자의 배우자로서 별도의 소득[5]이 없는 자
  ㉮ 국민연금 가입대상 제외자
  ㉯ 사업장가입자, 지역가입자 및 임의계속가입자
  ㉰ 별정우체국직원
  ㉱ 노령연금수급권자 및 퇴직연금 등 수급권자
② 퇴직연금 등 수급권자
③ 18세 이상 27세 미만인 자로서 학생이거나 군복무 등으로 소득이 없는 자. 다만, 연금보험료를 납부한 사실이 있는 자를 제외한다.
④ 「국민기초생활보장법」에 의한 수급자
⑤ 1년 이상 행방불명된 자

5) 여기서 "소득"이라 함은 일정기간 동안의 근로의 제공 또는 사업 및 자산의 운영 등에서 얻는 수입을 말한다(법 제3조 제1항 제3호).

### 3) 임의가입자

"임의가입자"란 사업장가입자 및 지역가입자 외의 자로서 국민연금에 가입된 자를 말한다(법 제3조 제1항 제8호). 사업장가입자와 지역가입자 외의 자로서 18세 이상 60세 미만인 자는 국민연금공단에 가입신청을 함으로써 임의가입자가 될 수 있다(법 제10조 제1항).[6] 임의가입자는 국민연금공단에 신청을 하여 탈퇴할 수 있다(법 제10조 제2항).

### 4) 임의계속가입자

"임의계속가입자"란 국민연금 가입자 또는 가입자였던 자가 65세가 될 때까지 국민연금공단에 가입을 신청하여 가입자로 된 자를 말한다(법 제3조 제1항 제9호). 즉, 다음에 해당하는 자는 65세에 달할 때까지 임의계속가입자가 될 수 있다(법 제13조 제1항 전단).

① 국민연금 가입자 또는 가입자였던 자로서 60세가 된 자. 다만, 다음에 해당하는 자는 제외한다.
  ㉮ 연금보험료를 납부한 사실이 없는 자
  ㉯ 노령연금 수급권자로서 급여를 지급받고 있는 자
  ㉰ 반환일시금을 지급받은 자

② 전체 국민연금 가입기간의 5분의 3 이상을 "특수직종근로자"로서 다음에 해당하는 사람 중 노령연금급여를 지급받지 않는 사람
  ㉮ 노령연금수급권을 취득한 사람
  ㉯ 특례노령연금수급권을 취득한 사람

### 5) 외국인가입자

#### (1) 외국과의 사회보장협정의 의의

국가 간의 사회보장협정은 협정 당사국의 연금제도 간에 서로 다른 점을 상호 조정하여

6) 18세 미만이거나 27세 미만의 자로서 사업장가입자와 지역가입자가 될 수 없는 사람도 본인의 희망에 따라 공단에 가입신청을 하면 임의가입자가 될 수 있다. 즉 다른 공적연금에서 퇴직연금(일시금), 장애연금을 받는 수급권자, 국민기초생활수급자, 사업장가입자 등의 배우자 및 보험료를 납부한 사실이 없고 소득활동에 종사하지 않는 27세 미만인 자는 가입을 희망하는 경우 임의가입자가 될 수 있다.

당사국 국민에게 서로 혜택을 부여하기 위한 것이다. 즉 ① 이중가입 배제(단기간동안 협정상대국에서 근로하거나 자영업을 하는 사람들이 양국 중 한 국가의 사회보장제도에만 가입하도록 함으로써 이들의 재정적 부담을 덜어주기 위한 것), ② 가입기간 합산(협정상대국으로 이민을 가거나 장기 체류하여 연금가입기간이 양국으로 분리되어 연금수급기간(20년)을 충족시키지 못한 경우 양국 가입기간을 합산하여 연금을 받을 수 있게 함), ③ 동등 대우(협정상대국 국민에 대해서 연금수급권 취득, 급여지급 등 법령 적용에 있어 자국민과 동등한 대우), ④ 급여 송금 보장(협정당사국 간에는 연금 급여를 해외로 자유롭게 송금할 수 있게 함) 등이다.

대한민국이 외국과 사회보장협정을 맺은 경우에는 이 법에도 불구하고 국민연금의 가입, 연금보험료의 납부, 급여의 수급 요건, 급여액의 산정, 급여의 지급 등에 관하여 그 사회보장협정에서 정하는 바에 따른다(법 제127조). 우리나라는 1977년 이란과의 사회보장협정을 체결한 이래 1997년 캐나다와 협정을 체결했다. 이때부터 2014년 현재까지 33개 국가와 사회보장협정을 체결하였고 그중 25개 국가와 현재 효력이 발효 중이다. 사회보장협정은 대부분 양 당사국의 정부 간에 체결되고 있으며, 그 형태는 협정의 적용범위에 따라 "가입기간 합산 협정"(totalization agreement)과 "보험료면제 협정"(contributions agreement)으로 구분된다. 우리나라가 지금까지 체결한 국가와 협정의 형태는 〈표 9-5〉와 같다.

**표 9-5 사회보장협약 체결국가 현황(2014년 7월 현재)**

| 협정내용 | 국가 | 서명일 | 발효일 |
|---|---|---|---|
| 사회보장협정 발효국가 (25개국) | 이란 | 1977.05.11 | 1978.06.10 |
| | 캐나다 | 1997.01.10 | 1999.05.01 |
| | 영국 | 1999.04.20 | 2000.08.01 |
| | 미국 | 2000.03.13 | 2001.04.01 |
| | 독일 | 2000.03.10 | 2003.01.01 |
| | 네덜란드 | 2002.07.03 | 2003.10.01 |
| | 일본 | 2004.02.17 | 2005.04.01 |
| | 이탈리아 | 2000.03.03 | 2005.04.01 |
| | 우즈베키스탄 | 2005.05.10 | 2006.05.01 |
| | 몽골 | 2006.05.08 | 2007.03.01 |
| | 헝가리 | 2006.05.12 | 2007.03.01 |
| | 프랑스 | 2004.12.06 | 2007.06.01 |
| | 호주 | 2006.12.06 | 2008.10.01 |
| | 체코 | 2007.12.14 | 2008.11.01 |
| | 아일랜드 | 2007.10.31 | 2009.01.01 |
| | 벨기에 | 2005.07.05 | 2009.07.01 |
| | 폴란드 | 2009.02.25 | 2009.03.01 |

| 협정내용 | 국가 | 서명일 | 발효일 |
|---|---|---|---|
| 사회보장협정 발효국가 (25개국) | 불가리아 | 2008.10.30 | 2010.03.01 |
| | 슬로바키아 | 2009.02.09 | 2010.03.01 |
| | 루마니아 | 2008.09.11 | 2010.07.01 |
| | 오스트리아 | 2010.01.23 | 2010.10.01 |
| | 덴마크 | 2010.03.11 | 2011.09.01 |
| | 인도 | 2011.10.19. | 2011.11.01. |
| | 중국 | 잠정조치 | 2013.01.01 |
| | 스페인 | – | 2013.04.01 |
| 사회보장협정 서명국 (5개국) | 필리핀 | 2005.12.00 | 미발효 |
| | 터키 | 2012.08.00 | 미발효 |
| | 브라질 | 2012.11.00 | 미발효 |
| | 스웨덴 | 2013.09.00 | 미발효 |
| | 스위스 | 2014.01.01 | 미발효 |
| 사회보장협정 가서명국 (3개국) | 노르웨이 | 2010.01.00부터 | – |
| | 캐나다 퀘백주 | 2010.05.00부터 | – |
| | 아르헨티나 | 2012.03.00부터 | – |

출처: 보건복지부(2014.8), 「2014 주요업무」 참고자료, p.471.

### (2) 당연적용 외국인가입자

사업장에 사용되고 있는 외국인과 국내에 거주하는 외국인으로서 대통령령으로 정하는 자 외의 외국인은 당연히 사업장가입자 또는 지역가입자가 된다(법 제126조 제1항 전단). 공단은 당연히 사업장가입자나 지역가입자가 되는 외국인에게 당연히 국민연금가입자가 된다는 사실과 법에 따른 반환일시금에 상응하는 급여를 지급하지 아니하는 경우에는 반환일시금을 지급하지 아니한다는 사실을 통지하여야 한다(법 제112조). 해당 외국인의 본국법이 대한민국 국민에 대하여 국민연금에 상응하는 연금에 관한 법률을 적용하는 경우에 해당하는 국가는 2014년 현재로 129개국이다. 이 중에서 사업장 당연적용은 인정하나 지역당연적용은 인정하지 않는 국가가 41개국이다. 사업장과 지역가입을 모두 인정하지 않는 국가는 66개국이다. 사업장과 지역 모두 당연적용 제외 국가는 22개 국가이다. 그 구체적인 국가명은 〈표 9-6〉과 같다. 그리고 우리나라 국민연금에 가입한 외국인의 연도별 가입자 현황은 〈표 9-7〉과 같다.

**표 9-6** 우리나라 국민연금에 상응하는 연금에 관한 법률을 적용하는 국가

| 구분 | 국가 |
|---|---|
| 사업장 · 지역 당연적용 국가 (66개국) | 가이아나, 까뽀베르데, 그리스, 네덜란드, 노르웨이, 뉴질랜드, 도미니카, 독일, 덴마크, 라트비아, 러시아, 루마니아, 룩셈부르크, 리비아, 리투아니아, 리히텐슈타인, 모나코, 모로코, 모리셔스, 몰도바공화국, 몰타, 미국, 바베이도스, 바하마, 버뮤다, 벨기에, 불가리아, 브라질, 세르비아, 스위스, 스웨덴, 스페인, 슬로바키아, 슬로베니아, 아르헨티나, 아이슬란드, 아일랜드, 알바니아, 아제르바이잔, 에스토니아, 영국, 오스트리아, 우루과이, 우즈베키스탄, 우크라이나, 이스라엘, 이탈리아, 일본, 자메이카, 중국, 체코, 캐나다, 크로아티아, 키프로스, 탄자니아, 트리니다드토바고, 튀니지, 파나마, 포르투갈, 폴란드, 프랑스, 핀란드, 필리핀, 헝가리, 호주, 홍콩 |
| 사업장 당연적용, 지역 당연적용 제외 국가 (41개국) | 가나, 가봉, 그레나다, 대만, 라오스, 레바논, 멕시코, 몽골, 바누아투, 부탄, 베네수엘라, 벨리즈, 볼리비아, 세인트빈센트 그레나딘, 수단, 스리랑카, 시에라리온, 아이티, 알제리, 에콰도르, 엘살바도르, 예멘, 요르단, 우간다, 인도, 인도네시아, 짐바브웨, 칠레, 카메룬, 카자흐스탄, 케냐, 코스타리카, 코트디부아르, 콩고, 콜롬비아, 키르기스스탄, 태국, 터키, 토고, 파라과이, 페루 |
| 사업장 · 지역 제외국가(22개국) | 그루지야, 나이지리아, 남아프리카공화국, 네팔, 동티모르, 말레이시아, 몰디브, 미얀마, 방글라데시, 베트남, 벨로루시, 사우디아라비아, 싱가포르, 스와질란드, 아르메니아, 에디오피아, 이란(사회보장협정에 의함), 이집트, 캄보디아, 통가, 파키스탄, 피지 |

출처: 국민연금공단(2014.11), 「2015년 알기 쉬운 국민연금사업장 실무안내」, p.35.
주: 2014년 9월 15일 현재 129개국.

**표 9-7** 연도별 외국인 가입자 현황

| 구분 | 총가입자 | 사업장가입자 | 지역가입자 |
|---|---|---|---|
| 2010 | 183,903 | 183,136 | 767 |
| 2011 | 204,500 | 203,022 | 1,478 |
| 2012 | 195,494 | 193,719 | 1,775 |
| 2013 | 191,567 | 189,478 | 2,089 |

출처: 국민연금공단 국민연금연구원(2014.06), 「국민연금통계연보 2013」 제26호, p.131.

### (3) 당연적용에서 제외되는 외국인

당연히 사업장가입자나 지역가입자가 되는 외국인에서 제외되는 자는 다음과 같다(시행령 제111조).

① 체류기간 연장허가(출입국관리법 제25조)를 받지 아니하고 체류하는 자

② 외국인등록(출입국관리법 제31조)을 하지 아니하거나 강제퇴거명령서(출입국관리법 제59조 제2항)가 발급된 자

③ 외국인의 체류자격(출입국관리법 시행령 별표 1)이 있는 자로서 문화예술(D-1), 유학(D-2), 산업연수(D-3), 일반연수(D-4), 종교(D-6), 방문동거(F-1), 동반(F-3), 기타(G-1) 등의 비자로 입국한 자(시행규칙 제53조 관련 별표)

### (4) 상호주의 원칙의 적용

우리나라의 국민연금에 상응하는 연금에 관하여 그 외국인의 본국법이 대한민국 국민에게 적용되지 아니하면 그 외국인에게도 우리나라의 「국민연금법」을 적용하지 않는다(법 제126조 제1항 단서).

사회보험이 점차 '내외국인 평등의 원칙'으로 발전해 가는 데 따른 조처로 우리나라가 세계화를 지향하고 국가경제성장에 걸맞은 인간의 '삶의 질' 향상에 노력한다는 국가시책의 반영인 것이다. 이것은 ILO 가입국가로서의 당연한 의무이기도 하다. 그러나 우리는 어디까지나 '상호주의 원칙'에 따라 외국인근로자의 본국법이 우리 국민에 대해 어떻게 처우하는가에 따라 우리도 동등하게 처우한다는 것이다. 이것은 최근 국내 근로자들의 소위 3D업종 기피 현상에 따라 제3세계국가 근로자들이 산업연수생이라는 명목으로 들어오고 있어 이들을 국민연금의 가입대상에서 제외하도록 하는 데 목적이 있다.

## 3. 국민연금가입자 수

국민연금이 1988년에 시작된 지 20년이 막 지난 시점에서 전국민 연금시대를 맞은 우리나라는 이제 2천만이 넘는 가입자를 갖게 되었다. 그 구체적인 숫자는 〈표 9-8〉과 같다.

**표 9-8 연도별 국민연금가입자 현황**

(단위: 개소, 명)

| 구분 / 연도별 | 총 가입자 | 사업장가입자 | | 지역가입자 | | | 임 의 가입자 | 임의계속 가입자 |
|---|---|---|---|---|---|---|---|---|
| | | 사업장 | 가입자 | 계 | 도 시 | 농어촌 | | |
| 2005 | 17,124,449 | 646,805 | 7,950,493 | 9,123,675 | 7,154,658 | 1,969,017 | 26,568 | 23,713 |
| 2006 | 17,739,939 | 773,862 | 8,604,823 | 9,086,368 | 7,113,584 | 1,972,784 | 26,991 | 21,757 |
| 2007 | 18,266,742 | 856,178 | 9,149,209 | 9,063,143 | 7,086,558 | 1,976,585 | 27,242 | 27,148 |
| 2008 | 18,335,409 | 921,597 | 9,493,444 | 9,781,483 | 6,840,973 | 1,940,510 | 27,614 | 32,868 |
| 2009 | 18,623,845 | 979,861 | 9,866,681 | 8,679,861 | 6,754,838 | 1,925,023 | 36,368 | 40,935 |
| 2010 | 19,228,875 | 1,031,358 | 10,414,780 | 8,674,492 | 6,722,625 | 1,951,867 | 90,222 | 49,381 |

| 구분<br>연도별 | 총 가입자 | 사업장가입자 | | 지역가입자 | | | 임 의<br>가입자 | 임의계속<br>가입자 |
|---|---|---|---|---|---|---|---|---|
| | | 사업장 | 가입자 | 계 | 도 시 | 농어촌 | | |
| 2011 | 19,885,911 | 1,103,570 | 10,976,501 | 8,675,430 | 6,688,799 | 1,986,631 | 171,134 | 62,846 |
| 2012 | 20,329,060 | 1,196,427 | 11,464,198 | 8,568,396 | 6,612,181 | 1,956,215 | 207,890 | 88,576 |
| 2013 | 20,744,780 | 1,290,557 | 11,935,759 | 8,514,000 | 6,552,363 | 1,962,071 | 177,569 | 117,018 |
| 2014.06. | 21,005,119 | 1,343,987 | 12,130,975 | 8,539,523 | 6,557,688 | 1,981,835 | 189,947 | 144,774 |

출처: 국민연금공단 국민연금연구원(2014.06), 「연금포럼」, 가을호, Vol.55, p.118.

# 제3절 국민연금의 보험료

## 1. 보험료

국민연금의 "보험료"란 국민연금사업에 필요한 비용으로서 사업장가입자의 경우에는 부담금 및 기여금의 합계액을, 지역가입자 · 임의가입자 및 임의계속가입자의 경우에는 본인이 내는 금액을 말한다(법 제3조 제1항 제10호). 연금보험료는 연금급여를 지급하기 위한 재정 마련을 목적으로 법률에 근거하여 납부되는 것으로서 국민연금의 주된 재원이 된다. 다만, 국민연금의 운영자금 및 관리비는 전액 국고가 지원한다. 국민연금의 보험료는 기준소득월액에 보험료율을 곱하여 산정한다.

연금보험료=가입자의 기준소득월액 × 연금보험료율

### 1) 기준소득월액

"기준소득월액"이란 연금보험료와 급여를 산정하기 위하여 국민연금가입자의 소득월액을 기준으로 하여 정하는 금액을 말한다(법 제3조 제1항 제5호).

종전에는 소득을 일정한 구간으로 등급화한 뒤 그 소득 구간별(등급별) 대푯값을 소득월액으로 적용하는 '표준소득월액'을 사용하였다. 이것을 2008년 1월 1일부터는 실제 소득액을 적용하는 기준소득월액에 의해 소득월액을 결정하고 있다. 기준소득월액의 범위는 매년 7월 1일자로 결정되며, 그 해 7월 1일부터 다음연도 6월 30일까지 적용된다. 신고소득월액이 최저액보다 적은 경우 최저액을 기준소득월액으로 하고, 최고액보다 많은 때에는 최고액을 기준소득월액으로 한다. 2014년 7월부터 2015년 6월까지 적용할 최저기준소득월액은 26만 원이며 최고 기준소득월액은 408만 원이다.

### 2) 보험료율

#### (1) 사업장가입자의 보험료 부담률

국민연금제도의 재정은 사용자와 노동자의 보험료, 투자수익금, 정부의 행정관리비 지원금 그리고 기금에서 발생하는 이자로 조달된다. 사업장가입자의 연금보험료 중 기여금은 사업장가입자 본인(근로자)이, 부담금은 사용자가 각각 부담하되, 그 금액은 각각 기준소득월액의 4.5%에 해당하는 금액[7]으로 한다(법 제88조 제3항). 여기서 "부담금"이라 함은 사업장가입자의 사용자가 부담하는 금액을 말한다(법 제3조 제1항 제11호). "기여금"은 사업장가입자(근로자)가 부담하는 금액을 말한다(법 제3조 제1항 제12호).[8]

표 9-9 국민연금 보험료 부담률

<table>
<tr><th colspan="2">구분</th><th colspan="2">1988~1992</th><th colspan="2">1993~1997</th><th colspan="2">1998~1999.3</th><th>1999.4~</th></tr>
<tr><td rowspan="5">사업장 가입자</td><td>계</td><td colspan="2">3.0</td><td colspan="2">6.0</td><td colspan="2">9.0</td><td>9.0</td></tr>
<tr><td>근로자</td><td colspan="2">1.5</td><td colspan="2">2.0</td><td colspan="2">3.0</td><td>4.5.0</td></tr>
<tr><td>사용자</td><td colspan="2">1.5</td><td colspan="2">2.0</td><td colspan="2">3.0</td><td>4.5.0</td></tr>
<tr><td>퇴직금 전환금</td><td colspan="2">–</td><td colspan="2">2.0</td><td colspan="2">3.0</td><td>–</td></tr>
<tr><td>임의계속가입자</td><td colspan="2">3.0</td><td colspan="2">6.0</td><td colspan="2">9.0</td><td>9.0</td></tr>
<tr><th colspan="2">구분</th><th colspan="3">1995.7~2000.6</th><th colspan="3">2000.7~2005.6</th><th>2005.7~</th></tr>
<tr><td colspan="2">지역가입자(임의계속가입자)</td><td colspan="3">3.0</td><td colspan="3">4.0~8.0</td><td>9.0</td></tr>
<tr><th colspan="2">구분</th><th colspan="2">1988~1992</th><th colspan="2">1993~1997</th><th colspan="2">1998~1999.3</th><th>1999.4~</th></tr>
<tr><td colspan="2">임의가입자</td><td colspan="2">3.0</td><td colspan="2">6.0</td><td colspan="2">9.0</td><td>지역가입자 규정 준용</td></tr>
</table>

주: 퇴직금 전환금은 1999년 4월부터 폐지되었음.

7) 사업장가입자의 경우 보험료율인 소득의 9%에 해당하는 금액을 본인과 사업장의 사용자가 각각 절반, 즉 4.5%씩 부담하여 매월 사용자가 납부하여야 한다. 사업장가입자의 연금보험료는 가입자가 개별적으로 납부할 수 없고, 사용자에 의하여 일괄적으로 납부한다.

8) 사업장가입자의 보험료는 사업장가입자, 즉 근로자와 사용자가 각각 기준소득월액의 4.5%에 해당하는 금액을 부담한다. 이때 근로자가 자신의 보험료를 부담하는 것은 기여금이라 하고 사용자가 근로자의 보험료 중 4.5%를 부담하는 것을 부담금이라 한다.

국민들의 보험료 부담능력, 국민연금에 대한 인식부족 등의 여러 가지 상황을 고려하여 〈표 9-9〉와 같이 최초 5년간(1988~1992)은 3%, 그 다음 5년(1993~1997)은 6%, 그리고 이후 (1998년 이후)에는 9%로 상향조정하였다.

### (2) 지역가입자의 보험료 부담률

지역가입자, 임의가입자 및 임의계속가입자의 연금보험료는 지역가입자, 임의가입자 또는 임의계속가입자 본인이 부담[9]하되, 그 금액은 기준소득월액의 9%로 한다(법 제88조 제4항).

지역가입자는 전액 본인부담으로 시행 초기에는 낮게 출발하였으나 점차적으로 높여 2005년 7월부터는 매년 1%씩 높여나가 사업장가입자와 같은 비율로 맞추도록 조정하였다. 그러나 사업장가입자의 경우 본인부담은 4.5%인데 반해 지역가입자는 9% 전액 본인부담이어서 개인이 느끼는 부담감에서 차이가 난다.

### (3) 농어업인에 대한 보험료 보조

특히 농어업인들에게는 우루과이라운드로 인해 더욱 큰 부담으로 작용하게 되었다. 1995년 우루과이라운드(Uruguay Round)[10]가 발효되었다. 이 협정이 발효됨에 따라 우리나라 농업은 경쟁력이 없어 심대한 위기에 직면하게 되었다. 이에 정부는 농어민들의 생활안정을 위해 서둘러 국민연금을 농어민에게까지 확대 적용하고 농어민들에게는 보험료를 지원하는 제도를 마련하였다.

농어업인으로서 지역가입자로 된 자와 지역가입자에서 임의계속가입자로 된 자에게는 2019년 12월 31일까지 본인이 부담할 연금보험료 중 50%의 범위 내에서 농어촌구조개선특별회계에서 지원한다(법 부칙 제7조).

9) 지역가입자/임의/임의계속가입자는 보험료를 본인이 전액부담한다. 다만, 제도 시행 초기 보험료 납부에 대한 부담을 줄여주기 위하여 3%에서 시작하여, 2000년 7월부터 매년 1%씩 상향조정되어 2005년 7월 이후 9%까지 상향 조정되었다. 농어업인의 경우 일정한 조건에 해당되면 보험료의 일부를 국고에서 지원받을 수 있다.

10) 우루과이라운드란 관세 및 무역에 관한 다자간 협정(GATT)이다. GATT(General Agreement on Tariffs and Trade)란 관세장벽과 수출입 제한을 제거하고, 국제무역과 물자교류를 증진시키기 위하여 1947년 제네바에서 미국을 비롯한 23개국이 조인한 국제적인 무역협정이다. 가트는 우루과이라운드로 막을 내리고 이 협정을 감시하는 국제기구로 WTO(World Trade Organization)가 탄생했다. 이와 같이 우루과이라운드가 발효됨에 따라 우리나라 농업은 더 이상 국가의 보호를 받기가 어렵게 되었다.

## 2. 연금보험료 납부현황

가입자 종별 연금보험료 납부상황을 〈표 9-10〉에서 보면, 사업장가입자는 99% 이상의 납부율을 보이고 있으나 지역가입자는 납부율이 저조하다. 금액기준으로 볼 때 사업장은 99%를 상회하지만 지역가입자는 88.92%(2013) 수준이다. 농어업인의 징수율은 99%로 높은 편이나 비농업인 가입자는 88.92%(2013)로 조금 더 낮다. 이것은 농어업인에 대한 정부 지원금 때문인 듯하다. 임의가입자는 98.71%, 임의계속가입자는 99.71%의 징수율을 보이고 있다.

2013년 기준으로 누적 미납 금액은 사업장가입자가 1조 8,780억 원, 지역가입자의 미납 누적액은 4조 7,262억 원이나 된다. 지역가입자 중 농어민가입자의 누적 미납금액은 456억 원, 비농업인의 누적 미납액은 4조 6,836억 원이다. 임의가입자의 미납액은 118억 원, 임의계속가입자의 미납액은 20억 원 정도가 된다.

표 9-10 연도별 · 종별 연금보험료 금액기준 징수율

(단위: %)

| 구분 | 사업장 | 지역가입자 | | | 임의 가입자 | 임의계속 가입자 |
|---|---|---|---|---|---|---|
| | | 소계 | 농어업인 | 비농업인 | | |
| 2011 | 99.32 | 88.07 | 98.20 | 87.27 | 98.76 | 99.80 |
| 2012 | 99.30 | 89.12 | 98.53 | 88.40 | 98.66 | 99.75 |
| 2013 | 99.35 | 89.59 | 98.65 | 88.92 | 98.71 | 99.71 |

출처: 국민연금공단 국민연금연구원(2014.06), 「2013국민연금통계연보」, 제26호.

## 3. 연금보험료 산정의 문제점

국민연금의 보험료는 앞의 설명에서와 같이 표준소득월액을 기초로 산정한다. 이 표에 의하면 2015년 기준으로 소득상한선이 월 408만 원으로 되어 있고 이 상한선 이상의 소득자에 대해서는 동일한 보험료를 징수하고 있다. 이것은 고소득자에 전적으로 유리하게 되어 있다. 건강보험의 경우 소득상한선을 월 506만 원으로 하여 국민연금에 비해 더 높게 설정하였다. 국민연금의 보험료 산정은 소득계층 간의 소득재분배를 전혀 고려하지 않은 것으로 볼 수밖에 없다.

사업장가입자의 경우 사업장으로부터 받는 근로소득 기준으로 산정하는데 고소득자의 경우 대부분 근로소득 외에 이자소득, 배당소득, 사업소득 등의 소득이 훨씬 더 많다는 점을

감안한다면 국민연금의 보험료 산정기준을 소득재분배의 효과가 충분히 나타날 수 있는 방안을 찾아야 할 것이다.[11)]

# 제4절 국민연금급여의 성격 및 구성

## 1. 급여의 성격

국민연금급여는 산업사회에서 날로 심화되는 사회문제(노인문제, 각종 산업재해, 교통사고에 따른 장애나 사망으로 인한 소득상실 등)에 대비하여 국민이 최저생활을 영위할 수 있는 최저소득을 장기적으로 보장함을 목적으로 하며, 건강보험과 함께 사회보장제도의 양대 산맥이라 할 수 있다.

국민연금급여는 최저생활보장을 목적으로 하며 그 연금급여액은 전체 가입자의 평균소득(균등부분)과 개인의 갹출료를 결정하는 각자의 소득(비례부분)에 의하여 결정되므로 사적 계약에 의한 사보험과는 달리 소득계층 간에 상당한 정도의 소득재분배가 이루어진다. 즉 저소득층 가입자의 최종보수대비 연금수급액 비율이 고소득자보다 높으므로 저소득자가 상대적으로 유리하다. 가입기간 중의 보수월액은 임금변동률에 의하여 연금수급액 개시연도의 현재 가치로 환산하고, 연금수급 진행 중에는 전국 소비자물가 변동률에 따라 연금액이 조정되므로 연금급여액의 실질가치는 항상 보장된다.

국민연금의 급여수준은 전체가입자의 평균소득에 해당하는 사람이 40년의 가입기간(현행 보험료율은 소득의 9% 기준)이 있는 경우 가입기간이 속한 연도에 따라 종전 소득의 70~40%를 받게 된다. 종전에는 기본연금액이 전체 가입자 중 중간 소득수준의 가입자가 20년 가입 시 가입기간 중 평균소득의 30%, 40년 가입 시 60%의 연금을 받을 수 있도록 설계되어 있었다. 그러나 이러한 설계에 따르면 연금재정이 2040년경에 파탄할 것이라는 계산에 의해 2007년 「국민연금법」을 개정하였다. 개정연금법에 의하면 2008년부터 매년 5%(0.05)씩 소득대체율

11) 2014년 10월 국회 기획재정위원회 소속 최재성 의원(새정치민주연합)이 국세청으로부터 받은 '2012년 배당소득 · 이자소득 100분위 자료'를 보면, 배당소득 상위 1%가 전체 배당소득의 72.1%를 차지했다. 배당소득을 받은 사람은 모두 882만 5,442명인데, 상위 1%(8만 8,254명)가 전체 배당소득 11조 3,287억 6,100만 원 중 8조 1,720억 3,900만 원(72.1%)을 가져갔다. 상위 10%로 확대하면 배당소득의 93.5%를 가져가는 것으로 집계됐다. 나머지 6.5%를 90%가 나눠 가지고 있는 셈이다. 예금, 적금, 채권 등에서 발생하는 이자소득도 마찬가지다. 이자소득 상위 1%(47만 8,584명)가 전체 이자소득 24조 8,970억 8,500만 원의 44.8%인 11조 1,418억 5,900만 원을 가져갔고, 상위 10%가 90.6%를 차지했다(한겨레, 2014.10.08).

을 감소함으로써 2028년 이후에는 40%의 연금을 받도록 하였다. 그러나 이로 인해 연금수급자이면서 최저생활 미달자가 양산될 것으로 예산되어 국민연금 무용론이 확산될 우려가 있다.

## 2. 연금급여의 구성

연금급여는 기본급여와 부양가족연금으로 구성되어 있다. 연금급여수준은 기본연금액을 기준으로 설정되고 여기에 부양가족연금액이 추가된다. 즉 연금급여의 구조는 기본연금액+부양가족연금액으로 구성된다.

연금급여액=기본급여액+부양가족연금액

### 1) 기본연금액

기본연금액이란 가입기간(연금보험료 납부기간)이 20년인 사람이 받을 수 있는 연금액을 말한다(지급률 100%). 기본연금액은 균등부분, 소득비례부분, 가입기간의 비례분으로 구성된다.

#### (1) 균등부분

기본연금은 균등부분과 소득비례부분으로 구성되며 여기에 군 복무기간의 가산과 출산장려가산기간을 추가하여 계산한다. 균등부분은 연금수급 전 3년간 전체 가입자의 평균소득월액을 평균한 금액에 비례한다.

#### (2) 소득비례부분

소득비례부분은 자신의 가입기간 동안의 평균소득에 비례한다. 균등부분은 개개인의 보수 또는 소득수준과 관계없이 전가입자의 표준보수월액을 평균한 액을 기초로 산출한다. 소득비례부분은 가입자 개개인의 보수 또는 소득수준에 의하여 산정된다.

#### (3) 가입기간 비례부분

가입자가 가입기간 20년 초과 시에는 1년마다 5%씩 지급률이 증가한다.

### (4) 군복무 · 출산에 대한 가입기간의 추가산입

현역병이나 공익근무요원으로 복무한 국민에 대해서는 국민연금의 가입기간에 6개월의 기간을 추가로 더해준다. 그리고 2명 이상의 자녀가 있는 경우 2자녀인 경우에는 12개월, 3명 이상인 경우에는 2자녀를 초과하는 자녀 1명마다 18개월을 더해준다.

이상의 내용들을 공식화하면 〈표 9-11〉과 같다.

**표 9-11** 국민연금 기본연금액의 산정식

| 기본연금액=1.2×(A+B)×(1+0.05n/12) |
|---|
| • A: 연금수급 전 3년간의 평균소득월액의 평균액(임금상승률 반영)<br>• B: 가입자 개인의 가입기간 중 기준소득월액의 평균액(물가상승률 반영)<br>• n: 20년 초과 가입월수 |

## 2) 부양가족연금액

부양가족연금액이란 연금급여를 지급받는 수급자가 일정한 가족을 부양하고 있는 경우 가족수당 성격으로 지급하는 부가급여를 말한다. 부양가족연금액은 수급권자가 그 권리를 취득할 당시 그 자(者)에 의하여 생계를 유지하고 있거나 노령연금 또는 장애연금의 수급권자가 그 권리를 취득한 후 그자에 의하여 생계를 유지하게 된 다음의 자에 대하여 지급한다. 참고로 2014년도에 적용되는 그 구체적인 금액은 〈표 9-12〉와 같다.

**표 9-12** 부양가족연금액

| 지급대상 | 요건 | 부양가족연금액 |
|---|---|---|
| 배우자 | 사실혼 포함 | 연 244,690원 |
| 자녀(계자녀 포함) | 18세 미만 또는 장애등급 2급 이상에 해당하는 자녀 | 연 163,090원/1인당 |
| 부모<br>(배우자의 부모, 계부모 포함) | 60세 이상 또는 장애등급 2급 이상에 해당하는 부모 | 〃 |

주: 2014.04.~2015.03.까지 적용되는 부양가족연금액이며 매년 물가변동률에 따라 조정(2014년 1.3% 인상)

이와 같이 가족수당적 성격을 가진 부양가족연금은 국민 최저생활보장의 역할을 수행할 수 있는 정도가 되어야 할 것이다. 국가에 따라서는 가급연금액의 수준이 상당하여 수급권자의 연금액의 1/2 또는 2/3에 해당하는 금액을 추가로 지급하기도 한다. 그러나 우리나라의 경우 가급연금액이 정액제로 되어 있을 뿐만 아니라 그 수준이 높지 않아 인간다운 최저생활보장에 한계가 있다.[12)]

### 3) 연금액의 최고한도

연금의 월별 지급액은 ① 가입자였던 최종 5년 동안의 기준소득월액을 평균한 금액을 전국소비자물가변동률에 준하여 조정한 금액과 ② 가입기간 동안의 기준소득월액을 평균한 금액을 전국소비자물가변동률에 준하여 조정한 금액 중에서 많은 금액을 넘지 못한다(법 제53조).

### 4) 국민연금급여의 소득배분배 효과

기본연금과 부양가족연금으로 구성되는 연금급여는 완전노령연금의 경우 제도 실시 20년 후인 2008년에 최초의 급여가 발생하였다. 이 기간 동안에 발생될 실질가치의 하락을 보상하고 이를 유지하기 위해서 두 가지 제도적 장치가 마련했다. 첫째, 가입기간 중의 보수월액은 임금변동률에 의하여 연금수급 개시연도의 현재가치로 환산하도록 했고, 둘째, 연금수급 진행 중에는 전국 소비자 물가변동률에 따라 연금액을 조정하도록 했다. 따라서 기본연금의 균등부분에서 상당한 정도의 소득재분배 효과가 나타날 수 있었다.

## 제5절 국민연금급여의 종류 및 급여수준

국민연금급여의 종류에는 급여 사유별로 노령연금, 장애연금, 유족연금, 반환일시금, 사망일시금이 있다. 급여의 종류와 개괄적인 내용은 〈표 9-13〉과 같다.

12) 예컨대, 권문일(1999: 24)의 연구에 의하면 부부수급자의 경우 독신수급자보다 가급연금을 연간 약 16만원 받을 경우 소득대체율이 약 1% 정도 높아진다고 했다.

표 9-13 급여의 종류와 내용

| 종류 | 수급요건 | 급여수준 | 지급실적 |
|---|---|---|---|
| 노령연금 | • 가입기간이 10년 이상 | • 가입기간이 10년인 경우<br>– 기본연금액 50%+부양가족연금액 | 2,841천명,<br>107,056억 원 |
| 장애연금 | • 가입 중에 발생한 질병이나 부상으로 완치 후에도 장애가 남은 경우 | • 장애등급(1~3급)에 따라 기본연금액의 60~100%+가족연금액<br>• 장애 4급의 경우 기본연금액의 225%를 일시보상금으로 지급 | 75천명,<br>3,262억 원 |
| 유족연금 | • 가입자, 10년 이상 가입자였던 자, 노령 또는 장애연금(2급 이상) 수급권자의 사망 시 | • 가입기간에 따라 기본연금액의 40~60%+부양가족연금액 | 525천명,<br>13302억 원 |
| 반환일시금 | • 가입기간이 10년 미만인 자가 60세에 도달한 때<br>• 가입자 또는 가입자였던 자가 사망한 때(유족연금을 받을 수 없는 경우에 한함)<br>• 국적상실 또는 가입자였던 자가 사망하였으나 유족연금 또는 국외이주한 때 | • 납부보험료+이자 | 179천명,<br>6,791억 원 |
| 사망일시금 | • 가입자 또는 가입자였던 자가 사망하였으나 유족연금 또는 반환일시금을 지급받을 유족이 없는 경우 | • 반환일시금 상당액 | 11천명,<br>329억 원 |

주: 2013년 12월말 기준 급여지급 실적임.
* 2012년까지 노령연금 수급연령은 만 60세이나, 2013년부터 2033년까지 매 5년마다 1세씩 상향되어 65세까지 상향 조정.

## 1. 노령연금

노령연금에는 완전노령연금, 감액노령연금, 재직자노령연금, 조기노령연금, 특례노령연금이 있다. 그리고 노령연금에 수반되는 것으로 이혼 등으로 인해 배우자의 연금수급권으로부터 아무런 혜택을 받지 못하게 되는 경우를 보호하기 위하여 마련된 제도로서 분할연금이 있다. 노령연금의 종류, 수급요건, 급여수준 등을 요약하면 〈표 9-14〉와 같다.

**표 9-14** 노령연금의 수급요건 및 급여수준

| 구분 | 수급요건 | 급여수준 |
|---|---|---|
| 노령연금 | • 가입기간 10년 이상 20년 미만인 경우 | ※ 기본연금액 50%+부양가족연금액<br>• 10년 초과 1년당 기본연금액의 5% 증액 |
| 소득활동에 따른 노령연금 | • 가입기간이 10년, 60세인 경우 | ※ 기본연금액 50%×50%(소득활동에 따른 연령별지급률)<br>• 가입기간 1년 증가 시마다 기본연금액 지급률 5%씩 증가<br>• 연령 1세 증가 시마다 연령지급률 10%씩 증가 |
| 조기 노령연금 | • 가입기간이 10년, 55세인 경우 | ※ 기본연금액 50%×연령별지급률 70%+부양가족연금액<br>• 가입기간 1년 증가 시마다 기본연금액 지급률 5%씩 증가<br>• 수급개시연령이 1개월 지날 때마다 연령별 지급률 0.5%(1세 지날 시 6%)씩 가산 |
| 특례 노령연금 | • 가입기간 5년, 60세인 경우 | ※ 기본연금액 25% + 부양가족연금액<br>• 가입기간 1년 증가 시 지급률 5%씩 증가 |
| 분할연금 | • 배우자와 이혼하였고 60세인 경우<br>• 배우자였던 사람이 노령연금 수급권자일 것 | ※ 배우자이었던 자의 노령연금액(부양가족연금액 제외) 중 가입기간 중 혼인기간(5년 이상)에 해당하는 연금액의 1/2 |

### 1) 노령연금

가입기간이 10년 이상인 가입자 또는 가입자였던 자에 대하여는 60세(특수직종근로자의 경우 55세)가 된 때부터 그가 생존하는 동안 노령연금을 지급한다(법 제61조 제1항). 노령연금액은 기본연금액에 부양가족연금액을 가산한 액으로 한다(법 제63조 제1항).

### 2) 조기노령연금

#### (1) 조기노령연금의 수급조건

가입기간이 10년 이상인 가입자 또는 가입자였던 자로서 55세 이상인 자가 소득이 있는 업무에 종사하지 아니하는 경우 본인이 희망하면 60세가 되기 전이라도 본인이 청구한 때부터 그가 생존하는 동안 일정한 금액의 연금(조기노령연금)을 받을 수 있다(법 제61조 제2항). 조기노령연금을 받고 있는 60세 미만인 자가 소득이 있는 업무에 종사하게 되면 그 기간에 해당하는 조기노령연금은 지급을 정지한다(법 제66조 제1항).

#### (2) 조기노령연금의 감액기준

조기노령연금액은 가입기간에 따라 노령연금액 중 부양가족연금액을 제외한 금액에 수급연령별로 다음의 구분에 따른 비율(청구일이 연령도달일이 속한 달의 다음 달 이후인 경우에는 1개월마다 1천분의 5를 더함)을 곱한 금액에 부양가족연금액을 더한 금액으로 한다(법 제63조 제2항).

① 55세부터 지급받는 경우에는 1천분의 700, ② 56세부터 지급받는 경우에는 1천분의 760, ③ 57세부터 지급받는 경우에는 1천분의 820, ④ 58세부터 지급받는 경우에는 1천분의 880, ⑤ 59세부터 지급받는 경우에는 1천분의 940

### 3) 특례노령연금

1999년 4월 1일 현재 50세 이상 60세 미만인 자로서 다음에 해당하는 자에 대하여는 해당 호에 규정된 날부터 일정한 금액의 연금을 지급한다(법 부칙 제9조 제1항).

① 60세가 되기 전에 가입기간이 5년 이상 10년 미만이 되는 자: 60세가 되는 날

② 60세가 된 후에 가입기간이 5년 이상이 되는 자: 가입자 자격을 상실한 날

특례노령연금의 금액은 기본연금액의 1천분의 250(0.25%)에 해당하는 금액에 부양가족연금액을 더한 금액으로 한다. 다만, 5년을 초과하는 경우에는 그 초과하는 1년(1년 미만의 매 1개월은 12분의 1년으로 계산)마다 기본연금액의 1천분의 50(0.05)에 해당하는 금액을 더한다(법 부칙 제9조 제2항).

### 4) 분할연금

#### (1) 분할연금의 의의

분할연금이라 함은 이혼 등으로 인해 배우자의 연금수급권으로부터 아무런 혜택을 받지 못하게 되는 경우를 보호하기 위하여 마련된 제도이다.

#### (2) 분할연금 수급권자

혼인기간(배우자의 가입기간 중의 혼인기간만 해당)이 5년 이상인 자가 다음의 요건을 모두 갖추면 그때부터 그가 생존하는 동안 배우자였던 자의 노령연금을 분할한 "분할연금"을 받을 수 있

다(법 제64조 제1항).

① 배우자와 이혼하였을 것

② 배우자였던 사람이 노령연금 수급권자일 것

③ 60세가 되었을 것

### (3) 분할연금액

분할연금액은 배우자였던 자의 노령연금액(부양가족연금액은 제외) 중 혼인기간에 해당하는 연금액을 균등하게 나눈 금액으로 한다(법 제64조 제2항).

### (4) 분할연금과 노령연금과의 관계

분할연금수급권은 그 수급권을 취득한 후에 배우자였던 자에게 생긴 사유로 노령연금 수급권이 소멸・정지되어도 영향을 받지 아니한다(법 제65조 제1항). 분할연금수급권자에게 노령연금수급권이 발생한 경우에는 분할연금액과 노령연금액을 합산하여 지급한다(법 제65조 제4항).

### (5) 2 이상 분할연금의 합산

수급권자에게 2 이상의 분할연금 수급권이 생기면 2 이상의 분할연금액을 합산하여 지급한다(법 제65조 제2항 전단).

### (6) 분할연금과 타 연금의 선택

다만, 2 이상의 분할연금 수급권과 다른 급여(노령연금 제외)의 수급권이 생기면 그 2 이상의 분할연금수급권을 하나의 분할연금수급권으로 보고 본인의 선택에 따라 분할연금과 다른 급여 중 하나만 지급하고 선택하지 아니한 분할연금 또는 다른 급여의 지급은 정지된다(법 제65조 제2항 단서).

### (7) 분할연금과 유족연금과의 관계

분할연금수급권자는 유족연금을 지급할 때 노령연금수급권자로 보지 아니한다(법 제65조 제3항). 따라서 분할연금수급권자가 사망해도 그 분할연금이 유족에게 유족연금으로 지급되지 아니한다.

### (8) 분할연금의 소멸시효

분할연금은 수급권자로서의 요건을 모두 갖추게 된 때부터 3년 이내에 청구하여야 한다(법 제64조 제3항). 즉, 분할연금의 소멸시효기간은 3년이다. 따라서 3년 이내에 분할연금을 청구하지 않으면 분할연금수급권은 소멸한다.

## 5) 노령연금 급여수준

노령연금액은 다음의 구분에 따른 금액에 부양가족연금액을 더한 금액으로 한다(법 제63조 제1항). ① 가입기간이 20년 이상인 경우: 기본연금액 ② 가입기간이 10년 이상 20년 미만인 경우: 기본연금액의 1천분의 500에 해당하는 금액에 가입기간 10년을 초과하는 1년(1년 미만이면 매 1개월을 12분의 1년으로 계산)마다 기본연금액의 1천분의 50에 해당하는 금액을 더한 금액. 이 기준에 따라 노령연금을 2014년 현재가치 기준으로 환산하면 <표 9-15>와 같다.

**표 9-15** 노령연금의 급여수준

| 가입기간 평균소득월액 | 연금보험료 | 감액 | | 완전 | | |
|---|---|---|---|---|---|---|
| | | 10년 | 15년 | 20년 | 30년 | 40년 |
| 1,200,000 | 108,000 | 177,990 | 259,520 | 339,070 | 498,170 | 657,270 |
| 4,080,000 | 367,200 | 338,810 | 494,150 | 645,970 | 948,810 | 1,251,910 |

출처: 국민연금공단(2014.11), 「2015년 알기 쉬운 국민연금사업장 실무안내」, p.71.
주: 2014년 1월에 최초 가입한 것으로 가정하여 현재의 A값(2014년도 1,981,945원)을 적용하였으며, 실제 연금수급월액은 연금수급 당시의 "A"값 및 "재평가율"을 적용함.

## 6) 노령연금의 지급개시 시기

급여에 관한 지급연령은 그 지급연령에 관한 각각의 규정에도 불구하고 그 지급연령에 2013년부터 2017년까지는 1세를, 2018년부터 2022년까지는 2세를, 2023년부터 2027년까지는 3세를, 2028년부터 2032년까지는 4세를, 2033년 이후에는 5세를 각각 더한 연령을 적용한다(법 부칙 제8조).[13] 이 규정에 따른 출생연도별 수급개시 연령을 알기 쉽게 나타내면 <표 9-16>과 같다.

13) 이것은 평균수명이 연장되고 노령화가 지속적으로 심화되는 우리나라에서 연금재정의 건전화를 위한 불가피한 선택이었다. 오래 전부터 노령화가 시작된 미국, 일본, 독일, 영국, 스웨덴 등 많은 선진국들은 노령연금 수급개시연령 상향 조정 개혁을 1980년대부터 단행하여 현재 65세부터 노령연금을 지급하고 있다.

**표 9-16** 노령연금 등 출생연도별 수급개시 연령

| 완전 · 감액 · 재직자노령연금, 분할연금, 반환일시금 | | 조기노령연금 | |
|---|---|---|---|
| 출생연도 | 연령 | 출생연도 | 연령 |
| 1952년 이전 출생: 2012년까지 | 60세부터 | 1952년 이전 출생 | 55세부터 |
| 1953~1956년 출생: 2013~2017년까지 | 61세부터 | 1953~1956년 출생 | 56세부터 |
| 1957~1960년 출생: 2018~2022년까지 | 62세부터 | 1957~1960년 출생 | 57세부터 |
| 1961~1964년 출생: 2023~2027년까지 | 63세부터 | 1961~1964년 출생 | 58세부터 |
| 1965~1968년 출생: 2028~2032년까지 | 64세부터 | 1965~1968년 출생 | 59세부터 |
| 1969년 이후 출생: 2033년부터 | 65세부터 | 1969년 이후 출생 | 60세부터 |

## 2. 장애연금

장애연금은 국민연금 가입 중에 생긴 질병이나 부상으로 완치된 후에도 신체상 또는 정신상의 장애가 있는 남아있는 자에 대하여는 그 장애가 계속되는 동안 장애 정도에 따라 장애연금을 지급한다(법 제67조 제1항). 질병이나 부상을 입은 자가 초진일(初診日)부터 1년 6개월이 지나도 완치되지 아니하면 그 1년 6개월이 지난날을 기준으로 장애 정도를 결정한다. 다만, 그 1년 6개월이 지난날에 장애연금의 지급 대상이 되지 아니한 자가 그 질병이나 부상이 악화되어 60세가 되기 전에 장애연금 지급 대상이 되는 경우에는 본인의 청구에 따라 그 청구한 날을 기준으로 장애 정도를 결정한다(법 제67조 제2항).

### 1) 장애등급별 급여수준

장애연금의 수급요건 및 급여수준은 〈표 9－17〉과 같다.

**표 9-17** 수급요건 및 급여수준

| 장애 1등급 | 장애 2등급 | 장애 3등급 | 장애 4등급(일시보상금) |
|---|---|---|---|
| 기본연금액 100%<br>＋부양가족연금액 | 기본연금액 80%<br>＋부양가족연금액 | 기본연금액 60%<br>＋부양가족연금액 | 기본연금액 225% |

### 2) 장애등급별 연금액

장애연금액은 장애등급에 따라 달라진다. 그 실제 급여수준은 〈표 9－18〉과 같다.

표 9-18 장애연금의 급여수준(2014)

| 가입기간 평균소득월액 | 연금보험료 | 장애등급 | | | |
|---|---|---|---|---|---|
| | | 1급 | 2급 | 3급 | 4급 장애일시보상금 |
| 1,210,000 | 108,900 | 367,880 | 294,300 | 220,730 | 9,932,910 |
| 3,750,000 | 337,500 | 675,860 | 540,680 | 405,510 | 18,248,230 |

출처: 국민연금공단(2014.11), 「2015년 알기 쉬운 국민연금사업장 실무안내」, p.72.
주: 2014년 1월에 최초 가입한 것으로 가정하여 현재의 A값(2014년도 1,981,975원)을 적용하였으며, 실제 연금수급월액은 연금수급당시의 "A"값 및 "재평가율"을 적용함.

## 3. 유족연금

유족연금은 사망자에 의하여 생계를 유지하고 있던 유족에게 지급되는 연금급여를 말한다.

### 1) 유족연금의 수급권

다음에 해당하는 자가 사망하면 그 유족에게 유족연금을 지급한다. 즉 ① 노령연금수급권자, ② 가입기간이 10년 이상인 가입자이었던 자, ③ 가입자, ④ 장애등급 2급 이상에 해당하는 장애연금수급권자 등이 사망하면 그 유족에게 유족연금을 지급한다. 다만, 가입기간이 1년 미만인 가입자가 질병이나 부상으로 사망하면 가입 중에 생긴 질병이나 부상으로 사망한 경우에만 유족연금을 지급한다(법 제72조 제1항).

### 2) 유족연금과 반환일시금의 선택

가입기간이 10년 미만인 가입자였던 자가 가입 중에 생긴 질병이나 부상 또는 그 부상으로 생긴 질병으로 가입 중의 초진일 또는 가입자 자격을 상실한 후 1년 이내의 초진일부터 2년 이내에 사망하면 그 유족에게 유족연금을 지급할 수 있다. 다만, 본인이나 유족이 반환일시금을 지급받은 경우에는 유족연금을 지급하지 아니한다(법 제72조 제2항).

### 3) 유족의 범위

#### (1) 유족연금수급권의 우선순위

유족연금을 지급받을 수 있는 유족은 가입자 또는 가입자였던 자가 사망할 당시 그에 의하여 생계를 유지하고 있던 다음의 자로 한다. 이 경우 가입자 또는 가입자였던 자에 의하여 생계를 유지하고 있던 자에 관한 인정 기준은 대통령령으로 정한다(법 제73조 제1항). 인정기준은 대통령령 제47조 관련 〈별표 1〉 참조.

① 배우자
② 자녀. 다만, 18세 미만이거나 장애등급 2급 이상인 자
③ 부모(배우자의 부모 포함). 다만, 60세 이상이거나 장애등급 2급 이상인 자
④ 손자녀. 다만, 18세 미만이거나 장애등급 2급 이상인 자
⑤ 조부모(배우자의 조부모 포함). 다만, 60세 이상이거나 장애등급 2급 이상인 자

#### (2) 최우선 순위자에게만 지급

유족연금은 위의 수급권자 순위(법 제73조 제1항)에 따라 최우선 순위자에게만 지급한다. 다만, 선순위 유족의 수급권이 소멸되거나 정지되면 그 다음 순위의 유족에게 지급한다(법 제73조 제2항).

#### (3) 복수의 수급권자에 대한 균분(均分) 지급

같은 순위의 유족이 2명 이상이면 그 유족연금액을 똑같이 나누어 지급한다(법 제73조 제3항).

### 4) 유족연금액

유족연금액은 가입기간에 따라 〈표 9-19〉의 금액을 지급한다. 다만, 노령연금수급권자가 사망한 경우의 유족연금액은 사망한 자가 지급받던 노령연금액을 초과할 수 없다(법 제74조). 이 기준에 따른 유족연금예상액은 〈표 9-20〉과 같다.

**표 9-19** 가입기간별 유족연금액

| 가입기간 | 연금액 |
|---|---|
| 10년 미만 | 기본연금액의 40%+부양가족연금액 |
| 10년 이상 20년 미만 | 기본연금액의 50%+부양가족연금액 |
| 20년 이상 | 기본연금액의 60%+부양가족연금액 |

표 9-20 유족연금 예상월액(2014)

| 가입기간 평균소득월액 | 연금보험료 | 가입기간 | | |
|---|---|---|---|---|
| | | 10년 미만 | 10~20년 미만 | 20년 이상 |
| 1,200,000 | 108,000 | 149,550 | 217,300 | 279,050 |
| 4,080,000 | 367,200 | 284,910 | 413,980 | 520,870 |

### 5) 유족연금수급권의 소멸

유족연금수급권자가 다음에 해당하게 되면 그 수급권은 소멸한다(법 제75조 제1항).

① 수급권자가 사망한 때

② 배우자인 수급권자가 재혼한 때

③ 자녀나 손자녀인 수급권자가 다른 사람에게 입양되거나 파양된 때

④ 장애등급 2급 이상에 해당하지 아니한 자녀 또는 손자녀인 수급권자가 19세가 된 때

⑤ 장애로 수급권을 취득한 자가 장애등급 2급 이상에 해당하지 아니하게 된 때

### 6) 태아의 출생으로 인한 후순위 수급권의 소멸

부모, 손자녀 또는 조부모인 유족의 유족연금수급권은 가입자 또는 가입자였던 자의 사망 당시의 태아가 출생하여 수급권을 갖게 되면 소멸한다(법 제75조 제2항).[14)]

### 7) 배우자에 대한 유족연금의 지급 정지

#### (1) 3년 동안 유족연금 지급 후 55세까지 지급정지

유족연금의 수급권자인 배우자에 대하여는 수급권이 발생한 때부터 3년 동안 유족연금을 지급한 후 55세가 될 때까지 지급을 정지한다. 다만, 그 수급권자가 다음에 해당하면 지급을 정지하지 아니한다(법 제76조 제1항).

① 장애등급이 2급 이상인 경우

② 가입자 또는 가입자였던 자의 18세 미만인 자녀 또는 장애등급 2급 이상인 자녀의 생계를 유지한 경우

14) 태아가 출생함에 따라 선순위 수급권자가 된다. 유족연금은 최우선 순위자에게만 지급된다(법 제73조 제2항 전단)는 규정에 따라 후순위자의 수급권은 소멸한다.

③ 사업소득, 근로소득 등(시행령 제49조, 제45조)의 소득이 있는 업무에 종사하지 아니하는 경우

#### (2) 수급권자인 배우자의 소재불명

유족연금의 수급권자인 배우자의 소재를 1년 이상 알 수 없는 때에는 유족인 자녀의 신청에 의하여 그 소재불명(不明)의 기간 동안 그에게 지급하여야 할 유족연금은 지급을 정지한다(법 제76조 제2항).

#### (3) 배우자 외의 수급권자의 소재불명

배우자 외의 자에 대한 유족연금의 수급권자가 2명 이상인 경우 그 수급권자 중에서 1년 이상 소재를 알 수 없는 자가 있으면 다른 수급권자의 신청에 따라 그 소재불명의 기간에 해당하는 그에 대한 유족연금의 지급을 정지한다(법 제76조 제3항).

### 8) 장애연금 및 유족연금의 중복조정

장애연금 또는 유족연금의 수급권자가 이 법에 의한 장애연금 또는 유족연금의 지급사유와 같은 사유로 다음에 해당하는 급여를 지급받을 수 있는 경우에는 장애연금액 또는 유족연금액은 그 2분의 1에 해당하는 액을 지급한다(법 제113조).

① 「근로기준법」에 따른 장해보상, 유족보상 또는 일시보상

② 「산업재해보상보험법」에 따른 장해급여, 유족급여 또는 진폐보상연금, 진폐유족연금

③ 「선원법」에 따른 장해보상, 일시보상 또는 유족보상

④ 「어선원 및 어선재해보상보험법」에 따른 장해급여, 일시보상급여, 유족급여

## 4. 반환일시금 · 사망일시금

### 1) 반환일시금

반환일시금은 노령연금의 수급요건을 충족하지 못한 자에 대하여 자신이 납부한 연금보험료에 대하여 일정한 이자를 가산하여 지급되는 일시금이다.

### (1) 반환일시금의 청구요건

가입자 또는 가입자였던 자가 ① 가입기간이 10년 미만인 자가 60세가 된 때, ② 가입자 또는 가입자였던 자가 사망한 때. 다만, 가입자 또는 가입기간이 10년 이상인 가입자였던 자가 사망한 때에는 유족연금이 지급되지 아니하는 경우, ③ 국적을 상실하거나 국외로 이주한 때 등에 해당하게 되면 본인이나 그 유족의 청구에 의하여 반환일시금을 지급받을 수 있다(법 제77조 제1항).

### (2) 반환일시금의 급여수준

반환일시금의 액수는 가입자 또는 가입자였던 자가 납부한 연금보험료(사업장가입자 또는 사업장가입자였던 자의 경우에는 사용자의 부담금 포함)에 이자를 더한 금액으로 한다(법 제77조 제2항).

### (3) 반환일시금의 반납

반환일시금을 받은 자로서 다시 가입자의 자격을 취득한 자는 지급받은 반환일시금에 이자를 더한 “반납금”을 공단에 낼 수 있다(법 제78조 제1항).[15] 반납금은 대통령령으로 정하는 바에 따라 분할하여 납부하게 할 수 있다. 이 경우 대통령령으로 정하는 이자를 더하여야 한다(법 제78조 제2항).

### (4) 외국인에 대한 반환일시금의 제한

사업장가입자 또는 지역가입자가 된 외국인에 대하여는 원칙적으로는 반환일시금을 지급하지 아니한다(법 제126조 제2항 전단). 그러나 다음에 해당하는 외국인에 대하여는 반환일시금을 제한하지 아니한다(법 제126조 제2항 단서).

① 외국인의 본국법이 대한민국 국민에게 반환일시금에 상응하는 급여를 지급하도록 규정하고 있는 경우의 외국인

② 외국인근로자(외국인근로자의 고용 등에 관한 법률에 따른)로서 이 법을 적용받는 사업장에 사용된 자

15) 이것은 반환일시금을 수령한 후 가입자 자격을 재취득한 자에게 종전의 가입기간을 복원해주는 제도이며, 이로 인해 연금혜택을 확대시키고자 하는 것으로 강제사항은 아니다.

③ 산업연수활동(출입국관리법 제10조)을 할 수 있는 체류자격을 가지고 필요한 연수기간 동안 지정된 연수장소를 이탈하지 아니한 자로서 이 법을 적용받는 사업장에 사용된 자

### (5) 반환일시금의 상호주의

"외국인의 본국법이 대한민국 국민에게 반환일시금에 상응하는 급여를 지급하도록 규정하고 있는 경우"란 외국인의 본국법에서 연금급여에 상응하는 급여의 수급권을 취득하지 못하고 반환일시금에 해당하게 되는 대한민국 국민에게 해당 대한민국 국민이 가입기간 중 낸 연금보험료에 기초하여 셈하여 정한 일정금액을 일시금으로 지급하도록 규정하고 있는 경우를 말한다(법 제113조). 쉽게 말하면 외국인의 본국법이 대한민국 국민에게 반환일시금을 지급하면 우리도 그 외국인에게 반환일시금을 지급한다(시행령 제113조). 외국법이 우리나라 국민에게 대해서 반환일시금을 지급하는 나라는 〈표 9−21〉과 같다.

**표 9-21** **반환일시금 지급 대상국(44개국) (2013.01 기준)**

<table>
<tr><td colspan="2">국적에 상관없이 지급되는 외국인의 체류자격</td><td>E-8(연수취업), E-9(비전문취업), H-2(방문취업)</td></tr>
<tr><td colspan="2">사회보장협정에 의한 대상국(13개국)</td><td>캐나다, 미국, 독일, 헝가리, 프랑스, 호주, 체코, 벨기에, 폴란드, 슬로바키아, 불가리아, 루마니아, 오스트리아</td></tr>
<tr><td rowspan="3">상응성 인정에 의한 대상국(27개국)</td><td>최소가입기간 6개월 이상(1개국)</td><td>벨리즈</td></tr>
<tr><td>최소가입기간 1년 이상(7개국)</td><td>그레나다, 세인트빈센트그라나딘, 요르단, 짐바브웨, 카메룬, 태국, 부탄</td></tr>
<tr><td>최소가입기간 관계없이 인정(19개국)</td><td>가나, 말레이시아, 바누아투, 버뮤다, 수단, 스리랑카, 스위스, 우간다, 엘살바도르, 인도, 인도네시아, 카자흐스탄, 케냐, 콜롬비아, 터키, 튀니지, 트리니다드토바고, 필리핀, 홍콩</td></tr>
</table>

## 2) 사망일시금

가입자 또는 가입자였던 자가 사망한 때에 유족이 없으면 그 배우자・자녀・부모・손자녀・조부모 또는 형제자매에게 사망일시금을 지급한다(법 제80조 제1항 전단).

### (1) 사망일시금 수급자의 범위

가입자 또는 가입자였던 자가 사망한 때에 실종 등으로 인하여 행방을 알 수 없는 자에게는 사망일시금을 지급하지 아니하며, 배우자·자녀·부모·손자녀·조부모 또는 형제자매가 없는 경우에는 4촌 이내의 방계혈족(傍系血族)으로서 가입자 또는 가입자였던 자에 의하여 생계를 유지하고 있던 자에게 사망일시금을 지급한다(법 제80조 제1항 단서).

### (2) 사망일시금의 급여수준

사망일시금은 가입자 또는 가입자였던 자의 반환일시금에 상당하는 금액으로 하되, 그 금액은 사망한 가입자 또는 가입자였던 자의 최종 기준소득월액을 연도별 재평가율에 따라 사망일시금 수급 전년도의 현재가치로 환산한 금액과 같은 호에 준하여 산정한 가입기간 중 기준소득월액의 평균액 중에서 많은 금액의 4배를 초과하지 못한다(법 제80조 제2항).

### (3) 사망일시금 수급권의 순위

사망일시금을 받을 자의 순위는 배우자·자녀·부모·손자녀·조부모·형제자매 및 4촌 이내의 방계혈족 순으로 한다. 이 경우 순위가 같은 사람이 2명 이상이면 똑같이 나누어 지급한다(법 제80조 제3항).

### (4) 유족연금과 사망일시금의 관계

유족연금수급권자에 대하여는 유족연금수급권이 소멸할 때까지 지급받은 유족연금액이 사망일시금액보다 적을 때에는 그 차액을 일시금으로 지급한다(법 제81조).

## 제6절 국민연금기금의 운용

그동안 국민연금기금 운용이 투명하지 못하고, 민주적으로 운용되지 못한다는 많은 비판이 있었고, 기금고갈론 등이 유포되면서 국민연금기금은 많은 국민적 불신을 받아왔다. 그러나 시민단체와 노동계의 요구로 1999년 「국민연금법」이 개정되면서 국민연금기금의 민주성과 투명성의 상당한 진전을 이루게 되었다.

## 1. 국민연금기금의 설치

보건복지부장관은 국민연금사업에 필요한 재원을 원활하게 확보하고, 급여에 충당하기 위한 책임준비금으로서 국민연금"기금"(법 제101조 제1항)을 1988년에 설치하였다. 기금은 ① 연금보험료, ② 기금 운용 수익금, ③ 적립금, ④ 공단의 수입지출 결산상의 잉여금을 재원으로 조성한다. 기금은 보건복지부장관이 관리・운용한다(법 제102조 제1항).

## 2. 기금운용의 원칙

국민연금제도와 관련하여 정책결정에 있어 책임을 지고 있는 기관은 보건복지부이다. 보건복지부장관은 국민연금 재정의 장기적인 안정을 유지하기 위하여 그 수익을 최대로 증대시킬 수 있도록 국민연금기금운용위원회에서 의결한 바에 따라 다음의 방법으로 기금을 관리・운용하되, 가입자, 가입자였던 자 및 수급권자의 복지증진을 위한 사업에 대한 투자는 국민연금 재정의 안정을 해치지 아니하는 범위에서 하여야 한다. 다만, 공공사업을 위한 공공부문에 대한 투자(법 제102조 제2항 제2호)의 경우에는 기획재정부장관과 협의하여 국채를 매입한다(법 제102조 제3항).

① 대통령령으로 정하는 금융기관에 대한 예입 또는 신탁
② 공공사업을 위한 공공부문에 대한 투자
③ 증권의 매매 및 대여
④ 지수(자본시장과 금융투자업에 관한 법률 제5조 제1항 각 호에 따른) 중 금융투자상품지수에 관한 파생상품시장에서의 거래
⑤ 복지사업 및 대여사업(법 제46조)
⑥ 기금의 본래 사업 목적을 수행하기 위한 재산의 취득 및 처분
⑦ 그 밖에 기금의 증식을 위하여 대통령령으로 정하는 사업

국민연금기금은 1999년 조직을 혁신하고 국민연금기금운용본부를 설치하였다. 기금운용본부는 기금을 운용함에 있어서 안전성, 수익성, 공공성, 유동성, 독립성의 원칙을 제시하였다. 기금운용본부가 제시하는 원칙을 소개하면 다음과 같다.

### 1) 안전성의 원칙

기금은 가입자들의 미래 연금급여 지급을 위한 책임준비금이기 때문에 기금운용의 안정성이 보장되어야 한다. 안정성과 수익성은 서로 상충관계(trade-off)에 있어 과도한 수익성 추구는 상응하는 위험(risk)을 수반하므로 연금재정의 장기 안정과 가입자들의 노후생활 안정에 부정적인 영향을 미치게 된다. 그러므로 기금은 투자하는 자산의 전체 수익률 변동성과 손실위험이 허용된 범위 안에 있도록 안정적으로 운용하여야 한다.

### 2) 수익성의 원칙

기금운용의 목적은 연금재정의 장기적인 안정과 미래 원활한 연금급여 지급을 위해 운용수익을 최대로 증대시키는 데 있다(법 제102조). 이는 허용위험 범위 내에서 운용수익 최대화를 통해 안정적인 기금증식과 가입자의 보험료 부담 완화에 기여해야 함을 의미한다. 따라서 가입자의 부담, 특히 미래세대의 부담 완화를 위하여 가능한 한 많은 수익을 추구하여야 한다.

### 3) 공공성의 원칙

국민연금기금은 전 국민을 대상으로 하는 제도이고, 적립규모가 국가경제에서 차지하는 비중이 크기 때문에 국가경제 및 국내 금융시장에 미치는 파급효과를 감안하여 운용하여야 한다. 거대기금으로서 국가경제 발전과 국내 금융시장의 안정에 기여하면서 기금 본연의 목적을 달성할 수 있도록 운용하여야 한다.

### 4) 유동성의 원칙

미래 본격적인 연금급여 지급 시점이 도래하면 급여지 급을 위해 불가피하게 기금보유자산을 지속적으로 처분하여야 한다. 대규모 지속적인 자산매각은 기금보유 자산의 원활한 현금화를 어렵게 할 뿐 아니라 해당 자산가격의 급락 등 시장 충격을 초래할 수 있다. 그러므로 향후 안정적인 연금 지급을 위해서는 처분 시의 유동성 확보방안을 사전에 고려해야 한다.

### 5) 독립성의 원칙

기금운용에는 다양한 이해관계자들(근로자, 사용자, 자영업자, 정부 등)이 참여하고 있어 개별적인 이해관계 또는 목적으로 기금을 활용하려는 유혹에 노출되어 있다. 다양한 이해관계로부터 기금 본연의 목적과 원칙을 지켜나가는 것이 중·장기적으로 관련 모든 이해관계자들의 이익을 충족시키는 최선의 방법이다. 따라서 다른 목적을 위하여 이러한 원칙이 훼손되어서는 안 된다.

## 3. 기금운용의 현황

우리나라 국민연금은 적립방식으로 운영된다. 따라서 적립된 기금운용이 대단히 중요하다. 기금운용의 현황을 [그림 9-1]에서 보면 기금운용의 성과가 크게 증가하고 있음을 알 수 있다. 그것은 기금운용에서 공공부문이 차지하는 비율은 급격히 감소하고 금융부문이 크게 증가한 데 기인한다고 보겠다. 복지부문과 기타부문은 전체에서 차지하는 비율이 미미하여 별 영향을 미치지 않고 있다.

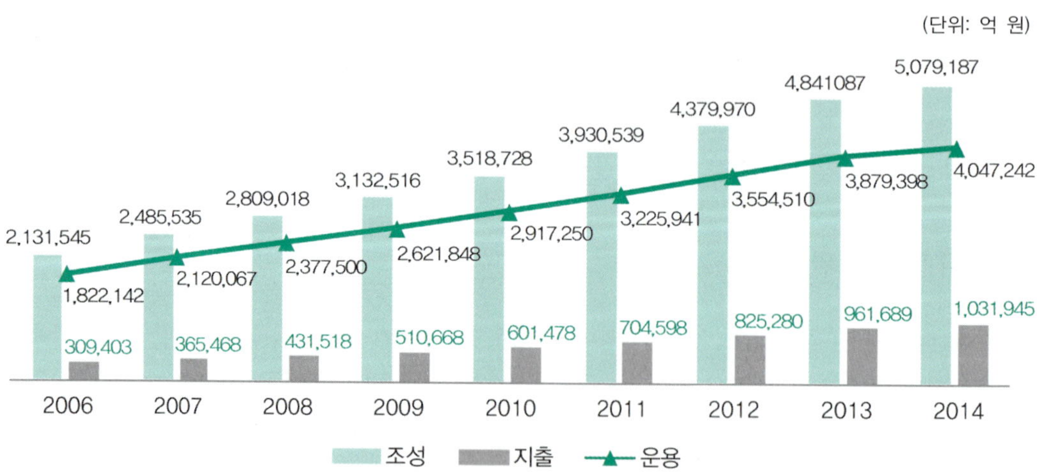


출처: 국민연금공단 국민연금연구원(2014.12), 「연금포럼」 겨울호, 제56호, p.80.

그림 9-1 연도별 기금운용 현황

## 1) 국민연금의 수입부문

### (1) 수입구조의 추이

국민연금은 제도 시행 초기에는 보험료 수입이 총수입의 대부분을 차지하였다. 대부분의 보험료 수입은 기금으로 적립되고 그 이자 수입이 발생하였으나 미미한 수준이었다. 그러나 적립기금의 규모가 증대됨에 따라 이자 및 기타 운용수익도 빠르게 증가하게 되었다.

2007년 개정법의 소득대체율만 반영한 "재정수지표"는 〈표 9-22〉와 [그림 9-2]에서 보는 바와 같이 2008년 적립기금은 254조 원인데 이후 점차 증가하여 2043년에 2,561조 원으로 정점을 이룰 것으로 예상된다. 그 후 급격히 감소하여 2060년에는 적자로 돌아설 것으로 추산된다. 투자수익을 감안하지 않고 순수 연금보험료에 이자수입만으로 연금급여를 지출할 수 있는 시점도 2044년부터는 적자로 돌아서게 된다.

**표 9-22 국민연금재정 장기재정추계**

(단위: 십억 원, %)

| 연도 | 적립기금 | 수 입 | | | 지 출 | | 수지차 | 적립배율 | 적립기금 (2010년 불변가격) |
|---|---|---|---|---|---|---|---|---|---|
| | | 총수입 | 보험료 수입 | 투자 수익 | 총지출 | 연금 급여 | | | |
| 2013 | 417,727 | 52,217 | 32,135 | 20,082 | 14,556 | 14,032 | 37,661 | 26.1 | 384,179 |
| 2015 | 514,130 | 69,574 | 37,383 | 32,191 | 18,448 | 17,849 | 51,126 | 25.1 | 447,000 |
| 2020 | 847,171 | 109,098 | 54,073 | 55,025 | 33,923 | 33,487 | 75,175 | 22.8 | 621,136 |
| 2025 | 1,260,709 | 144,640 | 73,224 | 71,416 | 56,327 | 55,735 | 88,313 | 20.8 | 797,634 |
| 2030 | 1,732,381 | 186,913 | 95,041 | 91,872 | 89,953 | 89,176 | 96,960 | 18.2 | 963,104 |
| 2035 | 2,184,180 | 225,068 | 117,173 | 107,895 | 138,809 | 137,826 | 86,259 | 15.1 | 1,084,840 |
| 2040 | 2,494,494 | 258,427 | 141,595 | 116,832 | 213,773 | 212,563 | 44,654 | 11.5 | 1,119,973 |
| 2043 | 2,561,489 | 277,586 | 156,765 | 120,822 | 267,328 | 265,963 | 10,258 | 9.5 | 1,083,720 |
| 2044 | 2,558,741 | 283,749 | 162,747 | 121,003 | 286,498 | 285,076 | -2,748 | 8.9 | 1,061,331 |
| 2045 | 2,541,358 | 289,420 | 168,889 | 120,531 | 306,804 | 305,324 | -17,383 | 8.3 | 1,033,451 |
| 2050 | 2,200,519 | 309,781 | 203,282 | 106,498 | 414,088 | 412,288 | -104,308 | 5.6 | 810,491 |
| 2055 | 1,334,483 | 300,993 | 231,040 | 69,953 | 525,383 | 523,193 | -224,390 | 3 | 445,180 |
| 2060 | -280,716 | 263,375 | 263,375 | 0 | 657,820 | 655,155 | -394,445 | 0.2 | -84,818 |

출처: 보건복지부 국민연금재정추계위원회(2013.3), 「제3차 국민연금재정계산 장기재정전망 결과」, p.15.

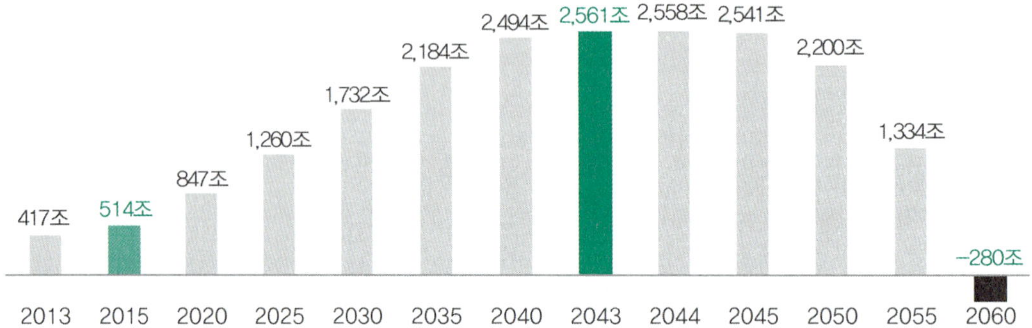


그림 9-2 국민연금재정 장기추계

### (2) 연금기금 운용수익

기금운용의 수입부문을 보면, 과거에는 공공부문에 투자하는 비율이 높았고 금융부문 투자가 낮았으나 2000년도에 들어오면서 금융부문 투자가 급격히 증가되고 반대로 공공부문은 급격히 줄어들다가 2005년부터는 없어졌다.

이러한 부문별 투자 중 공공부문의 투자 형태, 금융부문의 상품별 투자 및 국민연금의 공공성을 고려한 복지부문 투자 등의 내용을 보면 〈표 9-23〉과 같다. IMF 이전에 공공부문에 지나치게 편중되었다는 비판을 감안하여 금융부문에 대한 투자를 많이 증가했음을 알 수 있다.

표 9-23 부문별/상품별 기금운용(투자) 현황

(단위: 억 원)

| 구분 | 2004 | 2005 | 2006 | 2007 | 2008 | 2009 | 2010 | 2011 | 2012 |
|---|---|---|---|---|---|---|---|---|---|
| 공공부문 | 63,770 | – | – | – | – | – | | | |
| 복지부문 | 3,752 | 3,145 | 2,576 | 2,138 | 1,993 | 1,710 | 1,480 | 1,294 | 1,433 |
| 금융부문 | 1,261,851 | 1,556,151 | 1,815,936 | 2,114,265 | 2,371,745 | 2,616,239 | 2,911,667 | 3,220,366 | 3,355,311 |
| 기타부문 | 3,396 | 3,533 | 3,630 | 3,664 | 3,762 | 3,899 | 4,103 | 4,281 | 6,342 |

과거에는 공공부문에 지나치게 편중되었다는 비판이 있었는데 최근 저금리 정책에 따라 오히려 공공부문의 수익률이 높아졌다. 그러나 경제가 활성화되고 연금재정의 위기설이 심각해지자 2005년부터는 공공부문의 투자를 없앴다. IMF의 권유에 따라 우리나라가 금융에 있어서 고금리 정책을 채택함에 따라 기금운용수익도 대폭 증가했으며 경제가 살아나자 금융권의 이자는 감소되었다. 따라서 연금기금의 이자수입은 급격히 줄어들었다. 이에 2004년 이후 금융부문의 투자를 적극적으로 확대해 나갔다.

### 2) 국민연금의 지출부문

국민연금의 지출부문은 〈표 9-24〉에서 보는 바와 같이 매년 94~95% 정도를 연금급여로 지출하고 나머지를 공단운영비와 기타 경비로 쓰고 있다. 연금급여는 우리나라 국민연금이 적립방식으로 운영되기 때문에 도입 초기에는 반환일시금 및 장애·유족연금의 지급 외에는 급여지출요소가 발생하지 않았다. 또한 수급자 양상을 볼 때 제도 시행 초기이므로 아직 완전노령연금 수급자가 발생하지 않아 반환일시금 수급자 비중이 1999년 말까지만 해도 빠른 증가를 보였으나 2000년부터는 증가 속도가 완만해졌다. 1993년부터 5년 이상 가입자에 대한 특례노령연금의 지급 개시를 시작으로 노령연금의 지급이 빠른 속도로 증가하였다.

**표 9-24** 연도별 연금지출부문 현황

(단위: 억 원, %)

| | 2004 | 2005 | 2006 | 2007 | 2008 | 2009 | 2010 | 2011 | 2012 |
|---|---|---|---|---|---|---|---|---|---|
| 지출 | 222,103 | 261,768 | 309,403 | 365,468 | 431,518 | 510,668 | 601,478 | 704,598 | 752,194 |
| (증감률) | 17.12 | 17.86 | 18.20 | 18.12 | 18.07 | 18.34 | 17.78 | 17.14 | 6.76 |
| 연금급여 | 212,326 | 248,175 | 291,777 | 343,604 | 405,412 | 480,131 | 566,486 | 664,679 | 710,458 |
| 공단운영비 | 9,544 | 13,294 | 17,257 | 21,366 | 25,527 | 29,881 | 34,263 | 39,098 | 40,888 |
| 복지타운 관리운영비 | 233 | 299 | 369 | 498 | 579 | 656 | 729 | 821 | 848 |

1인당 평균급여액은 2008년의 경우 연 3,718천원(총계 금액÷수급자 수)이었다. 연금수급자와 수급금액에 비해 이 당시만 해도 일시금수급자와 수급금액이 많음을 볼 수 있으나 완전노령연금 수급이 시작되는 2008년 이후부터 연금수급자가 급격히 증가해 왔다.

**표 9-25** 국민연금 급여종류별 급여실적

| 연도 | 총수급자 | 합계 | 노령연금 | 유족연금 | 장애연금 | 반환일시금 | 사망일시금 |
|---|---|---|---|---|---|---|---|
| 2008 | 2,534,114 | 6,180,803,696 | 4,765,527,612 | 731,357,801 | 268,100,552 | 348,026,409 | 19,870,814 |
| 2009 | 2,787,091 | 7,471,933,936 | 5,814,824,736 | 844,649,421 | 287,016,089 | 460,476,121 | 24,027,369 |
| 2010 | 2,992,485 | 8,635,467,327 | 6,861,876,308 | 949,238,982 | 296,304,705 | 465,122,763 | 25,625,384 |
| 2011 | 3,184,601 | 9,819,295,640 | 7,905,179,613 | 1,062,312,051 | 305,547,438 | 475,050,810 | 29,286,806 |
| 2012 | 3,518,090 | 11,550,754,573 | 9,327,086,191 | 1,195,694,146 | 314,462857 | 648,045,422 | 30,812,329 |
| 2013 | 3,653,113 | 13,112,751,419 | 10,705,594,320 | 1,330,210,561 | 326,167,915 | 679,144,837 | 32,897,146 |

출처: 국민연금공단 국민연금연구원(2014.6), 「국민연금통계연보 2013」, 제26호.

## 4. 연금기금 운용상의 문제와 관련 제도의 변화

기금의 운용에 있어서 복지사업 및 대여사업(법 제46조) 또는 기금의 본래 목적을 수행하기 위한 재산의 취득 및 처분 외의 사업으로 기금을 관리·운용하는 경우에는 자산 종류별 시장수익률을 넘는 수익을 낼 수 있도록 신의를 지켜 성실하게 하여야 한다. 다만, 공공자금 "관리기금"에 예탁할 경우 그 수익률은 공공자금관리기금운용위원회가 5년 만기 국채 수익률 이상의 수준에서 국민연금기금운용위원회와 협의하여 정한다(법 제102조 제3항). 이러한 운용원칙 외에도 효율적인 기금운용이 되기 위해서는 기금운용의 전문성, 투명성, 독립성 등의 확보가 필요하다.

### 1) 기금운용의 전문성

국민연금공단은 1999년 11월 기금운용방식 및 조직을 전면적으로 개혁하는 차원에서 금융전문가를 중심으로 책임경영체제를 도입한 기금운용본부를 출범하였다. 기금운용본부는 투자전략, 기금자산의 건전성과 안전한 수익확보를 관리하는 위험관리, 기타 조사·분석 기능을 담당한다. 투자의 안전성과 성과의 극대화를 위한 전문성과 책임성을 대폭 강화하기 위하여 계약직 기금이사 및 펀드매니저를 공개채용, 기금운용결과에 따라 성과급을 지급하거나 책임을 지도록 바꾸고 있다. 그리고 기금운용위원회의 심의와 결정, 기금운용평가를 더욱 전문적으로 하기 위해서 산하에 경제, 금융분야의 박사급 전문위원으로 구성된 실무평가위원회를 두고 있다(백화종, 2000).

IMF가 극복된 후 금리의 인하로 단순 이자수입으로는 충분한 수익 확보가 어렵게 되었다. 그리고 국제적인 경제사정의 변화는 주식투자도 더욱 전문성을 요하고 있다. 이렇게 볼 때 기금운용은 제도적으로 규제하기보다 전문가에 의한 책임운용이 더욱 필요하다는 것을 알 수 있다.

### 2) 기금운용의 투명성

기금운용위원회는 위원장인 보건복지부장관, 당연직 위원인 기획재정부차관·농림축산식품부차관·산업통상자원부차관·고용노동부차관과 공단 이사장 및 위원장이 위촉하는 다음의 위원으로 구성한다(법 제103조 제2항).

① 사용자를 대표하는 위원으로서 사용자 단체가 추천하는 자 3명
② 근로자를 대표하는 위원으로서 노동조합을 대표하는 연합단체가 추천하는 자 3명
③ 지역가입자를 대표하는 위원으로서 다음의 자
- 농어업인 단체가 추천하는 자 2명
- 농어업인 단체 외의 자영자 관련 단체가 추천하는 자 2명
- 소비자단체 및 시민단체가 추천하는 자 2명

④ 관계 전문가로서 국민연금에 관한 학식과 경험이 풍부한 자 2명

실제 구성현황은 〈표 9-26〉과 같다.

**표 9-26 국민연금기금운용위원회 구성 현황**

| 구분 | | 위원수 | 참여단체 |
|---|---|---|---|
| 정부인사(당연직) | | 6명 | 보건복지부장관(위원장), 기획재정부차관, 농림축산식품부차관, 산업통상자원부차관, 고용노동부차관, 국민연금공단이사장 |
| 위촉위원 | 사용자 대표 | 3명 | 한국경영자총협회, 중소기업중앙회, 전경련 추천 각 1명 |
| | 근로자 대표 | 3명 | 한국노총, 민주노총, 전국공공노동조합연맹 추천 각 1명 |
| | 지역가입자 대표 | 6명 | 농협중앙회, 수협중앙회, 한국공인회계사회, 한국외식업중앙회, 한국소비자단체협의회, 바른사회시민회의 추천 각 1명 |
| | 관계전문가 | 2명 | 한국보건사회연구원장, 한국개발연구원장 |
| 계 | | 20명 | |

국민연금기금운용위원회의 역할은 국민연금 기금운용을 어떻게 할 것인지를 실질적으로 심의·의결하고, 그 운용결과를 감독한다. 또한 국민연금기금을 실질적으로 배분하는 기금운용위원회는 분기별 1회 이상 회의를 개최토록 하였고 회의록을 작성하여 공개를 의무화하며 미출석 위원의 의결권을 제한하고 있다. 기금운용에 대한 정보공개도 강화하여 운용내역과 사용내역을 기금운용위원회의 심의를 거쳐 국회에 제출하고 공시하게 했다.

### 3) 최저생활의 보장수준

베버리지는 사회보장의 원칙으로 충분한 급여의 원칙을 제시했고, 그 후 ILO는 급여수준의 적절성 원칙을 제시했다. 베버리지의 충분한 급여와 ILO의 적절성은 같은 뜻으로 이해된

다. 즉 적절성이란 인간다운 최저한도를 의미하는 것으로 이해된다. 급여수준의 적절성 원칙에는 비례급여의 원칙, 균일급여의 원칙, 부양수준의 원칙을 포함한다. 이러한 기준을 중심으로 국민연금을 비교해 보면 우리나라 국민연금은 단일체계로 되어 있으며, 완전노령연금 수급자의 경우에도 최저생계비 미달에 해당하는 경우가 대부분이다.

## 5. 급여수준의 적절성 평가

연금급여를 평가함에 있어서 가장 중요한 것은 급여수준이 과연 적절한 것인가 하는 것이다. 노령연금급여는 노후생활보장을 가장 중요한 목적으로 하고 있다. 노후생활보장수준은 두 가지의 개념으로 구분될 수 있다. 첫째, 노인의 최저생활을 보장할 수 있는가의 측면이다. 이 부분은 최저생계비와 비교해 볼 수 있다. 둘째, 노인의 퇴직 이전 생활을 얼마나 보장해 줄 수 있는가의 측면이다. 이 부분은 임금대체율을 검토하는 방법을 사용할 수 있다.

### 1) 최저생계비와의 비교

연금급여가 노인의 최소한의 생활을 보장할 수 있는지를 평가해 보기 위해서 급여액을 최저생계비와 비교해 보자. 보건복지부장관이 고시한 2015년도 최저생계비는 〈표 9－27〉과 같다. 이 기준에 의하면 4인가구의 최저생계비는 1,668,329원이다. 이 금액은 국민연금으로서는 노인의 최저생계를 책임질 수 없다는 의미이다. 물론 노인의 경우 노인단독세대 또는 부부세대가 대부분이다. 이러한 기준으로 본다 해도 1인가구 월 최저생계비는 617,281원인데 완전노령연금수급자는 40등급(625,730원)이면 20년, 29등급(629,120원)은 25년, 21등급(603,420원)은 30년, 16등급(632,190원)은 35년, 12등급(636,620원)이면 무려 40년을 납입해야 겨우 최저임금에 해당하는 연금을 받을 수 있다.

**표 9-27** 2015년도 가구별 최저생계비

| 구분 | 1인가구 | 2인가구 | 3인가구 | 4인가구 | 5인가구 | 6인가구 | 7인가구 |
|---|---|---|---|---|---|---|---|
| 금액(원/월) | 617,281 | 1,051,048 | 1,359,688 | 1,668,329 | 1,976,970 | 2285,610 | 2,594,251 |

부부가구일 경우에는 최저생계비가 1,051,048원인데, 이 금액의 연금을 받으려면 가입기간 30년이라도 불가능하다. 최고 등급인 426등급이라도 30년 된 연금수급자는 948,810원 밖에 받

을 수 없기 때문이다. 표준소득월액이 4,080,000원인 42등급은 35년, 표준소득월액 2,900,000원인 30등급은 40년을 납입(1,000,430원)해도 최저생활을 할 수 없는 형편이다. 이렇게 보면 근본적으로 우리나라는 국민연금만으로 최저생활을 할 수 있는 계층이 극소수에 지나지 않는다는 뜻이다.

이러한 최저생계비를 국민연금에서의 노령연금, 유족연금, 장애연금의 급여액과 비교하여 보면, 최저생계비보다 적은 연금급여를 받는 사람, 즉 연금급여를 통해 최저생활을 보장받을 수 없는 사람의 숫자가 대부분임을 알 수 있다. 따라서 연금의 급여수준은 국민최저생활(national minimum) 수준을 보장할 수 있도록 상향 조정되어야 할 것이다.

### 2) 소득대체율과의 비교

연금의 다른 주요한 기능은 노령, 사망, 장애가 발생하기 전의 생활수준을 가능한 한 유지하여 주고자 하는 것이다. 이러한 측면이 얼마나 잘 수행되고 있는지를 알아보기 위해 수입측면에서 위험이 발생하기 전의 수입이 얼마나 보전될 수 있는가가 검토되어야 한다. 그래서 연금급여의 위험 발생 이전 소득에 대한 대체율을 살펴보고자 한다.

우리나라 노령연금의 소득대체율은 최초에는 〈표 9-28〉에서 보는 바와 같이 가입자의 평균 표준소득월액의 등급이 낮을수록 과도하게 높고 높을수록 극히 낮게 설계되어 있었다. 예를 들면 10등급의 경우에 20년을 가입하였을 경우에 58%, 30년 가입하였을 경우에 88%, 35년 이상 가입하였을 경우에 100%의 노령연금을 수급할 수 있었다. 반면에 30등급 이상에 속하는 가입자는 40년을 가입하여도 50%를 달성하는 것은 불가능하고 최고등급에 속하는 가입자가 20년을 가입하였을 경우에 19%, 그리고 40년간 보험료를 지불한 경우에도 39%의 소득대체율을 보였다(안홍순, 2000: 89).

이와 같은 과도한 소득대체율로 인해 국민연금 재정의 고갈우려가 대두되자 이를 대폭 하향 조정하였다. 표준보수월액이 낮을수록 가입기간이 길수록 소득대체율이 높게 조정되었

**표 9-28** 소득계층별 소득대체율(소득대비 연금액의 비율: %)

| 구분 | 0.5A | 1A | 1.5A | 2A | 2.5A |
|---|---|---|---|---|---|
| 20년 가입 | 45 | 30 | 25 | 22.5 | 21 |
| 40년 가입 | 90 | 60 | 50 | 45 | 42 |

주: A는 급여산정 전 3년간 전체가입자의 평균소득

다. 반대로 표준소득월액이 높을수록, 가입기간이 길수록 소득대체율이 높게 조정하였다. 그러나 전반적으로 대폭 하향 조정됨으로써 연금수급자의 최저생활보장을 충족시킬 수 없게 되어 국민연금수급자가 기초생활수급자로 전락할 우려를 낳게 되었다.

소득대체율이 어느 수준이어야 하는가의 문제는 절대적으로 규정하기 어렵다. 각 국가의 특수한 사회·경제적 상황, 공적연금 자체의 구조, 공·사적연금 간의 관계 등에 따라서 상당한 차이가 있을 수 있기 때문이다. 선진국의 경우 노령연금의 소득대체율은 국가별로 다양하게 나타난다. ILO의 권고[16)]와 주요 선진국들의 소득대체율을 우리나라의 연금급여수준과 비교해 보면 다음의 평가가 가능하다. ILO는 노인부부의 경우 55% 이상의 소득대체율을 권유하고 있고, 서구 선진국들의 경우에도 50%에서 83%에 이르는 높은 급여수준을 유지하고 있다. 따라서 우리나라도 앞으로 단계적으로 급여수준을 향상시켜 노인부부의 안정적 노후생활을 보장할 수 있도록 제도화되어야 할 것이다.

## 6. 납입원금에 도달하는 기간

2014년 기준으로 국민연금을 납입했을 경우 납입보험료의 원금에 도달하는 급여기간을 계산해 보면 〈표 9－29〉와 같다.

예컨대 5등급의 경우 월보험료 45,000원을 10년간 불입하면 5,400,000원이 된다. 10년 가입 후 감액노령연금을 받게 된다면 2014년 기준으로 월 138,830원을 받는데, 39개월만 받으면 5,414,370원을 받게 되므로 원금보다 14,370원을 더 받게 된다. 이렇게 계산해 본다면 10등급자가 20년을 불입한 후 완전노령연금을 받을 경우 3년 5개월만 되면 원금을 상회하게 된다. 예컨대 40등급자가 40년을 불입한 후 연금을 받을 경우 11년 7개월이 되면 원금을 초과하게 된다. 이는 우리나라 평균연령이 이미 80세를 넘어선 상황에서는 어떤 경우에라도 원금보다 덜 받는 경우란 없을 것이다. 비록 조기에 사망하는 경우를 상정하더라도 유족연금까지 계산한다면 국민연금은 아직도 최상의 노후준비 수단 중 하나임을 알 수 있다. 다만 국민연금만으로는 충분치 못하다는 점이 아쉬움으로 남는다.

16) ILO에서는 세계 각국의 연금급여 수준이 소득체율을 기준으로 할 때 다음과 같은 정도로는 이루어져야 한다고 권고한 바 있다. ILO 1952년 권고: 소득대체율 40%; ILO 1967년 권고: 소득대체율 45%(부부노인의 경우에는 55% 이상).

표 9-29 국민연금 원금도달 기간

| 등급 | 보험료 월액 | | 가입기간 10년 | 20년 | 30년 | 40년 |
|---|---|---|---|---|---|---|
| 5 | 45,000 | 보험급여 월액 | 138,830원 | 264,480원 | 388,580원 | 500,000원 |
| | | 원금도달 월수 | 3년 3개월 | 3년 5개월 | 3년 6개월 | 3년 8개월 |
| 10 | 89,100 | 보험급여 월액 | 166,240원 | 316,700원 | 465,290원 | 613,890원 |
| | | 원금도달 월수 | 5년 5개월 | 5년 8개월 | 5년 9개월 | 5년 10개월 |
| 20 | 171,000 | 보험급여 월액 | 217,140원 | 413,670원 | 607,770원 | 801,870원 |
| | | 원금도달 월수 | 7년 11개월 | 8년 4개월 | 8년 6개월 | 8년 7개월 |
| 30 | 261,000 | 보험급여 월액 | 273,080원 | 520,230원 | 764,330원 | 1,008,430원 |
| | | 원금도달 월수 | 9년 7개월 | 10년 1개월 | 10년 3개월 | 8년 7개월 |
| 40 | 350,100 | 보험급여 월액 | 328,460원 | 625,730원 | 919,330원 | 1,212,920원 |
| | | 원금도달 월수 | 10년 8개월 | 11년 3개월 | 11년 6개월 | 11년 7개월 |

# 제 7 절 기초연금제도

## 1. 서론

### 1) 기초연금제도의 도입배경

기초연금제도가 제정되기 전 우리나라에는 노후소득 문제를 해결하기 위한 방법으로 노령수당제도가 있었다. 1991년부터 70세 이상 거택보호 가구주 등에게 월 1만 원의 노령수당을 지급하다가 1997년 「노인복지법」이 전면개정되면서 무갹출 노령연금을 지급하기로 결정하고 기존의 노령수당제도를 폐지하였다.

노령연금의 지급액은 「국민연금법」상 특례노령연금의 최저지급액을 감안하여 예산의 범위 안에서 매년 보건복지부장관이 결정해 왔다. 그러나 이런 정도의 액수로 노인들이 정상적인 생활을 한다는 것은 거의 불가능하다는 비판이 따랐다. 그뿐만 아니라 국민연금의 수급액이 인간다운 최저생활수준에 못 미치는 데 대한 보완책으로 「기초노령연금법」을 제정하였다. 이 법은 2007년 4월 25일 법률 제8385호로 제정되었고, 2008년 1월 1일부터 시행되었다.

이러한 노력에도 불구하고 우리나라 노인빈곤율은 OECD국가 중 최하위를 차지할 정도로 열악한 실정이었다. 이에 2012년 대선 때 이 문제가 가장 첨예한 선거 이슈의 하나가 되었다. 여야할 것 없이 노인에 대한 기초연금을 앞다투어 공약으로 내걸었다. 그러나 당선된 후의 박근혜 대통령은 이 문제를 재고하게 되었다. 국가재정의 지속가능성을 확보하면서 노인세대를 위한 안정적인 공적연금제도를 마련하자는 것이었다. 결국 65세 이상의 노인 중 소득기반이 취약한 70%의 노인에게 기초연금을 지급하는 것으로 후퇴하게 되었다. 이것은 박근혜 대통령의 선거공약인 전체 노인에게 일괄적으로 월 20만 원씩 기초연금을 지급하겠다는 약속에 대한 위반이라는 비판이 있었으나 정부 재정을 고려한 수정안으로 야당과 협의하여 2014년 5월 2일 「기초연금법」이 국회 본회의를 통과하였다. 2014년 5월 20일 공포된 이 법의 시행일은 2014년 7월 1일이다.

### 2) 기초연금제도의 도입과정

- 1989.12.30. 「노인복지법」에 '노령수당'제도 도입
- 1997.08.22. 노령수당제를 '경로연금제' 변경
- 2007.04.25. 「기초노령연금법」 제정, 경로연금 폐지
- 2014.05.20. 「기초연금법」 제정, 「기초노령연금법」 폐지

### 3) 국가와 지방자치단체의 책무

#### (1) 연금수준의 향상 노력

국가와 지방자치단체는 기초연금이 노인의 생활안정을 지원하고 복지를 증진하는 데 필요한 수준이 되도록 최대한 노력하여야 한다(법 제4조 제1항).

#### (2) 국민연금재원의 사용배제(排除)

국가와 지방자치단체는 필요한 비용을 부담할 수 있도록 재원(財源)을 조성하여야 한다. 이 경우 국민연금기금은 기초연금 지급을 위한 재원으로 사용할 수 없다(법 제4조 제2항).

### (3) 보조성(補助性)의 원칙[17)]

국가와 지방자치단체는 기초연금의 지급에 따라 계층 간 소득역전 현상이 발생하지 아니하고 근로의욕 및 저축유인이 저하되지 아니하도록 최대한 노력하여야 한다(법 제4조 제3항).

### 4) 제도개선위원회의 설치

기초연금과 국민연금의 장기적인 제도 발전을 위하여 국민연금 재정 계산 일정에 맞추어 재정상황과 노인빈곤 감소 효과를 점검하는 제도개선위원회를 국회에 설치·운영한다(법 부칙 제6조).

## 2. 기초연금수급자[18)]

### 1) 수급권의 기준: 소득인정액

기초연금은 65세 이상인 사람으로서 소득인정액[19)]이 '선정기준액' 이하인 사람에게 지급한다(법 제3조 제1항).

### 2) 수급권자의 범위: 선정기준액

보건복지부장관은 선정기준액을 정하는 경우 65세 이상인 사람 중 기초연금수급자가 100분의 70 수준이 되도록 한다(법 제3조 제2항).

### 3) 수급제외 사유

연금의 수급권자와 그 배우자나 다음에 해당하는 연금을 받는 사람 중 대통령령으로 정하

17) 도움을 주는 정도나 방법에 관한 것으로 국가는 인센티브나 자립의 기회를 제공하는 것은 좋지만, 자립에 대한 책임감 등을 없애서는 안 된다는 것이다.

18) 기초연금수급자 중 기초생활수급자에게는 '줬다 뺏는 기초연금'이라는 빈축을 사고 있다. 이 문제에 관해서는 이 책 제13장 국민기초생활보장제도의 각주 9)를 참조할 것.

19) '소득인정액'이란 본인 및 배우자의 소득평가액과 재산의 소득환산액을 합산한 금액을 말한다. 이 경우 소득평가액과 재산의 소득환산액을 산정하는 소득 및 재산의 범위는 대통령령으로 정하고, 소득평가액과 재산의 소득환산액의 구체적인 산정방법은 보건복지부령으로 정한다(법 제2조 제4호).

는 사람과 그 배우자에게는 기초연금을 지급하지 아니한다(법 제3조 제3항).

① 「공무원연금법」 및 「사립학교교직원연금법」에 따른 퇴직연금, 퇴직연금일시금, 퇴직연금공제일시금, 장해연금, 장해보상금, 유족연금, 유족연금일시금, 순직유족연금 또는 유족일시금(유족일시금의 경우에는 「공무원연금법」(제56조 제1항 제3호)에 해당하는 경우로서 유족이 유족연금을 갈음하여 선택한 경우로 한정)

② 「군인연금법」에 따른 퇴역연금, 퇴역연금일시금, 퇴역연금공제일시금, 상이연금, 유족연금 또는 유족연금일시금

③ 「별정우체국법」에 따른 퇴직연금, 퇴직연금일시금, 퇴직연금공제일시금, 유족연금 또는 유족연금일시금

④ 「국민연금과 직역연금의 연계에 관한 법률」에 따른 연계퇴직연금 또는 연계퇴직유족연금 중 직역재직기간이 10년 이상인 경우의 연계퇴직연금 또는 연계퇴직유족연금

## 3. 기초연금액

### 1) 기초연금액의 산정

기초연금수급권자에 대한 '기초연금액'은 '기준연금액'과 국민연금 급여액 등을 고려하여 산정한다(법 제5조 제1항).

### 2) 기준연금액 고시

기준연금액은 보건복지부장관이 그 전년도의 기준연금액에 대통령령으로 정하는 바에 따라 전국소비자물가변동률을 반영하여 매년 고시한다. 이 경우 그 고시한 기준연금액의 적용기간에 관하여는 「국민연금법」 제51조 제3항을 준용한다(법 제5조 제2항). 즉, 조정된 금액을 수급권자에게 적용할 때 그 적용기간은 해당 조정연도 4월부터 다음 연도 3월까지로 한다(국민연금법 제51조 제3항).

### 3) 국민연금수급권자의 기초연금액 산정

기초연금수급권자 중 ① 「국민연금법」에 따른 노령연금수급권자 또는 분할연금수급권자

와 ② 「북한이탈주민의 보호 및 정착지원에 관한 법률」에 따른 국민연금수급권자에게 지급하는 기초연금액은 기초연금 산식에 따라 산정한 금액으로 한다(법 제5조 제3항).

### 4) 기초연금액 산식(算式)

국민연금수급권자에게 지급하는 기초연금액은 기초연금액에서 제2호의 금액을 뺀 금액에 제3호의 금액을 더한 금액으로 한다(법 제5조 제4항).

① 기준연금액

② 국민연금수급권자가 받을 수 있는 연금의 금액 중 「국민연금법」의 '소득재분배급여금액'에 3분의 2를 곱한 금액[20]

③ 부가연금액 : 기준연금액의 2분의 1에 해당하는 금액

기초연금액＝기준연금액－(소득재분배급여금액 × ⅔)

### 5) 연계노령연금수급권자의 기초연금액

기초연금수급권자 중 「국민연금과 직역연금의 연계에 관한 법률」(제10조)에 따른 연계노령연금 수급권자에게는 제1호의 금액에서 제2호의 금액을 뺀 금액에 제3호의 금액을 더한 금액을 지급한다(법 제5조 제5항).

① 기준연금액

② 가목과 나목의 금액을 합한 금액에 3분의 2를 곱한 금액

㉮ 소득재분배급여금액

㉯ 「국민연금과 직역연금의 연계에 관한 법률」(제12조)에 따른 연계퇴직연금액에 2분의 1을 곱한 금액

③ 부가연금액 : 기준연금액의 2분의 1에 해당하는 금액

20) 다만, 「국민연금법」에 따라 국민연금수급권자의 연금 금액을 연기 또는 조기 지급하거나 가산 또는 감액하여 지급하는 경우 등의 소득재분배급여금액 산정 기초가 되는 연금의 금액 기준은 대통령령으로 정한다.

### 6) 기준연금수급자의 기초연금액

기초연금수급권자 중 다음에 해당하는 사람에게 지급하는 기초연금액은 기준연금액으로 한다(법 제5조 제6항).

① 노령연금수급권자 또는 분할연금수급권자(법 제25조 제3항 각 호)에 해당하지 아니하는 사람

② 노령연금수급권자 또는 분할연금수급권자(법 제5조 제3항 각 호) 또는 기초연금수급권자 중 연계노령연금수급권자(법 제5조 제5항)에 해당하는 사람으로서 다음에 해당하는 사람

㉮ 국민연금 지급이 정지된 노령연금수급권자 및 분할연금수급권자

㉯ 장애인연금법에 따른 수급권자

㉰ 「국민기초생활보장법」에 따른 수급권자로서 대통령령으로 정하는 사람

㉱ 그 밖에 대통령령으로 정하는 사람

### 7) 국민연금 급여액 등에 따른 기초연금액 산정의 특례

「국민연금법」 및 「국민연금과 직역연금의 연계에 관한 법률」에 의한 수급권에 따라 매월 지급 받을 수 있는 '국민연금 급여액 등'이 기준연금액의 100분의 150 이하인 사람에게 지급하는 기초연금액은 기준연금액으로 한다(법 제6조 제1항). 국민연금 급여액 등이 기준연금액의 100분의 150 초과 100분의 200 이하인 사람에게 지급하는 기초연금액은 기준연금액의 범위에서 대통령령으로 정하는 바에 따라 제5조에 따라 산정된 금액 이상으로 달리 정할 수 있다(법 제6조 제2항).

### 8) 기초연금액의 한도

산정한 기초연금액이 기준연금액을 초과하는 경우 기준연금액을 기초연금액으로 본다(법 제7조).

### 9) 기초연금액의 감액

#### (1) 부부수급자의 감액

본인과 그 배우자가 모두 기초연금 수급권자인 경우에는 각각의 기초연금액에서 기초연금액의 100분의 20에 해당하는 금액을 감액한다(법 제8조 제1항).

#### (2) 선정기준액을 초과하는 경우의 감액

소득인정액과 기초연금액(감액분이 반영된 금액)을 합산한 금액이 선정기준액 이상인 경우에는 선정기준액을 초과하는 금액의 범위에서 기초연금액의 일부를 감액할 수 있다(법 제8조 제2항).

## 4. 기초연금액의 적정성(適正性) 평가

### 1) 5년 주기의 기초연금 적정성 평가

보건복지부장관은 5년마다 기초연금수급권자의 생활수준, 전국소비자물가변동률과 전년도 평균소득월액 등에 따른 금액의 변동률, 전국소비자물가변동률 등을 종합적으로 고려하여 기초연금액의 적정성을 평가하고 그 결과를 반영하여 기준연금액을 조정하여야 한다(법 제9조 제1항).

### 2) 노인빈곤 실태조사와 기초연금 재정 전망 병행

적정성 평가를 할 때에는 노인 빈곤에 대한 실태 조사와 기초연금의 장기적인 재정 소요에 대한 전망을 함께 실시하여야 한다(법 제9조 제2항).

### 3) 조정한 기준연금액의 고시

보건복지부장관은 조정한 기준연금액을 고시하여야 한다. 이 경우 그 고시는 제5조 제2항 전단에 따른 고시로 본다(법 제9조 제3항).

## 5. 기초연금수급권자의 권리 보호

### 1) 기초연금수급권의 보호

기초연금수급권은 양도하거나 담보로 제공할 수 없으며, 압류 대상으로 할 수 없다(법 제21조 제1항). 기초연금으로 지급받은 금품은 압류할 수 없다(법 제21조 제2항).

### 2) 이의신청

#### (1) 자치단체장에게 이의신청

결정이나 그 밖에 이 법에 따른 처분에 이의가 있는 사람은 자치단체장에게 이의신청을 할 수 있다(법 제22조 제1항).

#### (2) 이의신청의 기한

이의신청은 그 처분이 있음을 안 날부터 90일 이내에 서면으로 하여야 한다. 다만, 정당한 사유로 인하여 그 기간 이내에 이의신청을 할 수 없었음을 증명한 때에는 그 사유가 소멸한 때부터 60일 이내에 이의신청을 할 수 있다(법 제22조 제2항).

### 3) 시효

환수금을 환수할 권리와 기초연금 수급권자의 권리는 5년간 행사하지 아니하면 시효의 완성으로 소멸한다(법 제23조).

## 6. 비용의 분담

### 1) 국가와 자치단체의 분담비율

국가는 지방자치단체의 노인인구 비율 및 재정 여건 등을 고려하여 기초연금의 지급에 드는 비용 중 100분의 40 이상 100분의 90 이하 범위에서 대통령령으로 정하는 비율에 해당하는 비용을 부담한다(법 제25조 제1항).

### 2) 광역자치단체와 기초자치단체 간의 분담비율

국가가 부담하는 비용을 뺀 비용은 시·도와 시·군·구가 상호 분담한다. 이 경우 그 부담비율은 노인인구 비율 및 재정여건 등을 고려하여 보건복지부장관과 협의하여 시·도의 조례 및 시·군·구의 조례로 정한다(법 제25조 제2항).

# 제10장 건강보험

## 제1절 총론

### 1. 의료보장의 의의

인간은 누구나 건강하게 오래 살고 싶어 한다. 의료는 의식주와 더불어 예나 지금이나 인간이 사회생활을 하는 데 반드시 필요한 사항이다. 개인이나 가족만이 책임을 떠맡았던 전통사회와는 달리 산업화, 도시화, 고령화 시기에는 국가적인 차원에서 의료문제를 다루어야 할 필수사항이다.

의료보장은 소득보장과 더불어 사회 전체가 모든 국민에게 마련해 주는 포괄적 사회보장체계 중 하나이다. 의료보장이란 질병과 상해에 따른 건강상의 곤란 및 그에 따른 생활상의 곤란에 즈음하여 현물급여로서의 의료급여, 현금급여로서의 제 수당금의 급여를 통하여 이루어진다. 그 내용은 치료와 생활의 유지를 가능하게 하기 위한 사회적인 상호부조의 체제, 또는 국민건강의 유지·증진을 꾀하기 위하여 모든 국민에 대하여 예방, 치료 및 사회복지 서비스를 받을 기회를 균등하게 보장하는 등의 공적 시책이다. 그래서 소득보장과 함께 사회보장제도의 2대 지주를 형성한다.

의료의 기회균등을 확보한다는 것은 근대복지국가의 중요 정책목표로서 널리 받아들여지고 있지만 그 구체적인 내용은 모든 나라가 동일한 것은 아니다. 그 이유는 다음과 같은 두 가지에서 기인한다.

첫째, 각국 의료보장의 내용은 그 나라의 경제발전 수준에 따라 좌우된다. 산업화의 초기, 또는 중기의 단계에서는 전염병 등 사회적 영향이 질병에 대한 공중위생적인 시책이 중시됨에 따라 그곳에 많은 의료자원이 배분된다.[1] 아직까지도 이 단계에는 빈곤과 질병의 악순환

1) 의료제도는 다른 사회적 제도와 마찬가지로 사회적·역사적 상호작용의 산물이다. 그런 까닭에 그 제도의 형성배경에 대한 연구는 현 제도를 연구하기 이전의 선행과제다(이두호 외, 『국민 의료보장론』 2장과 포스트 외 지음, 구본인 역, 『의료인류학』 1, 2장 참조).

이 커다란 사회문제가 되고 있다. 빈곤에 의한 발병률이 높고 한편 발병률이 높기 때문에 빈곤하게 되는 악순환의 굴레에서 벗어나기 위하여 의료비 부담의 일부 또는 전부를 면제하는 의료보험이 생기게 되었다.

의료보장의 구체적인 내용이 국가마다 다른 두 번째 이유는 각국의 사회·경제체제와 역사적·문화적 특성에서 기인한다. 자유주의 국가[2]와 사회주의 국가 사이에는 사회의 모든 제도가 다르듯이 의료보장의 내용에도 커다란 차이가 있다. 또 자유주의 국가 간에도 각국의 의료통제제도에는 각각의 역사적·문화적 배경이 투영되어 반드시 동일한 모양을 갖지는 않는다.

## 2. 우리나라 의료보험제도의 형성과 건강보험

우리나라의 의료보험제도는 1963년 「의료보험법」의 제정으로 법적 바탕을 마련하였으나 처음에 임의가입제로 출발하여 실효를 얻지 못했다.

1970년 개정 「의료보험법」은 강제가입제도로 전환하였으나 실효를 얻지 못하다가 1977년 7월 1일부터 시행된 개정 「의료보험법」은 500인 이상을 고용하는 사업장부터 강제가입 대상으로 하여 비로소 의료보험제도가 첫 발을 내딛게 되었다. 이후 의료보험의 발전사는 대략 〈표 10-1〉과 같다.

**표 10-1** 건강보험제도의 변천사

| 연도 | 내용 |
|---|---|
| 1963.12.16. | •「의료보험법」 제정<br>– 300인 이상 사업장 조합 임의 설립 |
| 1977.07.01. | •「의료보험법」 실시(500인 이상 사업장) |
| 1979.01.01. | • 공무원 및 사립학교교직원 「의료보험법」 실시 |
| 1979.07.01. | • 300인 이상 사업장 당연적용 |
| 1981.01.01. | • 100인 이상 사업장 당연적용. 16인 이상 사업장 임의적용 |
| 1981.07.01. | • 지역의료보험 1차 시범사업 실시(홍천, 옥구, 군위) |
| 1981.12.01. | • 직종의료보험조합 발족(문화예술인, 이·미용) |
| 1982.07.01. | • 지역의료보험 2차 시범사업(강화, 보은, 목포) |

2) 자본주의 경제는 항상 변동하므로 사회보장의 수준도 경제발전에 따라 달라진다는 측면이 있는 반면에 사회보장 자체가 시장경제의 욕구를 조절하는 메커니즘을 가지고 있다고 본다(Traffner, *Social Welfare or Social Control?* p.16).

| 연도 | 내용 |
|---|---|
| 1982.12.21. | • 16인 이상 사업장 당연적용<br>• 5인 이상 사업장 임의적용 |
| 1984.12.31. | • 피부양자 인정범위 확대(장인, 장모)<br>• 동일상병 180일 급여기간을 연간 180일로 확대 |
| 1987.02.01. | • 한방의료보험 전국 확대 |
| 1987.12.04. | • 피부양자 인정범위 확대(형제, 자매, 직계비속의 배우자)<br>• 임의계속가입자 제도 도입 |
| 1988.01.01. | • 농어촌 지역주민 적용 |
| 1988.07.22. | • 5인 이상 사업장 당연적용 |
| 1989.07.01. | • 도시지역주민 적용확대로 전국민 의료보험시대 개막 |
| 1989.10.01. | • 약국의료보험 실시 |
| 1995.08.04. | • 요양급여기간 연장(연간 180일에서 210일로) |
| 1996.01.01. | • 용양급여기간 연장(연간 210일에서 240일로)<br>• 전산화단층촬영(C/T) 급여 실시 |
| 1997.01.01. | • 요양급여기간 연장(연간 240일에서 270일로) |
| 1997.12.31. | • 요양급여기간 확대(연간 270일에서 300일로) |
| 1998.10.01. | • 공무원 및 사립학교교직원 의료보험관리공단과 227개 지역조합을 통합한 '국민의료보험관리공단' 출범(1차 통합) |
| 1999.12.31. | • 국민건강보험법 제정(법률 제6073호) |
| 2000.07.01. | • 국민의료보험관리공단과 139개 직장조합을 통합한 '국민건강보험공단' 출범(완전통합)<br>• 5인 미만 사업장까지 확대<br>• 의약분업 실시 |
| 2002.01.19. | • 국민건강보험 재정건전화특별법 제정(2002.07.01 시행) |
| 2003.07.01. | • 직장과 지역재정을 통합 |
| 2004.04.30. | • 현역병 등 군병역의무자 요양급여 실시 |
| 2004.07.01. | • 본인부담상한제 실시 |
| 2005.07.13. | • 교도소 등 수용시설의 노인수용자에 대한 요양급여 실시 |
| 2006.12.30. | • 보험료 부과기준의 등급제 폐지, 취약계층에 대한 보험료 경감을 확대 |
| 2007.07.01. | • 노인장기요양보험법 제정(법률 제8403호) |
| 2008.07.01. | • 노인장기요양보험 실시 |
| 2011.01.01. | • 사회보험료 징수 통합(국민연금 · 건강보험 · 산재보험 · 고용보험) |

의료보험은 처음 시행 당시 500인 이상 사업장부터 실시하여 점차 확대시켜 나가는 방법을 취했다. 이러한 발전과정에서도 알 수 있는 바와 같이 사업장과 지역마다 조합이 설립되어 처음부터 조합주의와 통합주의의 논쟁을 불러일으켰다. 그러다가 국민의 정부가 집권하

면서 국정 100대 과제로 선정되어 의료보험 통합이 시도되었다. 사실 의료보험의 통합은 사회복지계에서 꾸준히 주장해 오던 것으로 입법이 되었으나 대통령의 거부권 행사로 무산된 것이 두 차례 있었다. 그러다가 1998년 10월에 공무원 및 사립학교교직원 의료보험공단과 227개 지역의료보험조합을 통합하여 국민건강관리공단을 만들고, 2000년 7월에는 직장의료보험을 국민건강관리공단에 통합시킴으로써 완성을 보았다. 그러나 조직의 통합과 함께 재정의 통합을 이루지 못하다가 국회에서 우여곡절 끝에 2002년 1월 19일 국민건강보험 재정건전화특별법이 제정되었다. 이 법은 2002년 7월 1일부터 시행되었고 2003년 7월 1일에는 마침내 직장과 지역재정을 통합하였다. 그 뿐만 아니라 2008년 7월 1일부터 노인장기요양보험이 실시(2007.07.01 제정)되었다. 그리고 2011년 1월 1일부터는 4대 사회보험료의 징수업무를 통합시켰다.

## 3. 의료보장의 이론적 배경

의료보장이 형성・적용 유지되어 오는 데는 그 나름대로의 사회적・역사적 배경이 존재한다. 그러나 사회적・역사적 배경은 하나의 요인에 의하여 결정되지 않고 여러 가지 요인의 상호작용에 의하여 형성・유지・발전한다.

### 1) 기능주의와 갈등주의

의료보장 수단은 사회보장제도 가운데 하나다. 사회제도는 일반적으로 사회구성원의 투쟁과 합의에 의해서 형성된다. 사회구성원의 합의를 강조하는 이론이 기능주의라면, 투쟁을 강조하는 이론이 갈등이론이다. 전자는 파슨즈(T. Parsons)가 대표적 학자로서 사회는 본질적으로 끊임없이 균형을 유지하려는 속성을 가지고 있다[3)]고 보며 사회적 제 문제는 각 제도나 구성원의 사회적 부적응에서 나온다고 보고 기존의 제도를 점차 수정해간다는 것이다.

마르크스(K. Marx)로 대표되는 갈등이론은 사회가 합의보다는 갈등이 더욱 편재해 있으며,

3) 파슨즈가 생각한 사회유지를 위한 항상성(homeostasis) 개념은 원래 생물 유기체에서 따온 개념으로 혈액의 수분량, 혈청 중의 염류, 혈당, 혈액 중의 지방, 칼슘, 체온, 혈압 등은 외부환경의 변화에 대해 항상 균형을 유지하려고 한다는 것으로, 사회도 이와 같이 외부세계의 변화에 균형을 유지하려고 한다고 본다. 항상성의 개념은 사회와 인간유기체를 연결하여 설명하는 데 중요한 개념으로 생각된다(小泉 明, "의료자원을 둘러싸고", 『社會保障硏究』, Vol.20, No.2, 東京大出版部, p.116 참고).

사회구성원들은 이익을 위해서 항상 합의보다는 투쟁한다는 이론이다. 의료통제에는 이러한 합의와 갈등의 요소가 혼재해 있으며 구성요소의 이익에 따라 합의를 하기도 하고 갈등을 유발하기도 한다.

### 2) 사회보장의 기본원칙들

사회보장의 기본원칙에 대해서는 베버리지, ILO, 세계노동연맹의 원칙 등이 있다. 베버리지의 원칙은 ① 균일률의 생활급여, ② 균일한 갹출제도, ③ 관리책임의 단일화, ④ 급여의 충분성, ⑤ 적용범위 및 사고(事故)의 포괄성, ⑥ 피보험자의 계층분류의 원칙이다. ILO의 원칙은 ① 대상의 보편적 보호 원칙, ② 비용부담의 공평성 원칙, ③ 보험의 급여수준에 관한 원칙이다. 세계노동연맹은 위에서 소개한 내용 외에 노동자의 무갹출, 사회적 권리와 국가와 자본가의 비용부담의 원칙을 강조하고 있다.

### 3) 평등주의와 능력주의

사회보장원칙을 평등주의와 능력주의로 설명할 수 있다.[4] 평등주의에서 보면 국가는 모든 사람에게 차이가 없는 기본적 필요만을 제공하고 그 이상의 필요 충족은 각자에 따라 다르기 때문에 본인들에게 위임한다는 것으로 영국이 이에 속한다. 능력주의는 소득과 사고위험에 따라 급여와 반대급여에 차이를 두는 것으로 프랑스, 독일, 이탈리아가 여기에 속한다.[5] 이와 같은 사회보장의 원리에서 몇 가지 의료통제수단의 원리를 위한 명제를 도출할 수 있다. 평등주의를 바탕으로 한 능력주의에 입각하여 ① 균일률의 의료급여, ② 적용범위 및 사고의 포괄성이 그것이다.

## 4. 의료보장의 유형

의료보장유형은 재원조달 방식과 밀접한 관련을 가진다. 보편적 사회화 방식은 빈부에 관계없이 모든 국민에게 의료의 기회를 균등하게 보장하기 때문에 성격상 조세가 그 재원으로

4) 현대 복지국가의 기본이념은 사회적 평등에 기초하고 있지만 능력을 우선으로 하는 자본주의하에서는 양자 간의 조화가 필요하며, 이러한 조화는 제도와 생활양식에 영향을 받는다(박석돈, 2009: 10-11).

5) 신수식, 사회보장론, pp.25-31 참고. 영국과 같은 평등주의는 개인과 국가발전의 동기유발이 부족하여 프랑스와 같은 능력주의로 전환하고 있는 추세다.

서 가장 바람직하다. 그러나 이 방식에는 의료서비스의 질적 저하라는 문제가 따를 수 있다. 공공부조 방식은 대상자가 저소득자에 한하는 것이므로 일종의 수직적 재분배 방식이며 조세에 의해 비용이 조달된다. 그러나 이 방식에는 낙인감이라는 오명이 따를 수 있다.

자유기업형 의료전달체계를 가지고 있는 나라는 전통적으로 개개인의 능력과 자유를 최대한으로 존중하며 모든 산업은 자유기업(free enterprise) 정신에 따라 민간주도로 이루어지고 있다. 이러한 제도에서 가장 특징적인 것은 국민의 의사나 의료기관을 선택할 자유가 최대한으로 부여되고, 의료의 책임도 개개인에게 있게 된다. 의료서비스의 질적 수준이 높으며, 의사에게도 의료의 내용·범위 및 수준 결정에 재량권이 충분히 주어진다. 의료기관도 자유경쟁 원칙하에 운영되므로 매우 효과적일 수 있다. 그러나 이러한 제도는 의료의 수준이나 자원이 지역적으로나 계층 간에 불균형을 이룰 수 있다는 것이 사회적으로 커다란 문제점이 되고 있다.

각국의 의료보장은 이상의 방식 중 한 가지를 취하고 있으며, 드물게는 2가지 이상을 병용하는 각자 독자적인 형태를 취하고 있다. 현재 각국에서 채용하고 있는 것을 유형화하면 다음과 같다.

### 1) 보편적 사회화형

공적 건강서비스를 택하는 보건서비스형으로 사회주의 국가들이 대부분 이에 속한다. 자본주의 국가 중 이 유형에 포함되는 나라는 영국, 뉴질랜드, 이탈리아, 덴마크, 캐나다 등이 있다. 이러한 형태의 의료전달체계를 가지고 있는 나라는 사회구성원 전체에게 각자 필요한 만큼의 의료를 제공해 주는 것을 이상으로 하여 정부세입 의존적 조직을 가지고 있다. 병원은 정부소유인 경우가 많으며, 병원근무의(醫)들은 일정한 봉급을 받는 것이 보통이다.

이러한 나라는 사회적으로 교육, 의료, 실직 등 사회보장에서 다루어야 할 분야를 크게 중요시하여 소외된 계층이 없도록 꾀하는 나라들이다. 그러나 이러한 방식에는 사회주의제도가 가지고 있는 일반적인 병폐와 비슷한 의료서비스의 질적 저하라는 문제를 가지고 있다.[6)]

6) 이들 나라의 경우 수술 시 순번을 기다리는 웨이팅리스트(waiting list) 제도와 의료서비스의 낮은 수준으로 불만이 높다(Cullins & West, The Economic of Health, p.220 참고). 최근 미국이나 캐나다 교민들이 의료서비스를 받으러 귀국하는 사람이 많다는 보도를 자주 접하게 된다. 캐나다에서 귀국하는 경우는 의료서비스의 질적 저하 때문이다. 미국의 경우는 보험료가 비싸서 보험에 가입하지 않았던가 아니면 의료수가가 비싸기 때문이다.

### 2) 사회보험형

오늘날 대다수의 국가들은 사회보험 방식의 의료보험형 의료보장제도를 가지고 있다. 이 유형의 특징 가운데 하나는 갹출제이기 때문에 의료서비스를 받기 위한 자산조사를 하지 않는 보편주의적 접근방식을 취한다는 것이다. 따라서 갹출능력이 없는 저소득자는 의료보험의 대상에서 제외되며 의료부조의 적용을 받게 된다. 그러므로 의료보험 방식을 택하는 나라는 갹출능력이 있는 사람에게는 의료보험을, 갹출능력이 없는 사람들에게는 의료부조를 적용하는 2원적인 보장체계가 된다.

또 다른 하나의 특징은 의료보험은 직·간접으로 의료비를 보장하는 것을 목적으로 할 뿐 의료서비스 그 자체를 보장하는 것은 아니라는 점이다. 의료보험이 완비되더라도 의료자원의 지역배분이 불균등하기 때문에 의료의 기회균등이 확보되지 않으면 안 된다. 그러므로 의료보험 방식의 나라에서는 의료보험의 보급 촉진과 병행하여 의료제도 및 공중위생 등의 의료공급 면에서도 정비 개선을 더하는 것이 필요하다.

인구의 대부분이 사회보험체제에 의존하여 의료수혜를 받고 있는 프랑스, 독일, 일본 등이 이에 속한다. 원칙적으로 소득에 비례하여 기여금을 부담하지만 급여의 정도는 기여금에 비례하지 않는다. 이런 점에서 소득재분배의 효과가 나타난다. 구체적인 자금갹출방법, 적용범위, 급여수준, 보수지급방법, 운영체계 등에는 국가 간에 차이가 많다. 대체로 의사들은 통원치료를 담당하고 보험기금에서 치료비를 직접 또는 간접적으로 지급 받는다.

질병에 대하여 요양 또는 요양비를 보험에 의하여 제공하는 방식이다. 이것에는 보험가입자가 지불한 의료비의 일부 또는 전부를 보험기관이 후일 가입자에게 상환하는 현금급여의 방법을 취하는 것[7]과 가입자는 의료기관에서 의료서비스를 제공받고 의료비는 보험자가 의료기관에 직접 지불하는 현물급여의 방법을 취하는 것이 있다. 이 경우 주된 재원은 보험료다.

이에 대하여 보험 방식은 상병(傷病)이라는 보험사고에 대한 손실보전의 방식이기 때문에 만일 상병의 발생 확률이 일반적으로 고소득층이 높고 저소득층이 낮다는 관계가 존재한다면, 재원으로서 소득비례적인 사회보험료를 택하는 것이 타당하지만 실제 상병의 발생확률은 이와는 정반대로 저소득층에서 높고 고소득층에서 낮은 것이 일반적 현상이다. 그러나

7) 예컨대 해외여행자들이 보통 출국할 때 공항에서 여행자보험에 가입하는 경우가 많다. 이때 해외에서 병원 진료를 받게 되면 현장에서는 본인이 진료비를 부담해야 한다. 그리고 귀국 후에 보험회사에 영수증 등 진료비 지급증명서를 제출하게 되면 그 비용을 현금으로 받게 된다. 이러한 방식을 국내 의료보장제도에서도 시행하는 경우를 말한다.

그럼에도 불구하고 각국에서 채용하고 있는 의료보험료가 대체로 소득비례적인 것은 의료보험에 위험분산이라는 의료 기능을 다하게 할 수밖에 없고 강제가입에 따라 일종의 소득재분배 기능을 수행해야 하기 때문이다.

### 3) 공공부조형

생활빈곤자에 대한 자산조사(means-test)에 근거하여 원칙적으로 무료로 필요한 의료서비스를 행하는 방식으로 우리나라의 의료급여가 이에 속한다. 수급자가 생활곤궁자에 한정되는 것이 특징으로 주된 재원은 조세이다. 자산조사를 통해서나 의료서비스 현장에서 자존심을 손상당하는 경우(stigma)가 있을 수 있다.

### 4) 자유기업형

국가가 전국민을 대상으로 의료보장을 시행하는 것이 아니라 특정한 사회적 약자들에 대해서만 의료보장을 시행하고 스스로 경제적 능력이 있는 사람들에게는 사보험에 맡기는 방식을 말한다. 예컨대 고령자에 대하여는 의료보험을, 생활곤궁자에게는 의료부조를 적용하고, 기타의 국민은 사보험이 담당하는 미국이 그 예가 될 수 있다.

사실 자유기업형 의료보장 방식을 취하는 나라는 지금까지 미국이 유일한 나라였다. 이로 인해 5천만에 달하는 미국 국민들이 의료의 사각지대에서 고통을 당할 뿐만 아니라 사보험에 가입한 사람들도 비싼 보험료와 자기가 가입한 보험회사와 계약된 지정의료기관에서만 의료서비스를 받을 수 있어 많은 불편을 당하고 있다.[8] 이런 문제를 해결하기 위해 역대 미국 대통령들이 「의료보험법」 제정을 시도하였으나 보수파의 반대로 실패하였다. 그러나 소위 '오바마 케어'(Obama Care)라고 불리는 의료보험개혁법안(the Patient Protection and Affordable Care Act)이 의회를 통과하여 2010년 3월 23일 오바마 대통령이 서명을 함으로써 확정되었다. 그러나 의료보험의 '의무가입' 조항이 위헌이라는 소송이 제기되어 또 다시 긴 논쟁의 세월을 보내다가 마침내 대법원의 합헌 판결(2012.06.28)로 2014년까지 의무적으로 가입해야 하게 되었다.

8) 이런 문제를 고발하는 영화 'sicko'를 보면 미국의 상황을 이해하는 데 많은 도움이 될 것이다.

# 제2절 우리나라의 건강보험제도

우리나라의 의료보험제도는 건강보험과 노인장기요양보험으로 되어 있다. 건강보험은 "국민의 질병·부상에 대한 예방·진단·치료·재활과 출산·사망 및 건강증진에 대하여 보험급여를 실시함으로써 국민보건을 향상시키고 사회보장을 증진함을 목적으로 한다(국민건강보험법 제1조)." 노인장기요양보험은 "고령이나 노인성 질병 등의 사유로 일상생활을 혼자서 수행하기 어려운 노인 등에게 제공하는 신체활동 또는 가사활동 지원 등의 장기요양급여에 관한 사항을 규정하여 노후의 건강증진 및 생활안정을 도모하고 그 가족의 부담을 덜어줌으로써 국민의 삶의 질을 향상하도록 함을 목적으로 한다(노인장기요양보험법 제1조)."

## 1. 적용대상

### 1) 적용대상자

국내에 거주하는 국민은 이 법에 따른 '건강보험'의 '가입자' 또는 피부양자가 된다(법 제5조 제1항 전단).

### 2) 건강보험에서 제외되는 자(법 제5조 제1항 단서)

① 의료급여 '수급권자'
② '유공자 등 의료지원 대상자'. 다만, 다음에 해당하는 사람은 가입자 또는 피부양자가 된다.
  ㉮ 유공자 등 의료지원 대상자 중 건강보험의 적용을 보험자에게 신청한 사람
  ㉯ 건강보험을 적용받고 있던 사람이 유공자 등 의료지원 대상자로 되었으나 건강보험의 적용배제신청을 보험자에게 하지 아니한 사람

### 3) 피부양자

피부양자는 다음에 해당하는 사람 중 직장가입자에게 주로 생계를 의존하는 사람으로서 보수나 소득이 없는 사람을 말한다(법 제5조 제2항).

① 직장가입자의 배우자
② 직장가입자의 직계존속(배우자의 직계존속을 포함)
③ 직장가입자의 직계비속(배우자의 직계비속을 포함)과 그 배우자
④ 직장가입자의 형제・자매

## 2. 가입자의 종류

가입자는 직장가입자와 지역가입자로 구분한다(법 제6조 제1항).

### 1) 직장가입자

모든 사업장의 근로자 및 사용자와 공무원 및 교직원은 직장가입자가 된다(법 제6조 제2항 전단).

#### (1) 근로자

'근로자'란 직업의 종류와 관계없이 근로의 대가로 보수를 받아 생활하는 사람(법인의 이사와 그 밖의 임원 포함)으로서 공무원 및 교직원을 제외한 사람을 말한다(법 제3조 제1호). 따라서 법인의 이사 또는 기타 임원도 이 법에서는 근로자가 된다. 근로자의 범위에서 사회보험 관련법과 「근로기준법」과는 다르다.

#### (2) 사용자

'사용자'란 다음에 해당하는 자를 말한다(법 제3조 제2호).
① 근로자가 소속되어 있는 사업장의 사업주
② 공무원이 소속되어 있는 기관의 장으로서 대통령령으로 정하는 사람[9)]
③ 교직원이 소속되어 있는 사립학교를 설립・운영하는 자

건강보험가입자의 종류와 대상을 정리하면 〈표 10−2〉와 같다.

9) 대통령령으로 정하는 사람이란 정부의 각급 기관장을 말한다(시행령 제2조 관련 별표 1 참조).

표 10-2 건강보험가입자의 종류와 대상

<table>
<tr><th rowspan="2">구분</th><th colspan="2">직장가입자</th><th rowspan="2">지역가입자</th></tr>
<tr><th>일반사업</th><th>공교사업장</th></tr>
<tr><td>가입자</td><td>모든 사업장에 고용된 근로자와 그 사용자</td><td>공무원 · 교직원</td><td rowspan="2">직장가입자와 그 피부양자를 제외한 자</td></tr>
<tr><td>피부양자</td><td colspan="2">직장가입자에 의하여 주로 생계를 유지하는 자(부양조건)로서 보수 또는 소득이 없는 자(소득 조건)<br>① 직장가입자의 배우자<br>② 직장가입자의 직계존속(배우자의 직계존속 포함)<br>③ 직장가입자의 직계비속(배우자의 직계비속 포함) 및 그 배우자<br>④ 직장가입자의 형제 · 자매</td></tr>
</table>

#### (3) 직장가입자에서 제외되는 자(법 제6조 제2항 단서)

① 고용기간이 1개월 미만인 일용근로자

② 현역병(지원에 의하지 아니하고 임용된 하사 포함), 전환복무[10)]된 사람 및 무관후보생

③ 선거에 당선되어 취임하는 공무원으로서 매월 보수 또는 보수에 준하는 급료를 받지 아니하는 사람

④ 그 밖에 사업장의 특성, 고용 형태 및 사업의 종류 등을 고려하여 대통령령으로 정하는 사업장의 근로자 및 사용자와 공무원 및 교직원

### 2) 지역가입자

지역가입자는 직장가입자와 그 피부양자를 제외한 가입자를 말한다(법 제6조 제3항).

### 3) 외국인 등에 대한 특례

정부는 외국 정부가 사용자인 사업장근로자의 건강보험에 관하여는 외국 정부와 한 합의에 따라 이를 따로 정할 수 있다(법 제109조 제1항). 국내에 체류하는 재외국민 또는 외국인으로서 대통령령으로 정하는 사람은 제5조에도 불구하고 이 법의 적용을 받는 가입자 또는 피부양자가 된다(법 제109조 제2항).

10) '전환복무'란 현역병으로 복무 중인 사람이 교정시설경비교도 · 전투경찰대원 또는 의무소방원의 임무에 종사하도록 군인으로서의 신분을 다른 신분으로 전환하는 것을 말한다(병역법 제2조 제7호).

#### 4) 실업자에 대한 특례

사용관계가 끝난 직장가입자 중 보건복지부령으로 정하는 사람은 지역가입자가 된 이후 최초로 고지 받은 지역가입자 보험료의 납부기한 이내에 공단에 직장가입자로서의 자격을 유지할 것을 신청하면 대통령령으로 정하는 기간 동안 직장가입자의 자격을 유지한다. 다만, 신청인이 신청 후 최초로 내야 할 보험료를 그 납부기한까지 내지 아니하면 직장가입자의 자격을 유지할 수 없다(법 제110조 제1항).

### 3. 건강보험 적용현황

2013년 현재 건강보험을 적용 받는 인구 중 직장가입자는 14,606천명, 피부양자는 20,400천명으로 직장가입적용자는 모두 35,006천명이다. 지역가입자는 14,984천명이다. 이렇게 해서 49,990천명이 건강보험법의 적용을 받고 있다. 의료급여대상자 1,459천명을 포함하면 의료보장인구는 51,448천명이 된다. 연도별 의료보장 적용인구는 〈표 10－3〉과 같다.

표 10-3 연도별 의료보장 적용인구

(단위: 천명)

| 연도 | 의료보장 | 건강보험 | 직장보험 | | | 지역 | 의료급여 |
|---|---|---|---|---|---|---|---|
| | | | 소계 | 가입자 | 피부양자 | | |
| 2008 | 50,001 | 48,160 | 30,417 | 11,617 | 18,800 | 17,743 | 1,841 |
| 2009 | 50,291 | 48,614 | 31,413 | 12,146 | 19,267 | 17,201 | 1,677 |
| 2010 | 50,581 | 48,907 | 32,384 | 12,764 | 19,620 | 16,523 | 1,674 |
| 2011 | 50,909 | 49,299 | 33,257 | 13,397 | 19,860 | 16,043 | 1,609 |
| 2012 | 51,169 | 49,662 | 34,106 | 13,991 | 20,115 | 15,556 | 1,507 |
| 2013 | 51,448 | 49,990 | 35,006 | 14,606 | 20,400 | 14,984 | 1,459 |

출처: 보건복지부(2014.8), 「2014년 주요업무 참고자료」, p.149.

## 제3절 건강보험의 재정

### 1. 보험료

현재 세계 각국에서 활용하고 있는 사회보장(의료보험 포함)의 재원조달방법을 보면 ① 소득에 연계된 기여금(보통 사용자와 피용자가 공동부담), ② 정액제보험료(premium: 사보험적 방법), ③ 이용자부담(user charges: 혜택을 받은 자가 그 몫을 부담하는 방식) 등의 방식이 있다.

우리나라는 건강보험의 재정을 소득에 연계된 기여금 방식을 채택하고 있다. 즉 준조세의 성격을 띠는 보험료에 의해서 운영된다. 공단은 건강보험사업에 드는 비용에 충당하기 위해 보험료의 납부의무자로부터 보험료를 징수한다(법 제69조 제1항).

### 1) 직장가입자의 보험료

직장가입자의 월별 보험료액은 다음에 따라 산정한 금액으로 한다(법 제69조 제4항).

① 보수월액보험료: 보수월액에 보험료율을 곱하여 얻은 금액

② 소득월액보험료: 소득월액에 보험료율의 50%를 곱하여 얻은 금액

### 2) 지역가입자의 보험료

지역가입자의 월별 보험료액은 세대 단위로 산정하되, 지역가입자가 속한 세대의 월별 보험료액은 보험료부과점수에 보험료부과 점수당 금액을 곱한 금액으로 한다(법 제69조 제5항).

## 2. 보수월액

직장가입자의 보수[11]월액은 직장가입자가 지급받는 보수를 기준으로 하여 산정하되, 상한과 하한을 정할 수 있다(법 제70조 제1항). 휴직이나 그 밖의 사유로 보수의 전부 또는 일부가 지급되지 아니하는 가입자 곧, "휴직자 등"의 보수월액보험료는 해당 사유가 생기기 전 달의 보수월액을 기준으로 산정한다(법 제70조 제2항).

11) 보수에서 제외되는 금품(시행령 제33조 후단)
- ① 퇴직금
- ② 현상금 · 번역료 및 원고료
- ③ 비과세 근로소득. 다만, 다음에 해당하는 경우를 제외한다.
  - ㉮ 외국정부나 국제기관에 근무하는 우리나라 공무원이 받는 급여에 대하여 소득세를 과세하지 아니하는 경우(소득세법 제12조 제4호 자목) · 작전임무를 수행하기 위하여 외국에 주둔 중인 군인 · 군무원이 받는 급여(소득세법 제12조 제4호 카목) 및 국외 또는 북한지역에서 근로를 제공하고 받는 대통령령이 정하는 급여(소득세법 제12조 제4호 파목)로 비과세되는 소득
  - ㉯ 직급보조비 또는 이와 유사한 성질의 금품

## 3. 지역가입자의 보험료부과점수

보험료부과점수는 지역가입자의 소득・재산・생활수준・경제활동참가율 등을 고려하여 정하되, 대통령령으로 정하는 기준에 따라 상한과 하한을 정할 수 있다(법 제72조 제1항).[12]

## 4. 직장가입자의 보험료율

직장가입자의 보험료율은 1천분의 80의 범위에서 심의위원회의 의결을 거쳐 대통령령으로 정한다(법 제73조 제1항). 국외에서 업무에 종사하고 있는 직장가입자에 대한 보험료율은 정해진 보험료율의 100분의 50으로 한다(법 제73조 제2항).

### 1) 보험료 산정방법과 보험료율

직장가입자의 건강보험료는 가입자의 보수월액에 보험료율을 곱하여 보험료를 산정한 후, 경감률 등을 적용하여 가입자 단위로 부과한다. 건강보험료와 장기요양보험료의 산정방식은 다음과 같다.

| 보험료 산정방법(2014년 기준) |
| --- |
| 건강보험료=보수월액×건강보험료율<br>※ 직장가입자: 보수월액의 5.99%(사용자가 보험료의 50% 부담)<br>직장가입자 소득월액의 2.995%(보수외 소득이 연간 7,200만 원 초과자)<br>※ 지역가입자: 소득, 재산, 자동차 등에 차등부과(보험료 부과점수×175.6원) |
| 장기요양보험료=건강보험료×장기요양보험료율 |

보험료율과 보험료 부담비율은 각각 〈표 10-4〉, 〈표 10-5〉와 같다.

12) 직장가입자의 보험료부과는 근로소득만 기준으로 함에 비해 지역가입자의 보험료는 다양한 종류의 소득을 모두 고려하고 있다. 이에 따른 형평성 문제가 야기됨에 따라 최근 직장가입자와 지역가입자 간의 보험료 부과기준에 대한 논의가 활발히 이루어지고 있다.

**표 10-4** 보험료율

(단위: %)

| 적용기간 | 건강보험료율 | 장기요양보험료율 | 비고 |
|---|---|---|---|
| 2008.1.~2009.12. | 5.08 | 4.05 | 장기요양보험료는 2008.7월부터 부과 2012년 9월부터 건강보험료율의 50% 부과 |
| 2010.1.~2010.12. | 5.33 | 4.78 | |
| 2011.1.~2011.12. | 5.64 | 6.55 | |
| 2012.1.~2012.12. | 5.80 | 6.55 | |
| 2013.1.~2013.12. | 5.89 | 6.55 | |
| 2014.1.~현재 | 5.99 | 6.55 | |

**표 10-5** 보험료 부담비율(2012)

(단위: %)

| 구분 | 계 | 가입자부담 | 사용자부담 | 국가부담 |
|---|---|---|---|---|
| 근로자 | 5.99(100) | 2.995 | 2.995(50) | – |
| 공무원 | 5.99(100) | 2.995 | – | 2.995(50) |
| 사립학교교원 | 5.99(100) | 2.995 | 1.797(30) | 1.198(20) |

### 2) 보험료의 경감 · 면제

직장가입자가 국외에서 업무에 종사하고 있거나, 군복무 중이거나 또는 교도소, 그 밖에 이에 준하는 시설에 수용되어 있는 경우(법 제54조 제2호부터 제4호)에 해당하면 그 가입자의 보험료를 면제한다. 다만, 국외에서 업무에 종사하는 경우(법 제54조 제2호)에 해당하는 직장가입자의 경우에는 국내에 거주하는 피부양자가 없을 때에만 보험료를 면제한다(법 제74조 제1항).

지역가입자의 경우에는 보험료율을 산정할 때 그 가입자의 보험료 부과점수를 제외한다(제74조 제2항)

## 5. 건강보험 재정수지 현황

1963년 12월 우리나라에 의료보험이 처음 실시될 당시에는 사업장을 중심으로 의료보험조합을 설립하여 조합으로 하여금 의료보험을 관리하게 하였다. 그 결과 조합에 따라 재정수지가 각각 달랐다. 그 후 1979년 1월 공무원 · 사립학교교직원을 대상으로 하는 공 · 교의료보험법을 제정하였고, 1988년 1월에는 농어촌의료보험을 도입하였다. 이에 따라 농어촌의료보험조합은 재정적자를 면치 못하여 국고지원이 이루어졌다.

이러한 상황에서 의료보험이 소득재분배의 원칙을 지키지 못한다는 비판과 함께 지역의료보험조합의 운영비에 대한 과다지출을 비판받아 왔다. 이에 1998년 10월 227개 의료보험 조합과 공교의료보험공단을 하나로 묶어 국민건강보험공단으로 통합하여 중앙집중 관리방식으로 바꾸었다. 그러나 이러한 통합과정에서 의약분업에 따른 의약분쟁을 야기시켰고, 자영업자들의 소득파악의 어려움으로 건강보험재정에서 수입의 감소와 의료수가의 인상조정에 따른 지출의 증대로 보험재정은 전반적으로 매우 심각한 적자에 직면하게 되었다. 이러한 재정적자를 메우기 위하여 보험료를 대폭 인상하였다.

이러한 어려운 과정을 겪어 오면서 2002년 마침내 보험재정의 수지균형이 균형을 유지한 이래 2003년부터는 드디어 건강보험재정의 오랜 적자경영을 면하게 되었다. 이러한 보험재정의 호전을 바탕으로 정부는 건강보험의 지원범위를 점차 확대해 나갈 수 있게 되었다. 예컨대, 만 6세 미만 입원아동에 대한 본인부담금 면제, 내시경 치료재료의 보험적용, 집중지원 중증상병 확대 등 건강보험의 보장성 강화를 추진하는 것 등이다.

그러나 이러한 지원범위의 확대로 또 다시 보험재정이 어려워질 조짐이 보이자 이때까지 보험료 산정의 바탕으로 삼아오던 소득 등급에 따른 '표준보수월액' 제도를 폐지하고 2007년 1월 1일부터 실제 보수월액에 일정률의 보험료율을 적용하는 방식으로 바꾸었다. 그리고 소득상한선을 4,980만 원에서 6,579만 원으로 인상하였다. 이러한 노력으로 <표 10-6>에서 보는 바와 같이 2010년을 제외한 매해 보험재정의 안정을 보이고 있다.

**표 10-6 건강보험 재정수지 현황**

| 연도 | 총수입액 | 총지출액 | 차액 | 총지출률/보험료 대비 급여비율(%) |
|---|---|---|---|---|
| 2006 | 23,263,082,769 | 22,817,757,142 | 445,325,627 | 98.1 / 95.8 |
| 2007 | 26,049,843,139 | 25,888,501,744 | 161,341,395 | 99.4 / 96.7 |
| 2008 | 29,787,149,719 | 28,273,326,469 | 1,513,822,250 | 94.9 / 91.9 |
| 2009 | 31,500,393,382 | 31,189,152,469 | 311,240,913 | 99.0 / 97.4 |
| 2010 | 33,948,880,393 | 34,926,339,447 | −997,459,054 | 102.9 / 101.3 |
| 2011 | 38,761,068,391 | 37,258,746,902 | 1,502,321,489 | 96.1 / 94.4 |
| 2012 | 42,473,652,817 | 39,152,044,404 | 3,321,608,413 | 92.2 / 90.1 |
| 2013 | 47,205,853,849 | 41,265,338,093 | 5,940,515,756 | 87.3 / 88.5 |

출처: 국민건강보험공단・건강보험심사평가원(2014.9), 「2013년 건강보험통계연보」, pp.66-67.

# 제4절 건강보험급여

의료보험에 있어서 보험급여의 원인이 되는 것을 일반적으로 '보험사고'라고 하며, 이 보험사고에 대하여 급여를 행하는 것을 '보험급여'라고 한다. 건강보험급여라 함은 국민의 질병·부상에 대한 예방·진단·치료·재활과 출산·사망 및 건강검진에 대하여 「국민건강보험법」이 정하는 바에 의하여 각종 형태로 실시하는 의료서비스를 말한다.

## 1. 요양급여

가입자 및 피부양자의 질병·부상·출산 등에 대하여 ① 진찰·검사, ② 약제·치료재료의 지급, ③ 처치·수술, 기타의 치료, ④ 예방·재활, ⑤ 입원, ⑥ 간호, ⑦ 이송의 요양급여를 실시한다(법 제41조 제1항).

## 2. 요양기관(법 제42조 제1항)

① 의료기관

② 약국

③ 한국희귀의약품센터

④ 보건소·보건의료원 및 보건지소

⑤ 보건진료소

## 3. 비용의 본인일부부담

요양급여를 받는 자는 본인일부부담금을 본인이 부담한다(법 제44조). 본인일부부담금의 부담률 및 부담액은 〈표 10-7〉과 같다(시행령 제19조 제1항 관련 별표 2).

**표 10-7** 요양급여비용 중 본인이 부담할 비용의 부담률 및 부담액

| 기관종별 | 소재지 | 환자구분 | 본인부담액 |
|---|---|---|---|
| 상급 종합병원 | 모든 지역 | 일반환자 | 진찰료총액+(요양급여총액－진찰료)×60% |
| | | 의약분업 예외환자 | 진찰료총액+(요양급여총액－약값총액－진찰료 총액)×60%+약값총액×30% |

| 기관종별 | 소재지 | 환자구분 | 본인부담액 |
|---|---|---|---|
| 종합병원 | 동지역 | 일반환자 | 요양급여비용총액×50% |
| | | 의약분업 예외환자 | (요양급여총액－약값총액)×50%＋약값총액×30% |
| | 읍·면 지역 | 일반환자 | 요양급여비용총액×45% |
| | | 의약분업 예외환자 | (요양급여비용총액－약값총액)×45%＋약값총액×30% |
| 병원, 치과병원, 한방병원, 요양병원 | 동지역 | 일반환자 | 요양급여비용총액×40% |
| | | 의약분업 예외환자 | (요양급여비용총액－약값총액)×40%＋약값총액×30% |
| | 읍·면 지역 | 일반환자 | 요양급여비용총액×35% |
| | | 의약분업 예외환자 | (요양급여비용총액－약값총액)×35%＋약값총액×30% |
| 의원, 치과의원, 한의원, 보건의료원 | 모든 지역 | | 요양급여비용총액×30%(요양급여를 받는 자가 65세 이상인 경우에는 요양급여비용총액이 보건복지부령으로 정하는 금액을 넘지 아니하면 보건복지부령으로 정하는 금액) |
| 보건소, 보건지소, 보건진료소 | 모든 지역 | | 요양급여비용총액×30%(요양급여비용총액이 보건복지부령으로 정하는 금액을 넘지 아니하면 보건복지부령으로 정하는 금액) |

주: “의약분업 예외환자”란 조현병 또는 조울증 등으로 자신 또는 다른 사람을 해칠 우려가 있는 정신질환자, 제1군전염병환자(콜레라, 페스트, 장티푸스, 파라티푸스, 세균성이질, 장출혈성대장균감염증), 「국가유공자 등 예우 및 지원에 관한 법률」에 따른 상이등급 1급부터 3급까지에 해당하는 자, 「고엽제후유의증 환자지원 및 단체설립에 관한 법률」에 따른 고도장애인, 「장애인복지법」에 따른 1급·2급 장애인 및 이에 준하는 장애인, 파킨슨병 환자 또는 한센병 환자에 대하여 조제하는 경우, 장기이식을 받은 자에 대하여 이에 관련된 치료를 하거나 후천성 면역결핍증 환자에 대하여 해당 질병을 치료하기 위하여 조제하는 경우를 말한다.

## 4. 요양비

### 1) 요양비의 지급

공단은 가입자나 피부양자가 긴급하거나 그 밖의 부득이한 사유로 요양기관과 비슷한 기능을 하는 기관(업무정지기간 중인 요양기관 포함)에서 질병·부상·출산 등에 대하여 요양을 받거나 요양기관이 아닌 장소에서 출산한 경우에는 그 요양급여에 상당하는 금액을 가입자나 피부양자에게 요양비로 지급한다(법 제49조 제1항).

### 2) 부가급여

공단은 요양급여 외에 장제비(葬祭費), 상병수당(傷病手當), 그 밖의 급여를 실시할 수 있다(법 제50조).

### 3) 장애인의 보장구에 대한 특례

공단은 등록한 장애인인 가입자 및 피부양자에게는 보장구(補裝具)에 대하여 보험급여를 할 수 있다(법 제51조 제1항).

### 4) 건강검진

공단은 가입자와 피부양자에 대하여 질병의 조기 발견과 그에 따른 요양급여를 하기 위하여 건강검진을 실시한다(법 제52조 제1항).

## 5. 급여의 제한

### 1) 보험급여의 제한 사유

보험급여를 받을 수 있는 사람이 다음에 해당하면 보험급여를 하지 아니한다(법 제53조 제1항).

① 고의 또는 중대한 과실로 인한 범죄행위에 그 원인이 있거나 고의로 사고를 일으킨 경우
② 고의 또는 중대한 과실로 공단이나 요양기관의 요양에 관한 지시에 따르지 아니한 경우
③ 고의 또는 중대한 과실로 제55조에 따른 문서와 그 밖의 물건 제출을 거부하거나 질문 또는 진단을 기피한 경우
④ 업무 또는 공무로 생긴 질병・부상・재해로 다른 법령에 따른 보험급여나 보상(報償) 또는 보상(補償)을 받게 되는 경우

### 2) 중복급여의 제한

보험급여를 받을 수 있는 사람이 다른 법령에 따라 국가나 지방자치단체로부터 보험급여에 상당하는 급여를 받거나 보험급여에 상당하는 비용을 지급받게 되는 경우에는 그 한도에서 보험급여를 하지 아니한다(법 제53조 제2항).

### 3) 보험료 체납자에 대한 제재(制裁)

가입자가 대통령령으로 정하는 기간 이상 보험료를 체납한 경우 그 체납한 보험료를 완납할 때까지 그 가입자 및 피부양자에 대하여 보험급여를 실시하지 아니할 수 있다. 다만, 보험료의 체납기간에 관계없이 월별 보험료의 총체납횟수(이미 납부된 체납보험료는 총체납횟수에서 제외)가 대통령령으로 정하는 횟수 미만인 경우에는 그러하지 아니하다(법 제53조 제3항).

### 4) 급여의 정지(停止)

보험급여를 받을 수 있는 사람이 다음에 해당하면 그 기간에는 보험급여를 하지 아니한다. 다만, 제③호 및 제④호의 경우에는 요양급여를 실시한다(법 제54조).[13)]

① 국외에 여행 중인 경우
② 국외에서 업무에 종사하고 있는 경우
③ 현역병(지원에 의하지 아니하고 임용된 하사 포함), 전환복무된 사람 및 무관후보생에 해당하게 된 경우
④ 교도소, 그 밖에 이에 준하는 시설에 수용되어 있는 경우

## 6. 부당이득의 징수

### 1) 부당한 급여의 징수

속임수나 그 밖의 부당한 방법으로 보험급여를 받은 사람이나 보험급여 비용을 받은 요양기관에 대하여 그 보험급여나 보험급여 비용에 상당하는 금액의 전부 또는 일부를 징수한다(법 제57조 제1항).

### 2) 요양기관 개설자와 요양기관의 연대책임

공단은 속임수나 그 밖의 부당한 방법으로 보험급여 비용을 받은 요양기관이 다음에 해당하는 경우에는 해당 요양기관을 개설한 자에게 그 요양기관과 연대하여 같은 항에 따른 징

13) 이 경우 비용은 법무부장관・국방부장관・국민안전처장관 또는 경찰청장이 부담한다(법 제60조).

수금을 납부하게 할 수 있다(법 제57조 제2항).

① 의료기관을 개설할 수 없는 자가 의료인의 면허나 의료법인 등의 명의를 대여받아 개설·운영하는 의료기관

② 약국을 개설할 수 없는 자가 약사 등의 면허를 대여받아 개설·운영하는 약국

### 3) 불법행위 가담자의 연대책임

사용자나 가입자의 거짓 보고나 거짓 증명 또는 요양기관의 거짓 진단에 따라 보험급여가 실시된 경우 공단은 이들에게 보험급여를 받은 사람과 연대하여 징수금을 내게 할 수 있다(법 제57조 제3항).

### 4) 세대원의 연대책임

속임수나 그 밖의 부당한 방법으로 보험급여를 받은 사람과 같은 세대에 속한 가입자(속임수나 그 밖의 부당한 방법으로 보험급여를 받은 사람이 피부양자인 경우에는 그 직장가입자)에게 속임수나 그 밖의 부당한 방법으로 보험급여를 받은 사람과 연대하여 징수금을 내게 할 수 있다(법 제57조 제4항).

### 5) 요양기관의 부당요금은 가입자에게 반환

요양기관이 가입자나 피부양자로부터 속임수나 그 밖의 부당한 방법으로 요양급여비용을 받은 경우 공단은 해당 요양기관으로부터 이를 징수하여 가입자나 피부양자에게 지체 없이 지급하여야 한다(법 제57조 제5항).

## 7. 현역병에 대한 요양급여비용의 지급[14)]

공단은 현역병, 전환복무된 사람 또는 무관후보생(법 제54조 제3호) 및 교도소, 그 밖에 이에 준하는 시설에 수용되어 있는 사람(법 제54조 제4호)이 요양기관에서 "요양급여"를 받은 경우 그에 따라 공단이 부담하는 "요양급여비용"을 법무부장관·국방부장관·국민안전처장관·경

14) 현역병이 외출 휴가 등으로 병영 밖에서 의료급여를 받을 경우 의료보험에서 제외되는 데 대한 문제가 제기됨에 따라 개정법에서 처음으로 규정하였다.

찰청장으로부터 예탁 받아 지급할 수 있다. 이 경우 법무부장관・국방부장관・국민안전처장관・경찰청장은 예산상 불가피한 경우 외에는 연간(年間) 들어갈 것으로 예상되는 요양급여 비용을 대통령령으로 정하는 바에 따라 미리 공단에 예탁하여야 한다(법 제60조 제1항).

## 제5절 노인장기요양보험제도

### 1. 서론

#### 1) 제도의 도입과정[15)]

한국에서의 공적노인요양보장제도는 1999년 '노인보건복지 중장기발전계획추진상황 보고'에서 '장기요양보호정책연구단'을 설치하기로 하면서 제도 도입에 대한 논의가 시작되었다. 그 결과 2000년 1월 '노인장기요양보호정책기획단'이 구성되었다. 또한 요양이 필요한 65세 이상 노인 대상이 증가할 것이라는 보건사회연구원의 보고서를 통해 요양보험의 필요성이 제기되었고, 2002년 7월 '노인보건복지종합대책'을 발표하면서 노인요양보험제도 도입이 제안되었다.

참여정부는 2003년 3월 '공적노인요양보장추진기획단'을 설치하고 2004년 2월 기획단의 논의사항 등을 종합한 연구 결과를 보고, 향후 추진방향을 설정하였다. 2004년 3월 '공적노인요양보장제도 실행위원회 및 실무기획단'을 구성하고 2004년 8월 '노인요양보장체계 시안' 공청회를 통해 노인요양보장체계 마련을 위한 각계각층의 의견을 수렴하였다.

그리고 2005년 2월에는 공적노인요양보장제도 실행위원회에서 '공적노인요양보장제도 실시모형개발연구'의 보고서를 보건복지부로 제출하였고, 2005년 7월부터 2006년 3월까지 9개월간 제1차 시범사업을 위해 전국 6개 기초자치단체[16)]를 선정하여 기초생활수급자를 대상으로 실시하였다(박석돈 외, 2006: 198-199).

15) 법의 도입과정, 노인요양보장체계 시안, 법안의 제안 이유, 실제 장기요양급여를 받는 노인의 범위와 향후 과제는 졸저 사회복지법제론(양서원, 2009: 615)을 그대로 인용하였다.

16) 광주 남구, 경기 수원시, 경북 안동시, 강원 강릉시, 충남 부여군, 제주 북제주군

### 2) 법안의 제안 이유

우리나라의 노인인구는 2005년 현재 전 인구의 9.1%로서 세계에서 유례가 없을 정도로 빠르게 고령화가 진행되고 있다. 이러한 급격한 고령화에 따라 치매·중풍 등 일상생활이 어려운 노인들의 수도 날로 증가하고 있다. 그럼에도 불구하고 핵가족화·여성의 사회참여 증가 등으로 장기요양이 필요한 노인을 가정에서 돌보는 것이 어려운 실정이다. 또한 그 가정의 비용부담이 과중하여 노인장기요양 문제는 우리 사회가 시급히 해결해야 할 심각한 사회적 문제로 대두되고 있다.

노인의 간병·장기요양문제를 사회적 연대원리에 따라 정부와 사회가 공동으로 해결하는 노인장기요양보험제도를 도입하여 노인의 노후생활 안정을 도모하고 그 가족의 부양부담을 덜어줌으로써 국민의 삶의 질을 향상하려는 것이다.

이 법은 당초 다양한 법안이 제출되었다. 그 명칭도 「노인수발보험법」(정부), 「국민장기요양보험법」(정형근 의원), 「국민요양보험법」(안명옥 의원), 「국민장기요양보험법」(김춘진 의원), 「장기요양보험법」(현애자 의원), 「장기요양보험법」(장향숙 의원) 등의 6개 안이었다. 이 6개 안을 종합한 대안을 최종 통과시켜 2007년 4월 27일 법률 제8403호로 공포하였고, 2008년 7월 1일 시행하게 되었다. 그러나 이 법을 원활히 시행할 수 있도록 준비행위를 허용하였다. 준비를 위해 필요한 사항은 2007년 10월 1일을 시행일로 하였다.

### 3) 장기요양급여를 받을 노인의 범위와 향후 과제

장기요양보험료를 납부하는 자는 전체 국민이나, 정부는 2008년 제도를 도입할 때 실제 장기요양급여를 받는 노인 수를 노인인구의 1.7%인 8만 5,000명(중증 기준)으로 추산하는 데 그치고 있을 뿐이어서 수급자 범위가 지나치게 협소하다는 우려가 있다.

수급자 범위는 시행령으로 정하도록 위임되어 있으므로 정부는 시행령을 제정할 때 중등증 이상을 대상으로 함을 원칙으로 하고 재가급여와 시설급여 간에 차이를 두어 수급범위를 탄력적으로 적용할 수 있도록 하였다. 예를 들면, 시설급여의 경우 시설확충에 시간이 소요되는 점 등을 감안하여 시설에 상응하도록 범위를 중등증까지 조속히 확대하도록 노력하여야 할 것이다.

## 2. 한국 노인장기요양보험제도

### 1) 제도의 목적 및 의의

#### (1) 제도의 목적

이 제도는 고령이나 노인성 질병 등의 사유로 일상생활을 혼자서 수행하기 어려운 노인 등에게 제공하는 신체활동 또는 가사활동 지원 등의 장기요양급여에 관한 사항을 규정하여 노후의 건강증진 및 생활안정을 도모하고 그 가족의 부담을 덜어줌으로써 국민의 삶의 질을 향상하도록 함을 목적으로 한다(법 제1조).

#### (2) 장기요양급여의 의의

"장기요양급여"란 6개월 이상 동안 혼자서 일상생활을 수행하기 어렵다고 인정되는 자에게 신체활동·가사활동의 지원 또는 간병 등의 서비스나 이에 갈음하여 지급하는 현금 등을 말한다(법 제2조 제2호).

#### (3) 장기요양급여의 기본원칙(법 제3조)

① 사례관리 적용의 원칙

장기요양급여는 노인 등의 심신상태·생활환경과 노인 등 및 그 가족의 욕구·선택을 종합적으로 고려하여 필요한 범위 안에서 이를 적정하게 제공하여야 한다(법 제3조 제1항).

② 재가급여의 우선의 원칙

장기요양급여는 노인 등이 가족과 함께 생활하면서 가정에서 장기요양을 받는 재가급여를 우선적으로 제공하여야 한다(법 제3조 제2항).

③ 의료서비스와의 연계원칙

장기요양급여는 노인 등의 심신상태나 건강 등이 악화되지 아니하도록 의료서비스와 연계하여 이를 제공하여야 한다(법 제3조 제3항).

### 2) 장기요양보험의 당사자

① 사업의 관장(管掌)

장기요양보험사업은 보건복지부장관이 관장한다(법 제7조 제1항).

② 보험자

장기요양보험사업의 보험자는 공단으로 한다(법 제7조 제2항). 여기서 "장기요양사업"이란 장기요양보험료, 국가 및 지방자치단체의 부담금 등을 재원으로 하여 노인 등에게 장기요양급여를 제공하는 사업을 말한다(법 제2조 제3호).

③ 가입자

"장기요양보험가입자"는 국민건강보험가입자로 한다(법 제7조 제3항).

④ 외국인의 가입 제외

외국인 근로자 등으로서 외국인이 신청하는 경우 장기요양보험가입자에서 제외할 수 있다(법 제7조 제4항).

### 3) 장기요양보험의 보험료

#### (1) 장기요양보험료의 산정과 징수

공단은 장기요양사업에 사용되는 비용에 충당하기 위하여 장기요양보험료를 징수한다(법 제8조 제1항). 장기요양보험료율은 1만분의 655(0.0655)로 한다(시행령 제4조).

장기요양보험료는 "건강보험료"와 통합하여 징수한다. 이 경우 공단은 장기요양보험료와 건강보험료를 구분하여 고지하여야 한다(법 제8조 제2항). 통합 징수한 장기요양보험료와 건강보험료를 각각의 독립회계로 관리하여야 한다(법 제8조 제3항).

#### (2) 장애인 등에 대한 보험료의 감면

① 장애인 등에 대한 보험료의 경감

공단은 장애인 또는 이와 유사한 자로서 대통령령으로 정하는 자가 장기요양보험가입자 또는 그 피부양자인 경우 수급자로 결정되지 못한 때에는 장기요양보험료의 전부 또는 일부를 감면할 수 있다(법 제10조).

② 보험료 경감대상 장애인의 범위(시행령 제5조 제1항)

- 등록한 제1급 및 제2급 장애인
- 보건복지부장관이 정하여 고시하는 희귀난치성질환자

### 4) 장기요양인정(認定)

#### (1) 장기요양인정의 기준

① 장기요양인정 신청자격

장기요양인정을 신청할 수 있는 자는 노인 등으로서 다음에 해당하는 자격을 갖추어야 한다(법 제12조). 이 법에서 "노인 등"이라 함은 65세 이상의 노인 또는 65세 미만의 자로서 치매·뇌혈관성질환 등 대통령령으로 정하는 노인성 질병을 가진 자를 말한다(법 제2조 제1호).

- 장기요양보험가입자 또는 그 피부양자
- 의료급여수급권자

② 노인성 질병의 종류(시행령 제2조 관련 별표 1)

질병명은 통계법(제22조)에 따라 고시된 한국표준질병·사인분류에 따른다.

알츠하이머병에서의 치매 / 혈관성치매 / 달리 분류된 기타 질환에서의 치매 / 상세불명의 치매 / 알츠하이머병 / 지주막하출혈 / 뇌내출혈 / 기타 비외상성 두개(頭蓋)내 출혈 / 뇌경색증 / 출혈 또는 경색증으로 명시되지 않은 뇌졸중 / 대뇌경색증을 유발하지 않은 뇌전동맥의 폐색 및 협착 / 대뇌경색증을 유발하지 않은 대뇌동맥의 폐쇄 및 협착 / 기타 뇌혈관질환 / 달리 분류된 질환에서의 뇌혈관장애 / 뇌혈관질환의 후유증 / 파킨슨병 / 이차성 파킨슨증 / 달리 분류된 질환에서의 파킨슨증 / 기저핵의 기타 퇴행성 질환 / 중풍후유증 / 진전(振顫: 떨림 현상)[17]

#### (2) 장기요양인정의 신청

① 의사소견서 또는 진단서의 첨부

장기요양인정 "신청인"은 공단에 장기요양인정신청서에 의사 또는 한의사가 발급하는 "의사 또는 한의사의 소견서"를 첨부하여 제출하여야 한다(법 제13조 제1항; 시행규칙 제2조 제1항).

17) 진전(振顫)은 의학용어로 머리, 손, 몸에서 무의식적으로 일어나는 근육의 불규칙한 운동 즉, 경련 같은 것을 말한다. 알코올중독, 신경쇠약, 파킨슨 증후군 따위에서 나타나는 증세이다. 진전은 보건복지부장관이 정하여 고시하는 범위로 한다.

신청인이 65세 미만인 자로서 신청 시에 의사소견서를 제출하지 아니하는 경우에는 "노인성 질병"(시행령 제2조)을 확인할 수 있는 진단서 등의 증명서류를 장기요양인정신청서에 첨부하여야 한다(시행규칙 제2조 제2항).

② 의사소견서 미첨부자에 대한 조치

신청서를 제출받은 공단은 신청인이 신청자격을 갖추었는지를 확인하고, 조사를 한 후 신청인이 신청 시에 의사소견서를 첨부하지 아니한 경우에는 다음에 따라 필요한 조치를 하여야 한다(시행규칙 제2조 제3항).

- 의사소견서 제출 제외자(시행령 제6조): 의사소견서를 제출하지 아니하여도 됨을 신청인에게 통보하여야 한다.
- 의사소견서 제출 제외자(시행령 제6조)에 해당하지 아니하는 자
  - 최초로 장기요양인정을 신청하는 자나 장기요양인정의 갱신신청을 하는 자: 의사소견서 발급의뢰서를 신청인에게 발부하여야 한다.
  - 위에 해당하지 아니하는 자: 의사소견서 발급비용을 전액 본인이 부담하여야 함을 통보하여야 한다.

③ 의사소견서 제출 제외자

거동이 현저하게 불편하거나 도서·벽지 지역에 거주하여 의료기관을 방문하기 어려운 자는 의사소견서를 제출하지 아니할 수 있다(법 제13조 제2항). 장기요양인정을 신청하는 자 중 의사소견서를 제출하지 아니하여도 되는 자는 다음과 같다(시행령 제6조).

- 신청인의 심신상태나 거동상태 등이 보건복지부령으로 정하는 기준에 따라 현저하게 불편한 자로서 조사 결과 공단 소속 직원이 이를 확인한 자
- 보건복지부장관이 정하여 고시하는 도서·벽지 지역에 거주하는 자

## 5) 등급판정

### (1) 등급판정 심의자료의 제출

공단은 조사가 완료된 때 조사결과서, 신청서, 의사소견서, 그 밖에 심의에 필요한 자료를 장기요양 "등급판정위원회"에 제출하여야 한다(법 제15조 제1항).

### (2) 등급판정위원회의 등급판정

등급판정위원회는 신청인이 신청자격요건을 충족하고 6개월 이상 동안 혼자서 일상생활을 수행하기 어렵다고 인정하는 경우 심신상태 및 장기요양이 필요한 정도 등 대통령령으로 정하는 등급판정기준에 따라 장기요양급여를 받을 "수급자"로 판정한다(법 제15조 제2항).

### (3) 관계인의 의견청취

등급판정위원회는 심의·판정을 하는 때 신청인과 그 가족, 의사소견서를 발급한 의사 등 관계인의 의견을 들을 수 있다(법 제15조 제3항).

### (4) 등급판정의 기준(시행령 제7조 제1항)

① 장기요양 1등급: 심신의 기능상태 장애로 일상생활에서 전적으로 다른 사람의 도움이 필요한 자로서 장기요양인정 점수가 95점 이상인 자
② 장기요양 2등급: 심신의 기능상태 장애로 일상생활에서 상당부분 다른 사람의 도움이 필요한 자로서 장기요양인정 점수가 75점 이상 95점 미만인 자
③ 장기요양 3등급: 심신의 기능상태 장애로 일상생활에서 부분적으로 다른 사람의 도움이 필요한 자로서 장기요양인정 점수가 60점 이상 75점 미만인 자
④ 장기요양 4등급: 심신의 기능상태 장애로 일상생활에서 일정부문 다른 사람의 도움이 필요한 자로서 장기요양인정 점수가 51점 이상 60점 미만인 자
⑤ 장기요양 5등급: 치매환자로서 장기요양인정 점수가 45점 이상 51점 미만인 자

## 6) 장기요양급여

### (1) 재가급여(시행령 제9조)

① 방문요양: 장기요양요원이 수급자의 가정 등을 방문하여 신체활동 및 가사활동 등을 지원하는 장기요양급여
② 방문목욕: 장기요양요원이 목욕설비를 갖춘 장비를 이용하여 수급자의 가정 등을 방문하여 목욕을 제공하는 장기요양급여
③ 방문간호: 장기요양요원인 간호사 등이 의사, 한의사 또는 치과의사의 지시서 등 "방문

간호지시서"에 따라 수급자의 가정 등을 방문하여 간호, 진료의 보조, 요양에 관한 상담 또는 구강위생 등을 제공하는 장기요양급여

④ 주・야간보호: 수급자를 하루 중 일정한 시간 동안 장기요양기관에 보호하여 신체활동 지원 및 심신기능의 유지・향상을 위한 교육・훈련 등을 제공하는 장기요양급여

⑤ 단기보호: 수급자를 보건복지부령으로 정하는 범위 안에서 일정 기간 동안 장기요양기관에 보호하여 신체활동 지원 및 심신기능의 유지・향상을 위한 교육・훈련 등을 제공하는 장기요양급여

⑥ 기타 재가급여(복지용구): 수급자의 일상생활・신체활동 지원에 필요한 용구를 제공하거나 가정을 방문하여 재활에 관한 지원 등을 제공하는 장기요양급여로서 대통령령(제9조)으로 정하는 것. 곧 수급자의 일상생활 또는 신체활동 지원에 필요한 용구로서 보건복지부장관이 정하여 고시하는 것을 제공하거나 대여하여 주는 것을 말한다(시행령 제9조).

### (2) 시설급여(법 제23조 제1항 제2호)

장기요양기관이 운영하는 노인의료복지시설 등에 장기간 동안 입소하여 신체활동 지원 및 심신기능의 유지・향상을 위한 교육・훈련 등을 제공하는 장기요양급여를 말한다.

### (3) 특별현금급여(법 제23조 제1항 제3호)

① 가족요양비

- 가족요양비의 지급사유: 공단은 다음에 해당하는 수급자가 가족 등으로부터 제 방문요양에 상당한 장기요양급여를 받은 때 대통령령으로 정하는 기준에 따라 당해 수급자에게 가족요양비를 지급할 수 있다(법 제24조 제1항).[18] 2014년 기준으로 장기요양등급에 관계없이 월 150,000원을 지급한다.

  – 도서・벽지 등 장기요양기관이 현저히 부족한 지역으로서 보건복지부장관이 정하여

18) 최종적으로 통과된 대안의 제안 이유에서 밝힌 내용을 보면 다음과 같다. "가족요양비의 지급대상과 관련하여 '도서・벽지 거주자 또는 신체・정신적 사정으로 현물급여 제공이 어려운 자 등'으로 제한적으로 운영하고 있으나, 이에 대해 가족요양비 지급대상을 보편적으로 운영할 경우 소비자의 선택권을 확대하고, 가족에 의한 장기요양급여의 제공을 통해 서비스 대상자의 정서적 만족감과 치료효과를 높일 수 있는 점 등 긍정적 측면이 있다는 지적이 있음. 따라서 정부는 이 제도 시행 후 5년 이내에, 시설확충 및 장기요양서비스 발전 상황, 노인들의 욕구, 여성계의 의견, 가족에 의한 장기요양의 질을 담보할 수 있는 방안 등에 대해 종합적으로 평가한 후 가족요양비의 보편적 운영 여부에 대해 국회에 보고하도록 함."

고시하는 지역에 거주하는 자

- 천재지변이나 그 밖에 이와 유사한 사유로 인하여 장기요양기관이 제공하는 장기요양급여를 이용하기가 어렵다고 보건복지부장관이 인정하는 자
- 신체·정신 또는 성격 등 대통령령으로 정하는 사유로 인하여 가족 등으로부터 장기요양을 받아야 하는 자

• 신체·정신 또는 성격 사유의 내용: "신체·정신 또는 성격 등 대통령령으로 정하는 사유"란 다음에 해당하는 경우를 말한다(시행령 제12조 제2항).

- 전염병환자로서 전염의 위험성이 있는 경우
- 등록한 장애인 중 정신장애인(장애인복지법 시행령 별표 1)인 경우
- 신체적 변형 등의 사유로 대인과의 접촉을 기피하는 경우

② 특례요양비

공단은 수급자가 장기요양기관이 아닌 노인요양시설 등의 기관 또는 시설에서 재가급여 또는 시설급여에 상당한 장기요양급여를 받은 경우 당해 장기요양급여비용의 일부를 당해 수급자에게 특례요양비로 지급할 수 있다(법 제25조 제1항).

③ 요양병원간병비

공단은 수급자가 요양병원에 입원한 때 장기요양에 사용되는 비용의 일부를 요양병원간병비로 지급할 수 있다(법 제26조 제1항).

### (4) 장기요양급여 제공기준의 일반원칙(시행규칙 제12조)

① 수급자의 선택권 존중: 장기요양기관은 수급자 개인의 장기요양급여의 종류 및 내용에 대한 선택권을 존중하고 자립생활을 할 수 있도록 지원하여야 하며, 수급자의 심신상태에 따라 적정한 급여를 제공하여야 한다(시행규칙 제12조 제1항).

② 법정 비용 외 부담 금지: 장기요양기관이 본인일부부담금을 수급자에게 청구하는 경우에는 법령에 따라 인정되는 비용 외에 입소보증금 등 다른 명목으로 비용을 청구하여서는 아니 된다(시행규칙 제12조 제2항).

### (5) 장기요양급여의 제한

① 장기요양급여의 중단: 공단은 장기요양급여를 받고 있거나 받을 수 있는 자가 다음에 해

당하는 경우 장기요양급여를 중단하거나 제공하지 아니하게 하여야 한다(법 제29조 제1항).

- 거짓이나 그 밖의 부정한 방법으로 장기요양인정을 받은 경우
- 고의로 사고를 발생하도록 하거나 본인의 위법행위에 기인하여 장기요양인정을 받은 경우

② 장기요양급여의 거부: 공단은 장기요양급여를 받고 있는 자가 정당한 사유 없이 자료의 제출(법 제60조) 또는 보고 및 검사(법 제61조) 등에 관한 보고 또는 자료제출 요구·명령에 따르지 아니하거나 거짓으로 보고 또는 자료제출을 한 자나 질문 또는 검사를 거부·방해 또는 기피하거나 거짓으로 답변한 자에게는 500만 원 이하의 과태료를 부과한다(법 제69조 제1항 제7호).

## 3. 장기요양기관 및 장기요양요원

### 1) 장기요양기관

#### (1) 재가급여를 제공할 수 있는 요양기관(시행령 제10조 제1호)

① 장기요양기관

② 재가장기요양기관

#### (2) 시설급여를 제공할 수 있는 요양기관(시행령 제10조 제2호)

① 노인요양시설

② 노인요양공동생활가정

### 2) 장기요양시설의 현황

#### (1) 노인장기요양급여 시설현황

시설급여를 제공할 수 있는 요양기관으로 지정 받은 기관의 현황은 〈표 10-8〉과 같다. 2010년 현재 총 기관 수는 3,346개소로 노인요양시설이 2,003개소에 정원 80,305명, 노인요양공동생활가정이 1,343개소에 정원 11,304명이었다. 이것이 2013년에는 노인요양시설이

2,498개소에 정원 121,349명으로, 노인요양공동생활가정은 2,150개소에 정원 18,670명으로 늘어났다. 지역적으로는 경기도가 제일 많았다. 전반적으로 대도시보다 도(道)단위에서 시설 수가 더 많다. 이것은 대도시의 땅값 등으로 도시 인근에 요양시설이 몰려있음을 알 수 있다.

**표 10-8** 노인장기요양(시설서비스)기관 현황

| 구분 | 총계 | | 노인요양시설 | | 노인요양공동생활가정 | |
|---|---|---|---|---|---|---|
| | 기관 수 | 정원 | 기관 수 | 정원 | 기관 수 | 정원 |
| 2010 | 3,346 | 19,339 | 2,003 | 80,305 | 1,343 | 11,304 |
| 2011 | 4,061 | 123,712 | 2,489 | 110,387 | 1,572 | 13,325 |
| 2012 | 4,327 | 131,761 | 2,588 | 116,810 | 1,739 | 14,951 |
| 2013 | 4,648 | 140,019 | 2,498 | 121,349 | 2,150 | 18,670 |

출처: 국민건강보험공단(2014.6), 「2013 노인장기요양보험 통계연보」, p.620.

주: 1) 노인요양시설은 노인요양시설, 노인전문요양시설, 노인요양시설(구법), 노인요양시설(단기보호전환)을 합했음.

2) 구법에 의한 노인요양시설은 2013.4.3.로, 단기보호시설로 전환된 노인요양시설은 2013.2.28.로 노인요양시설로 전환됨.

### (2) 장기요양급여 신청자 및 인정자 현황

2008년 7월 1일부터 시행된 「노인장기요양보험」은 첫 해에 376,030명이 신청하여 그중 70.6%인 265,371명이 등급판정을 받았다. 전체 판정을 받은 사람 중에서 80.8%만이 인정을 받았고 나머지는 등급 외 판정을 받았다. 그러다가 2013년에는 685,852명이 신청하여 535,328명이 판정을 받았고 그중 378,493명이 인정을 받아 판정자 대비 70.7%의 인정률을 보였다.

**표 10-9** 노인장기요양보험 신청 및 인정자 현황

(단위: 명, %)

| 구분 | 노인인구<br>(65세 이상) | 신청자 | 판정자<br>(등급내+외) | 인정자<br>(판정대비 인정률) | 노인인구 대비<br>인정률 |
|---|---|---|---|---|---|
| 2009 | 5,268,383 | 522,293 | 390,530 | 286,907(73.5) | 5.4 |
| 2010 | 5,448,984 | 622,346 | 465,777 | 315,994(67.8) | 5.8 |
| 2011 | 5,644,758 | 617,081 | 478,446 | 324,412(67.8) | 5.7 |
| 2012 | 5,921,977 | 643,409 | 495,445 | 341,788(69.0) | 5.8 |
| 2013 | 6,192,762 | 685,852 | 535,328 | 378,493(70.7) | 6.1 |

출처: 국민건강보험공단(2014.6), 「2013년 노인장기요양보험 통계연보」, p.xliv.

### (3) 서비스별 시설 현황

서비스 종류별 기관 현황은 〈표 10-10〉과 같다. 2013년 현재로 재가서비스 기관은 총 15,704개소인데, 그중 방문요양서비스를 제공하는 기관이 8,620개소로 제일 많았고 다음은 방문목욕 7,146개소이다.

표 10-10 노인장기요양(재가서비스)기관 현황

| 구분 | 총 계 | | 방문요양 | 방문목욕 | 방문간호 | 주・야간보호 | | 단기보호 | | 복지용구 |
|---|---|---|---|---|---|---|---|---|---|---|
| | 기관 | 정원 | 기관 | 기관 | 기관 | 기관 | 정원 | 기관 | 정원 | 기관 |
| 2010 | 14,979 | 139,397 | 9,164 | 7,294 | 739 | 1,273 | 20,804 | 199 | 1,811 | 1,278 |
| 2011 | 14,918 | 147,082 | 8,709 | 7,162 | 692 | 1,321 | 21,324 | 234 | 2,046 | 1,387 |
| 2012 | 15,056 | 155,611 | 8,500 | 7,028 | 626 | 1,331 | 21,627 | 257 | 2,223 | 1,498 |
| 2013 | 15,704 | 167,915 | 8,620 | 7,146 | 597 | 1,427 | 24,286 | 368 | 3,610 | 1,574 |

출처: 국민건강보험공단(2014.6), 「2013년 노인장기요양보험 통계연보」, p.620.
주: 1) 총계는 재가기관의 급여종류별 중복 서비스는 기관 수에서 제외되었기 때문임.
2) 재가기관의 정원은 단기보호 및 주・야간보호만 해당(방문요양, 방문목욕, 방문간호 및 복지용구는 제외)

## 3) 장기요양요원

### (1) 장기요양요원의 정의

"장기요양요원"이란 장기요양기관에 소속되어 노인 등의 신체활동 또는 가사활동 지원 등의 업무를 수행하는 자를 말한다(법 제2조 제5호).

### (2) 장기요양급여 종류별 장기요양요원의 범위(시행령 제11조)

① 방문요양: 요양보호사(노인복지법 제39조의2) 중 1급 또는 2급 자격을 가진 자
② 방문목욕: 요양보호사(노인복지법 제39조의2) 중 1급 자격을 가진 자
③ 방문간호: 방문간호의 업무를 하는 장기요양요원은 다음에 해당하는 자
- 간호사로서 2년 이상의 간호업무경력이 있는 자
- 간호조무사로서 3년 이상의 간호보조업무경력이 있고, 보건복지부장관이 정하는 교육을 이수한 자
- 치과위생사(치과위생 업무를 하는 경우)

### (3) 중장기 요양전문인력 수요 예측

장기요양요원은 요양보호사와 간호사가 된다. 요양보호사란 치매·중풍 등 노인성 질환으로 독립적인 일상생활을 수행하기 어려운 노인들을 위해 노인요양 및 재가시설에서 신체 및 가사지원서비스를 제공하는 인력을 말한다. 종전 「노인복지법」상 인력인 가정봉사원과 생활지도원보다 기능·지식수준을 강화하기 위하여 노인장기요양보험제도 시행(2008.7)에 대비하여 국가자격제도로 요양보호사를 신설하였다. 노인복지시설의 설치·운영자는 노인 등의 신체활동 또는 가사활동 지원 등의 업무를 전문적으로 수행하는 요양보호사를 두어야 한다(노인복지법 제39조의2 제1항). 「노인장기요양보험법」의 시행에 대비하여 노인복지시설에 요양보호사를 의무적으로 두게 하였다(박석돈 외, 2008: 283-284).

보건복지부는 중장기 요양전문인력의 수요를 〈표 10-11〉과 같이 2008년 47,726명, 2009년 40,141명, 2010년 50,994명으로 예측하였다. 이러한 수요예측에 충당하고자 요양보호사교육기관의 설치를 신고제로 하고 수료만 하면 자격증을 주는 등 빠른 시일에 요양전문인력을 충당하고자 하였다. 그 결과 짧은 기간에 117만여 명(그림 10-1)의 요양보호사가 배출되었다. 동시에 부실교육과 수업료만 받고 수료증을 주는 등 불법적인 교육기관 운영으로 대량의 형사입건 등의 사태를 불러왔다. 동시에 무자격 전문인력이 양산되는 결과를 초래하였다.

**표 10-11** 장기요양전문인력의 중장기 수요 예측

(단위: 명)

| 구분 | 2008 | 2009 | 2010 |
|---|---|---|---|
| 요양보호사(장기요양요원) | 47,726 | 40,141 | 50,994 |

출처: 보건복지부 홈페이지/노인장기요양보험제도/향후계획·과제.

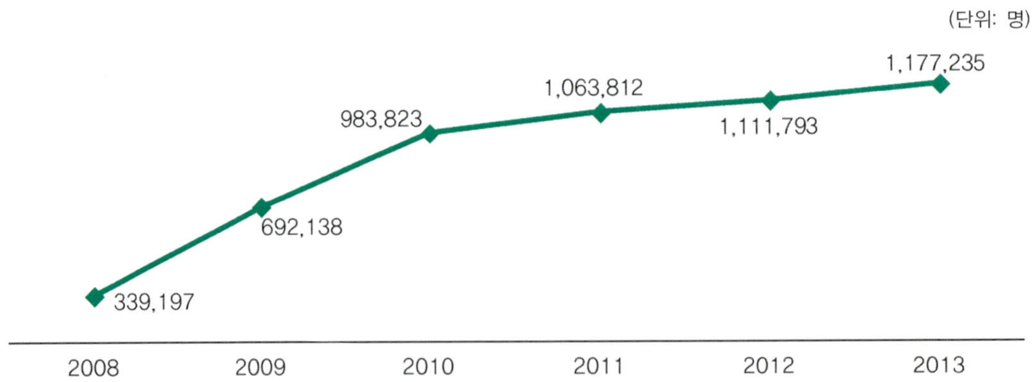


**그림 10-1** 요양보호사 자격 현황(자격증 취득자 수)

이러한 현상을 바로잡고자 보건복지부는 2010년부터 요양전문인력의 자격을 시험제로 바꾸었다.[19)]

## 4. 장기요양급여의 비용

### 1) 장기요양급여 비용의 청구 및 지급

#### (1) 비용의 청구

장기요양기관은 수급자에게 재가급여 또는 시설급여를 제공한 경우 공단에 장기요양급여비용을 청구하여야 한다(법 제38조 제1항). 공단에 장기요양급여비용을 거짓이나 그 밖의 부정한 방법으로 청구한 자에게는 500만 원 이하의 과태료를 부과한다(법 제69조 제5호).

#### (2) 비용의 산정

재가 및 시설 급여비용은 급여종류 및 장기요양등급 등에 따라 장기요양위원회의 심의를 거쳐 보건복지부장관이 정하여 고시한다(법 제39조 제1항). 보건복지부장관은 재가 및 시설 급여비용을 정할 때 대통령령으로 정하는 바에 따라 국가 및 지방자치단체로부터 장기요양기관의 설립비용을 지원받았는지 여부 등을 고려할 수 있다(법 제39조 제2항).

### 2) 본인부담금

#### (1) 본인일부부담금(법 제40조 제1항)

재가 및 시설 급여비용은 다음과 같이 수급자가 부담한다. 다만, 수급자 중 「국민기초생활보장법」에 따른 수급권자는 그러하지 아니하다.

① 재가급여: 당해 장기요양급여비용의 15%

② 시설급여: 당해 장기요양급여비용의 20%

※ 「국민기초생활보장법」에 따른 수급권자는 면제이며, 기타 의료급여 수급권자 등은 50% 감경

19) 2010년 8월 14일 제1회 요양보호사 국가시험이 실시되었다. 요양보호사 시험은 시・도지사가 실시한다. 제1회 시험에는 37,882명이 응시하였다.

#### (2) 본인전부부담(법 제40조 제2항)

① 이 법의 규정에 따른 급여의 범위 및 대상에 포함되지 아니하는 장기요양급여
② 수급자가 따른 장기요양인정서에 기재된 장기요양급여의 종류 및 내용과 다르게 선택하여 장기요양급여를 받은 경우 그 차액
③ 장기요양급여의 월 한도액을 초과하는 장기요양급여

#### (3) 본인일부부담금의 감면(50%)(법 제40조 제3항)

① 의료급여수급권자
② 소득 · 재산 등이 보건복지부장관이 정하여 고시하는 일정 금액 이하인 자. 다만, 도서 · 벽지 · 농어촌 등의 지역에 거주하는 자에 대하여 따로 금액을 정할 수 있다.
③ 천재지변 등 보건복지부령으로 정하는 사유로 인하여 생계가 곤란한 자

#### (4) 부정청구에 대한 처벌(법 제69조)

거짓이나 그 밖의 부정한 방법으로 수급자에게 장기요양급여비용을 부담하게 한 자에게는 500만 원 이하의 과태료를 부과한다.

### 3) 가족 등의 장기요양에 대한 보상

공단은 장기요양급여를 받은 금액의 총액이 보건복지부장관이 정하여 고시하는 금액 이하에 해당하는 수급자가 가족 등으로부터 방문요양에 상당한 장기요양을 받은 경우 보건복지부령으로 정하는 바에 따라 본인일부부담금의 일부를 감면하거나 이에 갈음하는 조치를 할 수 있다(법 제41조 제1항).

### 4) 부당이득의 징수

#### (1) 부당이득징수의 사유

공단은 장기요양급여를 받은 자 또는 장기요양급여비용을 받은 자가 다음에 해당하는 경우 그 장기요양급여 또는 장기요양급여비용에 상당하는 금액을 징수한다(법 제43조 제1항).

① 월한도액 범위를 초과하여 장기요양급여를 받은 경우

② 장기요양급여의 제한 등을 받을 자가 장기요양급여를 받은 경우
③ 거짓이나 그 밖의 부정한 방법으로 재가 및 시설 급여비용을 청구하여 이를 지급받은 경우
④ 그 밖에 이 법상의 원인 없이 공단으로부터 장기요양급여를 받거나 장기요양급여비용을 지급받은 경우

### (2) 불법행위 관여자의 연대책임

공단은 거짓 보고 또는 증명에 의하거나 거짓 진단에 따라 장기요양급여가 제공된 때 거짓의 행위에 관여한 자에 대하여 장기요양급여를 받은 자와 연대하여 징수금을 납부하게 할 수 있다(법 제43조 제2항).

### (3) 세대원의 연대책임

공단은 거짓이나 그 밖의 부정한 방법으로 장기요양급여를 받은 자와 같은 세대에 속한 자(장기요양급여를 받은 자를 부양하고 있거나 다른 법령에 따라 장기요양급여를 받은 자를 부양할 의무가 있는 자)에 대하여 거짓이나 그 밖의 부정한 방법으로 장기요양급여를 받은 자와 연대하여 징수금을 납부하게 할 수 있다(법 제43조 제3항).

## 5. 장기요양위원회

### 1) 장기요양위원회의 설치 및 기능

다음의 사항을 심의하기 위하여 보건복지부장관 소속으로 장기요양위원회를 둔다(법 제45조).
① 장기요양보험료율
② 가족요양비, 특례요양비 및 요양병원간병비의 지급기준
③ 재가 및 시설 급여비용
④ 그 밖에 대통령령으로 정하는 주요 사항

### 2) 장기요양위원회의 조직

#### (1) 장기요양위원회의 구성

장기요양위원회는 위원장 1인, 부위원장 1인을 포함한 16인 이상 22인 이하의 위원으로 구성한다(법 제46조 제1항).

#### (2) 장기요양위원회의 위원

위원장이 아닌 위원은 다음의 자 중에서 보건복지부장관이 임명 또는 위촉한 자로 하고, 다음에 해당하는 자를 각각 동수로 구성하여야 한다(법 제46조 제2항).

① 근로자단체, 사용자단체, 시민단체(비영리민간단체), 노인단체, 농어업인단체 또는 자영자단체를 대표하는 자

② 장기요양기관 또는 의료계를 대표하는 자

③ 대통령령으로 정하는 관계 중앙행정기관의 고위공무원단 소속 공무원, 장기요양에 관한 학계 또는 연구계를 대표하는 자, 공단 이사장이 추천하는 자

#### (3) 장기요양위원회의 임원

위원장은 보건복지부차관이 되고, 부위원장은 위원 중에서 위원장이 지명한다(법 제46조 제3항).

#### (4) 장기요양위원회 위원의 임기

장기요양위원회 위원의 임기는 3년으로 한다. 다만, 공무원인 위원의 임기는 재임기간으로 한다(법 제46조 제4항).

## 6. 장기요양보험의 관리운영기관

### 1) 관리운영기관

#### (1) 장기요양사업의 관리운영 담당기관

장기요양사업의 관리운영기관은 국민건강보험공단으로 한다(법 제48조 제1항).

#### (2) 국민건강보험공단의 장기요양사업 관련 업무(법 제48조 제2항)

① 장기요양보험가입자 및 그 피부양자와 의료급여수급권자의 자격관리
② 장기요양보험료의 부과 · 징수
③ 신청인에 대한 조사
④ 등급판정위원회의 운영 및 장기요양등급 판정
⑤ 장기요양인정서의 작성 및 표준장기요양이용계획서의 제공
⑥ 장기요양급여의 관리 및 평가
⑦ 그 밖의 장기요양사업 관련 업무

#### (3) 공단의 장기요양사업 조직

공단은 공단의 조직 등에 관한 규정을 정할 때 장기요양사업을 수행하기 위하여 두는 조직 등을 건강보험사업을 수행하는 조직 등과 구분하여 따로 두어야 한다. 다만, 수급권자의 자격관리와 요양보험료 부과 · 징수(법 제48조 제2항 제1호 및 제2호) 업무는 그러하지 아니하다(법 제49조).

#### (4) 장기요양사업의 회계

공단은 국민건강보험사업과 장기요양사업에 대하여 독립회계를 설치 · 운영하여야 한다(법 제50조 제1항). 공단은 장기요양사업 중 장기요양보험료를 재원으로 하는 사업과 국가 · 지방자치단체의 부담금을 재원으로 하는 사업의 재정을 구분 운영하여야 한다. 다만, 관리운영에 필요한 재정은 구분 운영하지 아니할 수 있다(법 제50조 제2항).

### 2) 등급판정위원회

#### (1) 등급판정위원회의 설치

장기요양인정 및 장기요양등급 판정 등을 심의하기 위하여 공단에 장기요양등급판정위원회를 둔다(법 제52조 제1항). 등급판정위원회는 특별자치시 · 특별자치도 · 시 · 군 · 구 단위로 설치한다. 다만, 인구 수 등을 고려하여 하나의 특별자치시 · 특별자치도 · 시 · 군 · 구에 2 이상의 등급판정위원회를 설치하거나 2 이상의 특별자치시 · 특별자치도 · 시 · 군 · 구를 통합하여 하나의 등급판정위원회를 설치할 수 있다(법 제52조 제2항).

#### (2) 등급판정위원회의 구성

등급판정위원회는 위원장 1인을 포함하여 15인의 위원으로 구성한다(법 제52조 제3항). 등급판정위원회 위원장은 위원 중에서 특별자치시장·특별자치도지사·시장·군수·구청장이 위촉한다. 이 경우 2 이상의 특별자치시·특별자치도·시·군·구를 통합하여 하나의 등급판정위원회를 설치하는 때 해당 특별자치시장·특별자치도지사·시장·군수·구청장이 공동으로 위촉한다(법 제53조 제1항).

#### (3) 등급판정위원회의 위원

등급판정위원회 위원은 다음의 자 중에서 공단 이사장이 위촉한다. 이 경우 특별자치시장·특별자치도지사·시장·군수·구청장이 추천한 위원은 7인, 의사 또는 한의사가 1인 이상 각각 포함되어야 한다(법 제52조 제4항).

① 의료인
② 사회복지사
③ 특별자치시·특별자치도·시·군·구 소속 공무원
④ 그 밖에 법학 또는 장기요양에 관한 학식과 경험이 풍부한 자

#### (4) 등급판정위원회의 위원의 임기

등급판정위원회 위원의 임기는 3년으로 한다. 다만, 공무원인 위원의 임기는 재임기간으로 한다(법 제52조 제5항).

## 7. 이의신청 및 심사청구

### 1) 이의신청

① 공단의 처분에 대한 이의: 장기요양인정·장기요양등급·장기요양급여·부당이득·장기요양급여비용 또는 장기요양보험료 등에 관한 공단의 처분에 이의가 있는 자는 공단에 이의신청을 할 수 있다(법 제55조 제1항).
② 이의신청 기간: 이의신청은 처분이 있은 날부터 90일 이내에 문서로 하여야 한다. 다

만, 정당한 사유로 본문의 기간 이내에 이의신청을 할 수 없었음을 소명한 때는 그러하지 아니하다(법 제55조 제2항).

③ 장기요양심사위원회 구성: 공단은 장기요양심사위원회를 구성하여 이의신청 사건을 심의하게 하여야 한다(법 제55조 제3항). 장기요양심사위원회의 구성·운영 및 위원의 임기, 그 밖에 필요한 사항은 대통령령으로 정한다(법 제55조 제4항).

### 2) 심사청구

① 이의신청 결정에 대한 불복(不服): 이의신청에 대한 결정에 불복하는 자는 결정처분을 받은 날부터 90일 이내에 장기요양 "심판위원회"에 심사청구를 할 수 있다(법 제56조 제1항).

② 심판위원회의 구성: 심판위원회는 보건복지부장관 소속으로 두고, 위원장 1인을 포함한 20인 이내의 위원으로 구성한다(법 제56조 제2항). 심판위원회의 위원은 관계 공무원, 법학, 그 밖에 장기요양사업 분야의 학식과 경험이 풍부한 자 중에서 보건복지부장관이 임명 또는 위촉한다(법 제56조 제3항).

### 3) 행정소송

공단의 처분에 이의가 있는 자와 이의신청 또는 심사청구에 대한 결정에 불복하는 자는 「행정소송법」으로 정하는 바에 따라 행정소송을 제기할 수 있다(법 제57조).

# 제11장 산업재해보상보험

## 제1절 산재보험의 성립 및 특성

산업재해란 산업현장에서 노동자가 업무와 관련하여 부상, 질병, 사망 등의 재해를 입는 모든 경우를 말한다. 따라서 인류가 최초로 노동하기 시작한 때로부터 산업재해는 존재하여 왔으며 산업혁명 이후 근대산업의 급속한 발전에 따라 산업재해의 위험은 높아져 왔다. 더욱이 대규모 생산체계의 도입으로 생산조직이 복잡해지고 생산기술과 정보관리기술의 고도화가 급속하게 진행되는 현대사회에 있어서는 산업현장에서의 유해·위험한 요소는 더욱 확대되고 있으며 산업재해는 불가피한 현실이 되었다. 따라서 산업현장에서의 생산과정에서 발생하는 재해로부터 노동자와 그 가족을 보호하려는 것은 국가와 사용자 그리고 노동자 모두의 공통적인 요구일 수밖에 없으며, 이러한 요구를 입법화한 것이 산재 관련 노동보호입법이다. 이러한 산업재해로부터 노동자를 보호하는 가장 최선의 방법은 사전에 재해의 발생을 예방하는 것이겠지만 이에는 한계가 있을 수밖에 없으므로 산업재해를 당한 이후의 사후보상(事後補償) 문제도 중요한 의미를 가진다.

### 1. 산재보험의 성립배경

#### 1) 근대법의 3대 원칙

근대법의 3대 원칙은 소유권 자유의 원칙·법률행위 자유의 원칙·과실책임의 원칙을 말한다. 법률행위 자유의 원칙은 특히 계약에서 중요성을 가지므로 '계약자유의 원칙'이라고도 한다. 소유권 자유의 원칙은 국가가 개인의 소유권에 대하여 간섭하거나 침해할 수 없다는 측면을 강조하여 '소유권 절대의 원칙'이라고도 한다. '과실책임의 원칙'은 개인은 자기의 고의·과실로 인하여 야기된 결과에 대해서만 손해배상책임을 지며, 그 밖의 원인으로 인한 결과에 대하여는 책임을 묻지 않는 것을 원칙으로 한다는 의미이다(李銀榮, 1997: 68-69).

### 2) 근대법 3대 원칙의 수정

근대법의 3대 원칙을 바탕으로 자본주의는 크게 발전하였지만 예기치 못했던 커다란 사회문제를 야기했다. 그것은 빈부격차로 인한 소수의 가진 자와 다수의 못 가진 자들 사이의 대립 양상이었다. 따라서 이러한 3원칙은 점차 수정되었는데 계약자유의 원칙은 계약자유의 제한 및 계약의 공공성 확보의 법리로서 발전되어 왔다. 소유권 절대의 원칙은 공공복리에 의한 소유권의 제한을 요구하는 권리남용금지의 원칙으로 발전했다. 그리고 과실책임의 원칙은 자기의 행위에 고의나 과실이 없더라도 자기의 기업 행위나 소유물이 위험성을 갖고 있어 타인에게 손해를 야기하였다면 그 기업주·행위자·소유자는 위험 야기에 따른 손해배상책임을 진다는 위험책임의 법리가 도입되었다. 환경오염의 책임, 공작물 책임, 제조물 책임 등이 그것이다(李銀榮, 1997: 70-71). 그 가운데서 과실책임의 원칙이 산업현장에서는 무과실책임의 원칙으로 바뀌게 되었다.

### 3) 산재(産災)의 무과실책임주의

이와 같은 사용자의 무과실책임보상제도는 19세기 말 영국·독일 등에서 법제화되기 시작했다. 소위 비스마르크의 3대 보험법인 질병보험법(1883), 노동재해보험법(1884), 노령·폐질·유족보험법(1889) 중의 하나인 노동재해보험법이 그것이다. 처음에는 용어도 업무재해 또는 노동재해라는 용어를 썼지만 ILO 제121호 조약(업무상해의 급여에 관한 조약) 이후 산업재해(industrial accident)라는 용어를 주로 쓰고 있다.

20세기에 들어와서 자본주의가 고도로 발전함에 따라 거기서 생기는 여러 가지 폐해의 시정책으로 사회정의나 공평을 기하기 위하여 과실책임주의를 수정하는 무과실책임주의가 보편화되어갔다. 근대산업의 발전으로 기업 현장에서는 많은 위험이나 공해(公害)를 수반하는 반면 기업은 막대한 이윤을 취하고 있다. 따라서 근로자가 산업현장에서 손해를 입어도 기업주의 과실을 입증하지 못한다면 손해배상을 청구할 수 없는 사회적 불공평이 생기게 되었기 때문이다.

### 4) 원인주의에서 결과주의로

이처럼 산재보상의 경로가 과실책임주의에서 무과실책임주의로 이행한 결과로 산재보험제도가 도입되었다고 한다면, 현재 유럽의 일부 국가에서 나타나고 있는 원인주의에서 결과주의로의 이행은 산재보험제도의 새로운 변신이라고 불러야 할 것이다. 즉 지금까지의 산재보험제도에서는 재해발생에 있어 업무수행성 또는 업무기인성이 있어야만 이를 산재로 인정하고 보상해 주었지만, 독일 등 일부 국가에서는 이러한 조건에 관계없이 재해가 발생하였다는 사실만으로 보상의 조건이 충족되는 이른바 결과주의가 확산되고 있다. 이에 따라 산재보험의 적용범위도 근로계층의 근로사고뿐 아니라 비근로사고와 비근로계층에까지 확대되고 있으며 이것은 산재보험제도가 초기의 사용자 보험적 성격에서 전국민적 사회보장제도의 성격으로 이행하고 있음을 보여준다.

### 5) 「근로기준법」과 「산재보험법」의 차이

우리나라에서는 1953년에 제정된 「근로기준법」에서 재해보상을 규정하였다. 이 법에 따라 근로자가 업무상 재해를 입었을 때에는 사용자는 과실이 없더라도 최소한 「근로기준법」에 정한 대로 보상해야 한다. 이에 위반하면 사용자는 처벌받게 되고 근로자와 그 유족은 재판에 의하여 손해배상을 청구할 수 있는 권리가 보장되었다. 그러나 「근로기준법」과 같은 근로자보호법에서 무과실책임에 의한 재해보상 의무가 규정되어 있다 하더라도 그것은 어디까지나 개별적인 사용자의 책임에 한정되는 것이기 때문에 산업재해로 인하여 기업이 커다란 손실을 입거나 파산하는 경우에는, 아무리 강력한 법이 있다 해도 재해를 입은 근로자나 유족이 보호받지 못하는 경우가 생긴다. 따라서 어떠한 경우에라도 근로자의 재해보상이 확실하게 보상받을 수 있는 제도가 필요하게 된다. 그것이 바로 보험기술을 이용하여 단체적 책임하에 재해보상을 보장하는 산재보험제도인 것이다. 즉 산업재해가 발생할 위험이 있는 사업을 경영하는 사업주를 보험에 가입시켜 평소에 보험료를 납부케 하고, 실제로 재해가 발생했을 때 사용자가 능력이 없더라도 재해를 입은 근로자나 유족에게 보험급여를 지급함으로써 건강을 회복케 하고 생계를 유지할 수 있도록 보호하는 것이 산재보험이다.

## 2. 산재보험의 의의

### 1) 산재위험의 분산(分散)

산업재해보상보험은 산업화의 진전에 따라 최초로 등장한 사회보험제도이다. 산재보험은 노동자의 노동재해에 대해 사용자의 보상책임을 담보하기 위한 사회보험제도로서 노동자의 과실 여부에 상관없이 근로상 재해를 보상해주는 무과실책임주의에 입각하고 있다. 산재보험의 도입은 산재발생이 산업화과정에서 필연적이고 보편적인 사회적 위험이라는 인식이 일반화되면서 산재를 당한 노동자의 피해보상 문제가 더 이상 사용자의 개별적 의지에 맡겨 둘 문제가 아니라는 데에 대한 사회적 공감이 이루어진 데 따른 것이다. 이에 따라 산재보험은 산재발생에 따른 위험의 분산과 이에 대한 사회공동체적 책임 원리에 입각하여 최초의 사회보험제도로서 도입되었다.

### 2) 사용자보험적 성격과 사회보장적 성격

이와 같은 산재보험은 오늘날 거의 대부분의 산업국가에서 실시되고 있는데, 각국의 산재보험은 사용자보험의 성격과 사회보장적 성격이 다양한 비율로 혼합된 형태로 실시되고 있다. 사용자보험의 성격을 더 강하게 가지는지, 또는 사회보장적 성격을 보다 강하게 가지는지 하는 것은 근본적으로는 각 국가의 역사적, 정치・문화적 배경에 따라 다르게 나타나며, 구체적으로는 산재보험의 운영주체나 보험료율 부과체계 등 제도의 운영체계에서의 차이에서 나타난다.[1] 그러나 산재율이 안정되고 제도가 확대 발전해감에 따라 점차적으로 급여수준을 생활보장수준으로 제고하는 것은 물론이고 사회연대성에 기반하여 보험료 부과체계에 일률적 공동부담부분을 도입한다거나, 산재를 당한 노동자의 재활 및 사회복귀대책을 강화하는 등의 사회보장적 요소가 강화되는 방향으로 발전하고 있다.[2]

### 3) 사회발전과 산재발생

한편 산재보험제도의 변천은 적용대상 및 급여의 확대 등 제도의 자연적 발전에 따른 변

1) 미국에서는 산재보험을 순수한 사용자보험으로 인식하는 경향이 강하여 보험료 부과체계도 사보험과 같이 급여발생에 비례한 차등요율제에 철저히 바탕을 두고 있으며, 급여요건도 비교적 엄격한 편이다. 반대로 사회적 합의문화와 사회협동적 전통이 강한 유럽의 경우는 산재보험을 노동자에 대한 사회보장정책의 일환으로 인식하는 경향이 강하여 국가가 전반적 사회보장제도의 틀 안에서 산재보험을 운영하고 있으며, 재해보상대상에 있어 비노동자까지 포함하는 보편주의로의 이행을 보이고 급여요건에 있어서도 원인주의(요건주의)에서 결과주의로의 이행을 보이는 등 비교적 사회보장적 이념을 충실하게 반영하고 있다. 중간적 형태를 띠는 일본의 경우는 국가가 산재보험을 직접 관장하는 사회보험제도의 형태를 띠고 있으나, 그 내용은 철저한 차등보험료율제에 기반하고 있는 등 사용자보험의 성격이 강한 편이다.

2) 예컨대 자동차보험의 경우 책임보험과 종합보험으로 구분되어 있다. 이때 책임보험은 사회보험으로 강제보험이며 사회보장적 성격을 가지고 있다. 그러나 종합보험은 사보험으로 임의보험이며 사용자 보험적 성격을 가지고 있다.

화 이외에 근본적으로 산재발생의 빈도 및 강도에 의해 영향을 받게 된다. 즉 산재발생의 빈도 및 강도는 산재보험의 급여규모를 결정짓는 결정적 요인이다. 이러한 산재발생의 특성을 형성하는 주요 요인은 그 나라의 산업화수준 및 산업구조의 형태이다. 예컨대 산재보험이 도입된 산업화 초기 산재발생의 성격과 산업이 고도로 발달한 오늘날 선진국의 산재발생의 특성은 현격한 차이를 보인다. 오늘날 선진국은 산업의 자동화 진전과 전통적으로 산재율이 낮은 3차산업의 비중이 커짐으로 인해 산재발생률이 전반적으로 매우 낮은 상태에서 안정성을 보인다. 이와 같은 안정된 산재율은 신규 산재급여수급자의 감소를 의미하므로 산재보험이 상대적으로 여유가 생긴 재정으로 사회보장적 측면에서 질적 제고를 할 수 있는 가능성을 열어주게 된다. 따라서 산재발생의 특성은 산재보험의 발전방향을 고려하는 데 직결되는 중요한 요소이다.

## 3. 산재보험의 성격

산재보험이란 사업장에 고용되어 근무하던 근로자가 업무상의 재해를 입고 부상 또는 질병에 걸리거나, 신체장애가 남아 불구의 몸이 되거나, 사망하는 경우에 재해근로자와 그 가족이 신속하고 공정하게 보상을 받을 수 있도록 보장해 주기 위하여 국가가 보험기술을 이용해서 모든 사업주에게 연대책임을 지우는 사회보험제도이다. 따라서 산재보험은 다음과 같은 특성을 가진다.

### 1) 근로자를 보호하기 위한 제도

산업재해가 발생하면 기업도 막대한 경제적 손실을 입을 뿐만 아니라, 근로자는 다치고 병들거나 장애인이 되어 일할 수 없게 되고 때로는 생명을 잃게 됨으로써 근로자나 그 가족의 생활은 절박한 상태에 놓이게 된다. 그러나 옛날에는 산업재해를 근로자의 과실에서 생기는 것으로 보아 보호 받을 가치가 없다고 보았다. 설사 사업주의 과실로 일어난 사고라 해도 근로자나 그 가족들은 사업주의 과실을 입증하기가 어려워 손해배상을 청구하지 못할 뿐 아니라, 재판할 능력도 없기 때문에 배상을 받기가 극히 어려웠다.

그 후 산업은 더욱 발전하고, 더욱 복잡해짐으로 해서 산업재해가 증가함에 따라 사회적 관심이 높아지고, 산업재해는 근로자의 과실로만 발생하는 것이 아니라 산업활동 자체에 내포되어 있는 위험이나 유해요인 때문에 발생한다는 사실을 인정하게 되었다. 따라서 산업재해에 대해서는 사용자가 과실이 없더라도 책임을 져야 한다는 소위 무과실책임 사상이 나타났다.

복잡한 기계와 설비를 사용하거나 또는 인체에 해롭거나 위험한 곳에서 일하는 근로자는 항상 업무상 재해를 입을 위험을 안고 있으며, 이러한 위험도(危險度)는 산업이 발전되어 갈수록 높아지게 마련이다. 이러한 위험한 작업환경에서 근무하던 근로자가 업무상 부상을 입거나 질병에 걸리거나 사망하면 그 근로자를 사용하던 사업주는 법에 따라 당연히 보상해야 할 책임이 있다. 그러나 그 사업주가 보상을 해줄 능력이 없거나 보상을 해줄 생각이 없을 때에는 재해근로자는 아무런 보상도 못 받게 되어 치료도 못 받고 가족의 생활도 어렵게 될 것이다. 그래서 이러한 재해근로자를 충분히 보호하기 위해서는 모든 사업주에게 연대책임을 지우는 보험제도를 마련해야겠다는 생각을 하게 된 것이다.

산재보험은 이와 같이 모든 사업주의 연대책임으로 재해보상을 신속하고 충분하게 해 주기 위해서 정부가 사업주로부터 평소에 일정액의 보험료를 받고 그 사업장에서 업무상 재해를 입은 근로자에게는 보험금으로 치료를 해 주며 휴업급여 등의 재해보상금을 지급해 줌으로써 근로자의 권익을 적극적으로 보호해 주는 사회보험제도이다.

### 2) 사업주의 손해보상보험제도

불의의 사고가 발생해서 고용근로자가 인명피해를 입으면 사업주는 일시에 커다란 재산상의 손실을 가져올 뿐만 아니라 재해근로자에게 대하여 법에 따른 재해보상을 해 주자면 많은 돈을 일시에 지출하게 되므로 기업경영에 막대한 타격을 가져오게 된다. 그러나 그 사업주가 산재보험에 가입해서 평소에 소정의 보험료만 납부하면 아무리 큰 재해가 발생한 경우라도 보험자가 법에 따라 모든 재해보상금을 대신 지불해 주기 때문에 사업주는 사업에만 전념할 수 있게 된다. 따라서 산재보험은 사업주의 손해보상보험의 성격도 가지고 있다.

### 3) 정부 주도의 강제보험

근로자를 상시 고용하는 사업장은 의무적으로 보험에 가입해야 하며 이 의무를 소홀히 하면 법에 따라 제재를 받게 된다. 이것은 산재보험이 사용자의 무과실책임을 묻는 근본정신에 따라 사용자의 의사 여하에 상관없이 산업재해로 당하는 근로자의 경제적 손실이 마땅히 보상되어야 한다는 취지에 맞는 것이다.

# 제2절 한국 산재보험의 발전과 현황

## 1. 한국 산재보험의 발전과정

산재보험은 산업화가 활발히 추진되던 1964년 우리나라 최초의 사회보험제도로 도입되었다. 도입 이후 60년이 지나오면서 산재보험은 양적으로나 질적으로 많은 발전을 해 왔다. 적용범위도 점진적으로 확대되었으며, 급여수준이나 급여범위에 있어서도 많은 발전이 이루어졌다. 「산업재해보상보험법」의 발전과정을 보면 〈표 11-1〉과 같다.

표 11-1 산재보험의 발전과정

| 연도 | 내용 |
|---|---|
| 1963.11.05. | • 「산업재해보상보험법」 제정(법률 제1438호) |
| 1964.07.01. | • 상시 500인 이상의 광업 · 제조업에 시행 |
| 1970.12.31. | • 제1차 개정(법률 제2271호)<br>– 유족의 범위 규정<br>– 요양급여와 휴업급여 지급대상 확대(11일에서 8일)<br>– 장해급여 지급대상 확대(10급에서 14급) |
| 1973.01.15. | • 제2차 개정(법률 제2437호)<br>– 휴업급여 산정기초인 임금의 변동순응률제 규정 |
| 1977.12.19. | • 제5차 개정(법률 제3026호)<br>– 최저보상제도 신설<br>– 근로자 중대과실제도의 폐지 |
| 1981.12.17. | • 제7차 개정(법률 제3467호)<br>– 업무상 재해인정범위 확대(종전 2요건주의보다 확대 해석할 수 있는 근거 마련)<br>※ 업무상 재해를 업무수행성과 업무기인성 두 요건을 모두 충족시켜야 인정했으나 두 요건 중 하나만 충족하면 업무상 재해로 인정하기로 했다.<br>– 요양 및 휴업급여의 지급범위 확대(8일에서 4일 이상으로) |
| 1982.12.31. | • 제8차 개정(법률 제3631호)<br>– 상병보상연금제도 도입, 일시급여제도 폐지<br>– 장해특별급여제도 신설 |
| 1989.04.01. | • 제11차 개정(법률 제4111호)<br>– 적용사업의 확대(상시 5인 이상의 사업장)<br>– 휴업급여수준 향상(평균임금의 60%에서 70%로), 장해급여 · 유족급여(1000일분에서 1300일분) · 장의비(90일분에서 120일분으로) 상향조정 |
| 1994.12.22. | • 제13차 전면개정(법률 제4826호)<br>– 산재보험사업을 근로복지공단에 위탁 |

| 연도 | 내용 |
|---|---|
| 1999.12.31. | • 제18차 개정(법률 제6073호)<br>– 근로자를 사용하는 모든 사업장에 확대 적용(2000.7.1. 시행)<br>– 최고보상기준금액제도 도입 |
| 2005.01.01. | •「고용보험 및 산업재해보상보험의 보험료 징수 등에 관한 법률」 제정<br>고용보험 및 산업재해보상보험의 보험료를 통합징수 |
| 2007.12.04. | • 제26차 개정(법률 제8694호)<br>– 평균임금 증감제도 개선, 최고·최저 보상기준제도 개선<br>– 업무상 재해의 인정기준 명시 |
| 2011.01.01. | • 고용 및 산재보험료 산정기준을 '임금'에서 '보수'로 변경 |

## 2. 적용범위의 확대

산재보험을 처음 시행할 당시인 1964년에는 500인 이상 대규모의 광업 및 제조업 부문에만 적용하고 「근로기준법」에 의한 재해보상만 행하였다. 그 후 점차 적용범위를 확대하여 1995년에는 특정 업종을 제외한 5인 이상 사업장을 그 대상으로 하였다가 마침내 2000년 7월 1일부터는 근로자 1인 이상을 고용하는 사업장의 근로자에게까지 확대 적용하게 되었다. 〈표 11－2〉에서 보면 2000년 이후부터 산재적용 사업장 수는 급속히 증가하여 2009년에는 배 이상으로 증가하였다.

**표 11-2** 산재보험 연도별 적용규모 확대과정

| 구분 | 적용기준 | 전체/사업장수 | 산재적용 사업장 수 | 사업장 적용률 (%) | 근로자 총수 | 산재적용 근로자 수 (천 명) | 근로자 적용률 (%) | 비고 |
|---|---|---|---|---|---|---|---|---|
| 1964 | 500인 이상 | | 64 | | | 81 | 1.05 | • 광업, 제조업 |
| 1965 | 200인 이상 | | 289 | | | 161 | 1.96 | • 전기가스업, 운수보관업 |
| 1966 | 150인 이상 | | 594 | | | 222 | 2.64 | |
| 1967 | 100인 이상 | | 1,142 | | | 336 | 3.86 | |
| 1969 | 50인 이상 | | 3,698 | | | 683 | 5.34 | |
| 1972 | 30인 이상 | | 9,375 | | | 1,077 | 9.36 | • 제조업(5인 이상) |
| 1973 | 16인 이상 | | 13,924 | | | 1,319 | 10.47 | |
| 1976 | 〃 | | 28,445 | | | 2,269 | 18.08 | |
| 1982 | 10인 이상 | | 54,159 | | | 3,464 | | |

| 구분 | 적용기준 | 전체/사업장수 | 산재적용 사업장 수 | 사업장 적용률 (%) | 근로자 총수 | 산재적용 근로자 수 (천 명) | 근로자 적용률 (%) | 비고 |
|---|---|---|---|---|---|---|---|---|
| 1988 | 5인 이상 | | 101,445 | | | 5,744 | | • 16개 업종 |
| 1992 | 〃 | | 154,820 | | | 7,058 | 37.30 | • 7월 1일부터 5인 이상 적용 |
| 1996 | 〃 | 2,807,802 | 210,226 | 7.49 | 14,006,754 | 8,157 | 58.24 | • 교육서비스업, 보건 및 사회복지사업, 연구 및 개발업 |
| 2000 | 1인 이상 | | 706,231 | | 21,042,000 | 9,485,557 | 45.08 | |
| 2001 | 〃 | | 909,461 | | 21,628,000 | 10,581,186 | 48.92 | |
| 2002 | 〃 | | 1,002,263 | | 22,052,000 | 10,571,279 | 47.94 | |
| 2003 | 〃 | | 1,006,549 | | 22,096,000 | 10,599,345 | 47.97 | |
| 2004 | 〃 | | 1,039,208 | | 22,802,000 | 10,473,090 | 45.93 | |
| 2005 | 〃 | 3,062,897 | 1,175,606 | 38.84 | 22,856,000 | 12,069,599 | 52.80 | |
| 2006 | 〃 | 3,143,581 | 1,292,696 | 41.12 | 23,151,000 | 11,688,797 | 50.49 | |
| 2007 | 〃 | 3,189,181 | 1,429,885 | 44.84 | 23,433,000 | 12,528,879 | 53.46 | |
| 2008 | 〃 | | 1,594,793 | | 23,245,000 | 13,489,986 | 58.03 | |
| 2009 | 〃 | | 1,560,949 | | 23,110,000 | 13,884,927 | 57.94 | |
| 2010 | 〃 | | 1,608,361 | | | 14,198,748 | | |
| 2011 | 〃 | | 1,738,196 | | | 14,362,372 | | |
| 2012 | 〃 | | 1,825,296 | | | 15,548,423 | | |
| 2013 | 〃 | | 1,977,057 | | | 15,449,228 | | |

출처: 근로복지공단 산재보험연구센터, 2010년도 산재보험·고용징수 실적분석, p.7.
주: 2011년 이후 자료는 고용노동부(2014.11), 「2013년 산업재해현황분석」, p.7.

산재적용 근로자 수는 전체 취업자를 기준으로 볼 때 2000년에는 산재적용 근로자 수는 크게 증가했으나 적용 비율은 감소하였다. 그러나 이후 점차 증가하여 2009년 3월 기준으로 57.94%의 적용률을 보이고 있다. 그러나 아직도 1/3 정도의 근로자들은 산재보험 혜택을 못 받고 있는 실정이다. 이와 같은 우리나라 산재보험의 적용범위 확대과정은 욕구의 우선순위에 기초하여 산재위험이 높은 집단으로부터 낮은 집단으로 확대되어 온 것이 아니라 적용관리의 용이성에 따라 대기업부터 시작하여 점진적으로 중소사업장으로 확대해 온 행정편의 위주의 확대방식을 취해왔다.

## 3. 급여율의 제고

산재보험은 1963년 법제정 이래 수차례의 법개정을 통해 급여수준의 제고를 기해왔다. 수급자 1인당 보험급여를 〈표 11-3〉에서 보면 1995년에 8,690천 원, 2000년 12,729천 원, 2005년 15,397천 원으로 늘었다가 2010년 13,912천 원으로 감소하였다.

**표 11-3 연도별 보험급여 평균지급액**

| 연도 \ 구분 | 수급자 1인당 보험급여 | 적용근로자 1인당 보험급여 | 수급자 1인당 요양급여 | 1인당 장해 보상일시금 | 1인당 유족 보상일시금 | 1인당 장의비 |
|---|---|---|---|---|---|---|
| 2005 | 15,397,151 | 250,694 | 4,812,857 | 15,145,927 | 64,204,796 | 8,612,564 |
| 2006 | 15,333,314 | 270,667 | 4,808,797 | 15,557,991 | 67,673,544 | 9,086,493 |
| 2007 | 15,345,581 | 258,784 | 4,766,774 | 14,425,219 | 69,542,243 | 9,402,136 |
| 2008 | 14,227,027 | 253,661 | 4,272,475 | 16,257,287 | 73,620,328 | 9,689,302 |
| 2009 | 13,740,713 | 249,417 | 4,193,238 | 15,402,206 | 74,313,748 | 9,848,974 |
| 2010 | 13,912,462 | 248,172 | 4,199,155 | 14,849,827 | 77,195,339 | 10,246,741 |

출처: 고용노동부/알림마당/고용노동통계/자료마당/통계표 조회/산업재해보험료 지급상황보고/연도별 보험급여 평균지급액 참조.

## 4. 급여방식의 연금화

산재보험 도입 당시에는 모든 급여가 일시금의 단기급여체계였으나 점차 장기급여체계의 도입과 확대가 이루어지고 있다. 연금형태의 급여방식이 1971년에 장해급여 일부(장해등급 1~3급)와 유족급여에 연금과 일시금 중 선택적 사항으로 도입되었으며, 1982년에는 연금선택 가능 범위가 장해등급 1~7급까지로 확대되었다. 그리고 1989년부터는 장해보상급여에서 노동력을 완전 상실한 장해등급 1~3급의 중증장해자에 대해서는 연금방식으로만 급여를 지급하게 되었다. 이러한 급여의 연금화는 산재보상급여의 성격이 단순재해보상에서 생활보장적 의미로 변화되어 감을 보여주는 것이라 하겠다.

1983년 7월 1일부터는 상병보상연금이 시행되었고, 2000년 7월 1일부터는 간병급여를, 2008년 1월 1일부터는 직업재활급여를 시행하였다. 2009년 현재로 장해급여는 제1급(329일분)~제7급(138일분)을 연금으로 지급한다. 그리고 유족급여는 급여기초연액(평균임금×365)의 52~67%를 연금으로 지급한다. 〈표 11-4〉에 의하면 수급자 1인당 연금지급 금액도 확대되어가고 있음을 알 수 있다.

**표 11-4** 연금화 제도 확대 추세

(단위: 원)

| 연도 | 수급자 1인당 휴업급여<br>최초부터 시행 | 수급자 1인당 상병보상연금<br>1983.7.1 시행 | 수급자 1인당 장해보상연금<br>1970.12.31 신설 | 수급자 1인당 유족보상연금<br>1970.12.31 신설 | 수급자 1인당 간병급여<br>2000.7.1 시행 | 수급자 1인당 직업재활급여<br>2008.1.1 시행 |
|---|---|---|---|---|---|---|
| 1990 | 1,216,109 | – | – | – | – | – |
| 1991 | 1,687,207 | – | – | – | – | – |
| 1992 | 2,193,119 | – | – | – | – | – |
| 1993 | 2,689,113 | – | – | – | – | – |
| 1994 | 3,134,309 | – | – | – | – | – |
| 1995 | 3,837,092 | – | – | – | – | – |
| 1996 | 4,624,149 | – | – | – | – | – |
| 1997 | 5,184,625 | – | – | – | – | – |
| 1998 | 5,420,721 | – | – | – | – | – |
| 1999 | 5,029,837 | 16,021,252 | 16,024,801 | 16,606,835 | – | – |
| 2000 | 5,285,490 | 17,226,108 | 16,313,340 | 8,002,300 | 1,631,072 | – |
| 2001 | 5,353,104 | 17,954,890 | 16,122,015 | 7,084,627 | 5,231,657 | – |
| 2002 | 5,980,299 | 19,109,734 | 16,925,611 | 8,029,185 | 6,750,695 | – |
| 2003 | 6,874,038 | 20,033,749 | 16,819,301 | 8,894,216 | 7,333,378 | – |
| 2004 | 7,743,762 | 21,756,719 | 17,679,895 | 9,639,656 | 8,028,281 | – |
| 2005 | 7,744,177 | 23,635,098 | 18,567,000 | 10,669,163 | 8,370,625 | – |
| 2006 | 7,023,075 | 24,519,604 | 19,302,885 | 11,786,033 | 8,834,724 | – |
| 2007 | 6,491,556 | 26,053,687 | 20,618,506 | 13,532,185 | 9,442,612 | – |
| 2008 | 6,565,841 | 27,319,823 | 19,438,252 | 13,178,454 | 9,034,851 | 899,102 |
| 2009 | 6,408,775 | 29,080,844 | 9,013,335 | 13,611,529 | 9,780,255 | 2,534,096 |
| 2010 | 6,180,979 | 28,346,870 | 16,153,205 | 13,405,661 | 9,656,075 | 2,553,771 |

출처: 고용노동부/알림마당/고용노동통계/자료마당/통계표 조회/산업재해보험료 지급상황보고/산재보험 급여 지급현황

주: 위의 자료를 바탕으로 필자가 1인당 금액으로 나누어 계산하였음.

## 5. 급여범위의 확대

우리나라 산재보험의 급여조건은 업무기인성 및 업무수행성 재해를 요건별로 규정하여 적용하는 요건주의에 기초하고 있다. 산재보험의 급여범위 확대과정은 업무상 재해를 어떻게 해석할 것인가, 즉 어디까지 업무상 재해로 인정할 것인가의 문제와 관련되어 있다. 제도 실시 이후 규정요건에 대한 포괄적 해석의 시도와 새로운 급여요건의 추가적 인정으로 업무상 재해

인정기준이 완화되어 오긴 했지만, 아직도 다른 선진국과 비교하여 볼 때 전반적으로 보상재해의 인정기준이 상당히 엄격하고 경직되게 적용되고 있다. 최근 산재적용재해의 범위가 더욱 확대되어 가고 있으며 특히, 보수적인 법원이 최근 판결로 산재적용범위를 확대 해석하는 경향을 보이고 있다. 진폐, 과로사 등의 경우에도 넓게 해석하고 있으며 만성질환 등을 가졌다 해도 업무상 사유로 지병이 악화되었다고 볼 개연성이 있으면 산재로 인정하는 경우도 있다.[3)]

## 제3절 한국 산업재해의 현황 및 특성

산재보험은 산업재해로 발생한 인적피해에 대한 사후보상적(事後補償的) 성격을 지니고 있어, 산업재해의 규모는 산재보험 급여크기의 결정요인이 된다. 따라서 산재보험제도의 현황 파악과 개선방안의 모색을 위해서는 우리나라 산업재해의 발생 규모와 양태의 검토가 선행되어야 할 것이다.

우리나라가 막 산업화가 시작된 1970년대는 산업재해 발생률이 대단히 높았다. 재해사망만인율도 최고 8.31(1971)을 기록하였으나 이후 점차 감소하여 2004년에는 만인율이 2.70을 기록하였다. 그러나 우리나라가 산업화되어감에 따라 사망자 수는 급격히 증가하여 1972년에 658명이던 것이 2004년에는 2,825명을 기록하였다.

산재보험 적용사업장 수도 산업화가 진전됨에 따라 급격히 늘어 2009년 3월말 현재 「산업재해보상보험법」 적용사업장 1,500,284개소로 전년 동월 대비 92,715개소(6.59%)가 증가했다.

3) 2001년 4월 6일 서울고등법원 특별4부에서 내려진 판결의 기사보도: 서울고법 특별4부(재판장 이홍훈·李鴻薰 부장판사)는 6일 식당 주방장으로 일하다 하반신마비를 일으킨 오모 씨가 근로복지공단을 상대로 낸 요양불승인처분취소 청구소송(2000누4431)에서 1심 판결을 취소하고 원고승소판결을 내렸다. 재판부는 판결문에서 "원고는 환갑에 가까운 나이에 1년 중 6일밖에 쉬지 못하면서 매일 10시간씩 고온고습의 작업환경에서 위험한 주방기구를 다루고 10여 명의 종업원들을 감독하는 주방실장으로서 육체적으로 과로하고 정신적으로도 과도한 스트레스를 받았다고 할 것"이라며 "다른 발병원인이 발견되지 않은 상태에서 원고의 질환인 척수허혈성경색증이 기존 질환이나 당뇨 등 다른 유발인자만에 의해 발생했다는 근로복지공단의 입증이 없는 이상 업무상 재해에 해당한다."고 밝혔다.

재판부는 이어 "「산업재해보상보험법」에 의한 요양제도가 손해의 공평한 분담을 목적으로 하는 손해배상과 달리 사회보장제도의 하나로 실시되는 점, 과로와 스트레스가 구체적으로 특정 질병의 원인이 됐다는 점을 의학적으로 완벽하게 밝히는 것은 사실상 불가능에 가까운 점 등을 감안하면 과로와 과도한 스트레스가 동맥경화를 유발했다고 볼 수 없다거나 또는 원고가 기존에 가지고 있었던 흡연, 당뇨 등의 유발인자만에 의해 동맥경화가 발생했다는 점에 대해 피고의 입증이 없는 이상 원고의 질병은 업무상재해에 해당된다."며 업무와 질병 사이에 인과관계가 명확히 밝혀지지 않은 경우 그 입증책임이 근로복지공단에 있다는 점을 분명히 했다(인터넷 법률신문, 2001.4.12).

그러나 전기 1,594,793개소 대비 94,509개소(5.93%) 감소했다. 이것은 미국발 금융위기의 영향으로 세계경제가 크게 위축된 것에 따른 영향으로 보인다. 사업장 규모별로는 5인 미만 사업장은 869,612개소로 전체의 57.96%로 가장 많았고 30인 미만 사업장으로 넓혀보면 1,196,538개소로 전체의 79.75%를 차지했다.

## 1. 산재발생률의 추이

우리나라 전 산업의 재해율은 산재보험이 시행된 첫 해인 1965년 5.91에서 2013년에는 0.59로 격감하였다. 〈표 11-5〉와 [그림 11-1]에서 보는 바와 같이 근로자 수는 증가하는 데도 재해율은 크게 감소하였다. 2013년도 「산업재해보상보험법」 적용사업장 1,977,057개소에 종사하는 근로자 15,449,228명 중 91,824명의 재해자가 발생하여 재해율은 0.59%이었다. 이 중에서 사망자는 1,929명이었고 부상자는 82,803명, 신체 장해자는 35,490명이었다. 업무상 질병 요양자는 6,788명이었다. 2012년도에 비하여 사업장 수는 8.3% 증가하였는데, 근로자 수는 오히려 0.6% 감소하였다. 또한 재해자 수도 0.64% 감소하였고, 재해율 또한 8.3%나 감소하였다.

**표 11-5** 산업재해발생 현황

| 연도 | 적용 사업장 수 | 대상 근로자 수 | 재해자 수 | | | | | 재해율[2] (%) | 경제적 손실추정액(단위: 백만 원) | | | 근로 손실 일수[4] |
|---|---|---|---|---|---|---|---|---|---|---|---|---|
| | | | 계 | 사망[1] | 부상 | 신체 장해자 | 업무상 질병 이환자 수 | | 계 | 산재 보상금 | 간접 손실액[3] | |
| 2009 | 1,560,949 | 13,884,927 | 97,821 | 2,181 | 87,699 | 35,273 | 7,941 | 0.70 | 17,315,705 | 3,463,141 | 13,852,564 | 51,900,074 |
| 2010 | 1,608,361 | 14,198,748 | 98,645 | 2,200 | 89,459 | 37,440 | 6,986 | 0.69 | 17,618,675 | 3,523,735 | 14,094,940 | 56,707,886 |
| 2011 | 1,738,196 | 14,362,372 | 93,292 | 2,114 | | | | 0.65 | | | | |
| 2012 | 1,825,296 | 15,548,423 | 92,256 | 1,864 | 83,349 | 37,323 | 6,742 | 0.59 | 19,256,435 | 3,851,287 | 15,405,148 | 54,520,730 |
| 2013 | 1,977,057 | 15,449,228 | 91,824 | 1,929 | 82,803 | 35,490 | 6,788 | 0.59 | 18,977,170 | 3,795,434 | 15,181,736 | 52,757,034 |

출처: 고용노동부(2014.11), 「2013년도 산업재해현황분석」, p.19.

주: 1) 사망자 수는 재해 당시의 사망자 수에 요양 중 사망자 수 및 업무상 질병에 의한 사망자 수를 포함한 것임.

2) $재해율 = \frac{재해자\ 수}{근로자\ 수} \times 100$

3) 간접손실액: 하인리히 방식에 의하여 직접손실액(산재보상금 지급액)의 4배로 계상

4) 근로손실일수: 신체장해자의 등급별 손실일수+사망자 손실일수+부상자·업무상 질병요양자의 요양일수

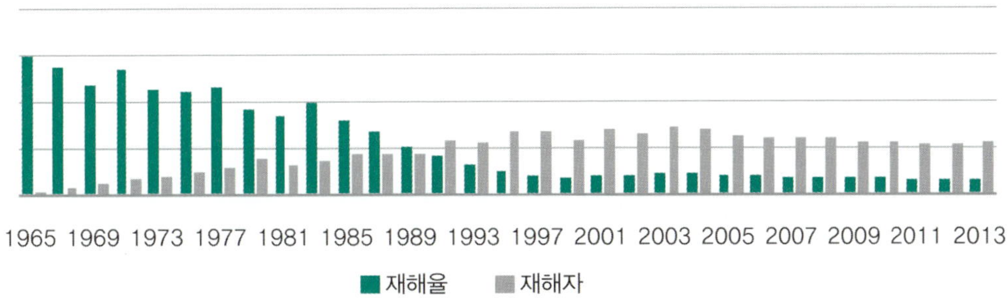


그림 11-1 산업재해 발생추이

재해율은 긴 안목으로 볼 때 크게 감소한 것은 사실이다. 그러나 재해자 수는 오히려 늘어났다. 그것은 우리나라 산업의 규모가 커지고 재해가 대형화하는 데 따른 현상이다.[4)]

산업재해로 인한 경제적 직접손실액(산재보상금 지급액)은 3,795,434백만 원으로 전년대비 1.45% 감소하였다. 이에 따른 직·간접손실을 포함한 경제적 손실 추정액은 18,977,170백만 원으로 전년대비 1.45%가 감소하였으며, 근로손실일수는 52,757,034일로 전년대비 3.23%가 감소한 것으로 나타났다.

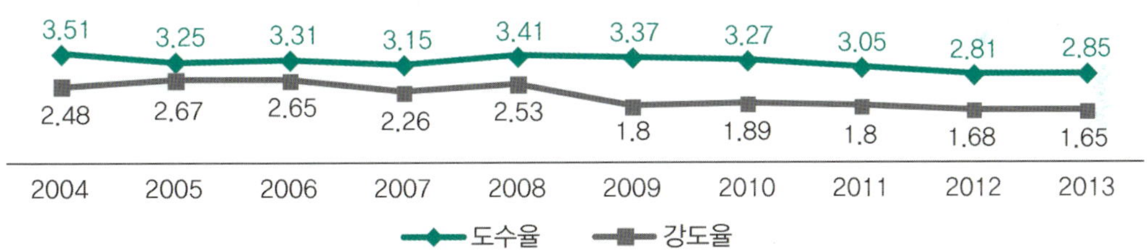


그림 11-2 재해의 도수율 및 강도율

그러나 [그림 11－2]와 〈표 11－6〉에서 보면 재해율은 빠른 속도로 감소하였으나 강도율[5)]은 별로 변화를 보이지 않고 있다. 사망만인률은 1970년대에는 4.00대를 넘었으나 점차 줄

4) 최근(2014.04.16.)의 세월호 참사가 이를 잘 보여주고 있다.
5) 도수율: 산업재해의 발생빈도를 나타내는 것으로 연근로시간 합계 100만 시간당의 재해발생건수
도수율＝(재해발생건수/연근로자 근로 총 시간 수)×1,000,000
강도율: 재해의 경중, 즉 강도를 나타내는 척도로서 연근로시간 1,000시간당 재해로 잃어버린 일수
강도율＝(근로손실일수/연근로자 근로 총 시간 수)×1,000

어들다가 1990년대에 와서 다시 늘어났다. 그러다가 2007년 1.91, 2010년에는 1.55, 2013년에는 1.25까지 내려왔다.

**표 11-6 연도별 사망재해 추이**

(단위: 명, %)

| | 2007 | 2008 | 2009 | 2010 | 2011 | 2012 | 2013 |
|---|---|---|---|---|---|---|---|
| 근로자 수 | 12,528,879 | 13,489,986 | 13,884,927 | 14,198,748 | 14,362,372 | 15,548,423 | 15,449,228 |
| 재해자 수 | 90,147 | 95,806 | 97,821 | 98,645 | 93,292 | 92,256 | 91,824 |
| 사망자 수 | 2,406 | 2,422 | 2,181 | 2,200 | 1,860 | 1,864 | 1,929 |
| 사고성 사망자 수 | 1,383 | 1,448 | 1,401 | 1,383 | 1,129 | 1,134 | 1,090 |
| 업무상 질병자 수 | 11,472 | 9,734 | 8,721 | 7,803 | 7,247 | 7,472 | 7,627 |
| 재해율 | 0.72 | 0.71 | 0.7 | 0.69 | 0.65 | 0.59 | 0.59 |
| 사망만인율 | 1.92 | 1.8 | 1.57 | 1.55 | 1.3 | 1.2 | 1.25 |
| 사고성 사망만인율 | 1.1 | 1.07 | 1.01 | 0.97 | 0.79 | 0.73 | 0.71 |

출처: 통계청(2014), 「2014 규모별 산재현황」.

### 1) 업종별 재해발생률

구체적으로 업종별 재해의 추이를 살펴보면 〈표 11－7〉과 같다. 광업의 재해율(32.63%)은 여전히 높은 수준이나, 점차 감소하는 추세에 있다. 제조업의 경우도 재해발생은 감소하고 있으며, 건설업의 재해율도 많이 낮아졌다. 산업별로는 광업은 여전히 재해율이 가장 높고, 다음으로 임업(0.27%)과 어업(0.25%)이 높다. 그것은 최근 자연재해가 잦아진 탓인 듯하다. 기타산업에 종사하는 근로자 수가 전체 근로자 수의 66.3%(2013년 기준)나 되는데 이 분야에서 산재율이 0.04로 낮아 전체 재해율을 낮추어주고 있다. 이것은 우리나라의 산업구조도 선진국에서와 같이 1~2차 산업에서 점차 3차 산업과 4차 산업으로 바뀌어 가고 있기 때문이다.

**표 11-7 업종별 재해율(2013)**

(단위: 명)

| 구분 | 사업장 수 | 근로자 수 | 재해자 수 | 천인율 | 사망자 수 | 사망자천인율 |
|---|---|---|---|---|---|---|
| 총계 | 1,977,057 | 15,449,228 | 91,824 | 5.94 | 1,929 | 0.12 |
| 광업 | 1,090 | 11,649 | 921 | 79.08 | 380 | 32.63 |
| 제조업 | 328,073 | 3,776,613 | 29,432 | 7.79 | 460 | 0.12 |
| 건설업 | 216,320 | 2,566,832 | 23,600 | 9.19 | 567 | 0.22 |

| 구분 | 사업장 수 | 근로자 수 | 재해자 수 | 천인율 | 사망자 수 | 사망자천인율 |
|---|---|---|---|---|---|---|
| 전기 · 가스 · 수도업 | 1,763 | 61,143 | 77 | 1.26 | 3 | 0.05 |
| 운수창고통신업 | 57,965 | 774,041 | 4,240 | 5.48 | 135 | 0.17 |
| 임업 | 11,373 | 74,389 | 1,965 | 26.42 | 20 | 0.27 |
| 어업 | 1,345 | 4,342 | 62 | 14.28 | 1 | 0.25 |
| 농업 | 8,841 | 50,634 | 638 | 12.60 | 7 | 0.14 |
| 금융보험업 | 39.447 | 652,452 | 363 | 0.56 | 21 | 0.03 |
| 기타산업 | 1,310,840 | 7,477,135 | 30,526 | 4.08 | 335 | 0.04 |

출처: 고용노동부(2014.11), 「2013년 산업재해 현황분석」, pp.27-31의 자료를 종합.

### 2) 사업장규모별 재해발생률

사업장규모별로 재해발생률의 현황(2013)을 〈표 11-8〉과 [그림 11-3]에서 살펴보면 사업장의 규모가 작을수록 재해율이 높은 것으로 나타나고 있다. 전체적으로 볼 때, 노동자 5~49인 미만 사업장이 전체 근로자의 49%를 나타냈다. 다음으로 5인 미만 사업장이 13%이다. 50인 미만의 사업장 근로자 수는 우리나라 전체 근로자의 62%를 차지하고 재해율은 무려 86%나 된다. 즉 소규모 사업장에 근로자들이 더 많고 이들의 근로환경이 더 열악하다는 사실을 보여준다.

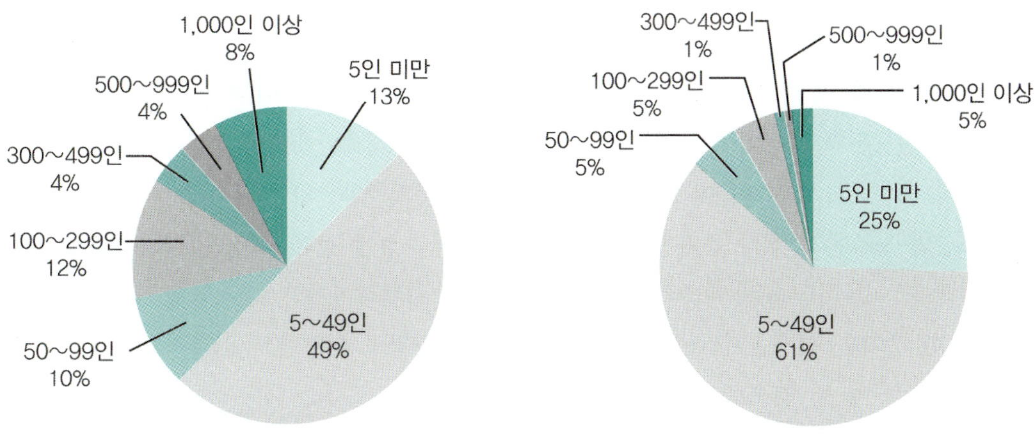


그림 11-3 사업장 규모별 근로자 수(좌) 및 재해자 수(우) 분포(2013)

표 11-8 규모별 산업재해 현황(2013)

| 구분 | 사업장 수 | 근로자 수 | 비율 | 재해자 수 | 비율 | 재해율 |
|---|---|---|---|---|---|---|
| 총계 | 1,977,057 | 15,449,228 | 100 | 91,824 | 100 | 0.59 |
| 5인 미만 | 1,419,989 | 2,215,804 | 13 | 31,291 | 25 | 1.41 |
| 5~49인 | 1,934,806 | 8,748,625 | 49 | 74,836 | 61 | 0.86 |
| 50~99인 | 24,834 | 1,691,007 | 10 | 6,460 | 5 | 0.38 |
| 100~299인 | 13,873 | 2,201,628 | 12 | 5,514 | 5 | 0.25 |
| 300~499인 | 1,948 | 734,574 | 4 | 1,282 | 1 | 0.17 |
| 500~999인 | 1,075 | 724,049 | 4 | 934 | 1 | 0.13 |
| 1,000인 이상 | 521 | 1,345,345 | 8 | 2,798 | 2 | 0.21 |

출처: 고용노동부(2014.11),「2013년 산업재해 현황분석」, pp.32-33의 자료를 종합.

## 2. 산재발생과 산재보험

우리나라의 산재발생률은 산재보험 실시 초기보다는 상당히 감소되었다. 그러나 아직도 선진국과 비교할 때, 절대적으로 높은 수준이며, 산재발생의 추이가 불안정한 양상을 띠고 있다. 이에 따라 산재보험료율도 비교적 높은 편이다. 사망 등의 중대 재해율이 높고, 장기요양을 요하는 경우가 많아 급여지출이 증가하고 있다. 기업규모별 산재발생 양상을 [그림 11-3]에서 살펴볼 때 100인 미만의 소규모 사업장 근로자 수가 전체의 72%를 차지하고 재해율 또한 91%를 차지하고 있다. 특히, 50인 미만의 사업장 근로자 수는 62%를 차지하고 재해율은 무려 86%를 차지한다.

이들 영세사업장은 입사근속기간별 재해발생현황에서는 6개월 미만 노동자가 과반수를 차지하고 있는데, 특히 최근에는 3D업종인 건설업, 제조업, 광업 등에 취업을 기피하는 경향으로 미숙련노동자의 취업이 증가하고 있어 이들에게서 재해발생률이 높은 것으로 보인다.

우리나라는 비교적 산재율이 높은 석탄 광업, 임업 등의 1차산업이 급속히 사양화되고 3차 서비스산업 노동자가 점차 증가하는 산업구조의 전환과정에 있다. 아직은 산업구조가 전체 노동자의 75%를 차지하는 제조업 중심의 2차산업이 지배적이지만, 산재율이 낮은 3차산업의 급속한 증가와 산재율이 극히 높은 1차산업의 사양화로 산재율도 점차적으로 안정적인 구조로 진입하게 될 것으로 전망된다.

# 제4절 산재보험의 적용범위

산재보험의 적용은 다른 사회보험과 다른 특색을 가지고 있다. 즉 업무상 재해에 대한 보상책임이 사업주에게 있는 것이기 때문에 산재보험은 사업주가 경영하는 사업별로 적용된다. 보험이 근로자 개인을 대상으로 하는 것이 아니기 때문에 다른 사회보험과 같이 근로자는 사업주가 가입한 보험으로부터 보험급여만 받는 것이므로 별다른 자격요건이 문제되지 않는다.

## 1. 적용대상사업

산재보험은 1인 이상의 상시근로자를 고용하고 있는 사업장은 적용을 받는다. 즉 산재보험의 적용대상은 근로자를 사용하는 모든 사업 또는 사업장이 된다(법 제6조). 산재보험의 적용단위는 사업 또는 사업장이라고 하지만 경영조직으로서 독립성을 가지고 있는 사업장이 중심이 되며 그것이 업(業)으로서 계속적으로 행해지고 있는 것이면 영리를 목적으로 하는 사업이든 비영리사업이든 상관하지 않는다. 따라서 학교, 교회, 사회복지기관 등도 산재보험의 적용대상이 된다. 산재보험의 적용범위가 점차적으로 확대되어 온 과정은 〈표 11-9〉와 같다.

**표 11-9** 산재보험 적용범위 확대추이

| 연도 | 기업규모 | 적 용 업 종 |
|---|---|---|
| 1964 | 500인 이상 | 광업, 제조업 |
| 1965 | 200인 이상 | 전기가스업, 운수보관업 |
| 1966 | 150인 이상 | |
| 1967 | 100인 이상 | 유기사업(연간 25,000인 이상) |
| 1968 | 50인 이상 | 유기사업(연간 13,000인 이상) |
| 1969 | | 건설업, 수도업, 위생시설서비스업, 상업, 통신업, 서비스업 |
| 1971 | | 금융, 증권, 보험업 제외 |
| 1972 | | 유기사업(연간 8,000인 이상) |
| 1973 | 30인 이상 | 유기사업(연간 4,000인 이상) |
| 1976 | 16인 이상 | |
| 1982 | 16(5)인 이상 | 광업, 제조업 중 화학, 석유, 고무, 플라스틱 제조업은 5인 이상 |
| 1983 | 16(5)인 이상 | 임업 중 벌목업 추가 |
| 1986 | | 농산물위탁판매업 및 중개업 |

| 연도 | 기업규모 | 적 용 업 종 |
|---|---|---|
| 1987 | 16(5)인 이상 | 베니어판 제조업 등 14개 업종 5인 이상 추가 |
| 1988 | 16(5)인 이상 | 목제품 제조업 등 20개 업종 5인 이상 추가 |
| 1992 | 16(5)인 이상 | 전자제품 제조업 등 20개 업종 5인 이상 추가 |
| 1996 | 5인 이상 | 교육서비스업, 보건 및 사회복지사업 추가 |
| 1998 | 5인 이상 | 금융·보험업 추가 |
| 2000 | 1인 이상 | 근로자를 사용하는 모든 사업장에 확대 적용 |
| 2005 | 1인 이상 | 면허를 가진 건설업자 등이 행하는 모든 건설공사와 법인이 행하는 농업·임업(벌목업 제외), 어업·수렵업 중 근로자 1인 이상을 고용하는 사업은 당연적용대상으로 확대 |
| 2009 | 1인 이상 | 건설면허업자가 아닌 자가 시공하는 공사금액이 2천만 원 이상이고, 연면적 100㎡를 초과하는 건축물의 건축 또는 연면적 200㎡를 초과하는 건축물의 대수선에 관한 공사인 경우 당연적용(의무가입) 대상으로 확대 |

## 2. 적용제외사업

산재보험은 사업 또는 사업장의 위험률·규모 및 장소 등을 고려하여 대통령령으로 정하는 사업에 대하여는 이 법을 적용하지 아니한다(법 제6조 단서). 즉 다음에 해당하는 사업 또는 사업을 말한다(시행령 제2조 제1항).

① 「공무원연금법」 또는 「군인연금법」에 따라 재해보상이 되는 사업

② 「선원법」, 「어선원 및 어선 재해보상보험법」 또는 「사립학교교직원 연금법」에 따라 재해보상이 되는 사업

③ 주택건설사업자, 건설업자, 공사업자, 정보통신공사업자, 소방시설업자 또는 문화재수리업자가 아닌 자가 시공하는 다음에 해당하는 공사

㉮ "총공사금액"이 2천만 원 미만인 공사

㉯ 연면적이 100㎡ 이하인 건축물의 건축 또는 연면적이 200㎡ 이하인 건축물의 대수선에 관한 공사

④ 가구 내 고용활동

⑤ 제①호부터 제④호까지의 사업 외의 사업으로서 상시근로자 수가 1명 미만인 사업

⑥ 농업, 임업(벌목업 제외), 어업 및 수렵업 중 법인이 아닌 자의 사업으로서 상시근로자 수가 5명 미만인 사업

## 3. 산재보험 적용특례

### 1) 국외의 사업에 대한 특례

국외 근무기간에 발생한 근로자의 재해를 보상하기 위하여 우리나라가 당사국이 된 "사회보장 관련 조약" 또는 대통령령으로 정하는 국가나 지역에서의 사업에 대하여는 고용노동부장관이 금융위원회와 협의하여 지정하는 "보험회사"에게 이 법에 따른 보험사업을 자기의 계산으로 영위하게 할 수 있다(법 제121조 제1항).

### 2) 해외파견자에 대한 특례

보험가입자가 "해외파견자"에 대하여 공단에 보험가입 신청을 하여 승인을 받으면 해외파견자를 그 가입자의 대한민국 영역 안의 사업(2개 이상의 사업이 있는 경우에는 주된 사업)에 사용하는 근로자로 보아 이 법을 적용할 수 있다(법 제122조 제1항).

### 3) 현장실습생에 대한 특례

이 법이 적용되는 사업에서 현장실습을 하고 있는 "현장실습생" 중 고용노동부장관이 정하는 현장실습생은 이 법을 적용할 때는 그 사업에 사용되는 근로자로 본다(법 제123조 제1항).

### 4) 중 · 소기업사업주에 대한 특례

중 · 소기업사업주(근로자를 사용하지 아니하는 자 포함)는 공단의 승인을 받아 자기 또는 유족을 보험급여를 받을 수 있는 자로 하여 보험에 가입할 수 있다. 이 경우 그 사업주는 이 법을 적용할 때 근로자로 본다(법 제124조 제1항).

### 5) 특수형태근로종사자에 대한 특례

계약의 형식에 관계없이 근로자와 유사하게 노무를 제공함에도 「근로기준법」 등이 적용되지 아니하여 업무상의 재해로부터 보호할 필요가 있는 자로서 다음에 해당하는 자 중 대통령령으로 정하는 "특수형태근로종사자"의 노무(勞務)를 제공받는 사업 또는 사업장은 이 법의 적용을 받는 사업 또는 사업장으로 본다(법 제125조 제1항). 특수형태근로종사자는 이 법을 적용할 때에는 그 사업 또는 사업장의 근로자로 본다. 다만, 특수형태근로종사자가 이 법의 적용 제외를 신청한 경우에는 근로자로 보지 아니한다(법 제125조 제2항).

① 주로 하나의 사업 또는 사업장에 그 운영에 필요한 노무를 상시적으로 제공하고 보수를 받아 생활할 것

② 노무를 제공함에 있어서 타인을 사용하지 아니할 것

### 6) 기초생활수급자에 대한 특례

근로자가 아닌 자로서 자활급여(국민기초생활보장법 제15조) 수급자 중 고용노동부장관이 정하여 고시하는 사업에 종사하는 자는 이 법의 적용을 받는 근로자로 본다(법 제126조 제1항). 자활급여수급자의 보험료 산정 및 보험급여의 기초가 되는 임금액은 자활급여수급자가 사업에 참여하여 받는 자활급여로 한다(법 제126조 제2항).

## 4. 특수형태근로종사자

특수형태근로종사자는 그동안 산재보험의 보호를 받지 못하여 왔으나 2002년 5월 6일 노사정위원회(비정규직 특위)는 "특수형태근로종사자 중 '업무상의 재해로 인하여 그 보호의 필요성 있는 자'에 대하여 산업재해보상보험 적용방안을 강구"하기로 하였다. 이에 개정 「산재보험법」은 특수형태근로종사자에 대한 산재보험적용 특례 제도를 도입하였다.

특례적용대상은 계약의 형식에 관계없이 근로자와 유사하게 노무를 제공함에도 「근로기준법」 등이 적용되지 아니하여 업무상의 재해로부터 보호할 필요가 있는 자로서 다음의 모두에 해당하는 자 중 대통령령으로 정하는 직종에 "특수형태근로종사자"의 노무(勞務)를 제공받는 사업은 제6조에도 불구하고 이 법의 적용을 받는 사업으로 본다(법 제125조 제1항).

① 주로 하나의 사업에 그 운영에 필요한 노무를 상시적으로 제공하고 보수를 받아 생활할 것

② 노무를 제공함에 있어서 타인을 사용하지 아니할 것

**특수형태근로종사자의 범위(시행령 제125조 제1항)**

① 보험 또는 공제를 모집하는 사람으로서 다음에 해당하는 자
㉮ 보험설계사
㉯ 농협공제를 모집하는 사람
㉰ 우체국보험의 모집을 전업으로 하는 사람
② 등록된 콘크리트믹서트럭을 소유하여 그 콘크리트믹서트럭을 직접 운전하는 사람
③ 학습지 교사
④ 체육시설업의 등록을 한 골프장에서 골프경기를 보조하는 골프장 캐디
⑤ 택배원인 사람으로서 택배사업(소화물을 집화·수송 과정을 거쳐 배송하는 사업)에서 집화 또는 배송업무를 하는 사람
⑥ 택배원인 사람으로서 고용노동부장관이 정하는 기준에 따라 주로 하나의 퀵서비스업자로부터 업무를 의뢰받아 배송 업무를 하는 사람

## 제5절 보험료

산재보험에서 보험료는 보험사업에 소요되는 비용을 충당하기 위하여 보험가입자(사업주)로부터 징수하는 금액으로 사업주가 전액부담한다. 산재보험료는 그 사업주가 경영하는 사업의 임금총액에 같은 종류의 사업에 적용되는 보험료율을 곱한 금액이다. 이 법에 따른 보험사업에 드는 비용에 충당하기 위하여 징수하는 보험료나 그 밖의 징수금에 관하여는 「보험료징수법」[6]에서 정하는 바에 따른다(법 제4조).

### 1. 보험료부과체계의 유형과 특성

보험료 부과체계는 보험급여에 소요되는 비용을 조달하기 위해 보험료를 부과하는 과정에서 보험가입자에 대해 어떠한 기준으로 보험료율을 결정할 것인지를 정하는 재원조달계획을 의미한다.

#### 1) 보험료의 부과방식

산재보험은 노동자 재해에 대한 사용자의 배상책임을 담보하는 성격을 지니므로 보험료

6) 이 법은 「고용보험 및 산업재해보상보험의 보험료징수 등에 관한 법률」을 말한다.

전액을 사용자가 부담하는 것이 일반적이다. 따라서 산재보험의 경우 보험가입자인 사용자가 부담해야 할 보험료의 결정에 영향을 미치는 주요 변수는 그 사업장의 산재보험 적용노동자의 임금총액과 보험료율이다. 즉 보험료는 적용노동자의 임금총액에 보험료율을 곱한 것으로 결정된다. 그런데 보험료결정산식에서 적용노동자의 임금총액을 적용하는 것은 별 이론(異論)이 있을 수 없으나, 보험료율의 경우는 이를 어떻게 책정할 것인가 하는 것에 따라 여러 유형이 있을 수 있다. 즉 보험료율 책정방식은 크게 전체 가입자에 대해 동일한 보험료율을 적용하는 단일요율제와 특정기준에 의해 보험가입자마다 다른 보험료율을 적용하는 차등보험요율제로 구분할 수 있으며, 그 외 이들의 혼합방식이 있을 수 있다.

### 2) 단일보험료율제

단일보험료율제는 위험의 정도에 상관없이 동일한 보험료율을 부담함으로써 산재위험을 전체 사회가 공동분담하여 책임져야 한다는 사회연대성에 입각하고 있어 사회적 통합에 기여할 수 있는 제도이다. 또한 행정적으로도 보험료율 책정이 단일요율이므로 매우 간편하여 행정비용을 절감할 수 있으며, 재정적으로도 위험의 전가입자에 대한 분산을 통해 재정안정을 기할 수 있다. 그러나 이 제도는 위험 정도에 관계없이 보험료율을 책정함으로써 개별사용자가 산재발생예방에 대한 관심 및 노력을 이완시키는 부작용을 낳을 수 있다는 비판을 받고 있다.

### 3) 차등보험료율제

차등보험료율제는 보험가입사업장의 업종별, 개별사업장별·직종별로 산재발생의 위험도에 비례하여 보험료율을 책정하는 제도이므로 단일요율제와 달리 산재발생률이 자신이 부담해야 할 보험료부담에 직접 반영되므로 사용자의 산재발생예방 노력을 촉진시키는 효과를 가진다는 장점을 가진다. 그러나 이 제도는 산재발생의 책임을 산재발생자가 스스로 책임지게 함으로써 사회보험의 본래 목적인 사회연대성에 입각한 보험가입자 간의 위험분산 효과는 최소화되고, 결국 산재보험가입자의 비용편익이 제로(zero)가 되게 하는 수지상등(收支相等)원칙[7]의 사보험적 성격이 강하다.

7) 수지상등의 원칙(Balance of Earning and Expenditure)이란 보험계약에서 보험료의 총액이 보험금의 총액과 같게 되어야 한다는 원칙을 말한다. 즉 보험에서 수입(보험료)과 지출(보험금을 포함한 기타)이 균형을 이루어야 한다는 것이다.

## 2. 현행 보험료율

산재보험료율이란 근로자에게 지급한 임금총액에 대한 산재보험의 급여총액의 비율을 말한다. 우리나라 산재보험료율은 매년 6월 30일 현재를 기준으로 지난 3년 동안 임금총액에 대한 보험급여 총액의 비율을 기초로 하여 당해연도의 연금 등 산재보험급여에 드는 금액, 재해예방 및 재해근로자의 복지증진에 드는 비용 등을 고려하여 사업의 종류별로 구분하여 정한다.

추가 증가지출률은 그 해에 지급될 것으로 예상되는 임금총액에 대하여 연금이나 급여 개선 등으로 그 해에 추가로 지급될 보험급여액을 고려하여 조정한 비율을 말한다. 부가보험요율은 보험사업을 하는 데 드는 비용으로서 순보험요율의 15%이다.

하나의 사업 또는 사업장에 대하여 하나의 보험요율이 적용되며, 동일한 사업장 내에서 보험요율이 다른 사업을 2가지 이상 하고 있을 때에는 ① 근로자 수가 많은 사업→② 임금총액이 많은 사업→③ 매출액이 많은 제품을 제조하거나 서비스를 제공하는 사업의 순서에 따라 '주된 사업'을 결정하고, 그 주된 사업의 보험료율을 적용한다.

### 1) 보험료율의 형평성 제고

우리나라 산재보험요율 체계는 전반적으로 업종별 차등요율체계를 기본으로 하고 부분적으로 개별실적요율 체계를 적용하고 있다. 또한 각 업종 내의 개별사업장은 산재경력에 따라 부분적으로 개별실적요율을 적용 받는다.

개별사업장 실적요율제도는 기업별 개별보험요율제도로 발전되는 과도기적 단계로 이해할 수 있는데 사업주의 산재방지 노력을 부분적으로 제고하기 위하여 1969년부터 부분적으로 도입되었다. 1986년 이후 보험관계가 성립한 후 3년이 경과하고 상시 50인 이상 사업체의 경우 그 사업체의 보험급여액/보험료의 비율에 따라 업종별 동일률의 40% 범위 내에서 보험료율의 인상, 인하를 조정할 수 있게 되어 있다.

### 2) 업종별 보험료율

산재보험의 보험료율은 보험가입자의 보험료부담과 직결되는 것이다. 따라서 보험료부담의 공평성을 확보할 필요가 있다. 이 점을 감안하여 매년 작성되는 사업집단별(업종별) 보험료율을 적용한다. 보험요율은 재해발생의 위험성에 따라 분류되는데, 매년 9월 30일 현재 과거 3년간의 임금총액에 대한 보험급여총액의 비율을 기초로 작성한다. 즉 동종 사업의 보험료율을 적용함에 있어서 재해방지를 위하여 노력한 사업주와 그렇지 못한 사업주 간의 형평의 원칙을 실현하기 위하여 과거 3년간의 보험료에 대한 보험급여의 비율이 85%를 초과하거나 75% 이하인 경우 그 사업에 적용되는 보험료율을 50% 범위 안에서 인상 또는 인하한 율을 당해 사업에 대한 다음보험연도의 보험료율로 한다. 이때 보험급여 지급률과 추가증가지출률을 합한 것을 순보험료율이라고 한다. 결국 보험료율(100%)은 순보험료율(85%)과 부가보험료율(15%)을 합한 것이 된다. 보험료율 및 개별실적요율 산정방식은 〈표 11－10〉과 같다.

**표 11-10 보험료율 및 개별실적요율 산정방법**

| 보험료율 | 보험급여지급률＋추가증가지출률(85%)＋부가보험료율(15%) |
|---|---|
| 개별실적요율 | 해당 사업종류의 일반요율±(해당사업종류의 일반요율＋수지율에 의한 증감비율) |

※수지율: 3년간의 보험급여 총액/3년간의 보험료 총액×100

### 3) 개별실적요율

보험료율은 사업종류별로 적용하고 있다. 그러나 동일한 사업종류에 속하더라도 재해가 많은 사업장이 있고 재해가 적은 사업장도 있다. 이러한 재해율에 관계없이 동일한 보험료율을 일률적으로 적용한다면 재해가 적은 사업장의 사업주는 불만을 갖게 될 것이다. 동시에 재해가 높은 사업장의 사업주는 적극적으로 재해를 줄이려는 노력을 하지 않게 될 것이다.

이러한 점을 고려하여 1969년부터 개별 사업장의 재해율에 따라 업종별 보험료율을 30% 범위 내에서 개별 사업장의 보험료율을 증가 또는 경감시켜 주는 개별실적요율제도를 시행하고 있다. 그 후 1986년에 증감의 비율을 40%로 확대하였고 1997년 8월부터는 그 범위를 50%로 확대하여 사업주가 적극적으로 재해예방 노력을 하도록 유도하고 있다. 개별실적요율의 산정방식은 다음과 같다(보험료징수법 제15조 제2항).

개별실적요율＝해당사업종류의 일반요율 ± (해당사업종류의 일반요율 × 수지율에 의한 증감비율)

## 3. 보험료율의 추이

산재보험의 보험료율의 추이를 〈표 11－11〉과 [그림 11－4]에서 보면, 제도 초기를 제외하고는 10/1000~15/1000 선에서 안정세를 보이다가 2000년대에 들어와서 증가추세를 보여

2010년에는 18/1000을 나타내고 있다. 2015년도에는 62개 업종, 보험요율은 평균 17/1000, 최고 340/1000(석탄 광업), 최저 7/1000(금융 및 보험업 등)이다.

**표 11-11 산재보험료율의 변화추이**

(단위: 천분율)

| 연도 | 2003 | 2004 | 2005 | 2006 | 2007 | 2008 | 2009 | 2010 | 2011 | 2012 | 2013 | 2014 | 2015 |
|---|---|---|---|---|---|---|---|---|---|---|---|---|---|
| 평균보험요율 | 1.36 | 1.48 | 1.62 | 1.78 | 1.95 | 1.95 | 1.80 | 1.80 | 1.77 | 1.70 | 1.70 | 1.70 | 1.70 |
| 최고요율 | 34.3 | 40.8 | 48.9 | 61.1 | 52.2 | 55.3 | 36.0 | 36.0 | 35.4 | 35.4 | 34.0 | 34.0 | 34.0 |
| 최저요율 | 0.4 | 0.4 | 0.4 | 0.5 | 0.6 | 0.7 | 0.7 | 0.6 | 0.6 | 0.6 | 0.6 | 0.6 | 0.7 |

출처: 고용노동부(2012.02.16), 보도자료 참조.

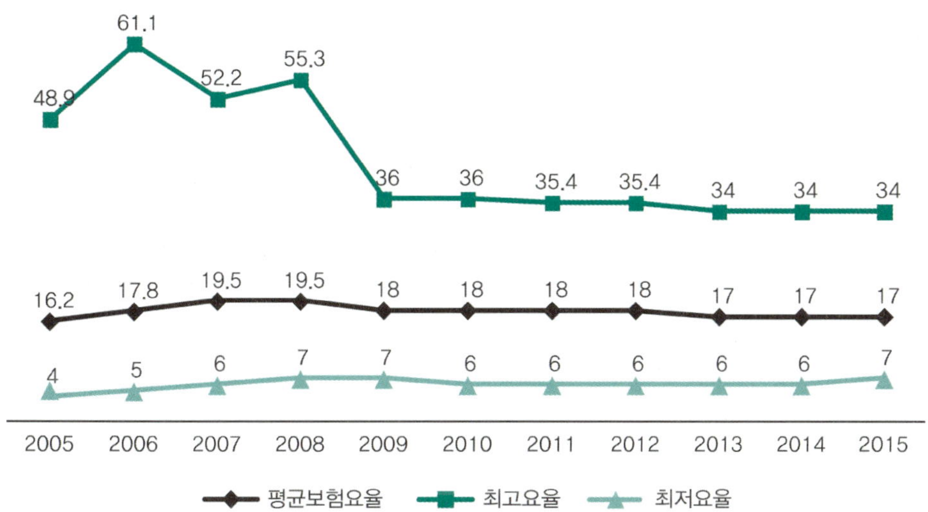


**그림 11-4 평균보험료율 변화추이**

한편 최저보험료율은 거의 변화가 없는 반면, 산재보험 도입 이래 최고 보험료율의 자리를 지켜온 석탄 광업의 보험료율은 1980년대에 들어 더욱 급격히 증가했다. 1980년에 104/1000 이었던 것이 1990년 227/1000, 2000년에는 283/1000로 증가하였고 2005년에는 489/1000를, 이후 계속 증가하여 2008년에는 553을 기록하여 정점을 이루다가 2009년에는 360으로 급격히 떨어졌다. 이에 반해 제조업 중에서 최저적용률을 보이는 업종은 2005년의 경우 신문·출판업, 의약품 및 화장품 제조업 등은 42/1000의 적용을 받았다. 최저율을 적용 받는 업종은 2009년의 경우 전문기술서비스업, 보건 및 사회복지사업, 금융보험업 등으로 7/1000의 적용을 받았다. 2015년도 사업종류별 보험료율은 〈표 11-12〉와 같다.

**표 11-12** 2015년도 산재보험료율

(단위: 천분율)

| 사업종류 | 요율 | 사업종류 | 요율 |
|---|---|---|---|
| 1. 광업 | | 계량기·광학기계·기타정밀기구 제조업 | 9 |
| 석탄 광업 | 340 | 수제품 제조업 | 16 |
| 금속 및 비금속 광업 | 84 | 기타 제조업 | 29 |
| 채석업 | 338 | 3. 전기·가스·증기 및 수도사업 | 10 |
| 석회석 광업 | 83 | 4. 건설업 | 38 |
| 기타 광업 | 69 | 5. 운수·창고 및 통신업 | |
| 2. 제조업 | | 철도궤도 및 삭도운수업 | 8 |
| 식료품제조업 | 19 | 여객자동차운수업 | 19 |
| 담배제조업 | 8 | 소형화물운수업 및 택배업·퀵서비스업 | 25 |
| 섬유 또는 섬유제품제조업(갑) | 13 | 화물자동차운수업 | 69 |
| 섬유 또는 섬유제품제조업(을) | 21 | 수상운수업, 항만하역 및 화물취급사업 | 30 |
| 목재 및 나무제품 제조업 | 46 | | |
| 펄프·지류제조업 및 제본 또는 인쇄물 가공업 | 24 | 항공운수업 | 8 |
| | | 운수 관련 서비스업 | 9 |
| 신문·화폐발행, 출판업 및 인쇄업 | 12 | 창고업 | 14 |
| 화학제품 제조업 | 17 | 통신업 | 12 |
| 의약품 및 화장품 향료 제조업 | 9 | 6. 임업 | 89 |
| 코크스, 연탄 및 석유정제품 제조업 | 13 | 7. 어업 | |
| 고무제품 제조업 | 22 | 어업 | 162 |
| 유리 제조업 | 15 | 양식어업 및 어업 관련 서비스업 | 25 |
| 도자기 및 기타 요업제품 제조업 | 30 | 8. 농업 | 27 |
| 시멘트 제조업 | 29 | 9. 기타의 사업 | |
| 비금속광물제품 및 금속제품 제조업 또는 금속가공업 | 39 | 건물 등의 종합관리사업 | 17 |
| | | 위생 및 유사서비스업 | 32 |
| 금속제련업 | 10 | 기타의 각종사업 | 10 |
| 금속재료품 제조업 | 33 | 전문기술서비스업 | 7 |
| 도금업 | 19 | 보건 및 사회복지사업 | 7 |
| 기계기구 제조업 | 20 | 교육서비스업 | 7 |
| 전기기계기구 제조업 | 11 | 도·소매 및 소비자용품수리업 | 9 |
| 전자제품 제조업 | 7 | 부동산업 및 임대업 | 9 |
| 선박건조 및 수리업 | 26 | 오락·문화 및 운동 관련 사업 | 11 |
| 수송용기계기구 제조업 | 16 | 국가 및 지방자치단체의 행정 | 9 |
| 자동차 및 모터사이클 수리업 | 17 | 10. 금융 및 보험업 | 7 |
| | | • 해외파견자: 17/1,000 | |

출처: 고용노동부장관(2014.12.31.), 고용노동부고시 제2014-58호.

# 제6절 보험급여

## 1. 산재보험급여의 의의

산재보험의 보험급여는 근로자의 업무상 재해에 대하여 행한다. 즉 산재보험의 적용을 받는 사업 또는 사업장 소속 근로자가 업무상 사유로 인하여 부상·질병·장해 또는 사망한 경우에 이를 회복시키거나 소득을 보장하고 그 가족의 생활보호를 위하여 지급되는 급여를 말한다. 다음의 요건을 갖출 것을 요구한다.

## 2. 보험수급자

산재보험은 성격상 사용자의 배상책임을 대신 배상해 준다는 성격을 가지고 있으므로 2차적으로는 사업주도 수급자로 볼 수 있다. 그러나 산재보험의 수급자는 1차적으로 산재보험에 가입한 사업장의 근로자가 된다. 따라서 산재보험의 수급자가 되기 위해서는 다음의 요건을 갖추어야 한다.

### 1) 근로자

산재보험의 적용을 받는 근로자란 사업주가 산재보험에 가입한 사업의 근로자로서 "직업의 종류를 불문하고 사업 또는 사업장에서 임금을 목적으로 근로를 제공하는 자"를 말한다. 따라서 상용, 일용, 임시고용 등 고용형태나 사업 내에 있어서의 직위에도 무관하다.

### 2) 업무상 사유

업무상의 재해라 함은 업무상의 사유에 의한 근로자의 부상, 질병, 신체장해 또는 사망을 말한다. 업무상 사유에는 업무수행성과 업무기인성의 두 가지 가운데 하나의 요건만 갖추면 된다. 즉 근로자가 업무로 인해서 재해를 입었음이 확실한 경우에는 이를 업무상 재해로 본다는 것이다.

"업무로 인해서"라는 말은 '근로자가 근로관계하에 있는 것' 즉, '근로계약에 따라 사업주의 지배하에 있는 것'을 말한다. 따라서 업무에 종사하고 있는 경우는 물론, 업무에 종사하고 있지 않아도 역시 사업주가 지휘・감독할 수 있는 여지가 있고 또 사실상 지배하에 있는 경우(예컨대, 휴식시간 중)에는 업무수행성이 있다고 본다. 또 사업주의 관리하에 있지 않아도 업무에 종사하거나 사업주의 지배하에 있는 경우(예컨대, 출장 중)에는 업무수행성이 있다. 그러나 사업주의 관리하에 있어도 지배하에 있지 않는 경우(예컨대, 휴일에 사업장 내를 산책하거나 사업장 구내에서 노동조합대회 참석 등)에는 업무수행성이 없다.

업무상 사유에 대해서 종전에는 법원의 판례가 매우 엄격하게 해석하여 근로자에게 불리한 경우가 많았다. 그러나 최근 법원의 태도는 업무수행성이나 업무기인성에 대한 증거를 사용자측에 물어 사용자가 업무수행성이나 업무기인성이 없음을 증명하지 못하면 근로자에게 유리하게 판단하는 추세이다. 예컨대, 평소에 지병이 있었다 하더라도 과로로 발병을 했거나 사망했을 경우 그 질병과 재해가 인과관계에 없음을 사용자측에서 증명을 해야 한다는 것이다.[8)]

### 3) 4일 이상의 요양기간

요양급여의 경우에 부상 또는 질병이 3일 이내의 요양으로 치유될 수 있으면 요양급여를 지급하지 아니한다(법 제40조 제3항). 4일 미만의 요양을 요하는 경우에는 경미한 사고일 가능성이 많으므로 사업주가 부담을 할 수 있다고 보고 또 사업주가 부담을 해도 별 무리가 안 된다고 보기 때문이다.[9)]

## 3. 임금(賃金)

산재보험은 업무상 재해에 의한 가득능력(稼得能力)[10)]의 손실을 회복시키고 보상할 것을 목

8) B형간염바이러스에 감염된 사람이 '일상적으로 음주를 할 필요가 있는 업무(회사의 노무팀장 및 업무과장)'에 종사하다가 간암이 진행되어 사망한 사안. 이 사건의 원심(서울고법 1996.11.22 선고 95구33810판결)은 원고가 'B형간염 건강바이러스 보유자'였다가 간암에 걸린 것이고 '대한의사협회장'의 사실조회결과에 근거하여 '음주를 할 필요가 있는 업무'로 인한 '업무상 재해'에 해당한다고 보지 않았는데, 대법원은 이때 '이른바 건강바이러스 보유자라는 것이 어떠한 상태를 말하는 것인지에 관하여 뚜렷한 자료가 없어서 모르겠다'고 하며, 설령 그렇다고 하더라도 음주나 과로에 의하여 '병이 악화될 수 있는 상태에 있었던 것은 아닌지 따져보아야 했다'고 판시하고, '업무의 수행을 위하여 지속적으로 과다한 음주를 한 탓으로 간염이 자연적인 악화의 정도를 넘어 급격하게 악화되었다고 볼 소지가 있다고 생각된다'라고 판시하며 원심을 파기하였다(1997.5.28 선고 97누10판결).

9) 마치 자동차보험의 경우 보험회사의 면책금액을 미리 약정을 하고 그 한도 내의 사고일 경우 본인이 부담하는 것과 같은 취지이다.

10) 소득을 얻을 수 있는 능력 즉, 돈을 벌 수 있는 능력을 말한다.

적으로 하고 있는 것이므로, 가득능력의 손실을 회복시키기 위한 의료보장적 급여가 행해진다. 동시에 소득보장을 위한 현금급여는 재해를 당한 근로자의 재해 발생 직전의 가득능력을 기초로 한다는 의미에서 평균임금에 의한 정률보상방식을 취하고 있다. 이와 같이 임금은 산재보험에서 보험급여를 산정하는 데 있어서 기초가 된다.

### 1) 평균임금

「산재보험법」의 평균임금은 「근로기준법」의 규정을 따른다(법 제5조 제2호). 「산재보험법」의 "평균임금"이란 이를 산정하여야 할 사유가 발생한 날 이전 3개월 동안에 그 근로자에게 지급된 임금의 총액을 그 기간의 총 일수로 나눈 금액을 말한다. 근로자가 취업한 후 3개월 미만인 경우도 이에 준한다(근로기준법 제2조 제6호).

$$\text{평균임금} = \frac{\text{산정사유발생일 이전 3개월간의 임금총액}}{\text{산정사유발생일 이전 3개월간의 총일수}}$$

### 2) 통상임금

근로자에게 정기적·일률적으로 소정근로 또는 총 근로에 대하여 지급하기로 정하여진 시간급·일급·주급·월급 또는 도급액 등을 말한다. 평균임금이 그 근로자의 통상임금보다 적으면 그 통상임금액을 평균임금으로 한다(근로기준법 제2조 제2항).

### 3) 최저임금

최저임금은 「최저임금법」에 의거 고용노동부장관이 고시하는 것으로서, 평균임금의 보충적 역할을 위해 휴업급여 및 상병보상연금액 산정에 적용한다.

① 휴업급여: 근로자의 평균임금을 기초로 산정한 평균 1일 휴업급여액이 최저임금액에 미달하는 경우에는 그 최저임금액을 근로자의 1일당 휴업급여 지급액으로 한다.

② 상병보상연금: 재해자의 평균임금이 최저임금액의 100/70(약 143%)에 해당하는 금액에 미달하는 경우에는 최저임금액에 70분의 100을 곱한 금액을 평균임금으로 하고, 그 평균임금에 폐질등급에 해당하는 일수를 곱하여 산정한다.

### 4) 중 · 소기업사업주의 평균임금

대부분 중 · 소기업사업주의 경우 근로자와 마찬가지로 근로에 종사하는 경우가 많고 또한 경제적으로도 영세하여 이러한 중 · 소기업사업주를 보호하기 위하여 2000년 7월 1일부터 중소기업사업주의 산재보험 특별가입제도를 두고 있다.

보험에 가입된 중 · 소기업사업주는 보험연도마다 고용노동부장관이 고시하는 월단위 보수액의 등급 중 하나를 선택하여 해당 보험연도의 전년도 12월 말일까지 다음보험연도 월보수를 공단에 신고하여야 한다. 월보수액을 신고하지 아니하는 경우에는 종전에 적용하고 있는 월단위 보수액의 등급을 선택한 것으로 본다.

제도 시행 첫 해에는 중소기업사업주의 임금액 및 평균임금은 총 7개 등급으로 구분하였다가 2011년에는 15등급으로 확대했다가 2012년에는 10등급으로 구분하였다. 2015년 1월 1일부터 시행될 등급별 보수월액과 1일 평균임금은 〈표 11－13〉과 같다.

**표 11-13** 중소기업사업주에게 적용되는 임금

| 등급 | 보수액(월) | 평균임금(1일) |
|---|---|---|
| 1등급 | 1,339,200 | 44,640 |
| 2등급 | 1,439,580 | 47,986 |
| 3등급 | 1,540,000 | 51,333 |
| 4등급 | 1,730,000 | 57,666 |
| 5등급 | 1,920,000 | 64,000 |
| 6등급 | 2,110,000 | 70,333 |
| 7등급 | 2,310,000 | 77,000 |
| 8등급 | 3,402,840 | 113,428 |
| 9등급 | 4,495,710 | 149,857 |
| 10등급 | 5,588,580 | 186,286 |

출처: 고용노동부장관(2014.12.31), 고용노동부고시 제2014-59호.

### 5) 평균임금 증감제도(sliding system)

보험급여를 산정함에 있어서 그 근로자가 업무상 부상 또는 질병으로 인한 장기간 요양으로 휴업할 경우, 그 소속한 사업의 동일한 직종의 근로자에게 지급되는 통상임금이 변동된 때에는 그 근로자의 평균임금을 같은 비율로 개정하여 보험급여를 증감한다. 즉 통상임금의 평균액의 5% 이상 변동(증감)된 때에는 그 변동된 비율에 따라 인상 또는 인하한다.

이 제도는 장기요양자나 연금수급자의 경우 재해당 시의 평균임금을 기초로 하므로 장기간 요양을 하거나 연금을 받는 경우 물가와 임금이 계속적으로 오르는 데도 보험급여액은 고정되어 있어 손해를 보게 되는 폐단을 시정하기 위한 것이다.

#### (1) 전체 근로자 임금 평균액에 연동

보험급여를 산정하는 경우 해당 근로자의 평균임금을 산정하여야 할 사유가 발생한 날부터 1년이 지난 이후에는 매년 전체 근로자의 임금 평균액의 증감률에 따라 평균임금을 증감한다(법 제36조 제3항 전단).

#### (2) 소비자물가변동률에 연동

근로자의 연령이 60세에 도달한 이후에는 소비자물가변동률에 따라 평균임금을 증감한다(법 제36조 제3항 후단).

#### (3) 평균임금의 증감에 관한 특례

근로자의 연령이 60세에 도달한 경우라도 2013년 이후에는 다음에 따른 연령에 도달한 이후에 소비자물가변동률에 따라 평균임금을 증감한다(법 부칙 제2조).[11)]

① 2013년부터 2017년까지: 61세
② 2018년부터 2022년까지: 62세
③ 2023년부터 2027년까지: 63세
④ 2028년부터 2032년까지: 64세
⑤ 2033년 이후: 65세

### 6) 평균임금 적용제외 근로자

보험급여(진폐보상연금 및 진폐유족연금 제외)를 산정할 때 해당 근로자의 근로 형태가 특이하여 평균임금을 적용하는 것이 적당하지 아니하다고 인정되는 경우에는 다음과 같이 따로 산정한 금액을 평균임금으로 한다(법 제36조 제5항).

11) 일반적으로 임금상승률이 물가상승률보다 유리하다. 따라서 보험급여를 임금상승률에 연동시키는 것이 근로자에게 유리하다. 이 특례는 보험급여수급자에게 불리한 방향으로 바뀐 것이다.

### (1) 특이한 근로형태의 범위: 일용근로자

"근로형태가 특이하여 평균임금을 적용하는 것이 적당하지 아니하다고 인정되는 경우로서 대통령령으로 정하는 경우"란 1일 단위로 고용되거나 근로일(勤勞日)에 따라 일당(日當) 형식의 임금을 지급받는 "일용근로자"에게 평균임금을 적용하는 경우를 말한다(시행령 제23조 전단). 이때에는 평균임금 1개월간 임금총액을 동기간동안 실(實) 근로일수로 나눈 금액에 통상근로계수(73%)를 곱하여 산정한다.

### (2) 일용근로자에서 제외되는 자

일용근로자가 다음에 해당하는 경우에는 일용근로자로 보지 아니한다(시행령 제23조 단서).

① 근로관계가 3개월 이상 계속되는 경우

② 그 근로자 및 같은 사업에서 같은 직종에 종사하는 다른 일용근로자의 근로조건, 근로계약의 형식, 구체적인 고용 실태 등을 종합적으로 고려할 때 근로 형태가 상용근로자와 비슷하다고 인정되는 경우

### (3) 직업병에 걸린 사람에 대한 평균임금

보험급여를 산정할 때 진폐(塵肺) 등 직업병으로 보험급여를 받게 되는 근로자에게 그 평균임금을 적용하는 것이 근로자의 보호에 적당하지 아니하다고 인정되면 대통령령으로 정하는 산정방법에 따라 산정한 금액을 그 근로자의 평균임금으로 한다(법 제36조 제6항).

진폐 등 업무상 질병이환자의 경우 직업병이 누적되는 경우가 많고 발견되는 시점에서는 결근·작업능률의 저하 등 평균임금의 감소가 우려되므로 이에 대하여 특례를 인정한다는 것이다. 그 대상은 진폐 등 업무상 질병이환자의 평균임금이 매월 노동통계조사보고서상의 임금으로 산정된 평균임금보다 낮을 경우, 또는 진폐 등 업무상질병이환근로자가 소속한 사업장이 휴·폐업되거나 퇴직 등으로 평균임금을 산정할 수 없는 경우에 이 특례를 적용한다. 이때 평균임금 산정방법은 직업병으로 진단된 날이 속하는 분기의 전전분기 말일부터 이전 1년간 매월노동통계조사보고서상의 유사근로자의 월급여총액을 그 기간의 일수로 나누어 산정한다.

### 7) 최고 보상기준 금액과 최저 보상기준 금액

보험급여(장의비 제외)를 산정할 때 그 근로자의 평균임금 또는 보험급여의 산정기준이 되는 평균임금이 "최고 보상기준 금액"(전체 근로자의 임금 평균액의 1.8배)을 초과하거나, "최저 보상기준 금액"(전체 근로자의 평균임금의 2분의 1)보다 적으면 그 최고 보상기준 금액이나 최저 보상기준 금액을 각각 그 근로자의 평균임금으로 한다. 다만, 휴업급여 및 상병보상연금을 산정할 때에는 최저 보상기준 금액을 적용하지 아니한다(법 제36조 제7항).

산재급여의 급여산정기준을 평균임금으로 산정함으로써 사회보험으로서의 소득재분배기능이 미흡하여 산재근로자 간 위화감 및 도덕적 해이 현상이 발생하므로 고용노동부장관이 최고 및 최저보상기준금액을 고시하고 평균임금이 그 이상이 되는 경우라도 최고임금기준금액만 지급한다. 동시에 평균임금이나 통상임금이 최저보상기분금액 이하일 경우에는 최저보상기준금액을 지급한다. 현재 고시된 최고보상기준금액과 최저보상기준금액은 〈표 11-14〉와 같다.

**표 11-14** 최고 · 최저보상기준금액

| 적용기간 | 최고보상기준금액 | 최저보상기준금액 |
|---|---|---|
| 2015.01.01.~2015.12.31. | 186,286원/일 | 51,746원/일 |

## 4. 업무상의 재해

### 1) 업무상 재해의 인정 기준

근로자가 다음에 해당하는 사유로 부상 · 질병 또는 장해[12]가 발생하거나 사망하면 업무상의 재해로 본다(법 제37조 제1항 전단). 여기서 "업무상의 재해"란 업무상의 사유에 따른 근로자의 부상 · 질병 · 장해 또는 사망을 말한다(법 제5조 제1호). 다만, 업무와 재해 사이에 상당인과관계(相當因果關係)[13]가 없는 경우에는 그러하지 아니하다(법 제37조 제1항 단서).

12) "장해"란 부상 또는 질병이 치유되었으나 정신적 또는 육체적 훼손으로 인하여 노동능력이 손실되거나 감소된 상태를 말한다(법 제5조 제5호).

13) 업무와 재해 사이에 자연적 인과관계가 있는 경우라도 사람의 경험적 지식으로 보아 일반적이라고 생각되는 범위의 인과관계만을 인정한다는 뜻이다.

### 2) 고의 · 자해(自害) · 범죄행위로 인한 재해

근로자의 고의 · 자해행위나 범죄행위 또는 그것이 원인이 되어 발생한 부상 · 질병 · 장해 또는 사망은 업무상의 재해로 보지 아니한다(법 제37조 제2항 전단).

### 3) 자해행위에 따른 업무상 재해의 인정 기준

그 부상 · 질병 · 장해 또는 사망이 정상적인 인식능력 등이 뚜렷하게 저하된 상태에서 한 행위로 발생한 경우로서 대통령령으로 정하는 사유가 있으면 업무상의 재해로 본다(법 제37조 제2항 단서). 여기서 "대통령령으로 정하는 사유"란 다음에 해당하는 경우를 말한다(시행령 제36조).

① 업무상의 사유로 발생한 정신질환으로 치료를 받았거나 받고 있는 사람이 정신적 이상 상태에서 자해행위를 한 경우

② 업무상의 재해로 요양 중인 사람이 그 업무상의 재해로 인한 정신적 이상 상태에서 자해행위를 한 경우

③ 그 밖에 업무상의 사유로 인한 정신적 이상 상태에서 자해행위를 하였다는 것이 의학적으로 인정되는 경우

## 5. 업무상 사고

### 1) 업무상 사고의 사례

① 업무수행 중의 사고: 근로자가 근로계약에 따른 업무나 그에 따르는 행위를 하던 중 발생한 사고

② 시설물 등의 결함에 따른 사고: 사업주가 제공한 시설물 등을 이용하던 중 그 시설물 등의 결함이나 관리소홀로 발생한 사고

③ 출퇴근 중의 사고: 사업주가 제공한 교통수단이나 그에 준하는 교통수단을 이용하는 등 사업주의 지배관리하에서 출퇴근 중 발생한 사고

④ 행사 중의 사고: 사업주가 주관하거나 사업주의 지시에 따라 참여한 행사나 행사 준비 중에 발생한 사고

⑤ 특수한 장소에서의 사고: 휴게시간 중 사업주의 지배관리하에 있다고 볼 수 있는 행위

로 발생한 사고

⑥ 그 밖에 업무와 관련하여 발생한 사고: 요양 중의 사고 또는 제3자의 행위에 따른 사고 등

## 2) 업무수행 중의 사고

### (1) 업무수행 중의 사고로 보는 경우

근로자가 다음에 해당하는 행위를 하던 중에 발생한 사고는 업무상 사고로 본다(시행령 제27조 제1항). 근로자가 사업주의 지시를 받아 사업장 밖에서 업무를 수행하던 중에 발생한 사고는 업무상 사고로 본다(시행령 제27조 제2항 전단).

① 근로계약에 따른 업무수행 행위

② 업무수행 과정에서 하는 용변 등 생리적 필요 행위

③ 업무를 준비하거나 마무리하는 행위, 그 밖에 업무에 따르는 필요적 부수 행위

④ 천재지변 · 화재 등 사업장 내에 발생한 돌발적인 사고에 따른 긴급피난 · 구조행위 등 사회통념상 예견되는 행위

### (2) 사업주의 지시를 위반한 행위

사업주의 구체적인 지시를 위반한 행위, 근로자의 사적(私的) 행위 또는 정상적인 출장 경로를 벗어났을 때 발생한 사고는 업무상 사고로 보지 않는다(시행령 제27조 제2항 단서).

### (3) 업무수행 장소가 정해져 있지 않은 근로자의 업무

업무의 성질상 업무수행 장소가 정해져 있지 않은 근로자가 최초로 업무수행 장소에 도착하여 업무를 시작한 때부터 최후로 업무를 완수한 후 퇴근하기 전까지 업무와 관련하여 발생한 사고는 업무상 사고로 본다(시행령 제27조 제3항).

### (4) 시설물 등의 결함에 따른 사고

① 시설물 등의 결함이나 관리 소홀: 사업주가 제공한 시설물, 장비 또는 차량 등 "시설물 등"의 결함이나 사업주의 관리 소홀로 발생한 사고는 업무상 사고로 본다(시행령 제28조 제1항).

② 근로자의 전속적 권한에 속하는 관리의 경우: 사업주가 제공한 시설물 등을 사업주의





요양을 하고 있는 근로자에게 다음에 해당하는 사고가 발생하

제32조항).

생한 의료사고

기관(산재보험의료기관이 아닌 의료기관에서 응급진료 등을 받는 경우에는 그 의

상 또는 질병의 요양과 관련하여 발생한 사고

사고

사고가 발생한 경우에 그 근로자가 담당한 업무가 사회통념

수 있는 성질의 업무라고 인정되면 그 사고는 업무상 사고로

제37조 제1항 제2호)

인자(因子), 화학물질, 분진, 병원체, 신체에 부담을 주는 업

해를 일으킬 수 있는 요인을 취급하거나 그에 노출되어 발생

어 발생한 질병

발생한 질병

법 시행령 제44조 제1항 및 같은 법 시행령 별표 5)의 범위에 속하는 질

업무상 질병으로 본다(시행령 제34조 제1항).

서 유해 · 위험요인을 취급하거나 유해 · 위험요인에 노출된

나 유해 · 위험요인에 노출되는 업무시간, 그 업무에 종사한

추어 볼 때 근로자의 질병을 유발할 수 있다고 인정될 것

③ 근로자가 유해·위험요인에 노출되거나 유해·위험요인을 취급한 것이 원인이 되어 그 질병이 발생하였다고 의학적으로 인정될 것

### 3) 업무상 부상에 따른 질환

업무상 부상을 입은 근로자에게 발생한 질병이 다음에 해당하면 업무상 질병으로 본다(시행령 제34조 제2항).

① 업무상 부상과 질병 사이의 인과관계가 의학적으로 인정될 것
② 기초질환 또는 기존 질병이 자연발생적으로 나타난 증상이 아닐 것

### 4) 진폐증에 대한 업무상 질병의 인정기준

근로자가 분진작업에 종사하여 진폐증에 걸리면 업무상 질병으로 본다(시행령 제35조 제1항). 진폐증에 걸린 근로자에 대한 보험급여를 지급할 때 고려하는 진폐증의 병형(病型) 및 심폐기능 장해의 판정 기준은 〈별표 4〉를 참조할 것(시행령 제35조 제2항 관련 별표 4).

### 5) 업무상질병판정위원회

업무상 질병의 인정 여부를 심의하기 위하여 공단 소속기관에 업무상질병판정위원회를 둔다(법 제38조 제1항). 판정위원회의 심의에서 제외되는 질병과 판정위원회의 심의 절차는 고용노동부령으로 정한다(법 제38조 제2항). 판정위원회의 구성과 운영에 필요한 사항은 고용노동부령으로 정한다(법 제38조 제3항).

## 7. 사망의 추정

### 1) 사망추정에 의한 급여 지급

사고가 발생한 선박 또는 항공기에 있던 근로자의 생사가 밝혀지지 아니하거나 항행(航行) 중인 선박 또는 항공기에 있던 근로자가 행방불명 또는 그 밖의 사유로 그 생사가 밝혀지지 아니하면 대통령령으로 정하는 바에 따라 사망한 것으로 추정하고, 유족급여와 장의비에 관한 규정을 적용한다(법 제39조 제1항).

### 2) 사망으로 추정하는 경우

사망으로 추정하는 경우는 다음에 해당하는 경우로 한다(시행령 제37조 제1항).

① 선박이 침몰·전복·멸실 또는 행방불명되거나 항공기가 추락·멸실 또는 행방불명되는 사고가 발생한 경우에 그 선박 또는 항공기에 타고 있던 근로자의 생사가 그 사고 발생일부터 3개월간 밝혀지지 아니한 경우

② 항행 중인 선박 또는 항공기에 타고 있던 근로자가 행방불명되어 그 생사가 행방불명된 날부터 3개월간 밝혀지지 아니한 경우

③ 천재지변, 화재, 구조물 등의 붕괴, 그 밖의 각종 사고의 현장에 있던 근로자의 생사가 사고 발생일부터 3개월간 밝혀지지 아니한 경우

### 3) 사망추정 후의 생존 확인

사망의 추정으로 보험급여를 지급한 후에 그 근로자의 생존이 확인되면 그 급여를 받은 자가 선의(善意)인 경우에는 받은 금액을, 악의(惡意)인 경우에는 받은 금액의 2배에 해당하는 금액을 징수하여야 한다(법 제39조 제2항).

## 제7절 보험급여의 종류

「산재보험법」이 지급하는 보험급여의 종류는 ① 요양급여, ② 휴업급여, ③ 장해급여, ④ 유족급여, ⑤ 간병급여, ⑥ 상병(傷病)보상연금, ⑦ 장의비(葬儀費), ⑧ 직업재활급여의 8종이 있다.

### 1. 요양급여

### 1) 지급요건

요양급여는 근로자가 업무상의 사유로 부상을 당하거나 질병에 걸린 경우에 그 근로자에게 지급한다(법 제40조 제1항). 구체적인 지급요건은 다음과 같다.

① 산재보험이 적용되는 사업장의 근로자일 것

② 업무상 사유에 의한 부상 또는 질병에 걸렸을 것
③ 당해 부상 또는 질병이 4일 이상의 요양기간을 요할 것

근로자가 업무상 부상 또는 질병에 걸렸을 때에 그 요양비 전액의 요양급여를 행하며, 이는 보험자가 설치한 보험시설이나 지정한 의료기관에서 직접 요양하게 하는 것을 원칙으로 하고, 부득이한 경우에는 요양비를 현금으로 지급한다. 질병 또는 부상이 3일 이내의 요양으로 치유될 수 있는 때에는 사업주가 재해보상을 행하도록 하고 산재보험에 의한 급여는 행하지 아니한다.

### 2) 급여범위

요양급여의 범위는 부상 또는 발병 시점부터 완치될 때까지 기간이나 금액의 제한 없이 행하며, 진찰 및 검사, 약제 또는 진료재료와 의지(義肢), 그 밖의 보조기의 지급, 처치·수술 그 밖의 치료, 재활치료, 입원, 간호 및 간병, 이송 등 그 부상 또는 질병치료에 필요한 모든 요양이 포함된다(법 제40조 제4항). 재요양이나 후유증상에 대한 진료도 가능하다.

### 3) 재요양(再療養)

요양급여를 받은 자가 치유 후 요양의 대상이 되었던 업무상의 부상 또는 질병이 재발하거나 치유 당시보다 상태가 악화되어 이를 치유하기 위한 적극적인 치료가 필요하다는 의학적 소견이 있으면 다시 요양급여를 받을 수 있다(법 제51조 제1항). 이것을 "재요양(再療養)"이라 한다.

## 2. 휴업급여

### 1) 지급요건 및 급여내용

휴업급여는 근로자가 산재로 인한 요양으로 취업하지 못한 기간에 대한 보상의 성격을 갖는다. 휴업급여는 업무상 사유로 부상을 당하거나 질병에 걸린 근로자에게 요양으로 취업하지 못한 기간에 대하여 지급하되, 1일당 지급액은 평균임금의 70%에 상당하는 금액으로 한다. 다만, 취업하지 못한 기간이 3일 이내이면 지급하지 아니한다(법 제52조). 취업하지 못한

기간이 3일 이내인 때에는 산재보험급여를 행하지 아니하고 「근로기준법」(제79조)에 의하여 사용자가 평균임금의 60%의 휴업보상을 행하도록 한다.

### 2) 부분휴업급여

요양 또는 재요양을 받고 있는 근로자가 그 요양기간 중 일정기간 또는 단시간 취업을 하는 경우에는 그 취업한 날 또는 취업한 시간에 해당하는 그 근로자의 평균임금에서 그 취업한 날 또는 취업한 시간에 대한 임금을 뺀 금액의 90%에 상당하는 금액을 지급할 수 있다. 다만, 최저임금액을 1일당 휴업급여 지급액으로 하는 경우에는 최저임금액(감액하는 경우에는 그 감액한 금액)에서 취업한 날 또는 취업한 시간에 대한 임금을 뺀 금액을 지급할 수 있다(법 제53조 제1항).

요양 중 회복단계에 있는 근로자 또는 경미한 부상으로 취업하면서 주기적으로 요양을 받을 수 있는 근로자의 조기 취업 및 직업복귀 촉진을 위한 제도이다.

### 3) 저소득근로자의 휴업급여

산정한 1일당 휴업급여 지급액이 최저 보상기준 금액의 80%보다 적거나 같으면 그 근로자에 대하여는 평균임금의 90%에 상당하는 금액을 1일당 휴업급여 지급액으로 한다. 다만, 그 근로자의 평균임금의 90%에 상당하는 금액이 최저 보상기준 금액의 80%보다 많은 경우에는 최저 보상기준 금액의 80%에 상당하는 금액을 1일당 휴업급여 지급액으로 한다(법 제54조 제1항).

휴업급여가 최저임금 미만인 근로자는 과거 최저임금액을 지급하였으나 저소득근로자에 대한 보호 강화를 위해 최저생계비 정도의 수준으로 보장함으로써 요양기간 중 생활안정에 기여하기 위한 목적의 제도이다.

### 4) 고령자의 휴업급여

휴업급여를 받는 근로자가 61세가 되면 그 이후의 휴업급여는 〈표 11-15〉의 별도로 산정한 금액(법 제55조 관련 별표 1)을 지급한다. 다만, 61세 이후에 취업 중인 자가 업무상의 재해로 요양하거나 61세 전에 업무상 질병으로 장해급여를 받은 자가 61세 이후에 그 업무상 질병으로 최초로 요양하는 경우 대통령령으로 정하는 기간에는 이 기준을 적용하지 아니한다(법 제55조).

재요양을 받는 자에 대하여는 재요양 당시의 임금을 기준으로 산정한 평균임금의 70%에 상당하는 금액을 1일당 휴업급여 지급액으로 한다. 이 경우 평균임금 산정사유 발생일은 대통령령으로 정한다(법 제56조 제1항). 산정한 1일당 휴업급여 지급액이 최저임금액보다 적거나 재요양 당시 평균임금 산정의 대상이 되는 임금이 없으면 최저임금액을 1일당 휴업급여 지급액으로 한다(법 제56조 제2항).

**표 11-15 고령자의 휴업급여 지급기준**

| 연령 | 1일당 휴업급여 지급액 | 지급액 계산 예시 |
|---|---|---|
| 61세 | 66/70 | 1일당 휴업급여 지급액(42,000원×66/70)=39,600원 |
| 62세 | 62/70 | 1일당 휴업급여 지급액(42,000원×62/70)=37,200원 |
| 63세 | 58/70 | 1일당 휴업급여 지급액(42,000원×58/70)=34,800원 |
| 64세 | 54/70 | 1일당 휴업급여 지급액(42,000원×54/70)=32,400원 |
| 65세 이후 | 50/70 | 1일당 휴업급여 지급액(42,000원×50/70)=30,000원 |

주: 평균임금 70%를 적용받는 경우 고령자 휴업급여 산정 사례.
평균임금이 60,000원인 경우 1일 휴업급여액은 42,000원임.

소득보전 성격으로서의 휴업급여 지급에 있어 감액 지급 기준 개선으로 취업연령 수급자와 은퇴연령 이후 수급자 간 형평성을 위해 61세 이상 고령자에 대하여 휴업급여를 감액하여 지급한다. 즉 휴업급여를 받는 근로자가 61세가 되면 그 이후의 휴업급여는 〈표 11-16〉과 같이 별도로 산정한 금액(법 제55조 관련 별표 1)을 지급한다.

**표 11-16 장해급여표(평균임금 기준)**

| 장해등급 | 장해보상연금 | 장해보상일시금 |
|---|---|---|
| 제1급 | 329일분 | 1,474일분 |
| 제2급 | 291일분 | 1,309일분 |
| 제3급 | 257일분 | 1,155일분 |
| 제4급 | 224일분 | 1,012일분 |
| 제5급 | 193일분 | 869일분 |
| 제6급 | 164일분 | 737일분 |
| 제7급 | 138일분 | 616일분 |
| 제8급 | | 495일분 |

| 장해등급 | 장해보상연금 | 장해보상일시금 |
|---|---|---|
| 제9급 | | 385일분 |
| 제10급 | | 297일분 |
| 제11급 | | 220일분 |
| 제12급 | | 154일분 |
| 제13급 | | 99일분 |
| 제14급 | | 55일분 |

### 5) 재요양기간 중의 휴업급여

재요양을 받는 자에 대하여는 재요양 당시의 임금을 기준으로 산정한 평균임금의 70%에 상당하는 금액을 1일당 휴업급여 지급액으로 한다(법 제56조 제1항). 산정한 1일당 휴업급여 지급액이 최저임금액보다 적거나 재요양 당시 평균임금 산정의 대상이 되는 임금이 없으면 최저임금액을 1일당 휴업급여 지급액으로 한다(법 제56조 제2항).

## 3. 장해급여

### 1) 장해보상연금 또는 장해보상일시금의 지급

장해급여는 근로자가 업무상의 사유로 부상을 당하거나 질병에 걸려 치유된 후 신체 등에 장해가 있는 경우에 그 근로자에게 지급한다(법 제57조 제1항). 업무상 재해를 당한 근로자가 요양 후 치유되었으나 정신적 또는 신체적 결손이 남게 되는 경우 그 장해로 인한 노동력 손실 전보를 위하여 지급되는 보험급여이다. 근로자가 업무상 부상 또는 질병에 걸려 요양을 받고 완치된 후, 신체에 장해가 있는 경우에 그 장해 정도에 따라 장해급여를 지급하며 장해보상일시금 또는 상병보상연금을 수급권자의 선택에 따라 지급한다(법 제57조 제2항).

### 2) 장해등급의 재판정

공단은 장해보상연금 수급권자 중 그 장해상태가 호전되거나 악화되어 치유 당시 결정된 장해등급이 변경될 가능성이 있는 자에 대하여는 그 수급권자의 신청 또는 직권으로 장해등급을 재판정할 수 있다(법 제59조 제1항). 장해등급의 재판정 결과 장해등급이 변경되면 그 변경된 장해등급에 따라 장해급여를 지급한다(법 제59조 제2항).

### 3) 재요양에 따른 장해급여

장해보상연금의 수급권자가 재요양을 받는 경우에도 그 연금의 지급을 정지하지 아니한다(법 제60조 제1항). 재요양을 받고 치유된 후 장해상태가 종전에 비하여 호전되거나 악화된 경우에는 그 호전 또는 악화된 장해상태에 해당하는 장해등급에 따라 장해급여를 지급한다.

### 4) 장해등급의 조정

신체장해등급기준에 해당하는 장해가 2 이상 있는 경우에는 그중 심한 장해에 해당하는 장해등급을 그 근로자의 장해등급으로 하되, 제13급 이상의 장해가 2 이상인 경우에는 다음의 구분에 따라 조정된 장해등급을 그 근로자의 장해등급으로 한다. 다만, 조정의 결과 제1급을 초과하게 되는 경우 제1급으로 하고, 그 장해의 정도가 조정된 등급에 규정된 다른 장해의 정도에 비하여 낮다고 인정되는 경우에는 조정된 등급보다 1개 등급 낮은 등급으로 한다.

① 제5급 이상에 해당하는 장해가 2 이상 있는 경우에는 3개 등급 상향 조정
② 제8급 이상에 해당하는 장해가 2 이상 있는 경우에는 2개 등급 상향 조정
③ 제13급 이상에 해당하는 장해가 2 이상 있는 경우에는 1개 등급 상향 조정

## 4. 유족급여

### 1) 지급요건

유족급여의 지급요건은 업무상 사망 또는 사망으로 추정될 것을 요구한다. 사망으로 추정되는 경우는 사고가 발생한 날 또는 행방불명이 된 날에 사망한 것으로 추정한다.

### 2) 지급방법

유족보상연금은 연금으로 지급하는 것이 원칙이나 근로자의 사망 당시 연금수급자격자가 없는 경우 또는 연금수급권자가 외국에 거주하는 경우에는 유족보상일시금으로 지급할 수 있다(법 제62조 제2항). 연금으로 지급할 경우 평균임금의 47~67% 상당액을 매월 지급한다. 다만, 연금수급권자가 희망하는 경우에는 평균임금의 1300일분 상당의 유족일시금의 50%에 해당하는 금액을 일시금으로 지급하고 유족보상연금은 50%를 감액하여 지급한다(법 제62조 제3항).

① 유족보상연금액: 기본금액과 가산금액을 합산한 금액

유족보상연금액=기본금액(47%)+가산금액(5~20%)

② 기본금액: 급여기초연액(평균임금×365일)의 47%에 상당하는 금액
③ 가산금액: 유족보상연금 수급자격자 1인당 급여기초연액의 5%에 최대 4인까지(20%) 가산
④ 반액일시금: 연금수급권자가 원하는 경우에는 유족일시금(평균임금의 1300일분)의 50%를 일시금으로 지급하고 유족보상연금은 50%를 감액하여 지급

### (1) 유족보상연금 또는 유족보상일시금

유족급여는 근로자가 업무상 사유로 사망하는 경우 그에 의하여 부양되고 있던 유족들의 생활보장을 위하여 지급되는 보험급여이다. 유족급여는 근로자가 업무상의 사유로 사망한 경우에 유족에게 지급한다(법 제62조 제1항). 유족급여는 유족보상연금이나 유족보상일시금을 선택적으로 지급한다. 유족보상일시금은 근로자가 사망할 당시 유족보상연금을 받을 수 있는 자격이 있는 자가 없는 경우에 지급한다(법 제62조 제2항).

### (2) 유족보상연금과 일시금의 병급

유족보상연금을 받을 수 있는 자격이 있는 자가 원하면 유족보상일시금의 50%에 상당하는 금액을 일시금으로 지급하고 유족보상연금은 50%를 감액하여 지급한다(법 제62조 제3항).

### (3) 유족보상연금수급자의 사망에 따른 일시금

유족보상연금을 받던 자가 그 수급자격을 잃은 경우 다른 수급자격자가 없고 이미 지급한 연금액을 지급 당시의 각각의 평균임금으로 나누어 산정한 일수의 합계가 1,300일에 못 미치면 그 못 미치는 일수에 수급자격 상실 당시의 평균임금을 곱하여 산정한 금액을 수급자격 상실 당시의 유족에게 일시금으로 지급한다(법 제62조 제4항).

### 3) 유족보상연금 수급자격자

#### (1) 유족보상연금 수급자격자의 범위

"유족보상연금 수급자격자"는 근로자가 사망할 당시 그 근로자와 생계를 같이 하고 있던 유족 중 처(사실상 혼인관계 포함)와 다음에 해당하는 자로 한다. 이 경우 근로자와 생계를 같이 하고 있던 유족의 판단기준은 대통령령으로 정한다(법 제63조 제1항).

① 남편(사실상 혼인관계 포함) · 부모 또는 조부모로서 각각 60세 이상인 자
② 자녀 또는 손자녀로서 각각 18세 미만인 자
③ 형제자매로서 18세 미만이거나 60세 이상인 자
④ 제①~③호까지의 규정 중 어느 하나에 해당하지 아니하는 남편 · 자녀 · 부모 · 손자녀 · 조부모 또는 형제자매로서 장애인 중 고용노동부령으로 정한 장애등급 이상에 해당하는 자

#### (2) 태아(胎兒)의 법적 지위

근로자가 사망할 당시 태아(胎兒)였던 자녀가 출생한 경우에는 출생한 때부터 장래에 향하여 근로자가 사망할 당시 그 근로자와 생계를 같이 하고 있던 유족으로 본다(법 제63조 제2항).

#### (3) 유족보상연금수급권의 순위

유족보상연금수급자격자 중 유족보상연금을 받을 권리의 순위는 배우자 · 자녀 · 부모 · 손자녀 · 조부모 및 형제자매의 순서로 한다(법 제63조 제3항).

### 4) 유족보상연금 수급자격의 상실과 지급 정지

유족보상연금수급자격자인 유족이 다음에 해당하면 그 자격을 잃는다(법 제64조 제1항).

① 사망한 경우
② 재혼한 때(사망한 근로자의 배우자만 해당, 재혼에는 사실상 혼인관계에 있는 경우 포함)
③ 사망한 근로자와의 친족관계가 끝난 경우
④ 자녀 · 손자녀 또는 형제자매가 18세가 된 경우
⑤ 장애인이었던 자로서 그 장애 상태가 해소된 경우

⑥ 근로자가 사망할 당시 대한민국 국민이었던 유족보상연금 수급자격자가 국적을 상실하고 외국에서 거주하고 있거나 외국에서 거주하기 위하여 출국하는 경우
⑦ 대한민국 국민이 아닌 유족보상연금수급자격자가 외국에서 거주하기 위하여 출국하는 경우

### 5) 유족보상일시금 수급권자인 유족의 순위

유족보상일시금 및 유족 간의 수급권 순위는 다음의 순서로 하되, 각 호의 자 사이에서는 각각 그 적힌 순서에 따른다. 이 경우 같은 순위의 수급권자가 2명 이상이면 그 유족에게 똑같이 나누어 지급한다(법 제65조 제1항).

① 근로자가 사망할 당시 그 근로자와 생계를 같이 하고 있던 배우자・자녀・부모・손자녀 및 조부모
② 근로자가 사망할 당시 그 근로자와 생계를 같이 하고 있지 아니하던 배우자・자녀・부모・손자녀 및 조부모 또는 근로자가 사망할 당시 근로자와 생계를 같이 하고 있던 형제자매
③ 형제자매

### 6) 미지급의 보험급여

수급권자가 사망 등 그 수급자격을 잃은 경우 다른 수급자격자가 없고 이미 지급한 연금액을 지급 당시 각각의 평균임금으로 나눈 일수의 합계가 1,300일에 미달되는 경우 그 미달되는 일수에 대하여 수급자격 상실 당시의 평균임금을 곱한 금액을 유족보상연금수급자격자가 아닌 사망근로자의 다른 유족에게 지급한다(법 제81조).

이것은 보험급여의 수급권도 일종의 재산권이므로 민법의 규정에 의하여 재산상속인에게 귀속되어야 할 것이나 업무상 재해의 경우 신속한 보상을 위해 상속에 관한 「민법」의 적용을 배제하려는 취지이다.

## 5. 간병급여

간병급여는 요양급여를 받은 자 중 치유 후 의학적으로 상시 또는 수시로 간병이 필요하

여 실제로 간병을 받는 자에게 지급한다(법 제61조 제1항). 간병급여는 상시간병급여와 수시간병급여를 구분하고 간병급여 지급대상자가 무료요양소 등에 입소하여 실제 간병비용으로 지급한 금액이 간병급여액에 미달하는 경우에는 실제 지급액만 지급한다.

### 1) 상시간병급여

① 신경계통의 기능, 정신기능 또는 흉・복부 장기의 기능에 장해등급 제1급에 해당하는 장해가 남아 일상생활에 필요한 동작을 하기 위하여 항상 다른 사람의 간병이 필요한 사람
② 두 눈, 두 팔 또는 두 다리 중 어느 하나의 부위에 장해등급 제1급에 해당하는 장해가 남고, 다른 부위에 제7급 이상에 해당하는 장해가 남아 일상생활에 필요한 동작을 하기 위하여 항상 다른 사람의 간병이 필요한 사람

### 2) 수시간병급여

① 신경계통의 기능, 정신기능 또는 흉・복부 장기의 기능에 장해등급 제2급에 해당하는 장해가 남아 일상생활에 필요한 동작을 하기 위하여 수시로 다른 사람의 간병이 필요한 사람
② 장해등급 제1급(제53조 제2항에 따른 조정의 결과 제1급이 되는 경우를 포함)에 해당하는 장해가 남아 일상생활에 필요한 동작을 하기 위하여 수시로 다른 사람의 간병이 필요한 사람

### 3) 급여내용

상시간병대상자는 간병과 관련하여 〈표 11－17〉과 같이 고용노동부장관이 고시한 금액의 전액을 지급하고, 수시간병대상자는 상시간병급여의 2/3를 지급한다. 간병인의 수는 간병을 받아야 할 근로자 1인에 대하여 1명으로 한다. 2014년부터의 간병수당은 상시간병은 41,170원/일, 수시간병은 27,450원/일이다.

**표 11-17** 간병급여 내용

| 적용기간 | 상시간병 | 수시간병 |
|---|---|---|
| 2014.08.01.~2017.07.28. | 41,170원/일 | 27,450원/일 |

※ 전문 간병인 간병료: 67,140원, 55,950원(2등급), 44,760원(3등급)
가족 기타 간병인 간병료: 61,750원(1등급), 55,950원(2등급), 44,760원(3등급)

## 6. 상병보상연금

### 1) 수급조건

요양급여를 받는 근로자가 요양을 시작한 지 2년이 지난 날 이후에 다음에 해당하는 상태가 계속되면 휴업급여 대신 상병보상연금을 그 근로자에게 지급한다(법 제66조 제1항).

요양개시 후 2년이 경과하여도 치유되지 아니하고 요양이 장기화됨에 따라 해당 산재근로자와 그 가족의 생활안정을 도모하기 위하여 휴업급여 대신에 지급하는 보험급여이다.

① 그 부상이나 질병이 치유되지 아니한 상태일 것

② 그 부상이나 질병에 따른 폐질(廢疾)의 정도가 대통령령으로 정하는 폐질등급기준에 해당할 것

### 2) 저소득근로자의 상병보상연금

상병보상연금을 산정할 때 그 근로자의 평균임금이 최저임금액에 100/70(1.42857)을 곱한 금액보다 적을 때에는 최저임금액의 100/70(1.42857)에 해당하는 금액을 그 근로자의 평균임금으로 보아 산정한다(법 제67조 제1항).

또한, 저소득근로자 휴업급여 상향과 관련하여 1일당 상병보상연금액(평균임금×폐질등급일수/365에 해당하는 금액)이 1일당 휴업급여 지급액(평균임금의 90%, 최저보상기준 금액의 80%)보다 적으면 휴업급여 지급액을 1일당 상병보상연금액으로 한다.

### 3) 고령자의 상병보상연금

표 11-18 고령자의 상병보상연금 지급기준

| 폐질등급 / 연령 | 제1급 | 제2급 | 제3급 |
|---|---|---|---|
| 61세 | 평균임금×(329/365−0.04) | 평균임금×(291/365−0.04) | 평균임금×(257/365−0.04) |
| 62세 | 평균임금×(329/365−0.08) | 평균임금×(291/365−0.08) | 평균임금×(257/365−0.08) |
| 63세 | 평균임금×(329/365−0.12) | 평균임금×(291/365−0.12) | 평균임금×(257/365−0.12) |
| 64세 | 평균임금×(329/365−0.16) | 평균임금×(291/365−0.16) | 평균임금×(257/365−0.16) |
| 65세 이후 | 평균임금×(329/365−0.20) | 평균임금×(291/365−0.20) | 평균임금×(257/365−0.20) |

상병보상연금을 받는 근로자가 61세가 되면 그 이후의 상병보상연금은 〈표 11－18〉에 따라 산정한 금액을 지급한다(법 제68조 별표 5). 상병보상연금의 경우 감액지급 해당 연령 즉, 61세에 도달한 날부터 매년 4%씩 감액하여 폐질등급일수를 365로 나누어 0.04~0.20을 뺀 값에 평균임금을 곱한 금액이 1일당 상병보상연금액이 된다.

### 4) 재요양기간 중의 상병보상연금

재요양을 시작한 지 2년이 지난 후에 상병상태가 상병보상연금의 수급조건(법 제66조 제1항)의 요건 모두에 해당하는 자에게는 휴업급여 대신 〈표 11－19〉에 따른 폐질등급(법 제66조 제2항 별표 4)에 따라 상병보상연금을 지급한다. 이 경우 상병보상연금을 산정할 때에는 재요양 기간 중의 휴업급여 산정에 적용되는 평균임금을 적용하되, 그 평균임금이 최저임금액에 100/70(1.42857)을 곱한 금액보다 적거나 재요양 당시 평균임금 산정의 대상이 되는 임금이 없을 때에는 최저임금액의 100/70(1.42857)에 해당하는 금액을 그 근로자의 평균임금으로 보아 산정한다(법 제69조 제1항).

**표 11-19** 상병보상연금 급여표(법 제66조 제2항 관련 별표 4)

| 폐질등급 | 상병보상연금 |
|---|---|
| 제1급 | 평균임금의 329일분 |
| 제2급 | 평균임금의 291일분 |
| 제3급 | 평균임금의 257일분 |

### 5) 외국인근로자의 보험급여 일시지급

대한민국 국민이 아닌 근로자가 업무상의 재해에 따른 부상 또는 질병으로 요양 중 치유되기 전에 출국하고자 하여 보험급여의 일시지급을 신청하는 경우에는 그 신청한 날 이후에 청구 사유가 발생할 것으로 예상되는 보험급여를 한꺼번에 지급할 수 있다(법 제76조 제1항).

## 7. 장의비

근로자가 업무상 사유로 사망한 경우에 그 장제에 소요되는 비용을 실비로 지급하는 것이다. 장의비는 근로자가 업무상의 사유로 사망한 경우에 지급하되, 평균임금의 120일분에 상당하는 금액을 그 장제(葬祭)를 지낸 유족에게 지급한다. 다만, 장제를 지낼 유족이 없거나 그 밖에 부득이한 사유로 유족이 아닌 자가 장제를 지낸 경우에는 평균임금의 120일분에 상당하는 금액의 범위에서 실제 드는 비용을 그 장제를 지낸 자에게 지급한다(법 제71조 제1항). 그 구체적인 금액은 고용노동부장관이 고시하는 〈표 11－20〉과 같다. 이때 최고금액을 초과하거나 최저임금액에 미달하는 경우에는 그 최고금액 또는 최저금액을 각각 장의비로 한다.

표 11-20 장의비의 급여한도 증가추이

| 적용기간 | 최고금액 | 최저금액 |
|---|---|---|
| 2015.01.01.~2015.12.31. | 13,848,542원 | 9812,342원 |

## 8. 직업재활급여

장해급여자에게는 직업훈련비용 및 직업훈련수당을 지급하고, 고용을 유지하는 사업주에게는 직장복귀지원금, 직장적응훈련비 및 재활운동비를 지급한다. 이것은 장해인들의 직업재활을 돕기 위한 제도이다.

### 1) 직업재활급여의 종류

직업재활급여의 종류는 다음과 같다(법 제72조 제1항).

① "장해급여자" 중 취업을 위하여 직업훈련이 필요한 "훈련대상자"에 대하여 실시하는 직업훈련에 드는 비용 및 직업훈련수당

② 업무상의 재해가 발생할 당시의 사업장에 복귀한 장해급여자에 대하여 사업주가 고용을 유지하거나 직장적응훈련 또는 재활운동을 실시하는 경우에 각각 지급하는 직장복귀지원금, 직장적응훈련비 및 재활운동비

### 2) 직업훈련비용

훈련대상자에 대한 직업훈련은 공단과 계약을 체결한 "직업훈련기관"에서 실시한다(법 제73조 제1항). "직업훈련비용"은 직업훈련을 실시한 직업훈련기관에 지급한다(법 제73조 제2항 전단).

• 비용에 포함되는 내용: 수강료・재료비 또는 교재비 등을 고용노동부장관이 고시한 금액 범위 내에서 공단과 해당 직업훈련기관 사이에 계약한 항목 및 금액

### 3) 직업훈련수당

직업훈련수당은 직업훈련을 받는 훈련대상자에게 그 직업훈련으로 인하여 취업하지 못하는 기간에 대하여 지급하되, 1일당 지급액은 최저임금액에 상당하는 금액으로 한다(법 제74조 제1항).

직업훈련수당을 받는 자가 장해보상연금을 받는 경우에는 1일당 장해보상연금액과 1일당 직업훈련수당을 합한 금액이 그 근로자의 장해보상연금 산정에 적용되는 평균임금의 70%를 초과하면 그 초과하는 금액 중 직업훈련수당에 해당하는 금액은 지급하지 아니한다(법 제74조 제2항).

### 4) 직장복귀지원금

산재장해인의 고용 확대를 위하여 요양종결 후 원직장 복귀를 촉진함으로써 재취업 등에 소요되는 사회적 비용을 최소화하고, 조기 사회복귀 도모 및 안정적인 직업생활 유지를 위한 지원제도이다.

직장복귀지원금, 직장적응훈련비 및 재활운동비는 장해급여자에 대하여 고용을 유지하거나 직장적응훈련 또는 재활운동을 실시하는 사업주에게 각각 지급한다. 이 경우 직장복귀지원금, 직장적응훈련비 및 재활운동비의 지급요건은 각각 대통령령으로 정한다(법 제75조 제1항).

## 9. 특별급여

근로자가 업무상 재해를 입을 때에 사업주는 과실이 없어도 재해보상이나 보험급여가 행해지는 것이 산재보험의 취지이다. 그러나 그 재해가 사업주의 고의 또는 과실로 인해 생긴 때에는 「민법」에 의한 손해배상 문제가 남을 수 있으며 수급권자가 보험급여를 받고도 또 민사소송을 제기하면 그 재해로 인한 실손해액에서 보험급여액을 공제한 금액의 지불을 명령하는 판결을 받을 수 있다. 그러나 수급권자는 물론 그 사업주는 많은 비용과 시간을 허비하게 된다. 그래서 사업주의 고의나 중대한 과실로 재해가 발생하여 근로자가 장해를 입었거나 사망했을 때 수급권자가 민법에 의한 손해배상 청구에 갈음하여 청구한 때에 장해급여나 유족급여 외에 장해 또는 유족특별급여로 지급한다. 이것은 따로 정하는 장해 및 유족특별급여의 지급기준을 민사배상액으로 함으로써 민사상 손해배상문제가 신속히 해결되도록 한 것이다. 이러한 특별급여가 지급되면 수급권자와 사업주 사이에는 「민사소송법」에 의하여 재판상 화해가 성립된 것으로 보고, 보험자는 그 급여 전액을 보험가입자로부터 징수한다.

### 1) 장해특별급여

#### (1) 보험가입자의 고의 또는 과실로 발생한 업무상 재해의 경우

보험가입자의 고의 또는 과실로 발생한 업무상의 재해로 근로자가 대통령령으로 정하는 장해등급에 해당하는 장해를 입은 경우에 수급권자가 「민법」에 따른 손해배상청구를 갈음하여 장해특별급여를 청구하면 장해급여 외에 대통령령으로 정하는 장해특별급여를 지급할 수 있다. 다만, 근로자와 보험가입자 사이에 장해특별급여에 관하여 합의가 이루어진 경우에 한한다(법 제78조 제1항).

#### (2) 민법 등의 손해배상에 갈음

수급권자가 장해특별급여를 받으면 동일한 사유에 대하여 보험가입자에게 「민법」이나 그 밖의 법령에 따른 손해배상을 청구할 수 없다(법 제78조 제2항).

#### (3) 가입자로부터 특별급여액 전액을 징수

공단은 장해특별급여를 지급하면 대통령령으로 정하는 바에 따라 그 급여액 모두를 보험가입자로부터 징수한다(법 제78조 제3항).

### 2) 유족특별급여

보험가입자의 고의 또는 과실로 발생한 업무상의 재해로 근로자가 사망한 경우에 수급권자가 「민법」에 따른 손해배상청구를 갈음하여 유족특별급여를 청구하면 유족급여 외에 대통령령으로 정하는 유족특별급여를 지급할 수 있다(법 제79조 제1항).

유족특별급여는 평균임금의 30일분에서 〈표 11－21〉에 의한 사망자 본인의 생활비를 공제한 후 취업가능기간에 대응하는 계수를 곱하여 산정한 금액에서 유족보상일시금을 공제한 금액이다.

표 11-21 사망자 본인의 생활비 비율표(시행령 제74조 제1항 별표 10)

| 구분 | 생활비 비율 |
|---|---|
| 부양가족이 없는 경우 | 40% |
| 부양가족 1명인 경우 | 35% |
| 부양가족 2명인 경우 | 30% |
| 부양가족 3명 이상인 경우 | 25% |

※ 비고: 부양의무자 및 부양가족의 범위는 「민법」에 의하되, 사실상 혼인관계에 있는 사람을 포함한다.

## 제8절 다른 보상(補償) 또는 배상(賠償)과의 관계

### 1. 「근로기준법」에 따른 재해보상 책임의 면제

수급권자가 이 법에 따라 보험급여를 받았거나 받을 수 있으면 보험가입자는 동일한 사유에 대하여 「근로기준법」에 따른 재해보상 책임이 면제된다(법 제80조 제1항).

수급권자가 산재보험에서 보험급여를 받았을 때에는 보험가입자인 사업주는 동일한 사유에 대하여는 「근로기준법」상에 의한 모든 재해보상 책임이 면제되며, 또한 보험급여액의 한도 안에서 「민법」이나 기타 법령에 의해 손해배상을 받았을 때에는 그 범위 안에서 보험급여를 받을 수 없다.

### 2. 「민법」 등의 손해배상책임 면제

수급권자가 동일한 사유에 대하여 이 법에 따른 보험급여를 받으면 보험가입자는 그 금액의 한도 안에서 「민법」이나 그 밖의 법령에 따른 손해배상의 책임이 면제된다. 이 경우 장해보상연금 또는 유족보상연금을 받고 있는 자는 장해보상일시금 또는 유족보상일시금을 받은 것으로 본다(법 제80조 제2항).

업무상 재해가 발생한 경우에 그것이 보험관계 외에 있는 제3자의 불법행위로 인한 것일 때에 피해자는 산재보험에 대한 보험청구권과 아울러 제3자에 대한 손해배상청구권도 갖게 된다. 이때 동일한 사유에 관하여 두 개의 청구권을 행사하여 모두를 받는다면 손해의 이중전보(二重塡補)라는 불합리한 결과가 된다. 또한 산재보험급여에 의하여 피해자의 손해가 전보

(塡補)되고 그 범위 내에서 가해자의 손해배상 의무가 면제된다면 가해자는 보험과 아무런 관계없이 보험의 혜택을 입는 결과가 되므로 이것도 불합리 때문이다.

### 3. 타법에서의 보험급여상당액 공제

제3자의 행위로 인한 재해에 대하여 산재보험에서 먼저 보험급여를 한 때에는 그 급여액의 한도 내에서 보험자는 가해자인 제3자에 대한 손해배상 청구권을 대위행사하며, 반대로 수급권자가 가해자인 제3자로부터 손해배상을 먼저 받은 때에는 그 한도 내에서 보험급여를 받지 못한다.

수급권자가 동일한 사유로 「민법」이나 그 밖의 법령에 따라 이 법의 보험급여에 상당한 금품을 받으면 공단은 그 받은 금품을 대통령령으로 정하는 방법에 따라 환산한 금액의 한도 안에서 이 법에 따른 보험급여를 지급하지 아니한다. 다만, 수급권자가 지급받은 것으로 보게 되는 장해보상일시금 또는 유족보상일시금에 해당하는 연금액에 대하여는 그러하지 아니하다(법 제80조 제3항).

## 제9절 수급권의 보호

### 1. 양도 · 압류의 금지

산재보험의 보험급여를 받을 권리는 퇴직한 경우라도 소멸되지 아니하며(법 제88조 제1항), 양도 또는 압류하거나 담보로 제공할 수도 없다(법 제88조 제2항). 또한 보험급여로 지급된 금품에 대하여는 조세, 기타 국가 또는 지방자치단체의 공과금을 부과하지 아니한다(법 제91조).

### 2. 보험급여의 소멸시효

보험급여의 청구권은 3년 기간의 시효에 의하여 소멸한다. 따라서 3년 동안은 수급권이 보호된다는 뜻이다. 시효는 수급권의 청구로 진행이 중단된다. 중단된 시효는 그때부터 다시 진행된다.

## 3. 미지급 보험급여의 지급

보험급여의 수급권자가 사망한 경우에 그 수급권자에게 지급하여야 할 보험급여로서 아직 지급되지 아니한 보험급여가 있으면 그 수급권자의 유족(유족급여의 경우에는 그 유족급여를 받을 수 있는 다른 유족)의 청구에 따라 그 보험급여를 지급한다(법 제81조 제1항). 수급권자가 사망 전에 보험급여를 청구하지 아니하면 유족의 청구에 따라 그 보험급여를 지급한다(법 제81조 제2항).

이것은 보험급여의 수급권도 일종의 재산권이므로 「민법」의 규정에 의하여 재산상속인에게 귀속되어야 할 것이나 업무상 재해의 경우 신속한 보상을 위해 상속에 관한 민법의 적용을 배제하려는 취지이다.

## 4. 사업주의 조력

### 1) 보험급여 청구절차에 대한 조력

보험급여를 받을 자가 사고로 보험급여의 청구 등의 절차를 행하기 곤란하면 사업주는 이를 도와야 한다(법 제116조 제1항).

### 2) 증빙서류에 대한 조력

사업주는 보험급여를 받을 자가 보험급여를 받는 데에 필요한 증명을 요구하면 그 증명을 하여야 한다(법 제116조 제2항).

### 3) 증빙서류의 생략사유

사업주의 행방불명, 그 밖의 부득이한 사유로 증명이 불가능하면 그 증명을 생략할 수 있다(법 제116조 제3항).

제12장

# 고용보험

## 제1절 고용보험제도의 생성 및 의의

### 1. 실업대책의 역사

#### 1) 노동조합의 실업공제기금

고용보험제도는 원래 19세기 후반 유럽의 일부 노동조합이 실직조합원들에게 실업급여를 지급하던 자주적인 실업공제기금제도에서 출발하였다. 19세기 말에는 노동조합에 의한 자주적인 실업공제기금제도가 벨기에, 프랑스, 독일, 영국, 노르웨이, 스웨덴, 스위스, 미국 등 서구 제국의 주요 도시에서 실시되면서 위험의 분산이라는 보험의 방법이 실업의 경우에도 적용될 수 있음을 보여주었다.

그러나 노동조합에 의한 자주적인 실업공제기금제도는 근로자가 모든 비용을 부담하므로 충분한 실업급여가 이루어지지 못하였다. 또한, 가입이 임의적이었기 때문에 비교적 고용이 안정된 근로자는 가입을 기피하고, 실업의 위험이 상대적으로 높은 근로자들만이 주로 가입함에 따라 실업공제기금의 재정난이 심각하였다.

이에 따라 19세기말에는 실업공제기금을 운영하는 노동조합에 대하여 지방자치단체가 보조금을 지급하는 도시들이 나타나기 시작하였다. 1893년 스위스의 베른(Bern) 시는 세계 최초로 노동조합의 임의적인 실업공제기금에 보조하면서 노동조합원인지의 여부에 관계없이 본인이 희망하는 근로자는 실업공제기금에 가입할 수 있게 하였다. 이러한 제도는 스위스의 다른 도시는 물론 프랑스, 독일 등에도 파급되었다.

한편 프랑스, 영국, 독일, 미국 등에서는 사용자가 매년 보수총액 또는 순이익의 일정 비율을 실업기금으로 적립하여 실업자를 구제하는 사용자에 의한 실업구제제도가 일부 기업에서 실시되었다. 사용자에 의한 실업구제제도는 노동조합에 의한 자주적인 실업공제기금제도보다 늦게 발족되었으며, 모든 비용을 사용자가 부담하므로 재정능력이 취약한 대부분의 기업에서는 사실상 실행이 불가능하였다.

사용자에 의한 임의적인 실업구제제도는 국가에 의한 실업보험제도가 도입됨에 따라 점차 소멸하였으나, 미국과 이탈리아 등에서는 사용자에 의한 실업구제제도의 원리가 강제적 사회보험방식인 실업보험제도에 전수되어 아직도 실업보험료의 부담을 전액 사용자만 부담하고 있다(노동부, 2009: 25-26).

### 2) 실업공제기금에 대한 정부보조: 임의적 실업보험제도

20세기 들어 1910년까지 실업보험제도를 입법화한 프랑스(1905), 노르웨이(1906), 덴마크(1907)는 노동조합 중심의 자주적인 실업공제기금에 국가의 보조원칙을 구체화한 임의적인 실업보험제도를 채택하였다. 프랑스는 1905년 4월 22일에 제정된 「프랑스재정법」에 의해 세계 최초로 노동조합의 자주적인 실업공제기금에 국가재정에서 보조금을 지급하였다.

**표 12-1** 세계 각국의 실업보험 시행연도

| 시행연도 | 국 가 | 시행연도 | 국 가 | 시행연도 | 국 가 |
|---|---|---|---|---|---|
| 1905 | 프랑스 | 1920 | 벨기에 | 1932 | 위스콘신주 |
| 1906 | 노르웨이 | 1920 | 오스트리아 | 1934 | 스웨덴 |
| 1907 | 덴마크 | 1921 | 룩셈부르크 | 1940 | 미국 모든 주 |
| 1911 | 영국 | 1924 | 스위스 | 1944 | 호주 |
| 1911 | 아일랜드 | 1925 | 불가리아 | 1957 | 헝가리 |
| 1919 | 이탈리아 | 1927 | 독일 | 1971 | 일본 |
| 1916 | 네덜란드 | 1927 | 유고슬라비아 | 1974 | 독일고용보험법 |
| 1919 | 스페인 | 1930 | 뉴질랜드 | 1995 | 한국 |

출처: 佐藤 進(1980), 社會福祉の法と行財政, 東京: 勁草書房, p.32.; 고용노동부(2009.8), 「2009년판 노동백서」, pp.25-29 내용 종합.

프랑스에 이어 세계에서 두 번째로 실업보험제도를 입법화한 노르웨이는 1906년 자주적인 실업구제기금제도에 의해 지급되는 실업급여액의 4분의 1에 해당하는 금액을 정부에서 보조하는 법률을 제정하였으며, 정부보조금 비율을 1908년에는 3분의 1까지, 1915년에는 2분의 1까지 증액하였다.

1910년대에는 노동조합 중심의 자주적인 실업공제기금제도의 전통이 많은 영향을 미침으로써 프랑스, 노르웨이, 덴마크의 뒤를 이어 네덜란드(1916), 스페인(1919) 등의 국가가 노동조합 중심의 자주적인 실업공제기금에 국가가 보조금을 지급하는 임의적인 실업보험제도를 도입하였다.

이와 같은 임의적인 실업보험제도는 현재에도 그 유형이 남아 덴마크, 핀란드, 스웨덴 등의 국가에서는 노동조합원에게는 가입이 강제되지만 비조합원에 대해서는 가입이 임의적인 실업보험제도(voluntary unemployment insurance system)가 그대로 유지되고 있다(노동부, 2009: 26).

### 3) 사회보험 방식의 강제적 실업보험제도

19세기말 유럽의 노동조합들은 실업의 위험에 직면하여 자생적인 보험기금을 조직하였다. 국가에 의한 실업대책으로써 실업보험이 최초로 운영된 것은 1905년 프랑스에서부터이다(佐藤進, 1980: 32). 그러나 이것은 어디까지나 노동조합 중심의 자주적인 실업공제기금에 국가의 보조원칙을 구체화한 임의적인 실업보험제도였다. 이에 비해 노동조합에의 가입유무와 관계없이 일정요건에 해당하는 근로자를 강제적으로 보험의 적용을 받도록 하는 국가에 의한 강제적 실업보험제도는 1911년 영국에 의해 최초로 도입되었다. 영국은 실업보험의 비용을 노・사・정 3자의 부담을 원칙으로 하였으며, 이와 같은 영국의 강제적 실업보험제도는 에이레(1911), 이탈리아(1919)의 실업보험제도의 도입에도 영향을 주었다.

제1차 세계대전 이후의 대규모 실업사태는 많은 국가에서 실업보험제도의 도입을 촉진하는 계기가 되었다. 1920년대 벨기에(1920), 스위스(1924) 등 2개국은 노동조합 중심의 자주적인 실업공제기금에 정부가 보조금을 지급하는 임의적인 실업보험제도를 채택하였으나, 오스트리아(1920), 불가리아(1925), 독일(1927), 유고슬라비아(1927) 등은 강제적 실업보험제도를 도입하였다. 소련은 1921년에 제정된 노동법의 규정에 의해 강제적 실업보험제도를 도입하여 모든 비용을 사용자가 부담하도록 하였으나, 1930년 10월 9일의 법률개정에 의해 실업보험제도가 폐지되었다. 한편 룩셈부르크(1921)는 저소득실업자에 대해 국가 재정에서 실업수당을 지급하는 실업부조제도(unemployment assistance system)를 도입하였다.

1930년대에는 세계적인 경제불황으로 인하여 세계 각국은 심각한 대량실업사태에 직면하였으며, 많은 나라는 실업자의 보호를 조직적으로 행할 수 있는 실업보험제도의 도입을 적극적으로 검토하게 되었다. 1934년에는 국제노동기구(ILO)가 '비자발적 실업자에 대하여 급여 또는 수당을 보장하는 협약'(제44호 협약)을 채택하여 이를 비준한 국가에 대해서는 실직자에게 실업급여를 지급하는 강제적 또는 임의적인 실업보험제도를 유지할 수 있도록 하고 실업보험제도의 적용범위, 수급요건 및 급여기간에 대한 최저기준 등을 명시함으로써 실업보험제도의 도입 및 발전에 많은 영향을 미쳤다. 스웨덴은 1934년에 임의적인 실업보험제도를 도입하였으며, 미국은 1932년 위스콘신 주에서 강제적 실업보험제도가 도입된 후 뉴딜정책의 일환으로 1935년에 「사회보장법」이 제정되어 각 주가 운영하는 실업보험제도에 대해서 연방정부로부터의 보조금제도가 신설됨에 따라 1937년까지 모든 주에서 실업보험제도가 시행되게 되었다. 캐나다에서는 1935년에 연방의회가 실업보험제도를 포함한 '고용 및 사회보장법안'을 가결하였다. 그러나 캐나다의 최고재판소는 동법이 규정하는 사항은 주의 고유권한에 속한다는 이유로 동법의 무효를 선언함에 따라 연방정부는 1937년에 각 주의 동의를 얻어 1940년에 모든 주가 동의한 「실업보험법」을 제정하였다.

1940년대에는 제2차 세계대전이 끝날 경우 예상되는 심각한 실업에 대비하여 많은 국가가 실업보험에 대한 계획을 수립하였다. 그리스는 1945년에 강제적인 실업보험제도를 도입하였고 일본도 1947년에 이 제도를 도입하였다. 프랑스는 1951년에 국가부담에 의한 실업부조제도를 실시하고 1958년에는 종래의 자주적인 실업보험제도를 강제적 실업보험제도로 전환하였다(노동부, 2009: 25-26).

### 4) 실업보험제도와 고용정책의 연계: 고용보험제도로의 전환

초기의 실업보험은 실직자에게 실업급여를 지급함으로써 실직된 근로자와 그 가족의 생활안정에 기여한다는 실업에 대한 사후 구제적인 차원의 것이었다. 그러나 기술진보와 산업구조의 고도화에 따라 고용조정이 급격히 이루어지면서 실직자에 대한 실업급여만으로는 실업을 사전에 예방하여 실질적인 고용안정을 유지하는 데에는 미흡하다는 것이 인식되었다. 이에 따라 실직자에 대한 실업 급여와 동시에 실업을 사전에 예방하고 고용안정을 근본적으로 보장하기 위하여 고용조정과정에서 발생하는 사양(斜陽) 산업 근로자, 잉여노동력 등에 대한 전직훈련과 인력 재배치를 통하여 근로자의 고용안정과 산업구조의 원활한 조정을 가능하게 하고 평소에 근로자의 직업능력을 지속적으로 개발・향상시키는 직업훈련사업 등 적극적인 고용정책과 실업급여를 연결시키는 '고용보험'으로 전환하는 추세를 보이기 시작하였다. 실업보험제도는 근로자가 비자발적인 사유로 인하여 실직을 당한 경우에 일정기간 실업급여를 지급하여 근로자의 생활안정을 기하는 소극적 개념인데 반하여 고용보험제도는 실업급여를 지급하는 전통적인 실업보험사업뿐만 아니라 적극적인 취업 알선을 통한 재취업의 촉진과 근로자의 직업안정 및 고용구조의 개선을 위한 고용안정사업, 근로자의 직업능력개발사업까지 포함하는 적극적인 인력정책 차원의 개념으로 이해되고 있다.

스웨덴이 1940년대 중반부터 노동시장의 유연성(flexibility)을 제고하기 위한 취업 알선서비스를 강화하고 근로자에 대한 교육훈련을 고용보험재원에 의해 지원하기 시작하였다. 독일은 1929년에 제정된 「직업소개 및 실업보험에 관한 법률」을 1969년에 「고용촉진법」으로 대체하였으며, 일본은 1947년에 제정된 「실업보험법」을 1974년에 「고용보험법」으로 대체하였는데, 이는 실업급여 중심의 실업보험에서 종합적이고 적극적인 고용정책의 일환인 고용보험제도로 전환한 예에 해당된다.

영국과 미국은 실업급여 중심의 순수실업보험제도를 시행하고 있는 대표적인 나라였다. 그러나 이들 국가에서도 최근 단순히 실업급여만을 지급하는 것으로는 근로자의 고용안정을 실질적으로 보장하는 데 한계가 있기 때문에 실업 그 자체를 사전에 예방하기 위하여 근로자들의 직업능력을 지속적으로 개발하도록 촉진·지원하기 위한 각종 장려제도를 고용보험제도 내에 포함시켰다. 또한 고용조정과정에서 발생하는 잉여노동력에 대한 전직훈련을 지원하는 제도적 장치를 강구하여야 한다는 주장이 제기되었다. 이러한 논의를 바탕으로 실업보험제도를 고용보험제도로 전환하려고 노력하고 있다(노동부, 2009: 28-29).

이상과 같은 고용보험제도의 발전과정을 알기 쉽게 그림으로 표시하면 [그림 12-1]과 같다.

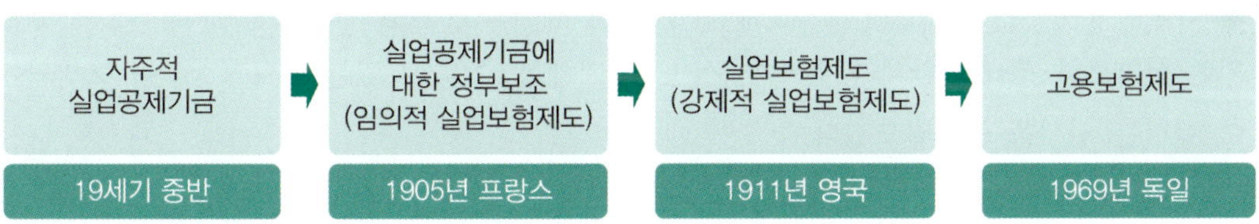


출처: 노동부(2009.8), 「2009년판 노동백서」, p.30.

**그림 12-1** 고용보험제도의 발전과정

### 5) 실업보험과 고용보험의 차이

고용보험제도는 우리가 서구의 사회복지사를 통해 익숙해진 실업보험제도와는 일정 정도 차이를 가진다. 실업보험제도는 노동자의 비자발적 실업에 대해 일정액의 실업보험금을 지급함으로써 노동자의 생활안정을 도모하는 사후대책적 의미를 가지는 사회보험을 의미한다. 반면 고용보험제도는 이러한 실업보험의 요소들을 포함하고 그 외에도 노동자의 능력 계발과 적극적인 취업 알선을 통해 고용구조를 조정하는 노동시장정책적인 의미를 동시에 내포하는 보다 적극적인 사회보험제도를 말한다.

자본－임노동에 기초한 자본주의적 생산관계의 성립 이후 실업은 심각한 사회문제로 제기되기 시작하였다. 특히 주기적으로 닥쳐왔던 경제불황으로 인한 대량실업은 노동자들의 삶에 있어 커다란 위협이 되었다. 다른 사회적 위험들과 마찬가지로 이 시대의 실업에 대응하는 최초의 노력은 노동자들이 자구책을 모색하는 것이었다.

19세기말 유럽의 노동조합들은 실업의 위험에 직면하여 자생적인 보험기금을 조직하였다. 국가에 의한 실업대책으로써 실업보험이 최초로 운영된 것은 1905년 프랑스에서부터이다(佐藤進, 1980: 32). 이후 많은 국가들이 실업에 대한 사회적 책임을 인식하여 국가 프로그램으로 실업보험을 도입하게 되었다. 초기 실업보험제도는 비자발적 실업자들의 생활안정을 위한 기본적 급여제공에 한정되었는데, 대부분의 국가에서 실업보험의 운용은 엄격성을 특징으로 하였다. 그러나 시간이 흐를수록 적절한 보호수준을 강구하기 위한 노력들이 진행되어 피부양자에 대한 보호, 장기실업자에 대한 고려 등이 제도적으로 마련되었다.

전후 세계경제의 호황기 속에 순탄하게 계속되던 실업보험제도는 1973년 오일쇼크 이후 심각한 위기를 맞게 된다. 위기는 보험재정의 악화로 나타났는데, 1970년대 실업보험비용은 급격하게 상승하였다. 각국에서 실업보험비용이 급격히 증가된 이유는 실업률의 증가와 실업기간의 장기화였다. 이와 같은 실업보험의 비용 상승은 일반인들의 실업보험에 대한 인식을 전환시켰다. 즉 변화된 사회·경제적 여건, 특히 새로운 실업의 양상에 대응하는 데 있어 기존 실업보험 방식은 한계가 있으며, 실업 그 자체를 줄일 수 있는 프로그램들이 모색되어야 한다는 인식을 불러일으켰다.

## 2. 고용보험제도의 의의

고용보험이란 실직근로자에게 실업급여를 지급하는 전통적 의미의 실업보험사업 외에 적극적인 취업 알선을 통한 재취업의 촉진과 근로자의 직업안정 및 고용구조 개선을 위한 고용안정사업, 근로자의 능력개발사업 등을 상호 연계하여 실시하는 사회보험제도이다. 따라서 실업보험은 단순하게 실직자의 생계를 지원하는 사후적·소극적인 사회보장제도에 그치는 반면, 고용보험은 실직자에 대한 생계지원은 물론 재취업을 촉진하고 더 나아가 실업의 예방 및 고용안정, 노동시장의 구조개편, 직업훈련의 강화를 위한 사전적·적극적 차원의 종합적인 인력정책의 수단이라고 할 수 있다(노동부, 2000: 3). 즉, 고용보험의 의의는 무엇보다 1990년대 이후 정부가 자본에 의한 자본축적구조의 변화와 안정적 자본 축적을 위한 '노동시장의 유연성' 제고를 지원하기 위한 것이라고 할 수 있다(강현아, 1999: 5). 또한 고용보험(Employment Insurance)은 실직근로자에게 실업급여를 지급하는 전통적 의미의 실업보험사업 외에 산업구조조정의 촉진 및 실업예방, 고용촉진 등을 위한 고용안정사업, 근로자의 생애 직업능력개발을 위한 직업능력개발사업을 상호 연계하여 실시하는 사회보장제도임과 동시에 노동시장정책이다.

## 3. 한국고용보험제도의 도입과정

한국고용보험제도의 주요 연혁은 다음과 같다.

**표 12-2** 고용보험제도의 주요 연혁

| 연도 | 내용 |
|---|---|
| 1993.12. | 「고용보험법」 제정(법률 제4644호) |
| 1995.04. | 「고용보험법」 시행령 제정(대통령령 제14570호) |
| 1995.05. | 고용보험심의관실 신설 |
| 1995.07. | 「고용보험법」 시행<br>(※ 실업급여: 30인 이상, 고용안정 · 직업능력개발사업 70인 이상 사업장 적용) |
| 1996.07. | 실업급여 지급 개시 |
| 1997.12. | IMF구제금융 신청 |
| 1998.01. | 실업급여 10인 이상, 고용안정 · 능력개발 50인 이상 사업장 확대 |
| 1998.03. | 실업급여 5인 이상 사업장 확대 |
| 1998.07. | 고용안정 · 능력개발사업 5인 이상 사업장으로 확대 |
| 1998.10. | 고용보험 1인 이상 전사업장 확대 |
| 2001.11. | 모성보호급여(육아휴직, 출산전 · 후 휴가급여) 지급 |
| 2002.12. | 제11차 「고용보험법」 개정(법률 제6850호), 일용근로자 고용보험 적용 |
| 2003.01. | 5인 미만 농업 · 어업 및 수렵업 중 법인에 대하여도 확대 |
| 2004.01. | 일용근로자, 60세 이상 65세 미만 근로자 적용 |
| 2005.01. | 고용 · 산재보험료 통합징수 시행 |
| 2006.01. | 65세 이상도 고용안정, 직업능력개발사업(실업급여 제외) 적용 |
| | 임금피크제지원금 제도 신설 |

| 연도 | 내용 |
|---|---|
| 2008.01. | 정년연장장려금 신설 |
| 2008.09. | 별정직 및 계약직 공무원 고용보험(실업급여) 적용 확대 |
| 2009.12. | 저소득계층에 대한 생계비 대부 실시 |
| | 고용보험료 산정기준 변경(임금 → 보수) |
| 2010.08. | 고용보험 피보험자 수 1천만 명 돌파 |
| 2012.03. | 자영업자 전직지원사업 실시 |
| 2012.06. | '65세 이후에 새로이 고용되거나 자영업을 개시한 자'로 고용보험 적용대상 확대 |

### 1) 제도 도입기(1990~1995)의 시대적 배경

1980년대 말 이후 한국경제가 산업구조조정 국면을 맞고 있다는 점은 여러 곳에서 지적되었다. 이때까지의 한국경제는 이른바 '저보수/장시간 노동체제'를 기반으로 표준화된 제품을 대량생산하여 저가격으로 선진국 시장에 대량 수출함으로써 고성장을 지속할 수 있었다. 그러나 이러한 성장 전략은 1980년대 이후 국내외적 조건의 변화 속에서 일정 정도 한계에 봉착하게 되었고, 기존 방식에 대한 수정이 요구되었다. 그 결과 전면적인 산업구조조정의 추진이 국가의 중점적인 정책과제로 자리 잡게 된 것이다. 한국 경제의 경쟁력을 약화시킨 국내외적 조건의 변화는 먼저 1980년대 말부터 나타난 세계경제적 여건의 변화 때문이었다. 즉 선진국 간의 경쟁 심화로 촉진된 권역 내 보호주의의 강화와 포디즘(Fordism)적 생산방식[1]의 한계로 인한 '다품종 소량생산' 방식으로의 이행 등으로 인해, 그동안 해외시장에서 저가격을 무기로 했던 한국 상품의 경쟁력이 급속히 약화되었다. 또한 1987~1988년 사이 폭발적으로 분출한 노동운동의 성장과 그에 따른 보수(報酬)의 급속한 상승은 산업구조조정의 직접적인 계기가 되었다. 이러한 보수의 상승은 대외경쟁력의 원천을 저보수 노동력에 기초한 가격경쟁력에서 찾던 한국경제의 성장을 더 이상 가능하지 못하게 하는 계기가 되었다. 이 같은 맥락에서 노동시장정책의 지원이 구체화된 것이 1993년 고용노동부가 발표한 '신인력

1) 포디즘적 생산 방식은 극단적인 분업에 기초하여 직무를 파편화하고, 컨베이어 벨트와 같은 기계장치의 성격에 노동자의 배치를 완전히 종속시킴으로써 높은 생산성을 보장하는 것이다. 한편, 그로 인한 노동자의 정신적·육체적 피로에 대해서는 높은 보수를 제공함으로써 보상했다. 원래 포드주의란 명칭은 20세기 초반 미국의 자동차 왕인 헨리 포드(Henry Ford)가 자동차의 대중화를 가져온 유명한 T-model을 창안하면서, 노동자들에게 높은 보수를 지불한 것에서 유래하였다. 단순기능공에 의한 단순 반복 작업을 통해 소품종 대량생산을 추구함으로써 생산원가를 낮추고 높은 이윤을 가져왔다. 시장원리에 의해 고용계약이 이루어졌다. 따라서 노동 강도는 높았지만 노동자들의 비인간화 현상을 초래했다.

정책'[2]이다(남세진 · 조흥식, 1996: 296).

일본의 인력정책을 바탕으로 한 우리나라의 '신인력정책'은 국가경쟁력 강화를 위해 기술혁신을 추구하되, 현장중심의 기술전략 추구에 초점을 두는 방식으로서, 이를 위해서는 노동의 기능적 유연성 제고, 보수유연성의 제고에 의한 경쟁적인 노동시장 발달, 노동의 수량적 유연성 강화가 전제되어야 하는 것이다. 이에 고용보험제도의 도입은 노동력의 공급과 수요에 대한 관리를 통해 노동인력을 신축적으로 운용하여 전술한 사회 · 경제적 위기를 극복하겠다는 복안을 안고 출발한 것이다. 따라서 우리나라 고용보험제도 도입시기의 시대 · 사회적 배경은 사회보장적인 함의를 담는다기보다는 산업구조조정의 목적이라는 상황적 특성이 있음을 알 수 있다.

### 2) IMF로 인한 고용보험제도의 수정 · 개편

'재정긴축'과 '구조조정'으로 대표되는 IMF 외환위기가 도래함으로써, 우리 사회는 높은 부도율과 낮은 산업가동률을 보이며 생산이 급격히 축소되는 가운데 대량의 노동력이 방출되었다. 이러한 고실업, 고용불안 사태는 과거 한국경제가 경험하지 못한 사회적 사실로서, 당시 OECD 가입 등 선진국으로의 진입을 눈앞에 두고 있던 상황에서 커다란 충격으로 다가왔다.

이에 정부는 1998년 1월부터 실업급여의 자격기준을 완화 · 확대 적용하였고, 계속되는 실업의 증가로 인한 사회안전망의 확충 논의에 따라 1998년 10월부터는 일부 업종을 제외한 전 사업장의 상용 · 임시 · 시간제 근로자에 대해 고용보험이 적용되도록 하였다. 그러나 이러한 제도 확대의 이면에는 산업구조 조정을 원활히 추진하기 위해, 정부는 해고에 대한 노동자들의 저항을 줄여줌으로써 사용자의 부담을 덜어주겠다는 의도가 담겨 있다고 볼 수 있다. 산업구조조정을 지원하기 위한 고용정책의 일환으로서 도입 · 추진되고 있는 고용보험은 정부에서 제시하는 '고용보험의 필요성 및 기본방향'에서 드러나듯 노동자의 실업 및 고용불안을 사회정책적으로 해결하는 수단으로서라기보다는, 산업구조조정으로 인한 노동력 수급의 불균형을 해결하기 위한 효과적인 고용조정수단으로 기능하게 된 것이다. 즉 경제불황으로 인해 고용보험제도의 적용기준 완화 및 수급자격 확대 등 발전이 있었으나, 이는 사회안

2) "국경 없는 경제전쟁과 급변하는 대내외 환경변화에 능동적으로 대응하기 위해서는 산업현장에서의 기술혁신과 작업조직 혁신을 통해 국가의 경쟁력 향상이 요구되며 이를 주도할 기능 · 기술인력의 양성과 개발이 국가경쟁력 제고를 위한 핵심전략과제로 부상하고 있는데 이러한 "생산현장의 기술혁신을 주도하는 중간기술자가 바로 '신인력'이며 신인력정책은 신인력을 양성 · 개발 · 관리하는 제반 정책이다(어수봉, 1993: 41)."

전망으로서의 기능수행의 필요성뿐만 아니라, 산업구조조정의 수단으로서 국가경쟁력 강화를 위한 구조조정지원에 맞추어져 있었던 것이라 하겠다.

## 4. 고용보험제도의 기능

### 1) 고용조정의 원활화 및 경제적 효율성 제고

오늘날 고용보험은 단순한 실업급여의 지급뿐 아니라 고용안정사업, 직업능력개발사업 등을 통하여 사양산업부문 근로자에 대하여 전직훈련을 실시하여 성장산업부문으로 재배치할 수 있도록 지원한다. 또한 경기변동 및 산업구조조정에 따른 불가피한 고용조정을 지원해준다. 따라서 고용보험제도는 저생산·저부가가치산업에서 고생산·고부가가치산업으로의 인력이동을 지원함으로써 산업구조·인력구조의 고도화에 기여하며, 기업의 고용조정지원으로써 기업의 경영합리화에 기여할 수 있다.

### 2) 실직근로자의 생활안정과 재취업촉진

고용보험제도의 가장 중요한 목적은 근로자가 실직을 당했을 경우에 실업급여(unemployment benefit)를 지급함으로써 실직자 및 그 가족의 생활안정을 도모하는 것이다. 고용보험제도의 성격이 실업급여를 중심으로 한 전통적인 실업보험제도에서 적극적 고용정책차원의 고용보험제도로 전환된 경우에도 실직근로자 및 그 가족의 생활안정이 여전히 고용보험제도의 가장 중요한 목적이라고 할 수 있다. 또한 고용보험제도를 통해 실직자에 대한 실업급여 지급과 함께 고용정보 제공, 직업상담, 취업 알선, 직업훈련안내 등 종합고용서비스를 제공하여 재취업을 촉진한다.

### 3) 직업훈련의 활성화와 경쟁력 강화

고용보험제도는 기업이 실시하는 교육훈련을 기업 스스로의 판단에 따라 자율적으로 실시하는 것을 원칙으로 하되 교육훈련을 실시하는 기업에 대해서 다양한 지원을 실시한다. 따라서 고용보험제도는 민간주도의 자율적인 직업능력개발사업의 교육훈련을 활성화함으로써 근로자의 노동생산성 향상과 고용안정은 물론 기업의 경쟁력 강화에 기여할 수 있다.

### 4) 직업안정기능의 활성화와 인력수급의 원활화

고용보험제도가 실시되면, 실직근로자는 공공직업안정기관에 실업자 등록을 하여 실업급여를 받을 수 있다. 따라서 모든 실직근로자가 공공직업안정기관에 등록을 하게 되고, 구인자도 신속히 근로자를 채용하기 위해 공공직업안정기관에 구인신청을 하게 되므로, 노동력의 이동 및 수급 상황을 신속·정확히 파악할 수 있게 된다.

이를 통해 구인·구직자에게 정확한 노동시장 정보를 제공하고 전문적인 구인·구직상담을 실시할 수 있게 된다. 그리하여 구인·구직비용과 마찰적 실업을 최소화하고 인력의 적재적소 배치를 유도하며 시장기능에 의한 인력수급 조절기능을 강화하여, 노동시장의 유연성 향상과 시장기능에 의한 인력수급의 원활화를 도모할 수 있다.

### 5) 경기조절기능의 수행

고용보험제도는 경기불황기에 실업자가 증가하면 총실업급여 지급액이 증가하여 유효수요 부족으로 인한 경기침체를 완화시켜 실업발생을 줄여준다. 경기호황기에는 실업자에 대한 총실업급여 지급액이 감소하여 보험기금의 적립을 통해 유효수요를 감소시킴으로써 경기에 대한 자동안정장치로서의 기능을 수행한다. 그리고 고용안정사업의 고용유지지원금·채용장려금제도는 실업률 증가 등 고용사정이 악화될 때 경기불황기에 기업의 경영부담 완화에 기여한다.

### 6) 통일에 대비한 적극적 노동시장정책의 추진

독일의 경우 동·서독의 통일 이후 실업자 수가 급증함에 따라 실업이 중요한 사회문제로 대두되었다. 독일 정부는 고용보험기금을 활용하여 약 40만 명의 실업자에게 재취업에 필요한 교육훈련을 실시하였고, 약 25만 명의 실업자에게는 공공사업의 실시 등 고용창출정책을 통하여 취업기회를 제공하였으며, 약 65만 명의 실업자에게는 실업급여 지급과 시간제 취업 등의 알선을 하였는데, 이는 실업문제의 해결에 크게 기여를 하였다.

우리나라의 경우도 남북통일이 이루어지게 되면, 고용보험제도가 북한 근로자에 대한 교육훈련, 취업 알선 및 실업자에 대한 실업급여의 지급으로 실업문제 해결과 사회혼란 방지에 기여할 수 있을 것이다(노동부, 2009.8: 34-36).

## 제2절 현행 고용보험제도

### 1. 적용범위

고용보험의 적용대상은 근로자를 사용하는 모든 "사업"에 적용한다(법 제8조 전단). 다만, 산업별 특성 및 규모 등을 고려하여 대통령령으로 정하는 사업에 대하여는 적용하지 아니한다(법 제8조 단서).

고용보험의 적용대상 즉 강제가입 대상자의 범위는 고용보험의 사회보장적 성격을 파악하는 데 중요하게 고려된다. 고용보험은 〈표 12-2〉와 같이 1998년 10월 1일부터 근로자 1인 이상을 고용하는 모든 사업에 적용되므로 법인 또는 개인을 불문하고 근로자를 고용하는 모든 사업주는 의무적으로 고용보험에 가입하여야 한다. 이때부터 그 대상의 범위를 점차로 넓혀 2010년 8월에는 피보험자 1천만을 돌파했다.

**표 12-2** 고용보험 적용확대 경과

| 구 분 | 1995.07.01. | 1998.01.01. | 1998.07.01. | 1998.10.01. | 2004.11.01. | 2008.01.01. |
|---|---|---|---|---|---|---|
| 실업급여 | 30인 이상 | 10인 이상 | 5인 이상 | 1인 이상 | 1인 이상 | 1인 이상 |
| 고용안정사업 | 70인 이상 | 50인 이상 | 5인 이상 | 1인 이상 | 1인 이상 | 자영업자 |
| 직업능력개발사업 | 70인 이상 | 50인 이상 | 5인 이상 | 1인 이상 | 1인 이상 | 자영업자 |
| 건설업의 총공사 금액 | 40억 원 | 34억 원 | 3억 4천만 원 | 3억 4천만 원 | 2천만 원 | 2천만 원 |

주: 1) 건설업은 보험 3사업(실업급여, 고용안정·직업능력개발사업)의 적용기준임.
2) 건설업의 경우 2005년 1월 1일부터 주택건설업자, 전기공사업자, 정보통신공사업자, 소방시설업자, 문화재수리업자 등 건설업자가 아닌 자가 시공하는 총 공사금액 2천만 원 미만인 건설공사 또는 건축물의 건축 또는 대수선 공사로서 고용노동부장관이 정하여 고시하는 규정에 의하여 상정되는 연면적 330㎡에 해당하는 총 공사금액 2천만 원 이하인 공사를 제외한 모든 공사로 확대 적용함.
3) 2009년 1월 1일부터 연면적이 100㎡ 이하인 건축물의 건축 또는 연면적이 200㎡ 이하인 건축물의 대수선에 관한 공사로 확대함.

또한 근로자 1인 이상을 고용하는 사업장에 근무하고 있는 모든 근로자는 특별한 경우를 제외하고는 상용·임시·일용 여부를 불문하고 고용보험에 가입해야 하는 피보험자가 되도록 하였다. 여기서 사업이라 함은 어떤 목적을 위하여 업으로 행하여지는 계속적·사회적·경제적 활동 단위로서 그 목적은 반드시 영리성을 가질 필요는 없다. 이때 목사, 전도사, 승려, 신부, 수녀 등 성직자는 순수 종교인으로서 근로자로 보기 어렵다고 보고 적용 제외하고 있다.

2013년 6월 4일부터는 65세 이상 자의 노동시장 재진입이 증가하고 실업급여 지급을 통한 재취업 지원의 필요성도 증대됨에 따라 기존 '65세 이상 자'에서 '65세 이후에 새로이 고용되거나 자영업을 개시한 자'로 고용보험 적용대상을 확대하였다.

### 1) 적용제외 근로자

다음에 해당하는 근로자에게는 이 법을 적용하지 아니한다. 다만, 65세 이상인 근로자에 대한 고용안정 · 직업능력개발사업에 관하여는 그러하지 아니하다(법 제10조).

① 65세 이상인 자

② 소정(所定)근로시간이 대통령령이 정하는 시간 미만인 자[3)]

③ 국가공무원 및 지방공무원. 다만, 별정직 및 계약직 공무원의 경우는 본인의 의사에 따라 고용보험(실업급여에 한함)에 가입할 수 있다.

④ 「사립학교교직원연금법」의 적용을 받는 자

⑤ 그 밖에 대통령령(시행령 제3조 제2항)으로 정하는 자[4)]

### 2) 대통령령으로 정하는 적용제외사업(시행령 제3조 제2항)

① 외국인근로자. 다만, 다음에 해당하는 자는 제외한다.

- 외국인의 체류자격(출입국관리법 시행령 제12조) 중 주재(D-7), 기업투자(D-8) 및 무역경영(D-9)의 체류자격을 가진 자(법에 따른 고용보험에 상응하는 보험료와 급여에 관하여 그 외국인의 본국법이 대한민국 국민에게 적용되지 아니하는 경우 제외)
- 취업활동을 할 수 있는 체류자격(출입국관리법 시행령 제23조 제1항)을 가진 자(고용노동부령으로 정하는 바에 따라 보험 가입을 신청한 자만 해당)
- 거주비자(F-2) 중 한국인과 결혼한 자와 미성년자녀, 한국인과 결혼한 사이에서 난

3) "소정근로시간이 대통령령으로 정하는 시간 미만인 자"란 1개월간 소정근로시간이 60시간 미만인 자(1주간의 소정근로시간이 15시간 미만인 자 포함)를 말한다. 다만, 생업을 목적으로 근로를 제공하는 자 중 3개월 이상 계속하여 근로를 제공하는 자와 "일용근로자"는 제외한다(시행령 제3조 제1항).

4) 주로 외국인근로자와 별정우체국직원이 해당된다(시행령 제3조 제2항).

자녀를 양육하고 있는 부 또는 모, 난민인정을 받은 자(출입국관리법 시행령 제23조 제2항 제1호) 및 외국인투자기업 취업자, 전문직으로 7년 이상 장기체류자, 기타 5년 이상 장기취업자(출입국관리법 시행령 제23조 제2항 제2호) 등에 해당하는 자

- 외국인의 체류자격 중 재외동포(F-4)의 체류자격(출입국관리법 시행령 제12조)을 가진 자(고용노동부령으로 정하는 바에 따라 보험 가입을 신청한 자만 해당)
- 외국인의 체류자격(출입국관리법 시행령 제12조) 중 영주(F-5)의 체류자격을 가진 자

② 「별정우체국법」에 따른 별정우체국 직원

### 3) 기초생활수급자에 대한 특례

「국민기초생활보장법」(제15조 제1항 제4호)에 따라 자활을 위한 근로기회를 제공하기 위한 사업은 이 법의 적용을 받는 사업으로 본다. 이 경우 해당 사업에 참가하여 유급으로 근로하는 기초생활수급자는 이 법의 적용을 받는 근로자로 보고, 보장기관(사업을 위탁하여 행하는 경우는 그 위탁기관)은 이 법의 적용을 받는 사업주로 본다(법 제113조의2 제1항).

## 2. 피보험자의 관리

고용보험의 피보험자는 보험에 가입되거나 가입된 것으로 보는 근로자와 보험에 가입하거나 가입한 것으로 보는 자영업자가 된다(법 제2조 제1호).

### 1) 근로자

「고용보험법」상 근로자란 「근로기준법」상 근로자를 말한다(보험료징수법 제2조 제2호). 고용보험의 피보험자가 되는 "근로자"는 사업주(법인의 경우 법인, 개인사업의 경우 자연인인 대표자)의 지휘·감독 하에서 상시근로를 제공하고 그 대가로 보수형태의 금품을 지급받는 사람을 말한다. 따라서 법인의 대표이사를 제외한 임원(부사장, 이사, 감사, 무한책임사원 등)의 경우 사업주의 지휘·명령하에서 상시근로를 제공하고 그 대가로 보수형태의 금품을 지급받는다면 고용보험의 피보험자가 되는 근로자에 해당되는 것이다. 그러나 그 명칭 여하를 불문하고 실제 소유자인 경우에는 「고용보험법」상의 피보험자에 해당되지 않는다.

「고용보험법」상 구직급여의 수급요급에 의하면, 실직 전의 18개월 중 12개월 이상 고용보

험 적용사업의 피보험자로 고용되어 노동한 자 중, 실직 사유가 수급자격 제한사유에 해당되지 않아야 하고, 취업의사와 능력을 가지고 구직활동을 하는 자에 한해서만 구직급여가 주어지게 되어 있었다. 그러나 임시 노동자들의 경우 6개월 이상 동일한 사업장에 근무하는 경우가 거의 없다는 점에서 구직급여의 혜택을 받을 가능성은 별로 없다.

이러한 수급자격 제한규정은 근로권과 관련하여 문제가 될 수 있다. 근로권은 고용선택의 자유를 포함하고 있고 고용선택의 자유는 국가가 어떠한 것이든 취업을 보장하기만 하면 실현되는 것이 아니라, 구직자가 자발적으로 국가의 제도를 이용하여 자기의 능력과 적성에 맞는 직업을 선택할 수 있고, 보다 나은 일로 상향 이동할 가능성이 부여되어야 하는 권리이다. 실업급여가 근로자가 고용선택의 자유에 따라 자신에게 적합한 직업을 선택하기 위한 공적 제도라면 급여제한사유를 보다 구체화하여 자의적 해석의 가능성을 없애고 과도한 규제가 되지 않도록 행위의 정도에 따라 실업급여의 기간을 단축하거나 급여액을 삭감할 수 있는 세부 기준을 마련해야 할 것이다.

### 2) 피보험자격에 관한 신고

사업주는 그 사업에 고용된 근로자의 피보험자격의 취득 및 상실 등에 관한 사항을 고용노동부장관에게 신고하여야 한다(법 제15조 제1항). 원수급인(元受給人)이 사업주로 된 경우에 그 사업에 종사하는 근로자 중 원수급인이 고용하는 근로자 외의 근로자에 대하여는 그 근로자를 고용하는 다음의 하수급인(下受給人)이 신고를 하여야 한다. 이 경우 원수급인은 하수급인에 관한 자료를 고용노동부장관에게 제출하여야 한다(법 제15조 제2항). ① 건설업자, ② 주택건설사업자, ③ 전기공사업자, ④ 정보통신공사업자, ⑤ 소방시설업자, ⑥ 문화재수리업자.

사업주가 피보험자격에 관한 사항을 신고하지 아니하면 근로자가 신고할 수 있다. 자영업자인 피보험자는 피보험자격의 취득 및 상실에 관한 신고를 하지 아니한다(법 제15조 제7항).

### 3) 이직(離職)의 확인

사업주는 피보험자격의 상실을 신고할 때 근로자가 이직으로 피보험자격을 상실한 경우에는 "이직확인서"를 작성하여 고용노동부장관에게 제출하여야 한다. 다만, 수급자격의 인정신청을 원하지 아니하는 피보험자격 상실자(일용근로자 제외)에 대하여는 그러하지 아니하다(법 제16조 제1항).

### 4) 피보험자격의 확인

#### (1) 피보험자격의 확인 청구

피보험자 또는 피보험자였던 자는 언제든지 고용노동부장관에게 피보험자격의 취득 또는 상실에 관한 확인을 청구할 수 있다(법 제17조 제1항).

#### (2) 불이익 처우의 금지

사업주는 근로자가 확인의 청구를 한 것을 이유로 그 근로자에게 해고나 그 밖의 불이익한 처우를 하여서는 아니 된다(법 제105조). 이 규정을 위반하여 근로자를 해고하거나 그 밖에 근로자에게 불이익한 처우를 한 사업주는 3년 이하의 징역 또는 1천만 원 이하의 벌금에 처한다(법 제116조). 양벌규정(법 제117조).

## 3. 고용보험 적용현황

### 1) 사업장 현황

「고용보험법」이 시행된 1995년에는 실업급여는 30인 이상 사업장, 고용안정 및 직업능력개발사업은 70인 이상 사업장부터 적용했다. 그러나 1998년 10월부터는 전 사업장으로 확대했다. 이때는 IMF 여파로 대량해고 및 장기실업이 만연하여 정부는 근로자들의 생활안정과 고용안정이 무엇보다 시급한 시기였기 때문이었다. 이런 현상이 〈표 12－3〉과 [그림 12－2]에서 잘 나타나고 있다. 이렇게 매우 빠른 속도로 발전한 고용보험사업은 2010년에는 1,408,061개 사업장이 고용보험의 적용을 받고 있다.

### 2) 피보험자 현황

1995년 고용보험이 시행될 당시 피보험자는 4,204,258명이었다. 1998년 전 사업장으로 고용보험이 확대될 당시에 피보험자 수는 5,267,658명이었다. 그 후 매년 증가되어 2010년에는 10,131,058명으로 1천만 명을 돌파하였고 2013년에는 11,571,213명이 되었다. 피보험자 수는 매년 지속적으로 증가하고 있는데 이는 고용보험 적용확대 및 임금근로자 증가의 영향으로 분석된다.

**표 12-3** 고용보험 적용사업장 및 피보험자 수 추이

(단위: 개, 명)

| 연도 | 적용사업장 | 피보험자 | 연 도 | 적용사업장 | 피보험자 |
|---|---|---|---|---|---|
| 1995 | 389,350 | 4,204,258 | 2005 | 11,484,700 | 7,965,597 |
| 1996 | 437,230 | 4,330,885 | 2006 | 11,764,620 | 8,436,408 |
| 1997 | 474,270 | 4,280,430 | 2007 | 12,881,380 | 8,941,639 |
| 1998 | 4,000,000 | 5,267,658 | 2008 | 14,243,300 | 9,271,701 |
| 1999 | 6,013,940 | 6,054,479 | 2009 | 13,852,980 | 9,653,678 |
| 2000 | 6,934,140 | 6,747,263 | 2010 | 14,080,610 | 10,131,058 |
| 2001 | 8,069,620 | 6,908,888 | 2011 | 15,086,690 | 10,675,437 |
| 2002 | 8,255,310 | 7,171,277 | 2012 | 16,107,130 | 11,152,354 |
| 2003 | 8,499,100 | 7,203,347 | 2013 | 17,479,280 | 11,571,213 |
| 2004 | 10,026,380 | 7,481,618 | 2014 | – | – |

출처: 노동고용부(2014.12), 「2014년판 고용보험백서」, p.30.의 〈그림 1〉 참조.

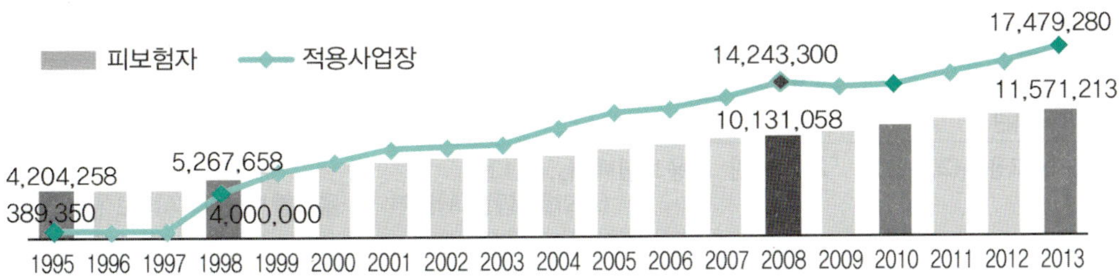


**그림 12-2** 고용보험 적용사업장 및 피보험자 수 추이

2013년 피보험자를 〈표 12-4〉에서 보면 제조업이 30.0%로 가장 많고 다음이 도소매업 10.8%이다. 특징적인 것은 보건·사회복지사업의 증가현상이다. 보건·사회복지사업의 비중은 7.2%(2008), 7.9%(2009), 8.5%(2010), 8.8%(2011), 9.2%(2012), 10.0%(2013)으로 빠르게 증가해 왔다.

**표 12-4** 연도별·산업별 고용보험 피보험자 비중 추이

(단위: %)

| 구분 | 2008 | 2009 | 2010 | 2011 | 2012 | 2013 |
|---|---|---|---|---|---|---|
| 농림, 임업, 어업 | 0.4 | 0.4 | 0.3 | 0.3 | 0.3 | 0.3 |
| 광업 | 0.2 | 0.1 | 0.1 | 0.1 | 0.1 | 0.1 |
| 제조업 | 31.3 | 30.4 | 30.7 | 30.5 | 30.3 | 30.0 |
| 전기·가스·수도 | 0.7 | 0.7 | 0.6 | 0.6 | 0.6 | 0.6 |

이후로는 0.65%씩 상향 조정되었다. 고용안정사업도 0.2%에서 0.3%로 다시 0.15%가 되었다가 2006년 이후 직업능력개발사업에 통합하였다.

직업능력개발사업의 보험료율은 기업의 규모(상시근로자 수), 우선지원대상기업 해당 여부에 따라 차등부과된다. 1998년 이전과 비교하면, 직업능력개발사업 중 1000인 이상 기업만 0.5%에서 0.85%로 증가하였고 그 밖의 사업규모에 따라 0.65%, 0.45%, 0.25%씩 차등요율을 적용한다.

### 3) 보험료 산정방법

사업주에게 부과하는 고용보험료(월별보험료)는 근로자 개인별 월평균보수(전년도 보수총액을 전년도 근무개월 수로 나눈 금액)에 보험사업별 보험료율을 각각 곱한 금액을 합산하여 산정한다.

- 고용안정·직업능력개발사업 월별보험료=근로자 개인별 월평균보수(전년도 보수총액/전년도 근무개월 수) × 고용안정·직업능력개발사업보험료율
- 실업급여 월별보험료=근로자 개인별 월평균보수(전년도 보수총액/전년도 근무개월 수) × 실업급여 보험료율

보험연도 중에 보험관계가 성립된 사업의 경우에는 보험관계 성립일로부터 보험연도 말일까지의 보험가입자인 근로자의 보수총액으로 산정하며 보험연도 중에 보험관계가 소멸되는 사업의 경우에는 보험연도 초일부터 소멸일 전일까지의 보험가입자인 근로자의 보수총액으로 산정한다. 적용제외근로자 및 기준기간연장사유에 해당하는 근로자는 보험료 산정에 포함되지 않는다.

일용근로자(1월 미만의 기간 동안 고용되는 자)는 고용안정·직업능력개발사업 보험료의 산정에는 포함되나 실업급여 보험료를 산정함에 있어서는 그 적용이 유예되어 있었으나, 2004년 1월 1일부터 실업급여대상에 포함되었다.

### 4) 보험료산정 기초보수

보험료의 산정기초가 되는 보수에는 「근로기준법」에 의한 보수를 지급 또는 지급하기로 한 액의 총액을 말한다.

### 5) 기준보수제도

#### (1) 기준보수제도의 의의

사업의 폐업·도산 등으로 보수를 산정·확인하기 곤란한 경우 또는 대통령령이 정하는 사유에 해당하는 경우에는 고용노동부장관이 정하여 고시하는 "기준보수"을 보수로 할 수 있도록 하였다(보험료징수법 제3조 제1항). 1998년 10월 1일부터 그동안 고용보험의 적용대상에서 제외되었던 5인 미만의 사업장에 대해서도 적용확대가 이루어짐에 따라 사업주의 부담을 경감시켜주고 보험사무관리의 효율성을 제고하기 위해 마련된 제도이다.

#### (2) 기준보수의 결정 및 고시액

기준보수는 사업의 규모, 근로형태 및 보수수준 등을 고려하여 고용정책심의회의 심의를 거쳐 시간·일 또는 월 단위로 정하되, 사업의 종류별로 구분하여 정할 수 있다(보험료징수법 제3조 제2항).

#### (3) 기준보수를 적용하는 경우

보수를 산정·확인하기 곤란한 경우 또는 "대통령령이 정하는 사유에 해당하는 경우"라 함은 다음에 해당하는 경우를 말한다(보험료징수법 시행령 제3조 제1항).

① 보수 관련 자료가 없거나 불명확한 경우

② "사업"의 이전 등으로 인하여 사업의 소재지 파악이 곤란한 경우

### 6) 개산(槪算)보험료

#### (1) 개산보험료의 의의

개산보험료라 함은 매 보험연도마다 그 1년간(보험연도 중에 보험관계가 성립한 경우에는 그 성립일로부터 그 보험연도의 말일까지의 기간)에 사용할 모든 근로자에게 지급할 보수총액 추정액에 보험료율을 곱하여 산정한 금액을 말한다.

#### (2) 개산보험료의 산정방법

보험가입자가 1년간 사용할 근로자에게 지급할 보수총액을 추정하여 그 보수총액에 해당

보험료율을 곱하여 산정한다. 다만, 추정액이 전년도 보수총액의 70% 이상 130% 이내인 경우에는 확정 보수총액을 당해 보험연도의 보수총액 추정액으로 한다(보험료징수법 시행령 제21조).

#### (3) 개산보험료의 경정(更正)

기한 이내에 개산보험료를 신고한 사업주는 이미 신고한 개산보험료가 신고하여야 할 개산보험료를 초과하는 때(제18조 제2항의 경우 제외)에는 보험료 납부기한이 지난 후 1년 이내에 최초에 신고한 개산보험료의 경정을 공단에 청구할 수 있다(보험료징수법 제17조 제5항).

### 7) 확정(確定)보험료

#### (1) 확정보험료의 의의

확정보험료란 매보험연도의 말일(보험연도 중에 보험관계가 소멸한 경우에는 그 소멸일)까지 당해사업에 종사한 보험사업별 피보험자인 근로자가 지급 받은 보수(지급 받기로 결정된 보수를 포함)의 총액에 해당 보험사업별 보험료율을 각각 곱하여 산정한 금액을 말한다(보험료징수법 제19조 제1항).

#### (2) 확정보험료의 보고 · 납부와 정산(精算)

공단은 이미 납부한 개산보험료의 금액이 확정보험료의 금액을 초과하는 경우에는 그 초과액을 사업주에게 반환해야 한다. 또 부족한 경우에 사업주는 그 부족액을 다음 보험연도의 3월 31일(보험연도 중에 보험관계가 소멸한 사업에 있어서는 그 소멸한 날부터 30일)까지 납부해야 한다(보험료징수법 제19조 제2항).

# 제3절 고용보험사업의 종류와 내용

## 1. 고용보험사업 총칙

### 1) 고용보험제도의 의의

우리나라는 제도 도입 초창기부터 실업자에 대한 지원에 앞서 실업을 당하지 않도록 하는 보다 적극적인 사업에 주력하였다. 그래서 사업주를 도움으로써 사업을 안정시키고 사업을 안정시킴으로써 고용을 안정시키는 고용안정사업과, 근로자들의 직업능력을 개발시켜 새로운 취업 또는 창업을 할 수 있도록 도우는 직업능력개발사업을 동시에 수행해 왔다. 따라서 실업급여는 최종적인 수단이 되었다.

### 2) 고용보험사업의 구성

우리나라 고용보험사업은 [그림 12-3]과 같이 고용안정사업, 직업능력개발사업, 실업급여사업을 기본구조로 하고 있다. 고용노동부장관은 피보험자 및 피보험자였던 자, 그 밖에 취업할 의사를 가진 "피보험자 등"에 대한 실업의 예방, 취업의 촉진, 고용기회의 확대, 직업능력개발·향상의 기회 제공 및 지원, 그 밖에 고용안정과 사업주에 대한 인력 확보를 지원하기 위하여 고용안정·직업능력개발사업을 실시한다(법 제19조 제1항).

| 고용안정사업 | • 실업의 예방<br>• 재취업 촉진 및 노동시장 취약계층의 고용 촉진 |
|---|---|
| 직업능력개발사업 | • 근로자의 생애 직업능력개발체제 지원 |
| 실업급여사업 | • 실직자의 생계 지원 및 재취업 촉진 |

그림 12-3 고용보험제도의 기본 구조

### 3) 고용보험사업의 특징

우리나라 고용보험사업은 단순한 실업보험과는 다른 특징을 가지고 있다. 첫째, 고용안정사업과 직업능력개발사업이 실업을 예방하기 위한 적극적인 노동시장정책의 수단인데 비해, 실업급여는 이미 발생한 실업으로 인한 소득상실을 보전하기 위한 급여이다. 둘째, 고용안정사업과 직업능력개발사업에서 직업알선·훈련 등 서비스급여와 이에 소요되는 비용이 지원되는 반면, 실업급여는 현금급여의 형태로 지급된다. 셋째, 고용안정사업과 직업능력개발사업이 근로자뿐 아니라 사업주에게도 제공되는 반면, 실업급여는 근로자에 한하여 지급된다. 넷째, 고용안정사업과 직업능력개발사업은 근로자를 보호하는 성격을 가지기도 하지만 전체적으로 고용구조를 개선하기 위한 목적을 가진 제도이다(전광석, 2000).

### 4) 고용보험사업의 사업별 비중

**표 12-6 고용보험사업별 수급인원 및 지원금액**

(단위: 천명, 억 원)

| 연도 | 수급인원 | | | | 지원금액 | | | |
|---|---|---|---|---|---|---|---|---|
| | 실업급여 | 고용안정사업 및 직업능력개발사업 | 모성보호 | | 실업급여 | 고용안정사업 및 직업능력개발사업 | 모성보호 | |
| | | | 출산전후 | 육아휴직 | | | 출산전후 | 육아휴직 |
| 2006 | 767 | 707,831 | 48,977 | 13,670 | 22,842 | 15,694 | 90,886 | 34,521 |
| 2007 | 854 | 812,188 | 58,368 | 21,185 | 27,132 | 20,226 | 132,412 | 60,989 |
| 2008 | 990 | 706,303 | 68,526 | 29,145 | 32,290 | 18,467 | 166,631 | 98,431 |
| 2009 | 1,301 | – | 70,560 | 35,400 | 45,294 | 21,951 | 178,477 | 139,724 |
| 2010 | 1,239 | – | 75,742 | 41,732 | 41,585 | 18,426 | 192,564 | 178,121 |
| 2011 | 1,202 | – | 90,290 | 53,137 | 41,876 | 17,463 | 232,915 | 276,260 |
| 2012 | 1,187 | 370,299 | 93,394 | 64,069 | 43,873 | 16,007 | 241,900 | 357,798 |
| 2013 | 1,210 | – | 90,507 | 69,616 | 46,080 | 18,732 | 420,248 | 235,105 |

출처: 고용노동통계 http://laborstat.moel.go.kr/주제별/고용부문/사회보험/고용보험지출현황 참조.

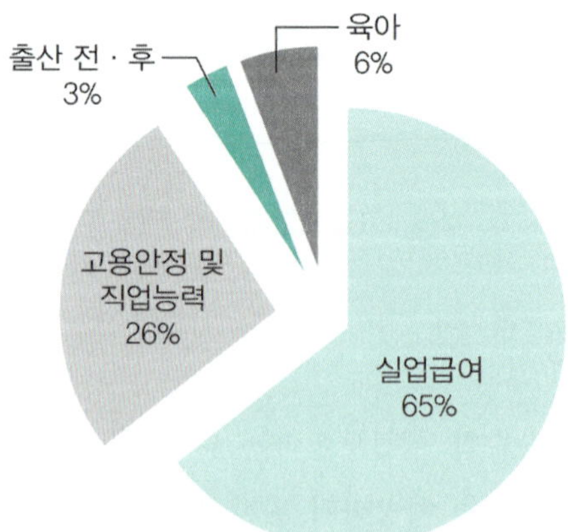


**그림 12-4 고용보험 사업별 지원금 비중(2013년 기준)**

2013년을 기준으로 보면 인원으로는 고용안정사업(직업능력개발사업 포함)은 370,299명(2012)이 혜택을 받았고 실업급여는 1,210천명이 혜택을 받았다. 금액면에서 보면 2013년 기준으로 중심사업이 되는 실업급여가 65%(46,080억 원)를 차지하여 가장 많았다. [그림 12-4]에서 보면 실업급여 지원금이 가장 많았고 다음으로 고용안정 및 직업능력개발사업에 26%를 지원하였다.

### 5) 우선지원대상기업

#### (1) 우선지원대상기업의 기준

고용안정·직업능력개발사업을 실시할 때에는 근로자의 수, 고용안정·직업능력개발을 위하여 취한 조치 및 실적 등 대통령령으로 정하는 기준에 해당하는 기업을 우선적으로 고려하여야 한다(법 제19조 제2항). "대통령령이 정하는 기준에 해당하는 기업"이란 산업별로 상시 사용하는 근로자의 수가 〈표 12-7〉에 해당하는 "우선지원 대상기업"을 말한다(시행령 제12조 제1항).

표 12-7 우선지원대상기업의 기준

| 산업분류 | 상시 사용하는 근로자 수 |
|---|---|
| ① 제조업 | 500명 이하 |
| ② 광업/ 건설업/ 운수업/ 출판, 영상, 방송통신 및 정보서비스업/ 사업시설관리 및 사업지원 서비스업/ 전문, 과학 및 기술서비스업/ 보건업 및 사회복지서비스업 | 300명 이하 |
| ③ 도매 및 소매업/ 숙박 및 음식점업/ 금융 및 보험업/ 예술, 스포츠 및 여가 관련 서비스업 | 200명 이하 |
| ④ 그 밖의 업종 | 100명 이하 |

#### (2) 우선지원사업의 요건

고용노동부장관은 사업주에 대한 지원을 할 때에는 국내외 경제사정의 변화 등으로 고용사정이 급격히 악화된 업종(고용정책기본법 제32조)에 해당하거나 지역에 있는 사업주에게 우선적으로 지원할 수 있다(법 제21조 제3항). 곧 우선적으로 지원을 할 수 있는 사업주는 다음에 해당하는 사업주를 말한다(시행령 제18조 제2항).

① 고용조정 지원 등이 필요한 업종으로 지정된 "지정업종"에 속하는 사업을 하는 사업주
② 지정업종의 사업주로부터 지정업종에 속하는 사업의 도급을 받아 제조·수리 등을 하는 사업주로서 매출액의 2분의 1 이상이 그 지정업종과 관련된 사업의 사업주
③ 고용조정 지원 등이 필요한 지역으로 지정된 "지정지역"에 위치하는 사업의 사업주

### 6) 부정행위에 따른 지원의 제한

고용노동부장관은 거짓이나 그 밖의 부정한 방법으로 이 장의 규정에 따른 고용안정·직업능력개발사업의 지원을 받은 자 또는 받으려는 자에게는 해당 지원금 중 지급되지 아니한 금액 또는 지급받으려는 지원금을 지급하지 아니하고, 1년의 범위에서 지원금의 지급을 제한하며, 거짓이나 그 밖의 부정한 방법으로 지원받은 금액을 반환하도록 명하여야 한다(법 제35조 제1항).

고용노동부장관은 반환을 명하는 경우에는 이에 추가하여 고용노동부령으로 정하는 기준에 따라 그 거짓이나 그 밖의 부정한 방법으로 지급받은 금액의 5배 이하의 금액을 징수할 수 있다(법 제35조 제2항).

## 2. 고용안정사업

고용노동부장관은 국내외경기의 변동, 산업구조의 변화, 기타 경제상의 이유 등으로 인력이 부족하게 되거나 고용기회가 감소하여 고용상태가 불안하게 되는 경우에는 이에 적절한 조치를 취해야 한다. 즉 "피보험자 등[6)]"에 대한 실업의 예방, 취업의 촉진, 고용기회의 확대, 직업능력개발·향상의 기회 제공 및 지원, 그 밖에 고용안정과 사업주에 대한 인력 확보를 지원하기 위하여 고용안정·직업능력개발사업을 실시한다(법 제19조 제1항). 따라서 고용지원은 경기변동, 산업구조의 변화 등에 따른 사업규모의 축소, 사업의 폐지 또는 전환으로 인하여 고용조정이 필요한 사업주를 대상으로 한다. 지원대상은 휴업, 직업훈련에 필요한 직업능력개발훈련, 인력 재배치 등이며, 이에 대해서 각각 고용유지지원금, 채용장려금, 재고용장려금 등이 제공된다. 이 경우 근로자 수 등이 일정 기준에 해당하는 기업을 우선적으로 고려하여야 한다.

6) 피보험자 및 피보험자였던 자, 그 밖에 취업할 의사를 가진 자를 말한다.

최초 「고용보험법」의 고용안정사업은 실업의 예방을 위한 고용조정지원사업(휴업수당지원금, 인력재배치지원금, 전직훈련지원금)과 고령자, 여성 등 유휴인력의 고용촉진을 위한 고용촉진지원사업(지역고용촉진지원금, 고령자 등 고용촉진장려금, 고용촉진시설장려금)으로 크게 대별되어 운영되어 왔다. 그간 수차례에 걸친 제도 개선으로 일부 제도내용이 변경되기도 하였으나, 현행 고용안정사업의 경우도 고용조정지원사업과 고용촉진지원사업, 그리고 2004년부터 시행되고 있는 고용창출지원사업으로 대별할 수 있다.

고용안정사업은 크게 고용조정지원, 고용촉진지원 그리고 고용창출지원이라는 세 가지 측면으로 구분할 수 있다. 고용조정지원은 경기 변동 등에 따른 경영 악화 시 휴업이나 근로시간 단축을 통해 해고를 방지하고 고용을 유지하도록 지원금을 보조하는 성격인 반면, 고용촉진지원은 여성, 고령자, 장기구직자 등 노동시장 소외계층에 대한 고용촉진을 통한 고용창출의 성격이 강하다. 또한 고용창출사업은 중소기업을 특별히 지원함으로써 고용을 창출하고자 하는 사업이다. 이러한 사업의 성격은 외환위기 시점을 거치면서 지원인원의 비중 추세로 잘 드러난다. 고용보험 시행 초기 대부분 고용촉진지원사업으로 구성되었으나, 1998년, 1999년 외환위기 시점에는 고용조정 지원인원 비중이 70~80% 대에 이르는 등 경기 상황 변화에 민감히 반응하였다. 외환위기를 벗어난 시점부터는 반대로 고용유지지원인원의 비중은 점차 감소한 반면, 고용촉진지원인원의 비중은 상승하였다.

고용안정사업은 산업구조 변화와 경기변동에 따라 발생할 수 있는 근로자의 실직을 사전에 예방하여 근로자의 고용안정을 도모하며, 여성과 고령자 등 잠재인력의 고용촉진을 유도함으로써 인력활용을 극대화하고 구인, 구직에 대한 고용정보풀(pool)을 형성하여 합리적인 인력의 배분과 활용을 촉진하기 위한 사업이다(곽효문, 2000). 고용안정사업은 개별적인 보호와 시설 지원의 형태로 이루어진다. 개별적인 보호로는 고용조정 지원과 지역고용의 촉진, 고령자 고용촉진, 건설업 고용촉진 등이 있으며, 시설 지원은 고용촉진시설에 대한 지원의 형태로 이루어진다. 이 밖에 일반적인 고용증진사업은 고용정보의 제공 및 작업지도가 이루어진다.

「고용보험법」 시행 당시(1995.7.1)에는 고용안정사업의 내용으로 휴업수당지원금, 인력재배치지원금, 전직훈련지원금, 지역고용촉진지원금, 고령자고용촉진장려금, 육아휴직장려금 등이 있었다.

그러나 그동안 제도의 통합, 단순화·증설 등으로 현재는 고용창출사업, 고용조정 지원, 고용촉진 지원, 건설근로자 고용안정 지원, 자영업자 지원, 고용촉진시설 지원 등은 [그림 12-5]와 같이 구성되어 시행 중에 있다. 고용안정사업의 연도별 지원금 추이는 〈표 12-8〉과 같다.

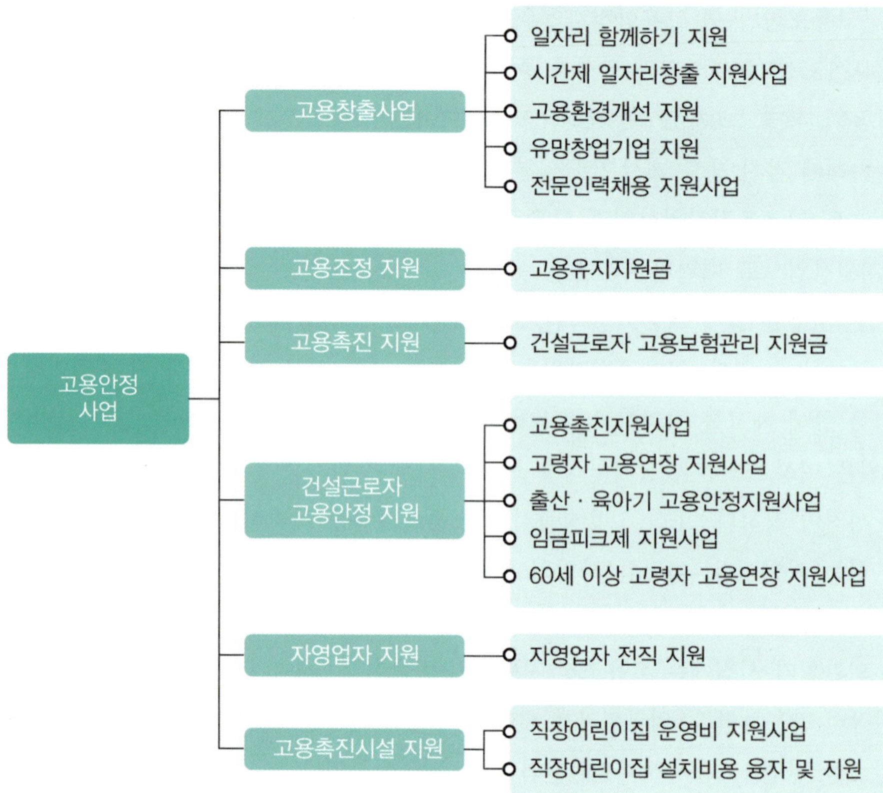


출처: 고용노동부(2014.12), 「2014년판 고용보험백서」, p.160.

그림 12-5 고용안정사업의 종류

표 12-8 고용안정사업 지원금 추이

(단위: 명, 백만 원)

| | 고용창출 지원 | | 고용조정 지원 | | 고용촉진 지원 | | | | | 건설근로자 고용보험관리 지원 | |
|---|---|---|---|---|---|---|---|---|---|---|---|
| | 종합 | | 고용유지지원 | | 고령자고용연장 | | 임금피크제 지원금 | | | 사업장 | 지원금 |
| | 인원 | 지원금 | 연인원 | 지원금 | 사업장 | 지원금 | 사업장 | 인원 | 지원금 | | |
| 2008 | 33,417 | 88,563 | 88,012 | 30,642 | 118 | 80 | 214 | 997 | 3,032 | 5,515 | 25,066 |
| 2009 | 30,558 | 79,882 | 941,674 | 310,224 | 2,775 | 2,330 | 224 | 1,497 | 6,488 | 7,672 | 32,552 |
| 2010 | 27,139 | 83,546 | 107,140 | 52,127 | 4,908 | 4,010 | 189 | 1,869 | 7,861 | 7,683 | 27,008 |
| 2011 | 21,590 | 87,584 | 54,560 | 25,932 | 6,188 | 5,108 | 2,912 | 2,843 | 8,624 | 7,681 | 13,299 |
| 2012 | 8,741 | 40,524 | 85,699 | 33,644 | 8,246 | 6,573 | 233 | 2377 | 9,763 | 7,558 | 17,010 |
| 2013 | 6,142 | 33,098 | 63,815 | 27,092 | 23,362 | 19,231 | 255 | 2,367 | 9,985 | 7,722 | 17,652 |

출처: 고용노동부(2014.12), 「2014년판 고용보험백서」의 통계자료들을 재구성하였음.

2004년 2월 10일 노사정 간 합의된 「일자리만들기 사회협약」에 따라 기업의 일자리 창출을 지원하는 등 고용보험의 적극적 노동시장정책 기능을 강화하기 위하여 2004년부터 고용창출 지원을 위한 각종 지원제도를 도입·시행하게 되었다. 2004년부터 신설된 고용창출지원사업은 2013년에는 일자리함께하기 지원, 시간선택제 일자리창출 지원, 유망창업기업 지원, 전문인력채용 지원 등의 사업을 벌이고 있다.

### 1) 고용창출사업

고용노동부장관은 고용환경 개선, 근무형태 변경 등으로 고용의 기회를 확대한 사업주에게 대통령령으로 정하는 바에 따라 필요한 지원을 할 수 있다(법 제20조). 고용노동부장관은 다음에 해당하는 사업주에게 임금의 일부를 지원할 수 있다(시행령 제17조 제1항).

① 정기적인 교육훈련·안식휴가 부여, 교대근로 또는 근로시간 단축 등을 통하여 실업자를 고용함으로써 근로자 수가 증가한 경우

② 고용노동부장관이 정하는 시설을 설치·운영하여 고용환경을 개선하고 실업자를 고용하여 근로자 수가 증가한 경우. 이 경우 시설 설치비의 일부도 지원할 수 있다.

③ 직무의 분할, 근무체계 개편 또는 시간제직무 개발 등을 통하여 실업자를 근로계약기간을 정하지 않고 시간제로 근무하는 형태로 하여 새로 고용하는 경우

④ 위원회에서 심의·의결한 성장유망업종에 해당하는 창업기업이 실업자를 고용하는 경우

⑤ 위원회에서 심의·의결한 업종에 해당하는 우선지원대상기업이 고용노동부장관이 정하는 전문적인 자격을 갖춘 "전문인력"을 고용하거나 우선지원대상기업이 아닌 다른 기업으로부터 전문인력을 지원받아 사용하는 경우

현재 시행하고 있는 고용창출 지원사업으로 중소기업 근로시간단축 지원금(2004.02.25 폐지), 교대제전환 지원금, 중소기업 고용환경 개선 지원금, 중소기업 신규업종 장려금(2009.01.01 폐지) 등이 있다.

### 2) 고용조정(雇傭調整)[7] 지원

기업의 불합리한 구조를 개편하여 효율성을 높이는 일로 흔히 구조조정(構造調整)이라고도 일컫는다. 고용노동부장관은 경기의 변동, 산업구조의 변화 등에 따른 사업 규모의 축소, 사업의 폐업 또는 전환으로 고용조정이 불가피하게 된 사업주가 근로자에 대한 휴업, 직업전환에 필요한 직업능력개발 훈련, 인력의 재배치 등을 실시하거나 그 밖에 근로자의 고용안정을 위한 조치를 하면 그 사업주에게 필요한 지원을 할 수 있다(법 제21조 제1항).

고용조정지원사업은 기업의 고용조정을 방지하고 부득이하게 고용조정으로 이직한 근로자의 재취업을 지원하는 사업으로 고용유지지원금, 전직지원장려금, 재고용장려금 등이 여기에 속한다.

#### (1) 이직예정자 등 재취업 지원

고용노동부장관은 고용조정이 불가피하게 된 사업주가 단독이나 공동으로 다음의 어느 하나에 해당하는 자에게 신속한 재취업을 지원하기 위하여 필요한 시설을 직접 갖추거나 그 시설을 갖춘 외부기관에 위탁하여 재취업에 필요한 서비스를 제공하는 경우에는 고용노동부장관이 정하는 바에 따라 그 비용의 일부를 지원할 수 있다(시행령 제22조).

① 해당 사업의 피보험자로서 고용조정, 정년(停年) 또는 근로계약기간이 끝남에 따른 이직예정자

② 해당 사업의 피보험자이었던 자로서 고용조정, 정년 또는 근로계약기간이 끝나 이직한 자

#### (2) 이직근로자를 고용하는 사업주에 대한 지원

고용노동부장관은 고용조정으로 이직된 근로자를 고용하는 등 고용이 불안정하게 된 근로자의 고용안정을 위한 조치를 하는 사업주에게 필요한 지원을 할 수 있다(법 제21조 제2항).

#### (3) 고용유지지원금

고용유지지원금은 경영상 이유 등으로 고용조정이 불가피하게 되어 휴업, 휴직, 인력재배치,

7) 기업이 노동 수요의 변화에 따라 고용인원의 수를 삭감하거나 조정하는 일을 고용조정이라 한다. 퇴직 권고, 신규 채용 억제, 배치 이동 따위의 방법을 쓴다. 기업이 살아남기 위해서 이러한 조치를 취하는 것은 불가피한 일이겠으나 이로 인해 근로자들은 실업을 당하게 된다. 이러한 대량실업을 막기 위해 「고용보험법」은 사업주에 대한 다양한 지원책을 강구하고 있다.

훈련의 고용유지조치를 실시하여 근로자의 고용을 유지하는 경우 지급된 보수의 2/3~3/4와 훈련비를 보험연도 180일 범위 내(인력재배치: 1년)에서 지원한다.

고용유지지원금은 경영위기에 처한 기업을 지원함으로써 실업을 예방하고, 실직자의 신속한 재취업을 도모하는 등 근로자를 실업으로부터 보호하는 사회안전망으로서의 기능을 가지고 있다.

#### (4) 전직지원장려금

전직지원장려금은 생산량 감소 등 경영상 이유로 고용조정이 불가피한 사업주가 고용조정, 정년퇴직 또는 근로계약 만료로 이직하는 근로자를 대상으로 신속한 재취업을 지원하기 위해 전직지원서비스를 제공하는 경우 소요비용의 2/3~전부를 12개월 한도 내(1인당 300만 원 한도)에서 지급한다.

### 3) 고용촉진 지원

고용촉진지원사업은 통상적인 노동시장 조건에서 취업이 곤란한 고령자, 장기실업자, 여성 등의 고용기회를 확대하고 또한 고용촉진시설을 설치 · 운영하는 경우에 비용의 일부를 지원하는 사업(법 제22조)으로 고령자고용촉진장려금, 신규고용촉진장려금, 중장년훈련수료자 채용장려금, 육아휴직장려금 등이 여기에 속한다. 그 구체적인 내용은 다음과 같다.

#### (1) 지역고용촉진사업

고용노동부장관은 고용기회가 뚜렷이 부족하거나 산업구조의 변화 등으로 고용사정이 급속하게 악화되고 있는 지역으로 사업을 이전하거나 그러한 지역에서 사업을 신설 또는 증설하여 그 지역의 실업 예방과 재취업 촉진에 기여한 사업주, 그 밖에 그 지역의 고용기회 확대에 필요한 조치를 한 사업주에게 필요한 지원을 할 수 있다(법 제22조).

#### (2) 고령자 고용촉진 지원

고용노동부장관은 고령자 등 노동시장의 통상적인 조건에서는 취업이 특히 곤란한 "고령자 등"의 고용을 촉진하기 위하여 고령자 등을 새로 고용하거나 이들의 고용안정에 필요한 조치를 하는 사업주 또는 사업주가 실시하는 고용안정 조치에 해당된 근로자에게 필요한 지원을 할 수 있다(법 제23조).

### (3) 고령자 고용연장지원금

고용노동부장관은 다음의 요건을 갖춘 사업의 사업주에게 고령자 고용연장지원금을 지급한다(시행령 제25조 제1항).

① 정년을 폐지하거나, 기존에 정한 정년을 56세 이상으로 1년 이상 연장할 것. 다만, 정년 폐지 또는 정년연장 전 3년 이내에 해당 사업장의 정년을 폐지하고 정년을 새로 설정하거나, 기존에 정한 정년을 단축한 경우에는 고령자 고용연장지원금을 지급하지 아니한다.

② 정년을 57세 이상으로 정한 사업장의 사업주에게 고용되어 18개월 이상을 계속 근무한 후 정년에 이른 자를 퇴직시키지 아니하거나 정년퇴직 후 3개월 이내에 "재고용"하고 재고용 전 3개월, 재고용 후 6개월 동안 근로자를 고용조정으로 이직시키지 아니할 것. 다만, 1년 미만의 기간을 정하여 재고용하거나 재고용 전 3년 이내에 그 사업장의 정년을 단축한 경우에는 고령자 고용연장지원금을 지급하지 아니한다.

### (4) 60세 이상 고령자 고용지원

고용노동부장관은 다음의 요건을 모두 갖춘 사업의 사업주에게 60세 이상 고령자 고용지원금을 지급한다(시행령 제25조의2 제1항). 이 규정은 2014년 12월 31일까지 효력을 가진다(법 부칙 제2조 제2항).

① 사업 개시 이후 근로자의 정년을 설정한 사실이 없을 것

② 매 분기 그 사업의 월평균 근로자 수에 대한 매월 말일 현재 계속하여 1년 이상 고용된 만 60세 이상 월평균 근로자 수의 비율이 업종별로 고용노동부장관이 정하여 고시하는 비율 이상일 것

③ 사업주가 60세 이상 고령자 고용지원금 신청일 당시 고령자 고용촉진장려금을 1회 이상 지급받고 그 지급한도 기간 내에 있는 자가 아닐 것

### (5) 60세 이상 고령자 고용지원금 지급제한 조건

사업주가 "60세 이상 고령자 고용지원금"을 신청하기 전 3개월부터 신청한 후 6개월까지

만 55세 이상 근로자를 고용조정으로 이직시킨 경우에는 60세 이상 고령자 고용지원금을 지급하지 아니한다(시행령 제25조의2 제2항).

#### (6) 임금피크제 보전수당

고용노동부장관은 사업주가 근로자대표의 동의를 받아 고용노동부령으로 정하는 나이 이상까지의 고용보장을 조건으로 일정 나이, 근속 시점이나 임금을 기준으로 임금을 감액하는 제도, 즉 "임금피크제"를 시행하는 경우에 임금피크제를 적용받는 근로자에게 임금피크제 보전수당을 지급한다(시행령 제28조 제1항).

2006년부터 신설된 임금피크제보전수당은 노사합의로 임금피크제를 도입・실시한 해당 사업자에서 18개월 이상 근무한 54세 이상 근로자로서 임금이 10% 이상 하락한 근로자에 대하여 피크임금과 당해연도 임금과의 차액에 50%를 곱한 금액으로 분기 150만 원 한도로 지급한다.

#### (7) 고용촉진시설 운영자에 대한 지원

고용노동부장관은 피보험자 등의 고용안정・고용촉진 및 사업주의 인력 확보를 지원하기 위하여 상담시설, 어린이집, 그 밖에 대통령령으로 정하는 고용촉진시설을 설치・운영하는 자에게 필요한 지원을 할 수 있다(법 제26조). 고용촉진시설 중 "그 밖에 대통령령으로 정하는 고용촉진시설"이란 다음의 시설을 말한다(시행령 제38조 제1항).

① 지방자치단체가 설치・운영하는 고용촉진시설
② 각종 대학교 중 고용노동부장관이 지정한 대학교가 운영하는 취업지원시설
③ 전문계고등학교 중 고용노동부장관이 지정한 학교
④ 고령자인재은행
⑤ 그 밖에 피보험자 등의 고용안정, 고용촉진 및 사업주의 인력 확보를 위한 시설로서 고용노동부령으로 정하는 고용촉진시설

### 4) 건설근로자 등의 고용안정 지원

#### (1) 건설근로자 고용안정사업의 내용

고용노동부장관은 건설근로자 등 고용상태가 불안정한 근로자를 위하여 다음의 사업을 실

시하는 사업주에게 대통령령으로 정하는 바에 따라 필요한 지원을 할 수 있다(법 제24조 제1항).

① 고용상태의 개선을 위한 사업

② 계속적인 고용기회의 부여 등 고용안정을 위한 사업

③ 그 밖에 대통령령으로 정하는 고용안정사업

#### (2) 건설근로자 퇴직공제부금의 지원

고용노동부장관은 건설근로자 퇴직공제(건설근로자의 고용개선 등에 관한 법률 제10조 제2항)에 가입한 사업주에게 부담하여야 할 공제부금의 일부를 지원할 수 있다(시행령 제31조 제1항).

#### (3) 사업주에 대한 고용보험관리지원금의 지급

고용노동부장관은 다음의 요건을 모두 갖춘 사업주에게 건설근로자 고용보험관리지원금을 지급한다(시행령 제32조 제1항).

① 건설업을 하는 사업주일 것

② 사업장의 업무 처리를 위하여 사업장별로 고용관리책임자를 지정할 것

③ 고용관리책임자가 고용노동부장관이 정하여 고시하는 규모 이상의 일용근로자에 대하여 기한 내에 전자적 방법으로 근로내용 확인신고 등 보험사무를 처리할 것

### 5) 고용안정 및 취업촉진사업 지원

#### (1) 고용안정 및 취업촉진사업자에 대한 지원

고용노동부장관은 피보험자 등의 고용안정 및 취업을 촉진하기 위하여 다음의 사업을 직접 실시하거나 이를 실시하는 자에게 필요한 비용을 지원 또는 대부할 수 있다(법 제25조 제1항).

① 고용관리 진단 등 고용개선 지원사업

② 피보험자 등의 창업을 촉진하기 위한 지원사업

③ 그 밖에 피보험자 등의 고용안정 및 취업을 촉진하기 위한 사업으로서 대통령령으로 정하는 사업

#### (2) 대통령령이 정하는 고용안정과 취업의 촉진사업

고용안정 및 취업을 촉진하기 위한 사업(법 제25조 제1항)으로 "대통령령으로 정하는 사업"이

란 다음의 사업을 말한다(시행령 제35조).

① 피보험자 등의 고용안정과 취업의 촉진에 관한 교육사업 · 홍보사업

② 피보험자 등의 취업 촉진을 위한 직업소개, 직업진로지도, 인턴채용지원 등 취업지원사업

③ 고령자 · 여성 · 장애인인 피보험자 등의 고용환경개선사업

④ 건설근로자의 고용안정 등에 대한 지원사업

⑤ 피보험자 등의 취업 촉진을 위한 단시간일자리(4주를 평균하여 1주 동안의 근로시간이 15시간 이상 30시간 이하인 일자리를 말하며, 기간제근로자로 채용되는 일자리는 제외) 창출지원사업

### (3) 고용관리 진단 등 지원

고용노동부장관은 피보험자 및 피보험자이었던 자, 그 밖에 취업할 의사를 가진 자 등 "피보험자 등"의 고용안정과 취업의 촉진 등을 위하여 임금체계 개편과 직무재설계 등에 관하여 전문기관의 진단을 받는 사업주나 노사단체에 대하여 그 진단에 드는 비용의 일부를 예산의 범위에서 지원할 수 있다(시행령 제33조 제1항).

### (4) 창업촉진 지원사업

고용노동부장관은 피보험자이었던 다음에 해당하는 자의 창업을 촉진하기 위하여 점포임대 등 창업에 필요한 지원사업을 예산의 범위에서 할 수 있다(시행령 제34조 제1항).

① 장기실업자(직업안정기관에 구직등록을 한 후의 실업기간이 6개월 이상인 자)

② 여성실업자 중 가족부양의 책임이 있는 자로서 고용노동부령으로 정하는 자

③ 실직고령자(직업안정기관에 구직등록한 55세 이상인 사람)

### (5) 취업지원사업의 지원

고용노동부장관은 다음의 자가 실시하는 취업지원사업에 드는 비용을 예산의 범위에서 지원할 수 있다(시행령 제36조 제1항).

① 무료직업소개사업을 하는 자와 유료직업소개사업을 하는 자

② 직업정보제공사업을 하는 자

③ 그 밖에 고용노동부장관이 취업지원사업을 할 능력이 있다고 인정하는 자

#### (6) 고용환경 개선 지원

고용노동부장관은 고령자, 여성 또는 장애인인 피보험자 등의 고용안정과 취업의 촉진을 위하여 관련 시설 및 장비를 설치하거나 개선하려는 사업주에게 그에 필요한 비용의 일부를 예산의 범위에서 지원하거나 대부할 수 있다(시행령 제37조 제1항).

## 3. 직업능력개발사업

### 1) 세계화 · 정보화 시대의 산업구조

#### (1) 우리나라 직업훈련제도의 역사

우리나라의 직업훈련제도는 1967년 「직업훈련법」 제정으로 정식 도입되었으며, 1976년에 사업주에 대한 직업훈련의무제를 근간으로 하는 「직업훈련기본법」이 제정 · 시행됨으로써 직업훈련제도의 틀이 확립되었다.

직업훈련기본법은 산업사회에 필요한 기능인력을 양성하는 데 목적이 있었다. 법 시행 후 20여 년 동안 상급학교에 진학하지 못한 청소년을 양질의 기능인력으로 양성하여 국가기간 산업분야에 공급함으로써 경제발전에 크게 기여하였으며, 노동시장에서 불리한 위치에 있는 장애인, 주부, 고령자, 실업자 등에 대하여 직업훈련의 기회를 확대하였다.

한편 세계화 · 정보화시대를 맞이하여 세계 각국의 기업들은 기술혁신과 "노동력의 질" 향상에 관심을 두고 있으며 "노동력의 질" 향상은 기업의 경쟁력뿐만이 아니라 근로자의 삶의 질도 향상시킬 수 있다는 점에서 국가발전의 핵심과제로 부각되었다.

우리나라는 과거 "노동력의 질"보다는 "노동력의 양"과 저보수에 기초한 경제성장 전략을 펼쳐왔으나, "기술혁신우위"의 시대를 맞아 이를 주도해 나갈 기술인력의 양성 · 개발 · 관리가 핵심과제로 등장하게 되었다. 특히, 한차원 높은 경제발전을 위해서는 과학기술자가 주도하는 "고급기술혁신"을 동시에 추구해 나가야 할 필요성이 있었다. 이러한 국내외 직업훈련 여건에 적극적으로 대처하고자 1995년 7월 「고용보험법」에 의한 직업능력개발사업(job skill development program)이 도입되었으며 직업훈련의 중점도 기능인력 양성에서 근로자의 평생직업능력개발로 확대 발전되었다.

한편 1995년 이후 이원화로 운영 중이던 직업능력개발사업과 직업훈련의무제를 일원화할 필요성이 있었고 직업능력의 개발·향상에 관한 새로운 직업훈련제도의 틀이 필요하게 됨에 따라 근로자의 평생직업능력개발을 지원하는 새로운 직업능력개발체제를 구축하고자 종전의 「직업훈련기본법」을 폐지하고 1997년 12월 24일 「근로자직업훈련촉진법」을 제정하여 1999년 1월부터 시행하고 있다. 「근로자직업훈련촉진법」은 2004년 12월 31일 법명을 「근로자직업능력개발법」으로 변경하였다.

### (2) 경제·노동구조의 변화

이와 같이 과거 인적자원개발에 관한 우리나라의 투자 현황을 분석해 보면 세계 경제가 급속한 글로벌화, 자유경쟁 가속화, 정보화로 이행됨에 따라 지식과 정보의 창출·공유·활용능력이 경쟁력의 근원으로 인식되고 있다. 한편 지식기반 경제사회로의 이행은 노동력 수급구조와 고용관행 등 노동시장에도 구조적인 영향과 변화를 초래하였다. '평생직장'이 '평생직업' 개념으로 변화하였고, 기업내부 구성원에 대한 장기고용관행은 노동시장의 유연화에 기반한 취업능력(employability)으로 대체되기에 이르렀다. 또한 기업 내부에서도 기존의 관료적·분업적 생산조직체계가 수평적·종합적 조직체제로 변화되면서 현장 조직구성원의 지적 능력의 제고를 요구하고 있다.

이와 같은 경제체제 및 노동시장 구조의 변화에 근로자는 물론 기업이 능동적으로 대처하기 위해서는 기업 또는 근로자 스스로 직업능력을 개발할 수 있도록 이러한 취지를 반영한 제도가 바로 직업능력개발사업이라 할 수 있다. 또한 급격한 구조조정에 따라 생겨나는 전직자·실직자의 재취업을 촉진하고 노동이동을 원활하게 할 수 있도록 지원하는 것도 직업능력개발사업에 포함되어 있었다.

### (3) 고용보험제도의 도입

고용보험의 도입으로 우리나라의 직업능력개발체제는 중대한 전환점을 맞게 되었다. 종래 직업훈련의무제하에서는 대기업에게 근로자에 대한 훈련의무를 부과하고 이를 달성치 못할 경우 분담금을 납부하도록 하였으나 고용보험의 도입으로 모든 기업과 근로자, 일부의 실업자 등에 대한 포괄적인 지원이 가능하게 된 것이다. 즉 기업에 대해서는 자신의 실정에 맞는 직업능력개발훈련을 실시할 경우 이를 지원하고, 근로자 개인이 자기주도적인 능력개발에 참여하는 경우에도 지원하는 체제로 전환하였다.

1995년 고용보험이 도입될 당시 직업능력개발사업은 상시근로자 70인 이상 전 사업체에 대하여 적용하되 제조업·건설업 등 6개 산업의 1,000명 이상 사업체는 「직업훈련기본법」에 의한 훈련의무제를 병행하여 일시적으로 이원적인 운영체제가 유지되어 왔다. 그러다가 「근로자직업훈련촉진법」 제정에 따라 1999년도부터는 「직업훈련기본법」에 의한 직업훈련의무제가 완전히 폐지되고 전 사업장이 직업능력개발사업의 적용을 받게 되었다(고용노동부, 2009: 48).

현행 「고용보험법」 체제하의 직업능력개발사업은 크게 사업주에 대한 지원, 근로자 개인에 대한 지원, 일부 실업자에 대한 지원 및 직업능력개발 인프라의 확충사업으로 구분할 수 있다.

### 2) 직업능력개발사업의 내용

#### (1) 사업주에 대한 직업능력개발훈련 지원

사업주에 대한 지원은 고용보험에 가입한 사업주가 재직근로자 등을 대상으로 직업능력개발훈련을 실시할 경우 소요된 비용을 지원하는 제도이다.[8] 사업주에 대한 지원에는 직업능력개발훈련지원금, 유급휴가훈련지원금 등의 전통적인 사업과 중소기업 훈련컨소시엄, 중소기업 핵심직무능력향상, 중소기업 학습조직화 등의 중소기업 특화사업이 있다(법 제27조).

#### (2) 피보험자 등에 대한 지원

고용노동부장관은 피보험자 등이 직업능력개발 훈련을 받거나 그 밖에 직업능력 개발·향상을 위하여 노력하는 경우에는 필요한 비용을 지원할 수 있다(법 제29조 제1항). 사업주를 매개로 하는 기존의 직업능력개발체제하에서 능력개발 기회의 빈곤을 겪고 있는 취약계층 근로자에 대한 직접적인 지원을 위해 고용보험에 근로자 능력개발지원사업이 도입되었다.

근로자 능력개발지원사업에는 근로자수강지원금, 학자금 지원 및 대부, 검정수수료 지원 등의 사업이 있으며, 증가하는 비정규직 근로자에 대한 강화된 지원을 위해 '근로자 능력개발카드제'를 새롭게 도입하여 2006년도에는 시범사업을 실시하고 2007년도에 본격적인 사업을 실시하였다. 근로자가 직장을 옮기는 과정에서 필요한 능력을 습득하여 실업기간을 최소화할 수 있도록 고용보험체제하에서 전직실업자에 대한 재취업훈련을 실시하고 있다.

한편, 산업 내에서 인력의 수요는 있으나 구직자가 취업하기를 꺼려 만성적으로 인력이

8) 자영업자도 고용보험의 피보험자가 될 수 있지만, 여기서는 근로자를 고용하고 있는 사업주를 말한다. 따라서 자영업자(법 제113조)는 제외된다.

부족한 직종이나 국가 경쟁력의 기반이 되는 전략산업의 경우 정책적으로 인력을 양성하여 공급할 필요가 있다. 이러한 직종을 '우선선정직종'으로 지정하여 고용보험체제하에서 인력을 양성·공급하여 기업의 인력부족을 해소하기 위해 노력하고 있다.

이 외에도 고용보험을 통해 한국산업인력공단, 한국폴리텍대학 및 한국기술교육대학교 등 공공훈련기관에 대한 지원을 통해 국가기술자격의 관리, HRD(Human Resource Development; 인적자원개발)전문가의 육성, 민간훈련기관에 대한 지원 및 능력이 중시되는 사회적 분위기의 조성 등의 기반구축에 관한 사업을 실시하고 있다.

① 직업능력개발 훈련비의 지원

고용노동부장관은 피보험자 등이 직업능력개발 훈련을 받거나 그 밖에 직업능력 개발·향상을 위하여 노력하는 경우에는 필요한 비용을 지원할 수 있다(법 제29조 제1항).

② 직업능력개발 훈련의 실시

고용노동부장관은 필요하다고 인정하면 대통령령으로 정하는 바에 따라 피보험자 등의 취업을 촉진하기 위한 직업능력개발 훈련을 실시할 수 있다(법 제29조 제2항).

③ 직업능력개발 훈련생에 대한 생계비 대부

고용노동부장관은 대통령령으로 정하는 저소득 피보험자 등이 직업능력개발 훈련을 받는 경우 생계비를 대부할 수 있다(법 제29조 제3항).

④ 근로자능력개발카드 발급

고용노동부장관은 ㉠ 기간제근로자, ㉡ 단시간근로자, ㉢ 파견근로자, ㉣ 일용근로자(시행령 제41조 제3항 각 호)에 해당하는 피보험자에게 본인의 신청에 따라 "근로자능력개발카드"를 발급하고, 근로자능력개발카드를 발급받은 자가 직업능력개발 훈련을 수강하는 경우 필요한 비용의 전부나 일부를 지원할 수 있다(시행령 제44조 제1항).

### (3) 훈련시설에 대한 지원

고용노동부장관은 피보험자 등의 직업능력 개발·향상을 위하여 필요하다고 인정하면 직업능력개발 훈련 시설의 설치 및 장비 구입에 필요한 비용의 대부, 그 밖에 고용노동부장관이 정하는 직업능력개발 훈련 시설의 설치 및 장비 구입·운영에 필요한 비용을 지원할 수 있다(법 제30조).

### (4) 건설근로자 등의 직업능력개발 지원

고용노동부장관은 건설근로자 등 고용상태가 불안정한 근로자를 위하여 직업능력 개발·향상을 위한 사업으로 대통령령으로 정하는 사업을 실시하는 사업주에게 그 사업의 실시에 필요한 비용을 지원할 수 있다(법 제32조 제1항).

고용노동부장관은 직업능력 개발·향상을 위한 사업과 관련하여 사업주가 단독으로 직업능력개발사업을 실시하기 어려운 경우에는 사업주 단체에 대하여도 지원할 수 있다(법 제32조 제2항).

### (5) 직업능력개발의 촉진

① 직업능력 개발·향상 촉진사업

고용노동부장관은 피보험자 등의 직업능력 개발·향상을 촉진하기 위하여 다음의 사업을 실시하거나 이를 실시하는 자에게 그 사업의 실시에 필요한 비용을 지원할 수 있다(법 제31조 제1항).

- 직업능력개발사업에 대한 기술 지원 및 평가사업
- 기능·기술장려사업 및 자격검정사업
- 그 밖에 대통령령(제51조)으로 정하는 자격검정사업

② 자격검정사업의 지원

고용노동부장관은 다음에 해당하는 사업을 실시하는 자에게 그 사업의 실시에 필요한 비용의 전부 또는 일부를 지원할 수 있다(시행령 제51조 제1항).

- 사업주가 근로자의 기술향상을 위하여 실시하는 자격검정사업
- 국가기술자격 검정기관이 피보험자의 자격취득 편의를 위하여 실시하는 사업

### (6) 지방자치단체 등에 대한 지원

① 지방자치단체 등의 고용촉진사업에 대한 지원

고용노동부장관은 지방자치단체 또는 대통령령으로 정하는 비영리법인·단체가 그 지역에서 피보험자 등의 고용안정·고용촉진 및 직업능력개발을 위한 사업을 실시하는 경우에는 대통령령으로 정하는 바에 따라 필요한 지원을 할 수 있다(법 제34조).

② 비영리법인 · 단체에 대한 지원

"대통령령으로 정하는 비영리법인 · 단체"란 법률에 따라 설립되거나 국가나 지방자치단체의 허가 · 인가를 받아 설립된 비영리법인과 등록한 비영리단체를 말한다(시행령 제55조 제1항).

고용노동부장관은 지방자치단체나 비영리법인 · 단체가 지역 내 피보험자 등의 고용안정 · 고용촉진과 직업능력개발을 위한 사업을 실시하는 경우에는 예산의 범위에서 그 비용의 전부나 일부를 지원할 수 있다(시행령 제55조 제2항).

### 3) 직업능력개발사업의 추진현황

#### (1) 사업주에 대한 직업능력개발훈련 지원사업

① 사업주에 대한 직업능력개발훈련 지원

사업주가 납부한 고용보험료를 재원으로 사업주가 소속 근로자, 채용 예정자, 구직자의 직무능력향상을 위해 직업훈련을 실시하는 경우 훈련 실시에 따른 비용의 일부를 지원한다.

| 사업주에 대한 직업능력개발훈련 지원 실적 | | |
|---|---|---|
| | 2012 | 2013 |
| 인원 | 3,190,400명 | 3,294,864명 |
| 지원금액 | 322,526백만 원 | 330,776백만 원 |

② 훈련시설 · 장비자금 대부

자금부족으로 산업현장에 부합하는 훈련시설 · 장비를 갖추지 못하는 경우 이에 필요한 자금을 장기 저리로 대부한다.

| 훈련시설 장비자금 대부 실적 | | | | | | |
|---|---|---|---|---|---|---|
| | 2008 | 2009 | 2010 | 2011 | 2012 | 2013 |
| 사업장 수 | 10 | 12 | 13 | 13 | 8 | 11 |

#### (2) 중소기업 및 비정규직 근로자 지원

① 국가인적자원개발 컨소시엄사업

대기업, 사업주단체 및 대학 등 우수한 직업능력개발훈련 실시 인프라(시설 · 장비, 프로그램 등)

를 갖추고 있는 기관들이 중소기업과 컨소시엄을 구성하여 중소기업 근로자들을 대상으로 훈련을 실시할 경우 시설·장비비 등 인프라 구축비용과 훈련비 등을 지원한다.

| 국가인적자원개발 컨소시엄사업 실적 | | | | | | |
|---|---|---|---|---|---|---|
| | 2008 | 2009 | 2010 | 2011 | 2012 | 2013 |
| 훈련인원 | 83 | 96 | 102 | 134 | 158 | 168 |

② 훈련시설·장비자금 대부

자금부족으로 산업현장에 부합하는 훈련시설·장비를 갖추지 못하는 경우 이에 필요한 자금을 장기 저리로 대부한다.

| 훈련시설 장비자금 대부 실적 | | | | | | |
|---|---|---|---|---|---|---|
| | 2008 | 2009 | 2010 | 2011 | 2012 | 2013 |
| 사업장 수 | 10 | 12 | 13 | 13 | 8 | 11 |

③ 중소기업 학습조직화 지원

정형화된 훈련 실시에 어려움이 있는 중소기업이 사업장 내에서 '일과 학습'을 연계하여 업무관련 지식, 경험, 노하우를 작업장 내에서 체계적으로 축적·확산토록 학습활동 및 인프라를 지원하기 위해 2006년부터 시작하였다.

| 중소기업 학습조직화 지원 실적 | | | | | | |
|---|---|---|---|---|---|---|
| | 2008 | 2009 | 2010 | 2011 | 2012 | 2013 |
| 사업장 수 | 263 | 307 | 317 | 334 | 355 | 263 |

### (3) 개인에 대한 직업능력개발 지원

① 실업자 내일배움카드제

- 실업자 내일 카드제: 구직자에게 상담을 거쳐 훈련의 필요성이 인정된 자에게 훈련비를 1인당 200만 원 상당의 가상계좌를 통해 지원하고, 그 범위에서 자율적으로 훈련에 참여할 수 있도록 한다.

| 계좌발급 및 훈련참여 현황 | | | |
|---|---|---|---|
| | 계좌발급인원 | 훈련참여인원 | 훈련비율(%) |
| 2011 | 237,827 | 177,657 | 74.7 |
| 2012 | 189,529 | 163,374 | 86.2 |
| 2013 | 215,248 | 196,542 | 91.3 |

- 재직자 내일배움카드제: 고용보험 피보험자인 기간제·단시간·파견·일용직 근로자, 취업훈련을 신청한 날로부터 90일 이내에 이직 예정인 자, 경영상 이유로 90일 이상 무급 휴직·휴업을 하고 복귀하지 못한 자가 재직자 계좌를 발급받아 고용노동부의 인정을 받은 훈련과정을 수강한 경우 지원한다.

| 재직자 내일배움카드제 추진 실적 | | | | | |
|---|---|---|---|---|---|
| | 2009 | 2010 | 2011 | 2012 | 2013 |
| 인원 | 80,691 | 170,609 | 129,451 | 64,535 | 50,576 |

② 근로자 직무능력향상 지원

훈련과정을 자비로 수강한 고용보험 피보험자로서 우선지원 대상기업에 고용된 자, 기간제·단시간·파견·일용직 근로자, 고용보험 임의가입 자영업자에게 지원한다.

| 근로자 직무능력향상 지원금 추진 실적 | | | | | | |
|---|---|---|---|---|---|---|
| | 2008 | 2009 | 2010 | 2011 | 2012 | 2013 |
| 인원 | 287,827 | 280,667 | 262,689 | 162,992 | 164,963 | 212,119 |

③ 근로자 학자금 및 훈련비 대부

전문대학 이상의 학교 또는 시설에 입학하거나 재학하는 경우 학자금과 고용노동부장관 인정 훈련과정을 수강하는 경우 훈련비를 장기 저리로 대부할 수 있도록 1996년도에 도입하였다.

| 근로자 학자금 및 훈련비 대부 지원 실적 | | | | | | |
|---|---|---|---|---|---|---|
| | 2008 | 2009 | 2010 | 2011 | 2012 | 2013 |
| 인원 | 25,507 | 29,424 | 25,394 | 21,507 | 17,720 | 15,562 |

④ 국가기간·전략직종훈련

국가기간·전략산업 중 인력이 부족한 직종과 산업현장의 인력수요 증대에 따라 인력을 양성할 필요성이 있는 직종의 기능인력을 양성·공급하여 산업현장의 인력난을 해소하고 비진학청소년·실직자 등 미취업자에게 직업능력개발훈련기회를 부여하기 위해 1997년부터 도입, 2010년 9월 1일부터 국가기간·전략직종훈련으로 명칭을 변경하였다.

| 국가기간·전략직종훈련 지원 실적 | | | | | | |
|---|---|---|---|---|---|---|
| | 2008 | 2009 | 2010 | 2011 | 2012 | 2013 |
| 인원 | 25,507 | 29,424 | 25,394 | 21,507 | 17,720 | 15,562 |

⑤ 직업훈련 생계비 대부

직업훈련 중 생계비 대부제도는 실업자, 기간제 근로자 등 취약계층이 생계에 대한 걱정 없이 체계적인 훈련을 받고 더 나은 일자리로 이동할 수 있도록 지원하기 위해 2009년 도입하였다. 2013년은 전직실업자 및 비정규직 근로자 9,714명에게 19,000백만 원의 생계비를 대부하였다.

### (4) 공공훈련기관에 대한 지원

① 한국산업인력공단 직업능력개발사업 지원

기업 및 근로자 직업능력개발 지원, 민간훈련기관 지원, 직업능력개발 인프라 구축, HRD 확산 및 역량강화, 숙련기술장려사업, 외국인고용사업장 지원

② 한국폴리텍대학 능력개발사업 지원

기술·기능인력 양성, 능력개발훈련 지원, 신기술 시설·장비 확충

③ 한국기술교육대학교 직업능력개발사업

직업훈련교원 양성, 직업훈련교원 기술개발 연수, 직업훈련교구교재 개발, 직업능력개발 노후장비 교체

### (5) 직업방송

직업방송은 하루 24시간 전문채널을 통해 직업·고용·능력개발에 관한 정보를 제공하여 정부의 일자리창출 정책을 지원하고, 전 국민의 평생직업능력개발 촉진을 통한 고용안정을 제고하기 위한 사업이다.

# 제4절 실업급여사업

## 1. 통칙

### 1) 실업급여의 의의

'실업'이란 근로의 의사와 능력이 있음에도 불구하고 취업하지 못한 상태에 있는 것을 말한다(법 제2조 제3호). 실업급여는 고용보험 3대사업의 하나로 근로자가 실직한 경우 일정기간 동안 급여를 지급하여 실직자 및 그 가족의 생활안정을 도모하고 자신의 능력과 적성에 맞는 새로운 직장에 재취업할 수 있도록 지원하는 제도이다.

실업급여는 실직자에 대한 구인·구직정보의 체계적인 관리로 인력이동상황을 파악하여 실효성 있는 고용정책 수립이 가능하게 할 뿐만 아니라 불황 시에는 유효수요를 창출하여 고용을 증대시키고 호황 시에는 보험기금의 적립을 통해 유효수요를 억제하는 등 자동적인 경기조절기능도 수행한다.

### 2) 실업급여의 구성

고용보험에는 고용안정사업과 직업능력개발을 위한 노력에도 불구하고 불가피하게 실업을 당하는 근로자가 실직기간 중의 생활안정을 이룰 수 있도록 실업급여를 행한다. 실업급여는 고용안정사업이나 직업능력개발사업과는 달리 기본적으로 실업으로 인하여 발생한 근로자의 소득상실을 실질적으로 보전해 주는 것이 목적이다. 그럼에도 불구하고 우리의 「고용보험법」은 근로자가 실업의 상태에서 소극적인 자세를 취하는 것을 허용하지 아니하고 적극적으로 구직활동을 취하는 방향으로 제도를 운용하고 있다. 이런 의미에서 기존의 기본급여를 구직급여로 그 명칭을 바꾼 것도 이러한 의미를 내포한 것으로 풀이된다.

실업급여는 [그림 12-6]과 같이 구직급여와 취업촉진수당으로 구성되어 있다. 구직급여는 실직자의 생활안정을 위하여 지급하는 급여로서 실업급여의 가장 핵심을 이루는 급여이다. 그리고 실직자에 대한 보호를 강화하기 위해 부상·질병 등으로 취업이 불가능한 수급자격자에 대해 구직급여에 갈음하여 지급하는 상병급여제도와 구직급여를 연장하여 지급하는 연장급여제도를 시행하고 있다. 취업촉진수당에는 조기재취업수당, 직업능력개발수당, 광역구직활동비, 이주비 등이 있다.

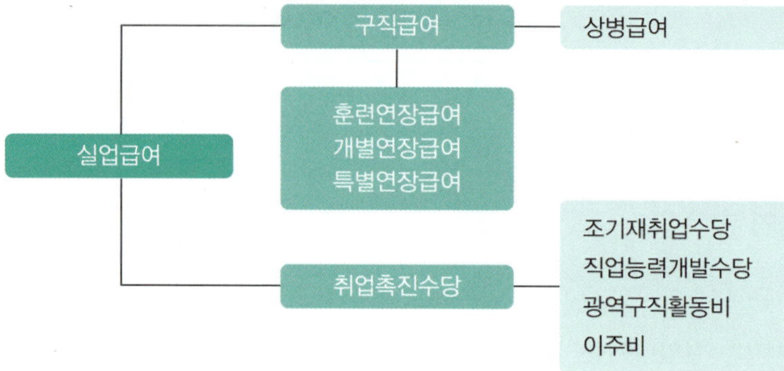


그림 12-6 실업급여의 구성

### 3) 실업급여의 종류 및 내용

실업급여는 구직급여와 취업촉진수당으로 구분한다(법 제37조 제1항). 취업촉진수당의 종류에는 ① 조기재취업수당, ② 직업능력개발수당, ③ 광역구직활동비, ④ 이주비 등이 있다(법 제37조 제2항). 실업급여의 종류별 내용을 간략히 요약하면 〈표 12−9〉와 같다.

표 12-9 실업급여의 종류별 요건 및 수급액

| 구분 | 요건 | 수급액 |
|---|---|---|
| 구직급여 | • 고용보험적용사업장에서 이직 전 18개월간 피보험 단위기간이 180일 이상<br>※ 이직 시 퇴직금·퇴직위로금 등 1억 원 이상을 지급받은 자는 실업신고일로부터 3개월 실업급여 지급유예<br>• 근로 의사와 능력이 있음에도 불구하고 취업하지 못한 상태<br>※ 자발적 이직, 중대한 귀책사유로 해고된 경우는 제외<br>• 적극적으로 재취업활동을 할 것 | • 이직 전 평균보수의 50%<br>– 최고/1일: 40,000원<br>– 최저/1일: 시간급 최저보수의 90% |
| 상병급여 | • 수급자가 질병·부상·출산으로 실업의 인정을 받지 못한 날<br>※ 출산의 경우는 출산일로부터 45일간 지급 | • 구직급여일액과 동일<br>– 7일 이상 상병 |

| 구분 | | 요건 | 수급액 |
|---|---|---|---|
| 연장급여 | 훈련 연장급여 | • 실업급여 수급자로서 직업안정기관 장의 직업능력개발훈련 지시에 따라 훈련을 수강하는 자 | • 구직급여일액의 100%(최대 2년) |
| | 개별 연장급여 | • 직업안정기관의 장의 직업소개에 3회 이상 응하였으나 취업되지 못하는 등 취업이 특히 곤란하고 생활이 어려운 수급자격자 | • 구직급여일액의 70%<br>– 60일 범위 내 |
| | 특별 연장급여 | • 실업 급증 등으로 재취업이 특히 어렵다고 인정되는 경우 고용노동부장관이 고시한 기간 동안 실업급여의 수급이 종료된 자 | • 구직급여일액의 70%<br>– 60일 범위 내 |
| 취업촉진수당 | 조기 재취업수당 | • 대기기간이 지난 후 구직급여의 소정급여일수를 30일 이상 남기고 재취직한 사업주에게 계속하여 6개월 이상 고용(사업을 영위한)된 경우<br>• ('13.12.24 개정) 소정급여일수를 1/2 이상 남기고 조기재취업한 자 | • 구직급여잔여일수의 1/2(재취직 당시 55세 이상 및 장애인은 2/3) 지급<br>• ('13.12.24 개정) 잔여소정급여일수의 1/2 지급 |
| | 직업능력 개발수당 | • 수급자격자가 직업안정기관의 장의 지시에 의한 직업능력개발훈련 등을 받는 경우 | • 훈련기간 중의 교통비, 식대 등<br>– 5,000원/1일 |
| | 광역구직 활동비 | • 직업안정기관의 소개에 의해 구직활동을 거주지에서 멀리 떨어진 지역(50km 이상)에서 할 경우 | • 숙박료 실비(1일 4만 원 한도)<br>• 운임: 실비(교통수단별 중등급)<br>※ 공무원여비규정 준용 |
| | 이주비 | • 취업하거나 직업안정기관의 장이 지시한 직업능력개발훈련 등을 받기 위해 주거를 이전할 필요가 있는 경우 | • 실비(2.5톤 이상 실비의 80%를 지급하되 5톤 한도) 지급 |

### 4) 실업급여수급권의 보호

#### (1) 양도 · 압류 · 담보로부터의 보호

실업급여를 받을 권리는 양도 또는 압류하거나 담보로 제공할 수 없다(법 제38조 제1항). 지정된 실업급여수급계좌의 예금 중 대통령령으로 정하는 액수 이하의 금액에 관한 채권은 압류할 수 없다(법 제38조 제2항).

#### (2) 공과금의 면제

실업급여로서 지급된 금품에 대하여는 국가나 지방자치단체의 국세 또는 지방세 등의 공과금을 부과하지 아니한다(법 제38조의2).

### 5) 실업급여사업의 현황

2013년 실업급여로 1,290,686명에게 3조 8,835억 원을 지급하였다. 2008년 하반기 이후 글로벌 경제위기 영향으로 2009년에는 실업급여 지급액이 최고치(4조 1,164억 원)를 기록하였으나 2010년 이후 경기가 회복되면서 지급자 및 지급액이 감소했다가 2013년에는 다시 증가했다.(표 12-10 참조).

**표 12-10** 실업급여 신청 및 급여 지급 현황

(단위: 명, 백만 원)

| 구분 | 신규 신청자 | 자격 인정자 | 지급자 | 초회 지급자 | 지급 종료자 | 실업인정 건수 | 급여액 | | |
|---|---|---|---|---|---|---|---|---|---|
| | | | | | | | 총액 | 구직급여 | 취업촉진 수당 |
| 2008 | 838,783 | 835,140 | 990,061 | 789,053 | 750,816 | 3,948,154 | 2,865,256 | 2,473,518 | 391,737 |
| 2009 | 1,073,989 | 1,068,389 | 1,301,132 | 1,050,612 | 1,037,988 | 5,205,740 | 4,116,404 | 3,598,974 | 517,430 |
| 2010 | 978,575 | 973,026 | 1,238,665 | 957,267 | 1,008,713 | 4,915,719 | 3,686,530 | 3,487,575 | 198,955 |
| 2011 | 906,423 | 902,360 | 1,202,066 | 889,097 | 901,130 | 4,520,607 | 3,561,353 | 3,346,591 | 214,763 |
| 2012 | 901,588 | 898,054 | 1,267,427 | | | | 3,676,666 | 3,441,853 | 234,374 |
| 2013 | 922,401 | 919,118 | 1,290,686 | | | | 3,883,507 | 3,623,406 | 259,631 |

출처: 한국고용정보원, 「2014년 11월 고용보험통계현황」 참조.
주: 구직급여는 상병급여 및 연장급여가 포함된 수치임.

## 2. 구직급여

### 1) 구직급여의 의의

실업급여(unemployment benefits)는 구직급여(job seeking allowance, job search allowance)와 취업촉진수당으로 구분한다(법 제37조 제1항). 구직급여는 실업급여 중 가장 기본적이고 중요한 급여로서 피보험자의 실업기간 중 생활안정을 도모하기 위하여 지급되는 급여이다. 구직급여는 피보험자가 실직한 경우에 실직 전 '18개월 중 180일 이상'의 피보험단위기간을 충족하는 경우에 피보험자의 피보험기간 및 연령에 따라 90~240일까지 차등 지급되며, 일정요건을 충족하는 경우에는 연장 지급한다.

## 2) 구직급여의 수급요건

구직급여는 피보험자가 이직한 경우로서 다음의 요건을 갖춘 경우에 지급한다. 다만, ⑤, ⑥호의 규정은 최종 이직 당시 일용근로자이었던 자에 한한다(법 제40조 제1항).

① 이직일 이전 18월간의 “기준기간” 동안 피보험단위기간이 통산하여 180일 이상일 것
② 근로의 의사와 능력이 있음에도 불구하고 취업(영리목적 사업을 영위하는 경우 포함)하지 못한 상태에 있을 것
③ 이직사유가 수급자격의 제한사유에 해당하지 아니할 것
④ 재취업을 위한 노력을 적극적으로 할 것
⑤ 수급자격인정신청일 이전 1월간의 근로일수가 10일 미만일 것
⑥ 최종 이직일 이전 기준기간 내의 피보험단위기간 180일 중 다른 사업에서 수급자격의 제한사유에 해당하는 사유로 이직한 사실이 있는 경우에는 당해 피보험단위기간 중 90일 이상을 일용근로자로 근로하였을 것

이러한 요건을 좀 더 자세히 풀어보면 다음과 같다.

### (1) 피보험단위기간의 충족

피보험단위기간이란 보수지급의 기초가 된 날을 말한다. 즉 이직일 이전 18개월을 피보험단위기간이라 한다(법 제41조). 실업급여 수급자격을 인정받은 후 취업했다가 다시 실업하게 되는 경우에는 새로이 피보험단위기간이 충족되어야 한다. 고용보험적용사업장에서 근무한 실직근로자로서 단위기간 중 피보험단위기간이 180일 이상이어야 한다.

### (2) 실업상태에 있을 것

실업급여는 실직근로자의 생계안정과 재취업촉진을 지원하므로 수급자격 신청 당시 실업상태에 있어야 한다. 즉 근로의 의사와 능력이 있음에도 불구하고 취업하지 못한 상태에 있어야 한다. 따라서 사업자등록을 하고 자영업을 하는 경우에는 실업급여를 받을 수 없다.

### (3) 이직사유에 따른 수급자격의 제한사유에 해당하지 않을 것

① 본인귀책사유로 인한 제한

피보험자가 "본인귀책사유로 인한 제한" 규정(제101조 제1항 관련, 별표 1의2)[9]에 해당한다고 직업안정기관의 장이 인정하는 경우에는 수급자격이 없는 것으로 본다(법 제58조).[10] 예컨대 전직·자영업 등 자기사정으로 직장을 스스로 그만두었거나 중대한 자신의 귀책사유로 해고된 경우에는 보험사고를 스스로 유발한 것이므로 실업급여를 받을 수 없다. 그러나 직장을 스스로 그만둔 경우에도 장기간 계속된 보수체불·휴업 등과 같은 정당한 사유가 있는 때에는 받을 수 있다. 즉 수급자격이 제한되지 아니하는 정당한 이직 사유(제101조 제2항 관련 별표 2)[11]

---

9) ① 납품업체로부터 금품이나 향응을 받고 불량품을 납품받아 생산에 차질을 가져온 경우
② 사업의 기밀이나 그 밖의 정보를 경쟁관계에 있는 다른 사업자 등에게 제공한 경우
③ 거짓 사실을 날조·유포하거나 불법 집단행동을 주도하여 사업에 막대한 지장을 초래하거나 재산상 손해를 끼친 경우
④ 직책을 이용하여 공금을 착복·장기유용·횡령하거나 배임한 경우
⑤ 제품이나 원료 등을 절취하거나 불법 반출한 경우
⑥ 인사·경리·회계담당 직원이 근로자의 근무상황 실적을 조작하거나 거짓 서류 등을 작성하여 사업에 막대한 지장을 초래하거나 재산상 손해를 끼친 경우
⑦ 사업장의 기물을 고의로 파손하여 사업에 막대한 지장을 초래하거나 재산상 손해를 끼친 경우
⑧ 영업용 차량을 사업주의 위임이나 동의 없이 다른 사람에게 대리운전하게 하여 교통사고를 일으킨 경우

10) ① 중대한 귀책사유(歸責事由)로 해고된 피보험자로서 다음에 해당하는 경우
㉮ 형법 또는 직무와 관련된 법률을 위반하여 금고 이상의 형을 선고받은 경우
㉯ 사업에 막대한 지장을 초래하거나 재산상 손해를 끼친 경우로서 고용노동부령으로 정하는 기준에 해당하는 경우
㉰ 정당한 사유 없이 근로계약 또는 취업규칙 등을 위반하여 장기간 무단결근한 경우
② 자기 사정으로 이직한 피보험자로서 다음에 해당하는 경우
㉮ 전직 또는 자영업을 하기 위하여 이직한 경우
㉯ 중대한 귀책사유가 있는 자가 해고되지 아니하고 사업주의 권고로 이직한 경우
㉰ 그 밖에 고용노동부령으로 정하는 정당한 사유에 해당하지 아니하는 사유로 이직한 경우

11) ① 다음에 해당하는 사유가 이직일 전 1년 이내에 2개월 이상 발생한 경우
㉮ 실제 근로조건이 채용 시 제시된 근로조건이나 채용 후 일반적으로 적용받던 근로조건보다 낮아지게 된 경우
㉯ 보수체불이 있는 경우
㉰ 소정근로에 대하여 지급받은 보수의 최저보수에 미달하게 된 경우
㉱ 연장 근로의 제한(「근로기준법」 제53조)을 위반한 경우
㉲ 사업장의 휴업으로 휴업 전 평균보수의 70% 미만을 지급받은 경우
② 사업장에서 종교, 성별, 신체장애, 노조활동 등을 이유로 불합리한 차별대우를 받은 경우
③ 사업장에서 본인의 의사에 반하여 성희롱, 성폭력, 그 밖의 성적인 괴롭힘을 당한 경우
④ 사업장의 도산·폐업이 확실하거나 대량의 감원이 예정되어 있는 경우
⑤ 다음에 해당하는 사정으로 사업주로부터 퇴직을 권고 받거나, 인원 감축이 불가피하여 고용조정계획에 따라 실시하는 퇴직 희망자의 모집으로 이직하는 경우

에 해당하는 경우에는 수급자격을 인정받을 수 있다.

② 훈련거부 등에 따른 급여의 지급제한

수급자격자가 직업안정기관의 장이 소개하는 직업에 취직하는 것을 거부하거나 직업안정기관의 장이 지시한 직업능력개발훈련 등을 거부하는 경우에는 구직급여의 지급을 정지한다. 다만, 다음에 해당하는 정당한 사유가 있는 경우에는 그러하지 아니하다(법 제60조 제1항).

- 소개된 직업 또는 직업능력개발 훈련 등을 받도록 지시된 직종이 수급자격자의 능력에 부적당한 경우
- 취직하거나 직업능력개발 훈련 등을 받기 위하여 주거의 이전이 필요한 경우로서 그 이전이 곤란한 경우
- 소개된 직업의 임금수준이 동일지역의 동종 업무 또는 동일 정도의 기능에 대한 통상 임금의 수준에 비하여 부당하게 낮은 경우
- 기타 정당한 사유가 있는 경우

---

㉮ 사업의 양도・인수・합병
㉯ 일부 사업의 폐지나 업종전환
㉰ 직제개편에 따른 조직의 폐지・축소
㉱ 신기술의 도입, 기술혁신 등에 따른 작업형태의 변경
㉲ 경영의 악화, 인사 적체, 그 밖에 이에 준하는 사유가 발생한 경우

⑥ 다음에 해당하는 사유로 통근이 곤란(통근 시 이용할 수 있는 통상의 교통수단으로는 사업장으로의 왕복에 드는 시간이 3시간 이상인 경우를 말함)하게 된 경우
㉮ 사업장의 이전
㉯ 지역을 달리하는 사업장으로의 전근
㉰ 배우자나 부양하여야 할 친족과의 동거를 위한 거소 이전
㉱ 그 밖에 피할 수 없는 사유로 통근이 곤란한 경우

⑦ 부모나 동거 친족의 질병・부상 등으로 30일 이상 본인이 간호해야 하는 기간에 기업의 사정상 휴가나 휴직이 허용되지 않아 이직한 경우

⑧ "중대재해"가 발생한 사업장으로서 그 재해와 관련된 고용노동부장관의 안전보건상의 시정명령을 받고도 시정기간까지 시정하지 아니하여 같은 재해 위험에 노출된 경우

⑨ 체력의 부족, 심신장애, 질병, 부상, 시력・청력・촉각의 감퇴 등으로 피보험자가 주어진 업무를 수행하는 것이 곤란하고, 기업의 사정상 업무종류의 전환이나 휴직이 허용되지 않아 이직한 것이 의사의 소견서, 사업주 의견 등에 근거하여 객관적으로 인정되는 경우

⑩ 임신, 출산, 생후 3년 미만 자녀의 육아, 의무군복무 등으로 업무를 계속적으로 수행하기 어려운 경우로서 사업주가 휴가나 휴직을 허용하지 않아 이직한 경우

⑪ 사업주의 사업내용이 법령의 제정・개정으로 위법하게 되거나 취업 당시와는 달리 법령에서 금지하는 재화 또는 용역을 제조하거나 판매하게 된 경우

⑫ 정년의 도래나 계약기간의 만료로 회사를 계속 다닐 수 없게 된 경우

⑬ 그 밖에 피보험자와 사업장 등의 사정에 비추어 그러한 여건에서는 통상의 다른 근로자도 이직했을 것이라는 사실이 객관적으로 인정되는 경우

③ 부정행위에 따른 급여의 지급제한

허위나 기타 부정한 방법으로 실업급여를 받았거나 받고자 한 자에 대하여는 당해 급여를 받은 날 또는 받고자 한 날부터의 구직급여를 지급하지 아니한다. 다만, 당해 급여와 관련된 이직 이후에 새로이 수급자격을 취득한 경우 그 새로운 수급자격에 의한 구직급여에 대하여는 그러하지 아니하다(법 제61조 제1항).

#### (4) 수급기간 내에 신청할 것

구직급여를 지급받으려는 자는 이직 후 지체 없이 직업안정기관에 출석하여 실업을 신고하여야 한다(법 제42조 제1항). 이직 후 언제까지 실업급여 지급을 신청해야 하는지에 대한 제한은 없으나, 실업급여는 원칙적으로 이직일의 다음날로부터 12개월을 초과하면 소정급여일수가 남아있는 경우에도 더이상 지급하지 않으므로(법 제48조 제1항), 실직한 근로자는 이직 후 지체 없이 직업안정기관에 출석하여 구직신청을 하고 수급자격 인정신청을 하는 것이 유리하다.

### 3) 반환명령

#### (1) 부정한 방법으로 급여를 받은 경우

직업안정기관의 장은 허위나 기타 부정한 방법으로 구직급여를 지급받은 자에 대하여는 지급받은 전체 구직급여의 전부 또는 일부의 반환을 명할 수 있고, 이에 추가하여 당해 허위 기타 부정한 방법에 의하여 지급받은 구직급여액에 상당하는 금액 이하의 금액을 징수할 수 있다(법 제62조 제1항).

#### (2) 사업주의 허위보고 등으로 급여를 받은 경우

허위나 기타 부정한 방법이 사업주(사업주의 대리인·사용인, 기타 종업원 포함)의 허위의 신고·보고 또는 증명으로 인한 것인 때에는 그 사업주도 당해 구직급여를 지급받은 자와 연대하여 책임을 진다(법 제62조 제2항).

#### (3) 과오급의 급여인 경우

직업안정기관의 장은 수급자격자 또는 수급자격이 있었던 자에 대하여 과오급된 구직급여가 있는 경우에는 그 지급금액을 징수할 수 있다(법 제62조 제3항).

### 4) 수급요건의 국제적 추세

#### (1) 석유파동 이후부터 요건 강화

과거 복지국가의 이념이 풍미하던 1960년대에는 실업급여의 요건을 완화하고 실업급여수준을 인상하여 실직자의 생활보전에 충실하려는 것이 선진국의 움직임이었다. 그러나 1970년대의 두 차례에 걸친 석유파동 이후 산업구조 및 고용조정이 가속화되고 실업률이 상승하게 되면서 실업급여요건을 엄격히 하고 실업급여수준과 지급기간도 하향조정하는 국가가 증가했다. 예컨대, 과거에는 공공직업안정기관에 실업자 등록만 하면 일할 의사가 있는 것으로 간주하여 실업급여를 지급하였으나 1980년대에 들어서는 실업자 스스로 적극적으로 구직을 위한 노력을 하였음을 입증하여야 실업급여를 지급하는 국가가 늘고 있는데 이러한 예는 영국, 네덜란드, 룩셈부르크, 핀란드, 호주, 뉴질랜드 등과 미국 상당수의 주에서 찾아볼 수 있다. 특히 영국은 1988년까지는 적극적인 구직활동을 실업급여의 요건으로 하지 않았으나 1989년부터 실업급여 수급요건으로서의 적극적인 구직활동을 추가하여 2주마다 공공직업안정기관에 가서 지난 2주 동안 적극적으로 구직활동을 위해 노력했음을 입증하여야 하고 실업급여 신청자가 이를 입증하지 못하면 그 시점부터 최고 6개월간 실업급여의 지급을 중단하고 있다.

#### (2) 대기기간의 단축

실업급여의 수급을 위해서는 일정한 대기기간이 경과해야 한다. 그런데 대기기간이 1970년대에는 크게 단축되는 경향을 보였으나 1990년대에 들어 다시 늘어나는 추세를 보이고 있다. 예컨대, 스웨덴은 1988년에는 대기기간을 폐지하여 공공직업안정기관에 실업자 등록을 하는 시점부터 실업급여를 지급하였으나 1993년부터 5일간의 대기기간을 다시 부활하였다.

#### (3) 부당수급자에 대한 제재(制裁) 강화

실업급여 수급의 부자격요건에 해당하는 경우 실업급여를 제한하게 되는데, 이 경우의 실업급여 제한기간이 점차 연장되어 급여남용을 보다 철저히 규제하는 것도 주요 특징 중의 하나이다. 예컨대, 미국의 경우 정당한 이유가 없는 자발적 이직의 경우 초기에는 1~5주간만 실업급여를 제한했으나, 1960년대에 들어서는 급여제한기간을 6주 이상으로 확대하기 시작했고 현재에는 대부분의 주에서 완전히 급여를 금지하고 있으며, 우리나라와 그리스, 스페인 등도 자발적 이직자에 대해서는 실업급여를 완전히 금지하고 있다. 영국의 경우에도 정당한 이유가 없는 자발적 이직자에 대한 실업급여의 제한기간이 1986년까지는 6주간이었으나 1987년 이후부터 1988년까지는 13주로 연장되었고 다시 1989년부터는 26주로 연장되었다(유길상 · 홍성호, 1999).

표 12-11 주요국의 자발적 이직자에 대한 실업급여 제한기간

| 국가 | 급여제한기간 | 국가 | 급여제한기간 |
|---|---|---|---|
| 일본 | 1~3개월 | 아일랜드 | 6주 |
| 호주 | 2~12주 | 네덜란드 | 없음 |
| 오스트리아 | 4주 | 뉴질랜드 | 26주 |
| 벨기에 | 1~26주 | 노르웨이 | 4주 |
| 캐나다 | 7~12주 | 스웨덴 | 4~10주 |
| 덴마크 | 5주 | 영국 | 1~26주 |
| 핀란드 | 6주 | 미국 | 완전급여금지 |
| 프랑스 | 완전급여금지 | 그리스 | 완전급여금지 |
| 포르투갈 | 완전급여금지 | 스페인 | 완전급여금지 |
| 독일 | 12주 | 한국 | 완전급여금지 |

출처: OECD, Employment Outlook(July, 1991).

## 5) 소정급여일수

수급자격이 인정되면 구직급여는 원칙적으로 이직일의 다음날로부터 12개월의 수급기간 내에 실업의 인정을 받은 날에 대하여 소정급여일수를 한도로 지급된다(법 제48조). 소정급여일수란 하나의 수급자격에 의하여 구직급여를 지급받을 수 있는 일수로 수급자격자의 피보험기간과 이직 당시 연령에 따라 최소 90일에서 최대 240일이다(법 제50조).

### (1) 기준급여일수

하나의 수급자격에 의하여 구직급여를 지급받을 수 있는 날 즉, "소정급여일수"는 대기기

간이 만료된 다음날부터 기산하여 피보험기간 및 연령에 따라 별표에 정한 일수가 되는 날까지로 한다(법 제50조 제1항). 그 내용은 〈표 12-12〉와 같다.

**표 12-12** 구직급여의 소정급여일수

| 연령 \ 피보험기간 | 1년 미만 | 1~3년 | 3~5년 | 5~10년 | 10년 이상 |
|---|---|---|---|---|---|
| 30세 미만 | 90일 | 90일 | 120일 | 150일 | 180일 |
| 30~50세 | 90일 | 120일 | 150일 | 180일 | 210일 |
| 50세 이상 및 장애인 | 90일 | 150일 | 180일 | 210일 | 240일 |

수급자격자가 소정급여일수 내에 임신・출산・육아, 그 밖에 대통령령이 정하는 사유로 수급기간을 연장한 경우에는 당해 기간만큼 구직급여를 유예하여 지급한다(법 제41조 제2항).

### (2) 급여의 연장

① 훈련연장급여

직업안정기관의 장은 수급자격자의 연령・경력 등을 고려할 때 재취업을 위하여 직업능력개발훈련 등이 필요한 경우에는 해당 수급자격자에 대하여 직업능력개발훈련 등을 받도록 지시할 수 있다(법 제51조 제1항).

② 개별연장급여

직업안정기관의 장은 취업이 특히 곤란하고 생활이 어려운 수급자격자로서 대통령령이 정하는 자에 대하여는 그가 실업의 인정을 받은 날에 대하여 소정급여일수를 초과하여 구직급여를 연장 지급할 수 있다(법 제52조 제1항). "개별연장급여"는 60일의 범위 내에서 2년(시행령 제72조)의 기간 동안 지급한다(법 제52조 제2항).

**표 12-13** 연장급여 지급실적

(단위: 명, 백만 원)

| 구분 | 2009 | | 2010 | | 2011 | | 2012 | | 2013 | |
|---|---|---|---|---|---|---|---|---|---|---|
| | 수급자 | 수급액 | 수급자 | 수급액 | 수급자 | 수급액 | 수급자 | 수급액 | 수급자 | 수급액 |
| 훈련연장급여 | 59 | 166 | 40 | 118 | 23 | 77 | 19 | 70 | 10 | 33 |
| 개별연장급여 | 5,162 | 7,685 | 4,615 | 6,816 | 2,671 | 4,066 | 1,575 | 2,496 | 1,149 | 1,901 |

개별연장급여의 지급실적을 〈표 12－13〉에서 보면 지급인원과 지급금액이 매년 증가하고 있음을 알 수 있다.

③ 특별연장급여

고용노동부장관은 실업의 급증 등 대통령령이 정하는 사유가 발생한 경우에는 60일의 범위 내에서 수급자격자가 실업의 인정을 받은 날에 대하여 소정급여일수를 초과하여 구직급여를 연장 지급할 수 있다. 다만, 이직 후의 생활안정을 위한 일정기준 이상의 소득이 있는 수급자격자 등 고용노동부령이 정하는 수급자격자에 대하여는 그러하지 아니하다(법 제53조 제1항). 고용노동부장관은 "특별연장급여"를 지급하고자 할 경우에는 일정한 기간을 정하여 실시하여야 한다(법 제53조 제2항).

④ 연장급여의 상호조정

연장급여는 수급자격자가 지급받을 수 있는 구직급여의 지급 종료 후에 지급한다(법 제55조 제1항). 훈련연장급여를 지급받고 있는 수급자격자에 대하여는 당해 훈련연장급여의 지급이 종료한 후가 아니면 개별연장급여 및 특별연장급여를 지급하지 아니한다(법 제55조 제2항).

개별연장급여 또는 특별연장급여를 지급받고 있는 수급자격자가 훈련연장급여를 지급받게 되는 경우에는 개별연장급여 또는 특별연장급여는 지급하지 아니한다(법 제55조 제3항).

특별연장급여를 지급받고 있는 수급자격자에 대하여는 특별연장급여의 지급이 종료한 후가 아니면 개별연장급여를 지급하지 아니하고, 개별연장급여를 지급받고 있는 수급자격자에 대하여는 개별연장급여의 지급이 종료한 후가 아니면 특별연장급여를 지급하지 아니한다(법 제55조 제4항).

### 6) 급여의 수준

#### (1) 보수의 정의

"보수"란 근로소득에서 대통령령으로 정하는 금품을 뺀 금액을 말한다. 다만, 휴직이나 그 밖에 이와 비슷한 상태에 있는 기간 중에 사업주 외의 자로부터 지급받는 금품 중 고용노동부장관이 정하여 고시하는 금품은 보수로 본다(법 제2조 제5호).

### (2) 기초일액

구직급여의 산정 기초가 되는 "기초일액(基礎日額)"은 수급자격의 인정과 관련된 마지막 이직 당시 평균보수[12]으로 한다. 다만, 마지막 이직일 이전 3개월 이내에 피보험자격을 취득한 사실이 2회 이상인 경우에는 마지막 이직일 이전 3개월간(일용근로자의 경우에는 마지막 이직일 이전 4개월 중 최종 1개월을 제외한 기간)에 그 근로자에게 지급된 보수 총액을 그 산정의 기준이 되는 3개월의 총일수로 나눈 금액을 기초일액으로 한다(법 제45조 제1항).

$$\text{기초임금} = \frac{\text{이직 전 3개월간(일용은 4월}-\text{최종 1월) 임금총액}}{\text{이직 전 3개월간(일용은 4월}-\text{최종 1월) 총일수}}$$

### (3) 통상임금

산정된 금액이 그 근로자의 통상보수보다 적을 경우에는 그 통상임금액[13]을 기초일액으로 한다. 다만, 마지막 사업에서 이직 당시 일용근로자였던 자의 경우에는 그러하지 아니하다(법 제45조 제2항).

### (4) 기준보수

기초일액을 산정하는 것이 곤란한 경우와 보험료를 "기준보수"를 기준으로 낸 경우에는 기준보수를 기초일액으로 한다. 다만, 보험료를 기준보수로 낸 경우에도 산정한 기초일액이 기준보수보다 많은 경우에는 그러하지 아니하다(법 제45조 제3항).

### (5) 최저기초일액

기초일액이 그 수급자격자의 이직 전 1일 소정근로시간에 이직일 당시 적용되던 "최저기초일액"(최저임금액×1일 소정시간)보다 낮은 경우에는 최저기초일액을 기초일액으로 한다(법 제45조 제4항).

---

12) 평균보수와 통상보수, 최고·최저보상 기준보수 등에 관한 자세한 내용은 「산재보험법」을 참조할 것.
13) 근로자에게 정기적·일률적으로 소정근로 또는 총 근로에 대하여 지급하기로 정하여진 시간급·일급·주급·월급 또는 도급액 등을 말한다.

#### (6) 급여기초보수일액의 상한액

기초일액이 보험의 취지 및 일반 근로자의 보수수준 등을 고려하여 대통령령으로 정하는 금액인 8만 원을 초과하는 경우에는 8만 원을 기초일액으로 한다(법 제45조 제5항; 령 제68조 제1항). 고용노동부장관은 이 금액이 적용된 후 물가상승률과 경기변동, 보수상승률 등을 고려하여 조정이 필요하다고 판단되면 해당 금액의 변경을 고려하여야 한다(시행령 제68조 제2항).

#### (7) 구직급여일액

구직급여일액은 다음의 구분에 따른 금액으로 한다(법 제46조 제1항). 구직급여일액이 최저구직급여일액보다 낮은 경우에는 최저구직급여일액을 당해 수급자격자의 구직급여일액으로 한다(법 제46조 제2항).

① 급여의 기초가 되는 임금일액(기초일액)이 평균임금(법 제45조 제1항), 통상임금(법 제45조 제2항), 기준보수(법 제45조 제3항) 및 급여기초일액의 상한액(법 제45조 제5항; 령 제68조)보다 높은 경우에는 당해 수급자격자의 기초일액에 50%를 곱한 금액

② 최저기초일액(법 제45조 제4항)이 최저구직일액보다 낮은 경우에는 최저구직급여액(당해 수급자격자의 기초일액×90%)을 그 수급자의 구직급여일액으로 한다.

### 7) 구직급여의 수급 절차

#### (1) 실업의 신고와 실업(失業)의 인정(認定)[14]

구직급여를 지급받으려는 자는 직업안정기관의 장으로부터 "수급자격"의 인정을 받아야 한다(법 제43조 제1항). 즉, 구직급여는 수급자격자가 실업한 상태에 있는 날 중에서 직업안정기관의 장으로부터 실업의 인정을 받은 날에 대하여 지급한다(법 제44조 제1항). 따라서 구직급여를 지급받으려는 자는 이직 후 지체 없이 직업안정기관에 출석하여 구직 신청과 수급자격의 인정신청을 포함한(법 제42조 제2항) 실업신고를 하여야 한다(법 제42조 제1항).

14) "실업의 인정"이란 직업안정기관의 장이 수급자격자가 실업한 상태에서 적극적으로 직업을 구하기 위하여 노력하고 있다고 인정하는 것을 말한다(법 제2조 제4호).

### (2) 출석신고

실업의 인정을 받으려는 수급자격자는 "실업인정일(失業認定日)"[15]에 출석하여 재취업을 위한 노력을 하였음을 신고하여야 하고, 직업안정기관의 장은 직전 실업인정일의 다음 날부터 그 실업인정일까지 각각의 날에 대하여 실업의 인정을 한다. 다만, 다음에 해당하는 자에 대한 실업의 인정방법은 고용노동부령으로 정하는 기준에 따른다(법 제44조 제2항).

① 직업능력개발 훈련 등을 받는 수급자격자
② 천재지변, 대량실업의 발생 등 대통령령으로 정하는 사유가 발생한 경우의 수급자격자
③ 그 밖에 대통령령으로 정하는 수급자격자

### (3) 출석신고의 예외

수급자격자가 다음에 해당하는 경우에는 직업안정기관에 출석할 수 없었던 사유를 기재한 증명서를 제출함으로써 실업의 인정을 받을 수 있다(법 제44조 제4항).

① 질병 또는 부상으로 직업안정기관에 출석할 수 없었던 경우로서 그 기간이 계속하여 7일 미만인 경우
② 직업안정기관의 직업소개에 따른 구인자와의 면접 등으로 인하여 직업안정기관에 출석할 수 없었던 경우
③ 직업안정기관의 장이 지시한 직업능력개발훈련 등을 받기 위하여 직업안정기관에 출석할 수 없었던 경우
④ 천재지변, 기타 부득이한 사유로 직업안정기관에 출석할 수 없었던 경우

실업급여 부정수급 현황을 〈표 12－14〉에서 보면 부정수급자가 매년 늘어나고 있음은 사실이다. 뿐만 아니라 부정수급금액도 2011년의 경우 인원기준으로 부정수급률이 2.1% 27,303명이었고, 금액으로는 1.9% 21,952백만 원이나 되어 역대 최고수준을 기록하였다. 이후 조금씩 적어져서 2013년에는 부정수급자도 1.7%에 21,735명으로 줄고, 금액도 1.0%에 11,724로 줄었다. 이러한 부정행위를 막고자 2006년부터(2005.12.07 개정법) 고용안정지원금·장려금, 직업능력개발훈련비용, 실업급여 등의 부정행위를 신고하는 자에 대한 신고포상제도를 도입하였다. 또 2014년 12월 30일 개정법은 부정행위자에 대한 처벌을 강화하였다.

15) 직업안정기관의 장이 지정한 날. 보통 실업의 신고를 한 날부터 계산하여 1주부터 4주의 범위에서 정해진다.

그러나 이러한 실업인정 요건에 대해서 그 부자격요건 규정[16]을 보완하고 벌칙규정을 완화할 필요가 있다. 직업안정기관이 노사분규에 의해 공석이 된 일자리를 소개한다면 이 역시 실업자가 거부할 수 있는 정당한 사유로 인정되어야 한다. 그리고 동일지역 동종업무와 보수만을 비교하는 것이 아니라 노동시간이나 작업환경 등 제반 노동조건을 모두 고려하는 것이 합리적이다. 또한 부자격요건에 대한 판정은 모호한 경우가 많으므로 고용보험 시행과정에서 다양한 사례들을 표준화하여 자의적인 법적용이 없도록 하는 것 역시 중요한 과제이다.[17]

**표 12-14 실업급여 부정수급 현황**

(단위: 명, 백만 원, %)

| 구분 | 실업급여 | | 부정수급자(C) | | 부정수급액(D) | |
|---|---|---|---|---|---|---|
| | 수급자(A) | 지급액(B) | 인원 | C/A | 금액 | D/B |
| 2008 | 1,162,534 | 2,434,032 | 19,133 | 1.6 | 8,673 | 0.4 |
| 2009 | 1,528,407 | 2,865,256 | 25,992 | 1.7 | 9,771 | 0.3 |
| 2010 | 1,238,665 | 4,116,404 | 25,615 | 2.1 | 13,993 | 0.3 |
| 2011 | 1,278,106 | 1,163,732 | 27,303 | 2.1 | 21,952 | 1.9 |
| 2012 | 1,267,427 | 1,146,106 | 20,946 | 1.7 | 11,272 | 1.0 |
| 2013 | 1,290,686 | 1,162,387 | 21,735 | 1.7 | 11,724 | 1.0 |

출처: 한국고용정보원, 「2014년11월 고용보험통계 현황」, p.23.

주: 부정수급 관련 자료는 아시아경제(2014.10.08) 기사 자료를 사용하였음.
비율은 이 자료를 이용하여 저자가 계산한 것임.

### (4) 대기기간

실업의 신고일부터 기산하여 7일간은 이를 대기기간으로 하여 구직급여를 지급하지 아니한다(법 제49조).

16) 고용보험연구기획단 첫 회의부터 줄기차게 강조된 사항이 남용을 방지하기 위한 부자격요건의 엄격화였으며, 기획단은 실업자들이 어떠한 부자격요건에 해당되더라도 급여수급권을 박탈하도록 건의했다. 이는 고용보험제도가 사회보장적 측면이 얼마나 취약한가를 잘 보여주는 항목이다.

17) 사회보장적 원칙에 충실하기 위해서는 부자격요건별로 벌칙을 세분화하여 일정기간의 급여를 제한하는 것이 적절하다. 부정수급에 대해서는 급여를 금지시키지만, 나머지에 있어서는 수급일수의 1/2을 감축시키는 것이 사회보장적 차원에서 바람직하다고 볼 수 있다.

### 8) 질병 등의 특례: 상병급여(傷病給與)

#### (1) 상병급여의 내용

상병급여는 "실업의 신고를 한 이후"에 질병·부상 또는 출산으로 취업이 불가능하여 "실업의 인정을 받지 못한 날"에 대하여 수급자격자의 청구(청구기간: 상병이 치유된 후 14일 이내, 다만 상병기간이 수급기간을 도과할 경우에는 수급기간 종료 후 30일 이내)에 의해 지급한다(법 제63조 제1항).

#### (2) 상병급여의 지급기간

상병급여는 구직급여에 갈음하여 지급하는 성격이므로 전체 구직급여 소정일수에서 구직급여를 지급한 기간은 뺀 일수만큼만 지급한다(법 제63조 제2항). 이 기간동안의 상병급여는 구직급여로 본다.

#### (3) 상병급여 지급의 제한

수급자격자가 「근로기준법」에 따른 휴업보상, 「산업재해보상보험법」에 따른 휴업급여, 그 밖에 이에 해당하는 급여 또는 보상으로서 대통령령으로 정하는 보상 또는 급여 즉, 「국가배상법」에 따른 휴업배상, 「의사상자 등 예우 및 지원에 관한 법률」에 따른 보상금을 지급받을 수 있는 경우에는 상병급여를 지급하지 아니한다(법 제63조 제4항).

### 9) 구직급여의 지급실적

2008년 하반기 이후 글로벌 금융위기로 경기침체가 지속되면서 2009년에는 구직급여 지급자 수와 지급액이 제도 시행 이후 최고치에 달하였으며, 경기회복과 함께 2010년부터 감소추세로 돌아섰다. 2013년에는 1,145천명에게 3조 6,081억 원을 지급하여 지급자 수는 전년대비 1.6% 증가하고, 지급액은 전년대비 4.9% 증가하였다. 구직급여 중 상병급여는 2013년에 7,324명에게 120억 원을 지급하여 전년대비 각각 7.7%, 14.9% 증가하였다.

경제위기 시 실업급여제도가 사회안전망으로서 역할을 강화하여야 한다는 전제하에 2009년 5월 3일 노사정 각 2명, 전문가 4명을 위원(위원장: 고용서비스정책관)으로 하는 '실업급여제도 개선 TF'를 구성하여 2009년 5월 21일부터 11월 17일까지 6차례 회의를 통해 실업급여제도 개편방안을 활발하게 논의하였다.

논의결과 실업급여제도 개편을 위해서는 재원 및 서비스 인력을 확충해야 한다는 점에 공감했을 뿐, 자발적 이직자 실업급여 지급, 피보험단위기간 단축, 소정급여일수 및 지급수준 등에 대해서는 노사 및 전문가 간에도 입장차가 커 장기 검토과제로 남겼다.

한편 실업급여제도가 사회안전망으로서의 역할을 수행해 온 반면에 글로벌 금융위기를 겪으면서 현행 실업급여제도의 핵심적 요소(소정급여일수, 수급요건 등)에 대해 문제를 제기하면서 여·야 의원이 「고용보험법」 개정안을 다수 발의(피보험 단위기간 완화, 개별연장급여일수 상향조정, 소정급여일수 확대, 구직급여 하한액 상향 조정 등)하였으나 아직까지 처리되지 못하고 국회에 계류 중에 있다(고용노동부, 2014.12: 260).

**표 12-15** 구직급여 및 상병급여 지급실적

(단위: 명, 백만 원)

| 구분 | 2009 | | 2010 | | 2011 | | 2012 | | 2013 | |
|---|---|---|---|---|---|---|---|---|---|---|
| | 지급자 | 지급액 | 지급자 | 지급액 | 지급자 | 지급액 | 지급자 | 지급액 | 지급자 | 지급액 |
| 구직급여 | 1,271,385 | 3,591,122 | 1,213,059 | 3,480,642 | 1,142,420 | 3,342,448 | 1,127,455 | 3,439,465 | 1,145,845 | 3608,089 |
| 상병급여 | 6,572 | 8,921 | 6,852 | 9,386 | 6,339 | 9,296 | 6,800 | 10,429 | 7,324 | 11,991 |

출처: 고용노동부(2014.12), 「2014년판 고용보험백서」, pp.259-260.

## 3. 취업촉진수당

### 1) 조기재취업수당

조기재취업수당은 수급자격자가 안정된 직업에 재취직하거나 스스로 영리를 목적으로 하는 사업을 영위하는 경우로서 대통령령이 정하는 기준에 해당하는 경우에 지급한다(법 제64조 제1항). 이 프로그램은 적극적인 구직활동을 통한 조기취업을 촉진하기 위해 설계되었다. 즉 구직급여 소정급여일수를 남은 상태에서 안정된 직장에 재취직하거나 스스로 영리를 목적으로 사업을 영위하는 경우에 남은 소정급여 일수의 일정액을 지급함으로써 조기 재취업을 촉진하고자 하는 것이다. 일종의 조기취업에 대한 인센티브인 셈이다.

### 2) 직업능력개발수당

직업능력개발수당은 수급자격자가 직업안정기관의 장이 지시한 직업능력개발훈련 등을 받는 경우에 그 직업능력개발훈련 등을 받는 기간에 대하여 지급한다(법 제65조 제1항). 구직급여의 지급이 정지된 기간에 대하여는 직업능력개발수당을 지급하지 아니한다(법 제65조 제2항). 이것은 생업을 위해 직업능력개발훈련을 받지 못하는 사람들이 훈련기간 동안 생업에 대한 걱정 없이 훈련에 전념할 수 있도록 돕기 위한 목적의 프로그램이다.

### 3) 광역구직활동비

광역구직활동비는 수급자격자가 직업안정기관의 소개에 따라 광범위한 지역에 걸쳐 구직활동을 하는 경우로서 직업안정기관의 장이 필요하다고 인정하는 경우에 지급할 수 있다(법 제66조 제1항). 이것은 구직활동의 범위를 넓힘으로써 구직 가능성을 높힐 것이라는 가정 아래 계획된 프로그램이다. 따라서 광역구직활동을 한 거리 및 숙박 수에 따라 교통비 및 숙박료를 지급할 수 있다(영 제89조 및 규칙 제111조).

### 4) 이주비

이주비는 수급자격자가 취업하거나 직업안정기관의 장이 지시한 직업능력개발훈련 등을 받기 위하여 그 주거를 이전하는 경우로서 직업안정기관의 장이 필요하다고 인정하는 경우에 지급할 수 있다(법 제67조 제1항).

## 4. 실업급여의 종류별 지급 현황

조기재취업수당제도를 둘러싼 비효율성의 문제와 지출규모가 최근 급증하고 있음을 고려하여 효율성을 제고하는 방향으로 2010년 2월 8일 지급수준 인하 및 6개월 고용 이후 지급 등으로 제도가 개선되었다. 조기재취업수당의 경우 2010년도에 1,987억 원이 지급되어 2009년

**표 12-16 취업촉진수당 지급실적**

(단위: 명, 백만 원)

| 구분 | 2009 | | 2010 | | 2011 | | 2012 | | 2013 | |
|---|---|---|---|---|---|---|---|---|---|---|
| | 수급자 | 지급액 | 수급자 | 지급액 | 수급자 | 지급액 | 수급자 | 지급액 | 수급자 | 지급액 |
| 조기재취업수당 | 221,399 | 517,083 | 91,866 | 198,663 | 107,471 | 214,555 | 114,006 | 234,374 | 120,486 | 259,631 |
| 직업능력개발수당 | 166 | 14.8 | 60 | 6 | 14 | 4 | 12 | 5 | 4 | 1.7 |
| 광역구직활동비 | 55 | 2 | 60 | 3 | 23 | 1 | 9 | 0.4 | 3 | 0.1 |
| 이주비 | 468 | 330 | 331 | 282 | 226 | 203 | 212 | 255 | 206 | 274 |

출처: 고용노동부(2014.12), 「2014년판 고용보험백서」, p.267.

도 지급액 5,171억 원 대비 61.6%가 감소하였다가 그 후 다시 증가 추세에 있다. 이주비는 2008년 7월 1일부터 실비 지급으로 개정되었으나 2010년도에 구직급여 지급자가 감소하면서 2.8억 원이 지급되어 2009년 3.3억 원 대비 15.2%가 감소하였다가 이후 별 변동이 없다.

# 제5절 모성보호사업

## 1. 모성보호(母性保護) 및 일 · 가정 양립지원의 의의

여성은 임신과 출산을 통하여 다음 세대의 노동력을 재생산한다. 특히 생산노동과 임신 · 출산 등 노동력 재생산을 동시에 수행하고 있는 취업여성에 대하여는 이에 상응하는 적절한 사회적 조치가 필요하다. 이러한 정책적 배려를 포괄적으로 담은 것이 모성보호정책이다. 그 내용은 출산전후휴가, 임산부의 시간외근로 금지 및 야간이나 휴일근로 제한, 보건상 유해 · 위험한 사업 사용금지, 생리휴가, 육아시간(수유시간) 등이 해당된다.

한편, '일 중심'에서 '가정생활과의 균형'을 중시하는 근로자들의 의식 변화와 일 · 가정 양립지원을 통한 기업의 경쟁력 강화를 도모하고 국가에서는 이를 제도적으로 뒷받침하기 위하여 각종 제도를 도입 · 시행하고 있다. 영유아의 양육을 위한 육아휴직, 근로자의 취업지원을 위한 수유 · 탁아 등 육아에 필요한 직장보육시설 설치 등이 이에 해당된다(고용노동부, 2011: 258). 우리나라 고용보험제도가 갖는 여성근로자의 모성보호의 범위는 <표 12-17>과 같다.

표 12-17 여성근로자의 모성보호 범위

| 구분 | 제도의 분류 | 정 책 내 용 |
|---|---|---|
| 모성보호 | 모성건강, 안전 | 유해 · 위험사업장 사용금지, 근로시간 제한,[18] 근로시간 단축,[19] 야간 · 휴일근로 제한[20] |
| | 모성휴가제도 | 출산전후휴가(유산 · 사산휴가 포함), 생리휴가[21] |
| 일 · 가정 양립지원 | 양육 지원 | 육아시간(수유시간), 직장보육시설에 대한 지원 |
| | 육아휴직제도 | 육아휴직, 육아기 근로시간단축 |

18) 「근로기준법」 제71조(시간외근로) 사용자는 산후 1년이 지나지 아니한 여성에 대하여는 단체협약이 있는 경우라도 1일에 2시간, 1주일에 6시간, 1년에 150시간을 초과하는 시간외근로를 시키지 못한다.

## 2. 모성보호의 사회분담화 배경

저출산, 고령화 시대를 맞아 인력노동시장에서 여성의 경제활동참가 확대는 국가와 여성 그리고 기업에게 불가피한 추세로 대부분의 선진국들은 이미 여성인력활용을 중요한 고용 정책과제로 삼고 있다. 기업들도 인력활용의 다양성 제고 및 기업경쟁력 강화 차원에서 여성고용에 관심을 늘려가고 있는 실정이다.

우리나라의 경우 2013년 여성 경제활동참가율은 50.2%로 1997년(49.8%) 이후 소폭 증가하였으나, 거의 제자리에 머물고 있는 실정이고, 남성과는 달리 여성은 한참 일할 시기인 30대 연령에 임신·출산 등의 사유로 노동시장에서 이탈되는 등 경력단절 현상(M-커브)이 발생하고 있다. 2013년 여성의 연령대별 경제활동 참가율을 살펴보면 여성은 20~29세에 62.0%에 달하다가 30대에는 57.0%로 무려 5%포인트나 떨어지고 있는 반면, 남성은 30대가 93.2%에 달하고 있다. 또한 우리나라는 저출산 시대를 대비하여 여성고용에서의 양적 확대와 더불어 질적 제고도 중요한 노동시장정책으로 삼고 있다.

여성근로자의 출산전후휴가는 「근로기준법」상 2001년 이전까지는 60일로 유지되고 있었으며, 휴가기간 동안 보수는 전적으로 사업주가 부담하고 있었다. 그러다가 모성보호 수준을 국제기준[22]에 부합하도록 강화해야 한다는 노동계, 여성계 등의 여론이 끊임없이 제기됨에 따라 2001년에는 「근로기준법」, 「남녀고용평등법」, 「고용보험법」의 모성보호 3법을 개정(2001.8.14 공포 같은 해 11.1 시행)하여 출산전후휴가기간을 60일에서 90일로 확대하고, 늘어난 30일분에 대하여는 여성고용에 따른 사업주의 부담을 줄이고 모성보호의 사회 분담화를 위해 일반재정 및 사회보험(고용보험)에서 부담하도록 하였다. 2005년 12월 31일 모성보호 3법을 개정하여 우선지원대상기업에 대해 출산전후휴가급여를 90일 지급(대규모는 현행 유지)과 유·사산휴가급여를 지원토록 하여 2006년 1월 1일부터 시행하고 있다(고용노동부, 2009 : 240-241).

19) 「근로기준법」 제74조(임산부의 보호) ⑦ 사용자는 임신 후 12주 이내 또는 36주 이후에 있는 여성 근로자가 1일 2시간의 근로시간 단축을 신청하는 경우 이를 허용하여야 한다. 다만, 1일 근로시간이 8시간 미만인 근로자에 대하여는 1일 근로시간이 6시간이 되도록 근로시간 단축을 허용할 수 있다. ⑧ 사용자는 제7항에 따른 근로시간 단축을 이유로 해당 근로자의 임금을 삭감하여서는 아니 된다(신설 2014.3.24).

20) 「근로기준법」 제70조 참조.

21) 「근로기준법」 제73조(생리휴가) 사용자는 여성 근로자가 청구하면 월 1일의 생리휴가를 주어야 한다.

22) ILO 모성보호에 관한 협약(2000): 여성은 14주의 출산휴가를 받을 수 있어야 하며, 휴가기간 중 보수는 2/3보다 적지 않아야 하고, 휴가에 관련된 급여는 사회보험 또는 공공기금을 통하여 제공되어야 한다(금전적 비용의 직접비용을 개인적으로 책임지지 말아야 한다).

## 3. 모성보호급여제도

### 1) 출산전후휴가급여

1953년 「근로기준법」 제정 시 60일의 출산전후휴가제도를 도입하고, 2001년 11월부터는 30일을 연장하여 총 90일(산후 45일)의 출산전후휴가를 보장하고 있다. 종전에는 여성근로자의 출산전후휴가기간 동안 임금을 전액 사업주가 부담하였으나 2001년 8월 근로여성 모성보호 관련 3법(「근로기준법」, 「남녀고용평등법」, 「고용보험법」) 개정 시 출산전후휴가를 60일에서 90일로 연장하되 연장된 30일분의 급여는 모성보호비용을 사회분담화한다는 방침에서 고용보험에서 이를 부담하고 있다(고용노동부, 2011: 260).

고용노동부장관은 「남녀고용평등과 일・가정 양립 지원에 관한 법률」 제18조에 따라 피보험자가 「근로기준법」 제74조에 따른 출산전후휴가 또는 유산・사산휴가를 받은 경우로서 다음의 요건을 모두 갖춘 경우에 "출산전후휴가급여 등"을 지급한다(법 제75조).

① 휴가가 끝난 날 이전에 피보험단위기간이 통산하여 180일 이상일 것

② 휴가를 시작한 날 이후 1개월부터 휴가가 끝난 날 이후 12개월 이내에 신청할 것. 다만, 그 기간에 대통령령으로 정하는 사유로 출산전후휴가급여 등을 신청할 수 없었던 자는 그 사유가 끝난 후 30일 이내에 신청하여야 한다.

2012년 기준으로 출산전후휴가급여액은 휴가 개시일 현재의 「근로기준법」상 통상임금액에 상당하는 금액을 지급하되, 피보험자의 산정된 통상임금에 상당하는 금액이 135만 원을 초과하는 경우에는 135만 원을 출산전후휴가급여로 지급한다.

- 대규모기업: 90일 중 60일을 초과하는 기간에 대하여 통상임금 지원(135만 원 한도)
- 우선지원대상기업: 90일에 대하여 통상임금 지원(405만 원 한도)

### 2) 육아휴직급여

육아휴직제도는 근로자가 피고용자의 신분을 유지하면서, 일정기간 자녀의 양육을 위해 휴직을 할 수 있도록 하는 제도로 근로자의 직장생활과 가정생활의 양립을 가능하도록 하기 위한 사회적 지원제도이다. 「근로기준법」상으로는 육아휴직기간은 무급으로 사업주에게 급여지급 의무가 없기 때문에 생계가 불안정한 근로자의 경우 이를 활용하기 쉽지 않다. 이를

보완하여 2001년 「고용보험법」 개정 시 근로자의 생계지원을 위하여 고용보험에서 육아휴직급여를 지급하도록 제도를 마련하여 시행하고 있다.

육아휴직급여는 당해 근로자(피보험자)가 ① 「남녀고용평등과 일・가정 양립지원에 관한 법률」에 따른 육아휴직을 30일 이상 부여 받고 ② 육아휴직 개시일 이전 피보험단위기간이 통산하여 180일 이상이어야 하며 ③ 동일한 자녀에 대해 피보험자인 배우자가 30일 이상의 육아휴직을 부여받지 않아야 하며 ④ 육아휴직 개시일 이후 1월부터 종료일 이후 12개월 이내 육아휴직급여를 신청하여야 한다. 육아휴직급여를 받을 수 있는 기간은 최대 1년이며 육아휴직을 실시하는 근로자에 대해서는 월 통상임금의 40%(상한액 100만 원, 하한액 50만 원)를 육아휴직급여로 지급하고 있다.

## 4. 모성보호급여 추진 실적 및 평가

출산전후휴가급여제도 도입 초기인 2001~2002년도까지는 사업주 및 근로자의 인식과 홍보 부족으로 인하여 지원 실적이 부진하였으나 점차 확산되어 2013년에는 출산전후휴가급여로 90,507명에게 235,105백만 원을 지급하였다.

육아휴직급여제도 도입 초기인 2001~2002년도까지는 사업주 및 근로자의 인식 부족과 홍보 부족으로 인하여 지원 실적이 부진하였다. 그러나 동 제도에 대한 지속적인 홍보, 사업장 지도 감독과 제도 개선을 통하여 2013년에는 69,616명에게 420,248백만 원을 지급하였다. 또한 2013년 평균 육아휴직일수는 여성 292일, 남성 244일로 여성이 남성보다 48일 육아휴직을 더 사용한 것으로 나타났다.

한편 2013년 남성의 육아휴직자는 2,293명으로 매년 증가하고 있으나 남성의 육아휴직급여 수급비율이 3.3%에 불과하여 여성이 육아를 전담하다시피 하는 우리의 육아문화를 반영한 것으로 남성들의 육아에 대한 관심과 이에 대한 사회적 인식의 개선을 위한 노력이 필요한 것으로 보인다.

육아기 근로시간 단축급여는 2011년 9월 22일 제도가 도입되어 2011년 39명에게 18백만 원을 지급하였으며, 2012년에는 437명에게 733백만 원을 지급, 2013년에는 516명에게 962백만 원을 지급하였다(고용노동부, 2014.12: 271-275).

**표 12-18** 연도별 모성보호급여 지원실적

(단위: 명, 백만 원)

| 연도 | 산전후휴가급여 | | 육아휴직급여 | | | | 월급여액 |
|---|---|---|---|---|---|---|---|
| | | | 합 계 | | 남 | 여 | |
| | 인 원 | 금 액 | 인원 | 금 액 | 인원 | 인원 | |
| 2002 | 22,711 | 22,601 | 3,763 | 3,087 | 78 | 3,683 | 20만 원 |
| 2003 | 32,133 | 33,522 | 6,816 | 10,576 | 104 | 6,712 | 30만 원 |
| 2004 | 38,541 | 41,610 | 9,303 | 20,803 | 181 | 9,122 | 40만 원 |
| 2005 | 41,104 | 46,041 | 10,700 | 28,242 | 208 | 10,492 | " |
| 2006 | 48,972 | 90,886 | 13,672 | 34,521 | 230 | 13,440 | " |
| 2007 | 58,368 | 132,412 | 21,185 | 60,989 | 310 | 20,875 | 50만 원 |
| 2008 | 68,526 | 166,631 | 29,145 | 98,431 | 355 | 28,790 | " |
| 2009 | 70,560 | 178,477 | 35,400 | 138,724 | 502 | 34,898 | " |
| 2010 | 75,742 | 192,564 | 41,732 | 178,121 | 819 | 40,913 | " |
| 2011 | 90,290 | 232,915 | 58,134 | 276,261 | 1,402 | 56,732 | 통상임금의 40% |
| 2012 | 93,394 | 241900 | 64,069 | 357,798 | 1,790 | 62,279 | " |
| 2013 | 90,507 | 235,105 | 69,616 | 420,248 | 2,293 | 67,323 | " |

## 제6절 자영업자 고용보험(실업보험)

### 1. 자영업자 고용보험의 의의

우리나라는 자영업자 비중이 다른 나라에 비해 높은 반면, 자영업자의 상당수는 생산성이 낮고 경쟁력이 취약한 실정이다. 여기에 글로벌 금융위기 이후 폐업하는 자영업자가 늘어나면서 이로 인한 사회적 부담 증가 및 경제 전반의 성장잠재력 위축에 대한 우려가 커져가는 상황에서 그간 고용보험제도는 근로자 중심으로 설계되어 있어, 자영업자에게는 적용되지 않았다.

2006년부터 고용안정·직업능력개발사업에 대해서는 자영업자도 임의가입할 수 있도록 하였으나, 실업급여의 혜택을 볼 수는 없어 사회안전망으로서의 기능은 미약한 상황에서 일반 근로자와 유사한 형태의 사회안전망의 보호가 꾸준히 제기되었다.

이에 따라 자영업자 비중이 높은 데 반해 생산성과 수익성이 낮은 생계형 자영업자가 많고, 특히 창업자의 절반 이상이 3년 이내에 폐업하고 있는 점 등의 우리나라 현 상황을 감안하여 자영업자가 불가피하게 사업을 그만두는 경우에도 생계를 유지하고 안정적으로 재취업 또는 재창업을 준비할 수 있도록 2012년 1월 22일부터 자영업자도 실업급여에 임의가입할 수 있도록 하는 자영업자 고용보험제도를 시행하였다.

## 2. 자영업자 고용보험의 기본체계

자영업자 고용보험은 사업자등록증을 보유하고, 근로자를 고용하지 않거나 50인 미만의 근로자를 고용하는 자영업자를 대상으로 한다. 보험료는 기준보수의 2.25%이다. 기준보수는 보험료와 실업급여 지급의 기준이 되는 보수로서, 5등급으로 이루어져 있다. 소득파악이 용이하지 않고 소득이 수시로 변동하는 자영업자의 특성을 고려하여, 기준보수는 실제 소득과 관계없이 가입자의 희망에 따라 선택할 수 있도록 하였다.

자영업자 고용보험의 혜택은 크게 세 가지이다. 가장 대표적인 것으로 실업급여 혜택을 들 수 있다. 1년 이상 자영업자 고용보험에 가입하고, 비자발적으로 폐업하는 경우 실업급여를 지급한다. 비자발적으로 폐업하는 경우란 6개월 이상 적자가 지속되거나 매출액이 전년에 비해 20% 이상 감소하는 등 경영이 악화되어 더 이상 사업을 영위할 수 없는 경우, 건강이 악화되거나 출산·육아로 인해 폐업하는 경우 등을 말한다. 실업급여수준은 기준보수의 50%이며, 월 77만 원에서 115만 5천원 수준이다. 실업급여는 고용보험 가입기간에 따라 3~6개월간 실업급여를 받을 수 있다.

**표 12-19** 자영업자 고용보험 기준보수, 보험료 및 실업급여

| 구분 | 기준보수 | 월 보험료 | 월 실업급여 |
|---|---|---|---|
| 1등급 | 1,540000원 | 34,650원 | 770,000원 |
| 2등급 | 1,730,000원 | 38,920원 | 865,000원 |
| 3등급 | 1,920,000원 | 43,200원 | 960,000원 |
| 4등급 | 2110,000원 | 47,470원 | 1,055,000원 |
| 5등급 | 2,310,000원 | 51,970원 | 1,155,000원 |

**표 12-20** 가입기간에 따른 자영업자 실업급여 수급기간

| 가입기간 | 1년 이상~3년 미만 | 3년 이상~5년 미만 | 5년 이상~10년 미만 | 10년 이상 |
|---|---|---|---|---|
| 소정급여일수 | 90일 | 120일 | 150일 | 180일 |

두 번째로 직업능력개발을 지원한다. 사업 운영 중에 경쟁력 강화를 위해 교육 또는 훈련을 받는 경우 직무능력향상지원제도를 통해 훈련비의 50~100%를 지원받을 수 있다. 폐업 시 재취업 또는 재창업을 위한 교육이 필요한 경우에도 내일배움카드 제도를 통해 훈련비 및 훈련장려금을 지원한다. 세 번째로 전직 지원제도가 있다. 불가피한 폐업 시에 사업정리 절차, 재취(창)업을 위한 컨설팅, 일자리정보 및 취업 알선 등을 제공하여 자영업자의 재기를 돕는다.

우리나라의 전체 취업자 중 자영업 종사자 비율이 30%에 육박함을 고려할 때, 자영업자 고용보험제도는 그간 고용보험의 사각지대에 있었던 영세자영업자에 대한 사회안전망을 강화했다는 점에서 그 의미가 크다고 평가된다.

### 3. 추진 실적 및 평가

자영업자 고용보험제도 시행 후 2013년 12월말 현재 가입유지자가 17,908명으로 전체 자영업자 규모를 고려할 때 향후 지속적인 홍보를 통해 더욱 많은 자영업자가 가입할 수 있도록 지속적인 노력을 펼칠 예정이다. 또한, 자영업자는 고용보험에 1년 이상 가입하고 비자발적인 폐업(적자 지속, 매출액 감소 등) 사유에 해당되는 경우 실업급여를 받을 수 있기 때문에, 자영업자 고용보험이 도입된 지 1년 1개월만인 2013년 2월 21일 첫 수급자가 탄생하여 실업급여를 받았다. 2013년 동안 자영업자 실업급여 수급자 수는 743명, 실업급여 지급액은 1,586백만 원에 이른다.

## 제7절 우리나라 고용보험제도의 과제

우리나라 고용보험제도는 다른 사회보험제도에 비해 가장 늦게 도입되었다. 도입과 함께 제도의 정착도 되기 전에 IMF라고 하는 모진 경제적 회오리를 맞아 대량실업을 경험하였다. 이 과정에서 숱한 문제점을 노출시켰지만, 한편 빠른 정착을 가져올 수 있는 기회가 되기도 했다. 그러나 아직도 해결해야 할 많은 문제점들을 안고 있다. 한국노동연구원 및 직업능력개발원이 2009년부터 2012년까지 사업별로 고용보험사업 평가를 실시하였다. 평가결과를 요약하면 다음과 같다.

## 1. 실업급여사업

실업급여사업은 크게 지급기간의 적정성, 조기재취업수당, 실업급여 반복수급에 대하여 평가하였다. 실업급여의 노동시장 안정화 역할 측면에서 지급기간의 적정성에 대하여 평가한 결과, 짧은 구직급여 지급기간은 신속한 재취업을 유도하여 장기실업률을 낮추는 데 기여하지만, 반복적인 실업과 반복적인 수급으로 이어져서 노동시장의 불안정성을 높이는 영향도 있으므로 구직급여의 지급기간을 확대할 필요성은 있다고 보았다. 그러나 구직급여 수급자의 행태, 고용보험 재정에 미치는 영향 등을 고려하여 신중하게 검토할 필요가 있다는 의견을 제시하였다.

조기재취업수당의 경우에는 2010년 고용유지기간 요건의 강화, 잔여급여일수 및 지급기간의 단순화 등 수급요건을 강화하는 방향으로 제도가 변경된 후 수급자 감소로 인한 재정 절감과 장기근속을 유도하는 효과가 상승한 것으로 분석되었다. 실업급여 반복수급이 이후 고용에 미치는 영향을 평가한 결과, 실업급여의 수급경험은 반복수급의 가능성을 높이는 경향이 있으며 임금소득 대체율이 높아질수록 그 경향이 강화되고 반복수급의 증가로 이어지는 개연성이 높다고 평가되었다. 우리나라의 경우 실업급여 자격조건에 필요한 피보험기간의 측면에서는 관대한 편이지만, 실업급여의 수급기간이나 임금소득대체율은 엄격한 수준으로, 반복수급을 유발할 만큼 관대성이 높지 않은 것으로 평가되었으나, 부정수급 성격을 갖는 반복수급이 발생할 가능성이 있으므로 이에 따른 부작용을 방지하기 위한 지속적인 모니터링이 필요하다는 의견이 제시되었다.

## 2. 청년고용지원사업

청년고용지원사업은 청년취업진로지원사업과 중소기업 청년인턴제사업을 평가하였다. 청년취업진로지원사업은 청년층의 향후 진로설계와 노동시장 진입 촉진효과가 높은 사업으로 평가되나 실효성 제고를 위해 취업지원관에 대한 지원수준 및 기간을 다양화하는 한편 정규직 채용 등 고용안정성 제고를 위한 대안 마련이 필요하다는 제도 개선 의견이 제시되었다. 중소기업 청년인턴제사업의 경우에는 사업 참여자의 정규직 전환률이 65%에 이르는 등 사업의 성과는 높은 것으로 평가되나, 중도탈락률이 높고 사중손실의 가능성이 높다는 문제점이 지적되었다. 이에 대해서는 청년인턴 참여희망자를 대상으로 취업 가능성의 프로파일링을 실시하여 취업애로가 상당한 청년층에게 인턴의 기회를 제공하고, 사중손실 최소화를 위하여 지원제한 기준 마련이 필요하다는 개선의견이 제시되었다.

### 3. 여성 및 모성지원사업

여성 및 모성지원사업 평가는 크게 출산전후휴가 및 육아휴직급여와 출산·육아기 고용안정지원금, 직장어린이집 지원사업과 반듯한 시간선택제일자리 창출지원사업에 대하여 평가하였다. 육아휴직제도의 경우 대규모 사업장의 근로자 및 여성 사용자의 비중이 높으므로 사업장 환경개선 및 인센티브 구조개편, 사회적 인식 개선을 통한 제도 활성화 방안 마련이 필요하다고 지적하였다.

출산·육아기 고용안정지원금은 육아휴직제도의 도입과 정착단계에서 긍정적인 역할을 한 것으로 평가되나 최근 그 효과가 다소 약화된 측면이 있으므로 여성의 고용효과를 높일 수 있는 방향으로의 개편 필요성이 제기되었다.

육아휴직제도 및 이에 대한 지원제도의 개선 방향은 육아휴직 사용자의 일자리 복귀를 통해 고용안정성을 도모할 필요가 있으며, 이를 위해 전일제 육아휴직에 대한 의존도를 줄여가면서 육아기 근로시간 단축제도를 적극 활용하도록 할 필요가 있다는 의견이 제시되었다.

직장어린이집의 경우 설치의무사업장의 의무이행률이 2013년 12월말 기준으로 77.3% 수준이므로 의무 이행률 및 설치율 제고를 위한 개선방안 마련의 필요성이 제기되었다. 또한 반듯한 시간제 일자리창출 지원사업은 당해연도에는 고용율 증가에 긍정적 영향을 미치는 것으로 분석되었다. 다만 시간제 일자리가 장기적으로 안정된 일자리인지 여부에 대해서는 지속적인 모니터링이 필요하며, 시간제 근로 청구권을 도입하거나 시간제·전일제 전환제도를 도입하는 사업체에 대한 지원으로 제도를 개선하는 방안을 제시하였다.

### 4. 직업능력개발 융자사업

직업능력개발 융자사업은 훈련시설·장비자금 대부 사업과 직업훈련생계비 대부사업에 대해 평가하였다.

훈련시설·장비자금 대부사업의 경우 사업의 미활성화되고 있으나 사업설계상의 문제점이 없고, 사업 수혜자의 만족도가 높아 다년도 투자사업 허용이나 장비투자 인정범위 확대,

우수 훈련기관에 대한 지원 강화 등 사업의 미세조정으로 대응하는 것이 바람직하다는 의견이 제시되었다.

직업훈련생계비 대부사업의 경우에는 2012년 이후 전직실업자를 중심으로 사업실적이 빠르게 개선되었을 뿐 아니라 훈련 수료 및 재취업률, 재취업의 질 등 여러 가지 노동시장 성과지표 측면에서 유의미한 효과가 있는 것으로 분석되었기 때문에 사업의 근본적인 제도 개편보다는 부분적으로 취업성공 패키지와의 관계 정립, 생계비 대부 상한 연장, 신용보증 부담 완화, 소득요건 재정비, 신규실업자 훈련생계비 대부제도 부활 등 다양한 개선의견이 제시되었다.

# 제13장 국민기초생활보장제도

## 제1절 기초생활보장제도의 성립배경

### 1. 근대적 구빈정책

우리나라에 근대적 구빈정책이 국가의 책임이라는 차원에서 시행된 것은 일제강점기인 때인 1944년 3월 1일 조선구호령에서부터이다. 제1차 세계대전이 끝나고 서방세계에서 빈곤은 반드시 개인의 책임이 아니라 사회적・정치적・경제적 변동에 따라 개인의 책임과는 관계없이 발생하고 있어 빈곤은 이제 하나의 사회적・국가적 책임이라는 사상이 대두되었다. 이러한 사상이 일본에도 영향을 미쳐 일본에서는 1929년에 벌써 구호법이 제정・공포되었다. 그러나 당시 일본의 통치하에 있었던 우리나라에 국가책임하의 구호대책이 이루어진 것은 일본 본토보다는 훨씬 늦은 해방 1년 전의 일이었다. 이 법이 공포되고 1년 후에 해방이 되어 미군정시대와 정부수립 그리고 6・25를 거치는 동안 별다른 입법조치가 없이 종전 조선구호령이 형식적으로 그대로 시행되었으나 급증하는 요구호대상자를 빈약한 국가재정으로는 도저히 감당하지 못하고 대부분 외국원조와 민간시설에 의존한 상태였다. 그러다가 5・16군사쿠데타 후 비로소 우리 정부에 의하여 여러 가지 공공부조법이 제정되었다. 생활보호법(1961.12.31 제정)을 비롯한 재해구호법, 군사원호보상법 등이 나왔고 이로부터 근로구호, 시설구호, 자활지도사업, 외원조정사업들이 활발히 이루어졌다.

### 2. 국민기초생활의 보장

「생활보호법」은 우리나라 최초의 사회복지법이라는 의의를 가지고 있었음에도 불구하고 많은 한계점을 가지고 있었다. 이러한 우려는 IMF체제하에서 대량실업 사태를 맞아 그 한계성이 단번에 노출되고 말았다. 경기침체와 장기적인 실업으로 인해 생존의 위기를 느끼면서도 사회안전망의 혜택을 받지 못하는 저소득 가구가 늘자 연령적 기준이 아닌 보편적인 공공부조제도로의 전환, 광범위한 절대적인 빈곤에 국가가 적극적으로 대응할 수 있는 새로운 제도의 도입이 절실히 필요하다는 사회적 공감대가 이루어졌다.

사회로부터의 법제정 요구가 구체화되는 가운데 1998년 10월 15일 「국민기초생활보장법」이 국민회의안으로 국회에 제출되어 10월 17일 보건복지상임위원회에, 11월 25일에는 상임위 법안소위원회에 회부되었다. 이 법안은 12월 28일 법안심사소위원회에서 일부 수정을 거쳐 위원회 대안으로 의결되었다. 상임위원회의 의결과 법제사법위원회의 자구심사를 거쳐 1999년 8월 12일 국회 본회의를 통과하였다(김홍신, 1999: 22–23). 이어 1999년 9월 17일 법률 제6024호로 공포되었다. 이 법의 시행일은 2000년 10월 1일이었다.

정부는 「국민기초생활보장법」의 제정 이유를 "저소득 국민, 영세 도시빈민, 실업자 등을 지원하여 빈곤문제에 대한 사회안정망의 기초를 튼튼히 하는 한편, 빈곤가구별로 자활지원계획을 수립하고 그에 맞는 자활급여를 실시함으로써 빈곤의 장기화를 방지하려는 것"이라고 밝혔다.

2000년 10월 종합적인 빈곤대책으로 「국민기초생활보장법」이 시행된 이후 생활이 어려운 사람에게 최저생계를 보장함으로써 빈곤을 완화하고 자립을 지원해 왔다. 그동안 15차례의 부분개정을 통해 시대적 변화에 대응해 왔으나 온갖 부족한 점이 없지 않았다. 예컨대, 소득인정액이 최저생계비 이하인 경우에는 각종 급여가 지급되는 반면, 탈수급의 경우 지원이 전무한 상황이 발생하는 등 현행 제도의 한계로 인하여 다양한 복지욕구에 대응하지 못해 사각지대가 발생하고 탈수급을 저해하는 문제가 발생하고 있었다. 이에 기초생활보장제도를 효과적이고 효율적인 맞춤형 빈곤정책으로 전환하여 지원대상을 확대하고 일할수록 유리한 급여체계를 마련할 필요성을 절감해 왔다. 이렇게 함으로써 탈수급 유인을 촉진하고 빈곤예방기능을 강화하는 한편, 현행 제도의 운영상에 나타난 미비점을 전반적으로 개선·보완하기 위하여 상당히 큰 규모로 16번째 법을 개정하였다.

## 제2절 국민기초생활보장제도의 원리·원칙들

### 1. 국민기초생활보장의 기본이념과 원리

「국민기초생활보장법」은 모든 국민의 최저생활을 국가의 책임으로 규정하였다. 이것은 국민기초생활에 대한 기본이념으로 보편적용의 이념, 최저생활보장의 이념, 국가책임의 이념을 선언한 것이다. 「국민기초생활보장법」은 공공부조의 일반적인 이념들을 받아들인 것이다. 다만, 최저생활보장의 이념은 필요적응의 원리를 불러오지만 「국민기초생활보장법」은 이 원리를 규정하지 않고 있다. 국가책임의 이념은 보충성의 원리를 불러온다. 국가책임의 이념은 반사적으로 국민의 복지권을 불러오게 된다(자세한 내용은 이 책의 제3장을 참조할 것).

## 2. 국민기초생활보장제도 운용상의 원칙

이 원칙은 기초생활보장제도를 실제로 운용함에 있어서의 원칙을 말한다. 기초생활보장 실시상의 기본원칙으로 신청보호, 기준 및 정도, 개별가구단위, 현금급여 및 거택급여, 직접급여의 여섯 가지 원칙을 들고 있다.

### 1) 신청보호의 원칙

급여는 수급권자, 그 부양의무자 또는 동거친족 등의 신청에 의해 시행되는 것을 원칙으로 한다. 기초생활보장은 "수급권자와 그 친족, 그 밖에 관계인은 관할 시장·군수·구청장에게 수급권자에 대한 급여를 신청할 수 있다(법 제21조 제1항)."고 하여 신청보호를 규정하였다.

신청보호의 원칙은 보호를 받을 권리가 개인의 권리로 인정된다면, 권리의 일반적인 통례에 따라 권리자의 권리 행사(즉, 신청)에 의해 보호의무를 행하는 것이라는 구조에 맞는 것인데 일찍이 구빈제도에서처럼 위에서 일방적으로 은혜를 베푸는 방식을 취하지 않겠다는 취지인 것이다(荒木誠之, 169-171). 생존권이 하나의 기본권으로 인정되는 이상 생활빈곤자는 보호를 신청하고 국가는 이에 대해 급여를 행하는 것이 원칙이다. 직권주의는 사회복지급여가 온정주의에 기초한 것이라는 의식에서 신청주의를 원칙으로 삼고 있는 것이다. 그러나 신청보호에서 누락되는 경우를 보완하기 위해 직권보호를 병행하고 있다. 즉 "사회복지전담공무원은 이 법에 의한 급여를 필요로 하는 자가 누락되지 아니하도록 하기 위하여 관할지역 내에 거주하는 수급권자에 대한 급여를 직권으로 신청할 수 있다. 이 경우 수급권자의 동의를 구하여야 하며 이를 수급권자의 신청으로 볼 수 있다(법 제21조 제2항)."는 규정을 두었다. 이렇게 함으로써 정부는 1991년부터 신청보호를 원칙으로 하고 직권보호를 예외로 하는 수급자 선정방식으로 바꾸었다.

신청보호에는 그러나 제도에 대한 무지나 낙인에 대한 두려움으로 보호를 신청하지 않을

### 5) 거택급여의 원칙

기초생활보장은 수급권자의 주거에서 행한다는 원칙이다. 다만, 예외로 수급권자가 주거가 없거나 있어도 그곳에서는 급여의 목적을 달성할 수 없는 경우 또는 수급자가 희망하는 경우에는 보장시설이나 타인의 가정에 위탁하여 급여를 행할 수 있다(법 제10조 제1항; 제2항). 여기서 말하는 예외적 판단도 전문사회사업가에게 맡겨야 할 부분이다.

아동·노인·장애인의 경우 정서적 안정과 인권의 보장이라는 측면에서도 거택보호가 원칙이라야 한다. 그러나 우리의 현실은 시설보호를 원칙으로 하고 거택보호를 예외로 해 왔다. 그러나 최근 노인과 소년소녀가장세대를 중심으로 재가복지가 점차 활성화되면서 거택급여원칙이 정착해 가고 있다. 이러한 보호방법의 선정기준은 사회사업의 전문지식을 바탕으로 해야 하므로 전문 사회복지사의 판단에 따라야 한다.

### 6) 직접급여의 원칙

기초생활보장의 생계급여는 그 수급품을 수급자에게 직접 지급한다(법 제9조 제3항 전단). 다만, 보장시설이나 타인의 가정에 위탁하여 생계급여를 행하는 경우에는 그 위탁받은 자에게 이를 지급할 수 있다(법 제9조 제3항 단서).

직접급여의 원칙은 수급자의 인격을 존중한다는 차원에서 꼭 필요한 조처이다. 수급자가 위탁보호를 받는 경우에 보장기관이 위탁자에게 수급품을 지급하게 되면 수급자는 마치 무상으로 보호를 받는 듯하여 미안한 마음과 부끄러운 마음으로 심리적으로 위축될 수 있다.[1] 따라서 직접급여의 원칙은 위탁보호의 경우에도 지켜져야 할 것이다. 다만, 본인에게 직접 지급하기에 적당하지 못한 사유가 있는 경우에는 전문가의 판단에 따라 예외로 위탁받은 자에게 지급할 수 있게 해야 할 것이다. 이렇게 되면 시설보호의 경우 수급자가 시설을 자유롭게 선택할 수 있을 것이고, 시설들은 상호 경쟁을 통해 서비스의 질을 향상시키게 될 것이다. 수급자에게 수급품을 지급하고 수급자가 스스로 시설 또는 다른 사회복지서비스를 구매하도록 하는 것이 서비스의 질을 향상시키는 데도 도움이 될 것이다.[2] 이것은 시설을 평가함으로써 야기되는 시설의 인적·물적 소비를 감소시키는 방법이기도 하다.

1) 학교 무상급여문제가 바로 여기에 해당된다.
2) 현재의 바우처가 바로 이런 점을 의도에 둔 제도라 할 수 있다.

## 제3절 보장기관

### 1. 국민기초생활의 보장기관

"보장기관"이란 이 법에 따른 급여를 실시하는 국가 또는 지방자치단체를 말한다(법 제2조 제4호).

#### 1) 관할 지방자치단체장의 급여

급여는 수급권자 또는 수급자의 거주지를 관할하는 "시 · 도지사"와 시장 · 군수 · 구청장(교육급여인 경우에는 시 · 도교육감)이 실시한다. 다만, 주거가 일정하지 아니한 경우에는 수급권자 또는 수급자가 실제 거주하는 지역을 관할하는 특별자치도지사 · 시장 · 군수 · 구청장이 실시한다(법 제19조 제1항).

#### 2) 보장시설의 위탁급여

보건복지부장관, 소관 중앙행정기관의 장과 시 · 도지사는 수급자를 각각 국가나 해당 지방자치단체가 경영하는 보장시설에 입소하게 하거나 다른 보장시설에 위탁하여 급여를 실시할 수 있다(법 제19조 제2항).

#### 3) 사회복지전담공무원의 배치

보장기관은 수급권자 · 수급자 · 차상위계층에 대한 조사와 수급자 결정 및 급여의 실시 등 이 법에 따른 보장업무를 수행하게 하기 위하여 "사회복지전담공무원"을 배치하여야 한다. 이 경우 자활급여 업무를 수행하는 사회복지전담공무원은 따로 배치하여야 한다(법 제19조 제4항).

정부는 1987년 최초로 사회복지전문요원 49명을 채용하여 1999년까지 사회복지전문요원을 4,000명 이상 채용, 전국 각 면 · 동 단위에 배치하였다. 2000년에는 사회복지전문요원을 별정직에서 일반직으로 전환조치하고 사회복지전담공무원으로 명칭을 바꾸어 기초생활보장업무를 담당케 하였다. 그 후 사회복지전담공무원 수는 꾸준히 증가하여 2010년에는 정원 11,634명에 현원 10,496명에 달하였다.

표 13-1 사회복지전담공무원 현황

| 연도 | 정원 | 현원 | 사회복지사 | | |
|---|---|---|---|---|---|
| | | | 1급 | 2급 | 3급 |
| 2005 | 9,738 | 9,094 | 7,860 | 1,163 | 71 |
| 2006 | 10,205 | 9,805 | 8,446 | 1,312 | 47 |
| 2007 | 10,515 | 10,113 | 8,675 | 1,389 | 49 |
| 2008 | 10,706 | 9,945 | 8,570 | 1,353 | 22 |
| 2009 | 12,270 | 10,334 | 8,788 | 1,505 | 41 |
| 2010 | 11,634 | 10,496 | 8,921 | 1,522 | 53 |
| 2011 | 11,170 | 10,639 | 8,991 | 1,603 | 45 |
| 2012 | 13,290 | 12,907 | 10,168 | 2,682 | 57 |
| 2013 | 14,700 | 14,184 | 10,518 | 3,571 | 95 |

출처: 보건복지부(2014), 「2014 보건복지통계연보」, 제60호, p.227.

## 2. 생활보장위원회

### 1) 생활보장위원회의 설치

생활보장사업의 기획·조사·실시 등에 관한 사항을 심의·의결하기 위하여 보건복지부와 시·도 및 시·군·구에 각각 생활보장위원회를 둔다. 다만, 시·도 및 시·군·구에 두는 생활보장위원회는 그 기능을 담당하기에 적합한 다른 위원회가 있고 그 위원회의 위원이 제4항에 규정된 자격을 갖춘 경우에는 시·도 또는 시·군·구의 조례로 정하는 바에 따라 그 위원회가 생활보장위원회의 기능을 대신할 수 있다(법 제20조 제1항).

### 2) 중앙생활보장위원회의 기능

보건복지부에 두는 "중앙생활보장위원회"는 다음의 사항을 심의·의결한다(법 제20조 제2항).

① 기초생활보장사업의 종합계획의 수립

② 소득인정액 산정방식과 기준중위소득의 결정

③ 급여의 종류별 수급자 선정기준과 최저보장수준의 결정

④ 급여기준의 적정성 등 평가 및 실태조사에 관한 사항

⑤ 급여의 종류별 누락·중복, 차상위계층의 지원사업 등에 대한 조정

⑥ 자활기금의 적립·관리 및 사용에 관한 지침의 조정
⑦ 그 밖에 위원장이 회의에 부치는 사항

### 3) 중앙생활보장위원회의 구성

중앙생활보장위원회는 위원장을 포함하여 16명 이내의 위원으로 구성하고 위원은 보건복지부장관이 다음에 해당하는 사람 중에서 위촉·지명하며 위원장은 보건복지부장관으로 한다(법 제20조 제3항).

① 공공부조 또는 사회복지와 관련된 학문을 전공한 전문가로서 대학의 조교수 이상인 사람 또는 연구기관의 연구원으로 재직 중인 사람 5명 이내
② 공익을 대표하는 사람 5명 이내
③ 관계 행정기관 소속 3급 이상 공무원 또는 고위공무원단에 속하는 일반직공무원 5명 이내

### 4) 지역생활보장위원회의 구성

시·도 및 시·군·구 생활보장위원회의 위원은 시·도지사 또는 시장·군수·구청장이 다음에 해당하는 사람 중에서 위촉·지명하며, 위원장은 해당 시·도지사 또는 시장·군수·구청장으로 한다. 다만, 다른 위원회가 생활보장위원회의 기능을 대신하는 경우 위원장은 조례로 정한다(법 제20조 제4항).

① 사회보장에 관한 학식과 경험이 있는 사람
② 공익을 대표하는 사람
③ 관계 행정기관 소속 공무원

## 3. 기초생활보장계획(제20조의2 기초생활보장 계획의 수립 및 평가)

### 1) 기초생활보장계획의 수립

소관 중앙행정기관의 장은 수급자의 최저생활을 보장하기 위하여 3년마다 소관별로 기초생활보장 기본계획을 수립하여 보건복지부장관에게 제출하여야 한다(법 제20조의2 제1항).

### 2) 급여기준의 적정성 평가

보건복지부장관 및 소관 중앙행정기관의 장은 실태조사 결과를 고려하여 급여기준의 적정성 등에 대한 평가를 실시할 수 있으며, 이와 관련하여 전문적인 조사·연구 등을 공공기관 또는 민간 법인·단체 등에 위탁할 수 있다(법 제20조의2 제2항). 보건복지부장관 및 소관 중앙행정기관의 장은 관계 행정기관, 지방자치단체, 공공기관 등에 대하여 평가에 관한 의견 또는 자료의 제출을 요구할 수 있다. 이 경우 관계 행정기관 등은 특별한 사유가 없으면 이에 따라야 한다(법 제20조의2 제5항).

### 3) 기초생활보장 종합계획의 수립

보건복지부장관은 기초생활보장 기본계획 및 평가결과를 종합하여 기초생활보장 종합계획을 수립하여 중앙생활보장위원회의 심의를 받아야 한다(법 제20조의2 제3항).

### 4) 3년마다 실태조사 실시

보건복지부장관은 수급권자, 수급자 및 차상위계층 등의 규모·생활실태 파악, 최저생계비 계측 등을 위하여 3년마다 실태조사를 실시·공표하여야 한다(법 제20조의2 제4항).

# 제4절 기초생활보장의 대상자

## 1. 수급권자

### 1) 수급권자의 선정

개정법(2014.12.30.)은 기초생활수급권자 선정에 관한 명확한 규정을 두지 않았다.[3] 다만, 법은 수급권자란 "이 법에 따른 급여를 받을 수 있는 자격을 가진 사람을 말한다(법 제2조 제1호)."

3) 구법 제5조(수급권자의 범위) "수급권자는 부양의무자가 없거나, 부양의무자가 있어도 부양능력이 없거나 부양을 받을 수 없는 사람으로서 소득인정액이 최저생계비 이하인 사람으로 한다."라고 하는 규정을 삭제해 버리고 다른 대체 규정을 두지 않았다.

라는 규정만 두었을 뿐이다. 그래서 어떤 사람이 이 법에 의한 수급권자가 될 수 있는가를 알기 위해서는 관련 조항을 살필 수밖에 없다. 먼저 이 법의 목적은 "생활이 어려운 사람에게 필요한 급여를 실시하여 이들의 최저생활을 보장하고 자활을 돕는 것"이다. 따라서 최저생활을 하지 못하는 사람이라야 그 대상이 될 수 있다. '최저생활을 하지 못하는 사람'을 가리기 위해 최저생활의 수준을 말해 주는 '최저생계비'를 보아야 하고, 스스로 능력이 없음을 말해주는 '소득인정액'을 살펴야 한다.

### 2) 외국인에 대한 특례

국내에 체류하고 있는 외국인 중 대한민국 국민과 혼인하여 본인 또는 배우자가 임신 중이거나 대한민국 국적의 미성년자녀를 양육하고 있거나 배우자의 대한민국 국적인 직계존속(直系尊屬)과 생계나 주거를 같이하고 있는 사람으로서 대통령령으로 정하는 사람이 이 법에 따른 급여를 받을 수 있는 자격을 가진 경우에는 수급권자가 된다(법 제5조의2).

## 2. 차상위계층

### 1) 차상위계층의 범위

"차상위계층"이라 함은 수급권자(법 제14조의2에 따라 수급권자로 보는 사람 제외)[4]에 해당하지 아니하는 계층으로서 소득인정액이 대통령령으로 정하는 기준 이하인 계층을 말한다(법 제2조 제10호). 개정법은 급여별 선정기준에 중위소득을 반영한 상대적 빈곤개념을 도입하였다. 따라서 "차상위계층"의 범위를 최저생계비에서 "기준 중위소득"으로 대체하고 그 범위를 중위 50% 이하로 확대하였다(시행령안 제2조의2). 지금까지 차상위계층을 최저생계비의 120% 수준으로 선정하던 것을 중위소득 50%로 기준을 변경함에 따라 결과적으로 최저생계비의 124%로 확대하는 효과를 가져오게 되었다.

4) 제14조의2(급여의 특례) 수급권자에 해당하지 아니하여도 생활이 어려운 사람으로서 일정 기간 동안 이 법에서 정하는 급여의 전부 또는 일부가 필요하다고 보건복지부장관 또는 소관 중앙행정기관의 장이 정하는 사람은 수급권자로 본다.

### 2) 차상위계층에 대한 급여

"차상위자"에 대한 급여는 보장기관이 차상위자의 가구별 생활여건을 고려하여 예산의 범위에서 급여의 전부 또는 일부(생계급여와 해산급여는 제외)를 실시할 수 있다(법 제7조 제3항).

### 3) 급여의 특례

생계급여(법 제8조), 주거급여(법 제11조), 교육급여(법 제12조), 의료급여(법 제12조의3), 해산급여(법 제13조), 장제급여(법 제14조) 및 자활급여(법 제15조)에 따른 수급권자에 해당하지 아니하여도 생활이 어려운 사람으로서 일정 기간 동안 이 법에서 정하는 급여의 전부 또는 일부가 필요하다고 보건복지부장관 또는 소관 중앙행정기관의 장이 정하는 사람은 수급권자로 본다(법 제14조의2).

### 4) 차상위계층에 대한 배려

구법은 소득인정액이 최저생계비의 120% 이하로 한정하고, 또한 이들에 대한 아무런 배려도 하지 않았다. 기초생활수급자가 열심히 노력하여 그 소득이 최저생활수준을 약간 상회하게 되면 차상위계층이 되어 수급권자가 얻을 수 있는 다양한 혜택을 받지 못하게 되었다. 예컨대, [그림 13－1]에서 자신의 소득이 O와 C에 있어 최저생활을 할 수 없는 사람은 부족분보충급여방식에 의해 정부로부터 최저생계비 미달 부분을 생계급여로 받게 된다. 그러나 열심히 노력하여 C에 근접하는 소득을 올리는 사람도 전혀 소득을 올리지 못하는 사람과 똑같은 생활수준을 누리게 된다. 또한 C~B의 소득을 올리는 사람은 수급권자에서 제외될 뿐만 아니라 열심히 노력한 보상을 전혀 받지 못하는 결과가 되어 근로의욕을 상실하게 된다.

이런 불합리한 점을 고려하여 C~B의 소득수준에 있는 사람은 물론이고 O~C 사이의 소득을 얻는 사람들에게도 A~B 수준의 인센티브(incentive)를 제공함으로써 약간의 소득을 가지고 있는 수급권자와 차상위계층에 대한 근로의욕을 촉진시킬 수 있을 것이다.[5] 이것이야

5) 베버리지는 그의 보고서에서 사회보장제도를 수립함에 있어서 세 가지 원칙을 제시했다. 그 세 번째 원칙으로 사회보장제도는 국가와 개인의 협력으로 이루어져야 한다고 했다. 즉 "국가는 개인의 자립의지, 자립할 수 있는 기회, 자립해야겠다는 책임감 같은 것들을 억눌러 버려서는 안 된다."고 했다. [그림 13－1]에서 제시한 근로유인비용이 바로 베버리지가 말하는 인센티브가 될 것이다.
The third principle is that social security must be achieved by co-operation between the State and the individual. The State should offer security for service and contribution. The State in organizing security should not stifle incentive, opportunity, responsibility.(Sir William Beveridge(1942): Social and Allied Services(The Beveridge Report), 9항 참조.

말로 생산적 복지의 이념에도 맞는 것이다. 이점은 이번 개정법에서는 '근로를 유인하기 위한 요인'(법 제6조의3 제1항)으로 보고 실제소득에서 감액하여 산정함으로써 인센티브를 주고 있다.[6]

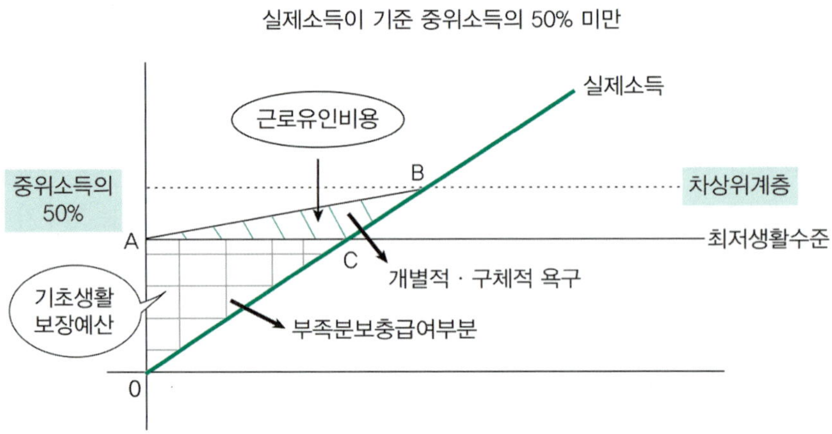


그림 13-1 차상위계층

## 3. 최저생계비

"최저생계비"란 국민이 건강하고 문화적인 생활을 유지하기 위하여 필요한 최소한의 비용으로서 보건복지부장관이 계측하는 금액을 말한다(법 제2조 제7호). 이것은 수급자 선정을 위한 기준이 되기도 하지만 또한 기준 중위소득과 함께 급여의 기준이 되기도 한다. 그래서 보건복지부장관은 수급권자, 수급자 및 차상위계층 등의 규모・생활실태 파악, 최저생계비 계측 등을 위하여 3년마다 실태조사를 실시・공표하여야 한다(법 제20조의2 제4항).

수급자 선정을 위한 소득기준 및 급여의 기준이 되는 최저생계비는 〈표 13-2〉와 같다.

6) 본서 제7장 제3절 5. '근로장려세제'를 참조할 것.

표 13-2 수급자의 선정기준(최저생계비)

| 연도 | 1인가구 | 2인가구 | 3인가구 | 4인가구 | 5인가구 | 6인가구 | 인상률(%) |
|---|---|---|---|---|---|---|---|
| 2005 | 401,466 | 668,504 | 907,929 | 1,136,332 | 1,302,918 | 1,477,800 | 7.2 |
| 2006 | 418,309 | 700,489 | 939,314 | 1,170,422 | 1,353,242 | 1,542,382 | 3.0 |
| 2007 | 435,921 | 734,412 | 972,866 | 1,205,535 | 1,405,412 | 1,609,630 | 3.0 |
| 2008 | 463,047 | 784,319 | 1,026,603 | 1,265,848 | 1,487,878 | 1,712,186 | 5.0 |
| 2009 | 490,845 | 835,763 | 1,081,186 | 1,326,609 | 1,572,031 | 1,817,454 | 4.8 |
| 2010 | 504,344 | 858,747 | 1,110,919 | 1,363,091 | 1,615,263 | 1,867,435 | 2.8 |
| 2011 | 532,583 | 906,830 | 1,173,121 | 1,439,413 | 1,705,704 | 1,971,995 | 5.6 |
| 2012 | 553,354 | 942,197 | 1,218,873 | 1,495,550 | 1,772,227 | 2,048,904 | 3.9 |
| 2013 | 572,168 | 974,231 | 1,260,315 | 1,546,399 | 1,832,482 | 2,118,566 | 3.4 |
| 2014 | 603,404 | 1,027,417 | 1,329,118 | 1,630,820 | 1,932,522 | 2,234,223 | 5.5 |
| 2015 | 617,281 | 1,051,048 | 1,359,688 | 1,668,329 | 1,976,970 | 2,285,610 | 2.3 |

## 4. 소득인정액 산정

"소득인정액"이란 보장기관이 급여의 결정 및 실시 등에 사용하기 위하여 산출한 개별가구[7]의 소득평가액과 재산의 소득환산액을 합산한 금액을 말한다(법 제2조 제9호). 이것은 자산·근로능력 등 활용의 원칙을 구체화한 것이다. 「국민기초생활보장법」은 급여대상자의 선정기준을 소득기준으로 일률화시키기 위해 '소득인정액'이라는 개념을 도입하여 개별가구의 소득에 재산의 소득환산액(tariff income)을 합하여 소득기준 하나만으로 선정기준을 설정하는 방식을 채택하였다(문진영, 1999: 109). 그런데 이러한 소득인정액제도를 구체적으로 시행하기 위해서는 재산의 범위를 어떻게 정하느냐가 중요한 문제가 될 수 있다.

### 1) 실제소득

개정법은 개별가구의 소득평가액은 개별가구의 실제소득에도 불구하고 보장기관이 급여의 결정 및 실시 등에 사용하기 위하여 산출한 금액으로 근로소득, 사업소득, 재산소득, 이

7) "개별가구"란 이 법에 따른 급여를 받거나 이 법에 따른 자격요건에 부합하는지에 관한 조사를 받는 기본 단위로서 수급자 또는 수급권자로 구성된 가구를 말한다(법 제2조 제8호).

전소득[8)]을 합한 개별가구의 실제소득에서 장애・질병・양육 등 가구 특성에 따른 지출요인, 근로를 유인하기 위한 요인,[9)] 그 밖에 추가적인 지출요인[10)]에 해당하는 금액을 감하여 산정한다(법 제6조의3 제1항).

### 2) 소득환산액

재산의 소득환산액은 개별가구의 재산가액에서 기본재산액(기초생활의 유지에 필요하다고 보건복지부장관이 정하여 고시하는 재산액) 및 부채를 공제한 금액에 소득환산율을 곱하여 산정한다. 이 경우 소득으로 환산하는 재산의 범위는 ① 일반재산(금융재산 및 자동차를 제외한 재산), ② 금융재산, ③ 자동차이다(법 제6조의3 제2항).

### 3) 소득평가액

"개별가구의 소득평가액"이란 개별가구의 실제소득에도 불구하고 보장기관이 급여의 결정 및 실시 등에 사용하기 위하여 산출한 금액을 말한다. 이 경우 소득평가액은 가구 특성에 따른 지출요인과 근로를 유인하기 위한 요소 등을 반영하여야 하고, 실제소득의 구체적인 범위는 대통령령으로 정하며, 소득평가액의 구체적인 산정방식은 보건복지부령으로 정한다.

8) 구법은 실제소득의 구체적 범위를 대통령에 위임했다. 이에 따라 시행령 제3조(소득의 범위)를 '근로소득, 사업소득, 재산소득, 기타소득'을 합한 것으로 규정했다. 그런데 이번 개정법에서는 법의 규정으로 승격시켰다. 개정법 제6조의3 제1항은 실제소득의 범위로 '근로소득, 사업소득, 재산소득, 이전소득'을 합한 것으로 했다. 즉 '기타소득'을 '이전소득(移轉所得)'으로 바꾼 것이다. 종전에 '기초연금'에서 "줬다 뺏는 기초연금"이라고 빈축을 사던 이유는 기타소득에 기초연금을 포함시켰기 때문이다. 기초연금이 실제소득에 포함됨에 따라 기초생활의 생계비가 삭감되었다. 즉 기초연금은 주고 그만큼 생계비에서 빼앗은 것이다. 그런데 '이전소득'에는 기초연금도 포함된다. 따라서 결과적으로 개정법에서도 이 '줬다 뺏는 기초연금' 문제는 해결될 수 없게 되었다.

9) 이 규정은 본 서 제3장 사회보장의 원칙 중 공공부조에 대한 국가책임의 원리가 어디까지나 개인의 자립 자활을 돕는 보조성의 원칙을 지켜야 함을 참조할 것. 그러나 이것을 어떻게 구체화할 것인가에 대해서는 시행령이 아직 나오지 않아 자세히 알 수 없다.

10) 이 규정은 본 서 제3장 사회보장의 원칙 중 필요적응의 원리 중 개별성과 구체성을 참조할 것. 입법예고된 시행령에 따르면 노인・장애인 등 취약계층인 경우 소득기준을 완화한다거나 부양비 부과기준(예컨대, 4인 가구 212만 원을 419만 원으로) 완화 등이다.

## 5. 부양의무자

### 1) 부양의무자의 범위

"부양의무자"라 함은 수급권자를 부양할 책임이 있는 자로서 수급권자의 1촌의 직계혈족 및 그 배우자를 말한다. 다만, 사망한 1촌의 직계혈족의 배우자는 제외한다(법 제2조 제5호).

부양의무자의 범위는 처음에 「민법」의 규정[11]을 따랐으나 그 범위가 너무 광범위하여 현실에 맞지 않는다는 비판이 있어 왔다. 그 후 부양의무자를 법으로 규정하지 않고 매년 보건복지부 지침으로 그 범위를 조정해 왔다. 그러다가 「생활보호법」(1997.8.22 개정)은 이를 법으로 정하여 그 근거를 명확히 했다. 이것을 「국민기초생활보장법」도 그대로 따랐다. 이것이 개정법(2004.3.5)에서는 그 범위가 더욱 축소되었다. 그러나 생계를 같이한다는 이유로 부양의무를 지운다면 가뜩이나 형제 간의 우애가 약화되고 조부모와 손자녀 간의 효심이 약화되

표 13-3 부양의무자 범위의 변천사

| | 법률 명칭 | 제정일자 | 시행일자 | 부양의무자의 범위 |
|---|---|---|---|---|
| 1 | 생활보호법<br>법률 제913호 | 1961.12.30<br>제정 | 1962.01.01 | 부양의무자 규정 없음. 법 해석상 민법규정 준용. |
| 2 | 생활보호법<br>법률 제3623호 | 1982.12.31<br>전부개정 | 1983.07.01 | 부양의무자라 함은 민법의 규정에 의하여 보호대상자로 부양할 책임이 있는 자를 말한다(제2조 제4호). |
| 3 | 생활보호법<br>벌률 제5360호 | 1997.08.22<br>일부개정 | 1998.07.01 | 직계혈족 및 그 배우자, 생계를 같이 하는 2촌 이내의 혈족(제2조 제4호) |
| 4 | 국민기초생활보장법<br>법률 제6024호 | 1999.09.07<br>제정 | 2000.10.01 | 직계혈족 및 그 배우자, 생계를 같이 하는 2촌 이내의 혈족(제2조 제5호) |
| 5 | 국민기초생활보장법<br>법률 제7181호 | 2004.03.05<br>일부개정 | 2004.03.05 | 1촌의 직계혈족 및 그 배우자, 생계를 같이 하는 2촌 이내의 혈족(제2조 제5호) |
| 6 | 국민기초생활보장법<br>법률 제7738호 | 2005.12.23<br>일부개정 | 2007.01.01 | 1촌의 직계혈족 및 그 배우자(제2조 제5호) |
| 7 | 국민기초생활보장법<br>법률 제11248호 | 2014.12.30<br>일부개정 | 2015.07.01 | 1촌의 직계혈족 및 그 배우자. 사망한 1촌의 직계혈족의 배우자는 제외(제2조 제5호) |

11) 「민법」 제974조(부양의무) 다음의 친족은 서로 부양의 의무가 있다. ① 직계혈족 및 그 배우자 간, ② 그 밖에 친족 간(생계를 같이 하는 경우에 한함.)
「민법」 제777조(친족의 범위) 친족관계로 인한 법률상 효력은 이 법 또는 다른 법률에 특별한 규정이 없는 한 다음에 해당하는 자에 미친다. ① 8촌 이내의 혈족, ② 4촌 이내의 인척, ③ 배우자

고 있는 세태에 비추어 볼 때 이를 더욱 가속화시킬 우려가 크다. 그래서 2005년 12월 23일 법률 제7738호로 개정된 법(2007.1.1 시행)에서는 "1촌의 직계혈족과 그 배우자"로 범위를 축소시켰다. 이것을 이번 제16차 개정법에서는 사망한 1촌의 직계혈족의 배우자는 부양의무에서 제외했다. 부양의무자 범위의 변천사를 살펴보면 〈표 13-3〉과 같다.

### 2) 부양능력이 없는 것으로 보는 경우

부양의무자가 다음에 해당하는 경우에는 부양능력이 없는 것으로 본다(법 제8조의2 제1항).

① 기준 중위소득 수준을 고려하여 대통령령으로 정하는 소득·재산기준 미만인 경우
② 직계존속 또는 중증장애인인 직계비속을 자신의 주거에서 부양하는 경우로서 보건복지부장관이 정하여 고시하는 경우
③ 그 밖에 질병, 교육, 가구 특성 등으로 부양능력이 없다고 보건복지부장관이 정하는 경우

### 3) 부양받을 수 없는 것으로 보는 경우

부양의무자가 다음에 해당하는 경우에는 부양을 받을 수 없는 것으로 본다(법 제8조의2 제2항).

① 부양의무자가 징집되거나 소집된 경우
② 부양의무자가 해외이주자에 해당하는 경우
③ 부양의무자가교도소, 구치소, 치료감호시설 등에 수용 중인 경우
④ 부양의무자에 대하여 실종선고 절차가 진행 중인 경우
⑤ 부양의무자가 보장시설에서 급여를 받고 있는 경우
⑥ 부양의무자의 가출 또는 행방불명으로 경찰서 등 행정관청에 신고된 후 1개월이 지났거나 가출 또는 행방불명 사실을 특별자치시장·특별자치도지사·시장·군수·구청장(자치구의 구청장)이 확인한 경우
⑦ 부양의무자가 부양을 기피하거나 거부하는 경우
⑧ 그 밖에 부양을 받을 수 없는 것으로 보건복지부장관이 정하는 경우

# 제5절 급여의 기준

## 1. 건강하고 문화적인 최저생활

이 법에 따른 급여는 건강하고 문화적인 최저생활을 유지할 수 있는 것이어야 한다(법 제4조 제1항). 급여의 기준은 수급자의 연령, 가구 규모, 거주지역, 그 밖의 생활여건 등을 고려하여 급여의 종류별로 보건복지부장관이 정하거나 급여를 지급하는 중앙행정기관의 장(이하 "소관 중앙행정기관의 장")이 보건복지부장관과 협의하여 정한다(법 제4조 제2항).

## 2. 최저보장수준의 결정

"최저보장수준"이란 국민의 소득·지출수준과 수급권자의 가구유형 등 생활실태, 물가상승률 등을 고려하여 급여의 종류별로 공표하는 금액이나 보장수준을 말한다(법 제2조 제6호). 수급자 선정기준 및 최저보장수준은 보건복지부장관 또는 소관 중앙행정기관의 장이 급여의 종류별로 결정한다(법 제6조 제1항). 보건복지부장관 또는 소관 중앙행정기관의 장은 매년 8월 1일까지 중앙생활보장위원회의 심의·의결을 거쳐 다음 연도 급여의 종류별 수급자 선정기준 및 최저보장수준을 공표하여야 한다(법 제6조 제2항).

## 3. 기준 중위소득의 산정

"기준 중위소득"이란 보건복지부장관이 급여의 기준 등에 활용하기 위하여 중앙생활보장위원회의 심의·의결을 거쳐 고시하는 국민 가구소득의 중위값을 말한다(법 제2조 제11호). 기준 중위소득은 통계청이 공표하는 통계자료의 가구 경상소득[12]의 중간값에 최근 가구소득 평균 증가율, 가구규모에 따른 소득수준의 차이 등을 반영하여 가구규모별로 산정한다(법 제6조의2 제1항).

12) 근로소득, 사업소득, 재산소득, 이전소득을 합산한 소득을 말한다.

### 4. 가구단위의 급여

보장기관은 이 법에 따른 급여를 개별가구 단위로 실시하되, 특히 필요하다고 인정하는 경우에는 개인 단위로 실시할 수 있다(법 제4조 제3항).

### 5. 지방자치단체의 초과 급여

지방자치단체인 보장기관은 해당 지방자치단체의 조례로 정하는 바에 따라 이 법에 따른 급여의 범위 및 수준을 초과하여 급여를 실시할 수 있다. 이 경우 해당 보장기관은 보건복지부장관 및 소관 중앙행정기관의 장에게 알려야 한다(법 제4조 제4항).

## 제6절 급여의 종류와 내용

수급권자에 대한 급여의 종류는 ① 생계급여, ② 의료급여, ③ 주거급여, ④ 교육급여, ⑤ 해산급여(解産給與), ⑥ 장제급여(葬祭給與), ⑦ 자활급여 등이다(법 제7조 제1항).

### 1. 생계급여

#### 1) 생계급여의 수급권자

생계급여 수급권자는 부양의무자가 없거나, 부양의무자가 있어도 부양능력이 없거나 부양을 받을 수 없는 사람으로서 그 소득인정액이 중앙생활보장위원회의 심의·의결을 거쳐 결정하는 "생계급여 선정기준" 이하인 사람으로 한다. 이 경우 생계급여 선정기준은 기준 중위소득의 100분의 30 이상으로 한다(법 제8조 제2항).

#### 2) 생계급여의 내용

생계급여는 수급자에게 의복, 음식물 및 연료비와 그 밖에 일상생활에 기본적으로 필요한 금품을 지급하여 그 생계를 유지하게 하는 것으로 한다(법 제8조 제1항).

### 3) 생계급여의 최저보장수준

생계급여 최저보장수준은 생계급여와 소득인정액을 포함하여 생계급여 선정기준 이상이 되도록 하여야 한다(법 제8조 제3항). 〈표 13-4〉는 소득이 없는 수급자가 받는 현금급여기준이다.

**표 13-4** 소득이 없는 수급자가 받는 현금급여 기준

(단위: 원)

| 구분 | 1인 가구 | 2인 가구 | 3인 가구 | 4인 가구 | 5인 가구 | 6인 가구 |
|---|---|---|---|---|---|---|
| 2006 | 357,909 | 599,653 | 804,143 | 1,001,404 | 1,157,846 | 1,319,677 |
| 2007 | 372,978 | 628,370 | 832,394 | 1,031,467 | 1,202,484 | 1,377,214 |
| 2008 | 387,611 | 656,544 | 859,357 | 1,059,626 | 1,245,484 | 1,433,250 |
| 2009 | 405,881 | 694,607 | 900,048 | 1,105,488 | 1,310,928 | 1,516,369 |
| 2010 | 422,180 | 718,846 | 929,936 | 1,141,026 | 1,352,116 | 1,563,206 |
| 2011 | 436,044 | 742,453 | 960,475 | 1,178,496 | 1,396,518 | 1,614,540 |
| 2012 | 453,049 | 771,408 | 997,932 | 1,224,457 | 1,450,982 | 1,677,506 |
| 2013 | 468,453 | 797,636 | 1,031,862 | 1,266,089 | 1,500,315 | 1,734,541 |
| 2014 | 488,063 | 831,026 | 1,075,058 | 1,319,089 | 1,563,120 | 1,807,152 |
| 2015 | 499,288 | 850,140 | 1,099,784 | 1,349,428 | 1,599,072 | 1,848,716 |

※ 8인 이상 가구의 현금급여기준: 1인 증가 시마다 226,525원 증가(8인가구: 2,130,556원)

※ 현금급여기준은 최저생계비에서 현물로 지급되는 의료비·교육비 및 타법령에 의한 지원액을 제외한 금액으로 소득인정액이 전혀 없는 수급자가구가 지급받을 수 있는 최고금액임.
- 수급자에게는 가구규모별 현금급여기준에서 수급자가구의 소득인정액을 제외한 금액을 생계급여·주거급여로 지급함.
- 교육급여, 해산급여, 장제급여, 의료급여는 해당 가구원이 있는 경우 별도 지급함.

**표 13-5** 2015년도 생계급여 선정기준 및 현금급여 기준

| 구분 | 1인 가구 | 2인 가구 | 3인 가구 | 4인 가구 | 5인 가구 | 6인 가구 | 7인 가구 |
|---|---|---|---|---|---|---|---|
| 최저생계비(A) | 617,281 | 1,051,048 | 1,359,688 | 1,668,329 | 1,976,970 | 2,285,610 | 2,594,251 |
| 타 지원액(B)* | 117,993 | 200,908 | 259,904 | 318,901 | 377,898 | 436,894 | 495,890 |
| 현금급여기준 (C=A-B) | 499,288 | 850,140 | 1,099,784 | 1,349,428 | 1,599,072 | 1,848,716 | 2,098,361 |
| 주거급여액(D) | 110,003 | 187,303 | 242,304 | 297,306 | 352,308 | 407,309 | 462,311 |
| 생계급여액 (E=C-D) | 389,285 | 662,837 | 857,480 | 1,052,122 | 1,246,764 | 1,441,407 | 1,636,050 |

※ 8인 이상 가구의 최저생계비: 1인 증가 시마다 308,641원씩 증가(8인 가구: 2,902,892원)

※ 8인 이상 가구의 현금급여 기준: 1인 증가 시마다 249,645원씩 증가(8인 가구: 2,348,006원)

### 4) 시설 위탁 보호자에 대한 급여수준

보장시설에 위탁하여 생계급여를 실시하는 경우에는 보건복지부장관이 정하는 고시에 따라 그 선정기준 등을 달리 정할 수 있다(법 제8조 제4항).

### 5) 생계급여 방법상의 원칙들

① 현금급여의 원칙: 생계급여는 금전을 지급하는 것으로 한다. 다만, 금전으로 지급할 수 없거나 금전으로 지급하는 것이 적당하지 아니하다고 인정하는 경우에는 물품을 지급할 수 있다(법 제9조 제1항).

② 정기급여의 원칙: 수급품은 매월 정기적으로 지급하여야 한다. 다만, 특별한 사정이 있는 경우에는 그 지급방법을 다르게 정하여 지급할 수 있다(법 제9조 제2항).

③ 직접급여의 원칙: 수급품은 수급자에게 직접 지급한다. 다만, 보장시설이나 타인의 가정에 위탁하여 생계급여를 행하는 경우에는 그 위탁받은 자에게 이를 지급할 수 있다(법 제9조 제3항).

④ 소득인정액에 따른 차등지급: 생계급여는 수급자의 소득인정액 등을 고려하여 차등지급할 수 있다(법 제9조 제4항). 그런데 이번 개정법은 "근로를 유인하기 위한 요인과 그 밖에 추가적인 지출요인에 해당하는 금액을 감하여 실제소득을 산정한다(법 제6조의3 제1항)." 고 했다. 이 두 규정을 조화롭게 운영한다면 수급자들에게 큰 도움이 될 것이다.

⑤ 자활조건부 급여: 보장기관은 근로능력이 있는 수급자에게 자활에 필요한 사업에 참가할 것을 조건으로 하여 생계급여를 지급할 수 있다. 이 경우 보장기관은 자활지원계획을 감안하여 조건을 제시하여야 한다(법 제9조 제5항).

⑥ 재택급여의 원칙: 생계급여는 수급자의 주거에서 실시한다. 다만, 수급자가 주거가 없거나 주거가 있어도 그곳에서는 급여의 목적을 달성할 수 없는 경우 또는 수급자가 희망하는 경우에는 수급자를 보장시설이나 타인의 가정에 위탁하여 급여를 실시할 수 있다(법 제10조 제1항). 보장시설에 위탁하여 생계급여를 실시하는 경우에는 보건복지부장관이 정하는 고시에 따라 그 선정기준 등을 달리 정할 수 있다(법 제8조 제4항).

## 2. 의료급여

### 1) 수급권자

#### (1) 「국민기초생활보장법」의 선정기준

의료급여수급권자는 부양의무자가 없거나, 부양의무자가 있어도 부양능력이 없거나 부양을 받을 수 없는 사람으로서 그 소득인정액이 중앙생활보장위원회의 심의·의결을 거쳐 결정하는 "의료급여 선정기준" 이하인 사람으로 한다. 이 경우 의료급여 선정기준은 기준 중위소득의 100분의 40 이상으로 한다(의료급여법 제12조의3 제2항).

#### (2) 「의료급여법」의 선정기준(의료급여법 제3조 제1항)

① 「국민기초생활보장법」에 따른 의료급여수급자
② 재해 이재민
③ 의상자 및 의사자유족
④ 국내에 입양된 18세 미만의 아동
⑤ 각종 보훈법의 적용을 받고 있는 자와 그 가족으로서 국가보훈처장이 의료급여가 필요하다고 요청한 자 중 보건복지부장관이 의료급여가 필요하다고 인정한 자
⑥ 중요무형문화재의 보유자(명예보유자 포함) 및 그 가족으로서 문화재청장이 의료급여가 필요하다고 요청한 자 중 보건복지부장관이 의료급여가 필요하다고 인정한 자
⑦ 탈북자와 그 가족으로서 보건복지부장관이 의료급여가 필요하다고 인정한 자
⑧ 「5·18민주화운동 관련자 보상 등에 관한 법률」에 의하여 보상금 등을 받은 자와 그 가족으로서 보건복지부장관이 의료급여가 필요하다고 인정하는 자
⑨ 「노숙인 등의 복지 및 자립지원에 관한 법률」에 따른 노숙인 등으로서 보건복지부장관이 의료급여가 필요하다고 인정한 사람
⑩ 그 밖에 생활유지의 능력이 없거나 생활이 어려운 자로서 대통령령이 정하는 자
⑪ 난민에 대한 특례에 따른 난민인정자로서 의료급여수급권자의 범위에 해당하는 자는 수급권자로 본다(의료급여법 제3조의2).

### 2) 의료급여의 내용(의료급여법 제7조 제3항)

「국민기초생활보장법」상 의료급여는 수급자에게 건강한 생활을 유지하는 데 필요한 각종 검사 및 치료 등을 지급하는 것으로 한다(법 제12조의3 제1항). 그 구체적인 내용은 「의료급여법」에서 ① 진찰·검사, ② 약제·치료재료의 지급, ③ 처치·수술과 그 밖의 치료, ④ 예방·재활, ⑤ 입원, ⑥ 간호, ⑦ 이송과 그 밖의 의료목적의 달성을 위한 조치로 정하고 있다.

### 3) 건강검진

시장·군수·구청장은 이 법에 의한 수급권자에 대하여 질병의 조기발견과 그에 따른 의료급여를 하기 위하여 건강검진을 할 수 있다(의료급여법 제14조 제1항).

### 4) 의료급여증

#### (1) 의료급여증의 발급

시장·군수·구청장은 수급권자에게 의료급여증을 발급하여야 한다. 다만, 부득이한 사유가 있는 경우에는 의료급여증에 갈음하는 의료급여증명서를 발급할 수 있다(의료급여법 제8조 제1항).

#### (2) 의료급여증의 유효기간

의료급여증의 유효기간은 매년 1월 1일부터 12월 31일까지로 한다. 다만, 다른 법령에서 의료급여기간이 정하여진 경우에는 그 정하여진 기간으로 한다(의료급여법 제8조 제2항). 의료급여증을 발급받은 자가 다음 해에 다시 수급권자로 선정된 경우에는 사용 중인 의료급여증에 시장·군수·구청장의 재사용 확인을 받아 계속 사용할 수 있다(의료급여법 제8조 제3항).

### 5) 의료기관의 구분(의료급여법 제9조 제2항)

| 구분 | 의료기관 |
|---|---|
| 제1차 의료급여기관 | • 의원·치과의원·한의원 또는 조산원<br>•「지역보건법」에 따라 설치된 보건소·보건의료원 및 보건지소<br>•「농어촌 등 보건의료를 위한 특별조치법」에 따라 설치된 보건진료소<br>•「약사법」에 따라 등록된 약국 |
| 제2차 의료급여기관 | • 종합병원, 병원, 치과병원, 한방병원 또는 요양병원 |
| 제3차 의료급여기관 | • 제2차 의료급여기관 중에서 보건복지부장관이 지정하는 의료기관 |

## 6) 의료급여의 비용

### (1) 급여비용의 부담

급여비용은 그 전부 또는 일부를 의료급여기금에서 부담한다(의료급여법 제10조).

표 13-6 종별 의료급여비용의 부담

| 종별 | 수급대상 | 급여원칙 | 본인부담 |
|---|---|---|---|
| 1종 | • 기초생활보장수급자 등 | • 외래 및 입원비의 전액 지급 | • 입원: 급여비용 무료<br>• 외래본인부담금 1~2,000원<br>– 건강생활유지비 6,000원 지급(매월)<br>• 입원 시 식대의 20% |
| 2종 | • 기초생활보장수급자 중 근로능력 있는 자 | • 본인 일부부담을 제외한 전액 지원 | • 의원급<br>– 외래: 1,000~1,500원<br>• 병원, 종합병원, 3차기관<br>– 외래 및 입원: 15%<br>– 입원 시 식대 20%(단, 중증질환자는 10%, 자연분만 및 6세 미만 아동은 면제)<br>* 월 20만 원 이상 본인 부담보상금 발생 시 그 초과한 금액의 50%를 지급 |

### (2) 요양비

시장·군수·구청장은 수급권자가 보건복지부령이 정하는 긴급하거나 그 밖의 부득이한 사유로 인하여 의료급여기관과 동일한 기능을 수행하는 기관으로서 보건복지부령이 정하는 기관(업무정지처분기간 중인 의료급여기관을 포함)에서 질병·부상·출산 등에 대하여 의료급여를 받거나 의료급여기관 외의 장소에서 출산을 한 때에는 그 의료급여에 상당하는 금액을 보건복지부령이 정하는 바에 따라 수급권자에게 요양비로 지급한다(의료급여법 제12조 제1항).

### (3) 장애인에 대한 특례

시장·군수·구청장은 「장애인복지법」에 따라 등록한 장애인인 수급권자에게 보장구(補裝具)에 대하여 급여를 실시할 수 있다(의료급여법 제13조 제1항).

### 7) 의료급여수급자 현황

의료급여 인원은 〈표 13-7〉에 의하면 2008년의 경우 1,841천명이었다. 이 중 1종 수급자는 1,025천명이었고 2종 수급자는 816천명이었다.

**표 13-7** 의료급여 수급자 현황

(단위: 천명)

| 구분 | 2007 | 2008 | 2009 | 2010 | 2011 | 2012 | 2013 | 2014 |
|---|---|---|---|---|---|---|---|---|
| 계 | 1,852 | 1,841 | 1,677 | 1,675 | 1,609 | 1,507 | 1,459 | 1,449 |
| 1종 | 1,062 | 1,025 | 1,036 | 1,072 | 1,087 | 1,058 | 1,040 | 1,041 |
| 2종 | 790 | 816 | 641 | 603 | 522 | 449 | 419 | 408 |

## 3. 주거급여

### 1) 주거급여의 내용

주거급여는 수급자에게 주거 안정에 필요한 임차료, 수선유지비, 그 밖의 수급품을 지급하는 것으로 한다(법 제11조 제1항). 주거급여에 관하여 필요한 사항은 따로 법률에서 정한다(법 제11조 제2항).

### 2) 주거급여 급여액

주거급여는 〈표 13-8〉의 기준에 의한 현금급여를 제공한다. 자가가구 등(수급자 본인 소유주택에 거주하는 자 등)에 해당하는 수급자에게는 가구별 현물급여액에 해당하는 금액을 차감한 나머지를 주거 현금급여로 지급한다.

**표 13-8** 2015년 주거급여 현금급여액

(단위: 원/월)

| 가구 수 | 1인 | 2인 | 3인 | 4인 | 5인 | 6인 |
|---|---|---|---|---|---|---|
| 주거급여 한도액 | 110,003 | 187,303 | 242,304 | 297,306 | 352,308 | 407,309 |
| 현물급여 | 617,381 | 1,051,048 | 1,359,688 | 1,668,329 | 1,976,970 | 2,285,610 |

※ 주거급여 한도액은 가구별 최저주거비(최저생계비의 17.8%)

※ 7인가구의 경우 주거한도액: 462,311원, 현물급여: 2,594,251원

## 4. 교육급여

### 1) 교육급여의 내용

교육급여는 수급자에게 입학금, 수업료, 학용품비, 그 밖의 수급품을 지원하는 것으로 하되, 학교의 종류·범위 등에 관하여 필요한 사항은 대통령령으로 정한다(법 제12조 제1항).

### 2) 교육급여의 관장

교육급여는 교육부장관의 소관으로 한다(법 제12조 제2항).

### 3) 교육급여의 수급조건

교육급여수급권자는 부양의무자가 없거나, 부양의무자가 있어도 부양능력이 없거나 부양을 받을 수 없는 사람으로서 그 소득인정액이 중앙생활보장위원회의 심의·의결을 거쳐 결정하는 "교육급여 선정기준" 이하인 사람으로 한다. 이 경우 교육급여 선정기준은 기준 중위소득의 100분의 50 이상으로 한다(법 제12조 제3항).

### 4) 교육급여의 적용특례

교육급여수급권자를 선정하는 경우에는 교육급여(법 제12조 제1항)와 교육비 지원(초·중등교육법 제60조의4)과의 연계·통합을 위하여 소득인정액이 교육급여 선정기준 이하인 사람을 수급권자로 본다(법 제12조의2).

## 5. 해산급여

### 1) 해산급여의 수급조건 및 급여의 내용

해산급여는 생계급여, 주거급여, 의료급여 중 하나 이상의 급여를 받는 수급자에게 다음의 급여를 행하는 것으로 한다(법 제13조 제1항).

① 조산(助産)

② 분만 전과 분만 후의 필요한 조치와 보호

### 2) 해산급여의 방법

해산급여는 보장기관이 지정하는 의료기관에 위탁하여 행할 수 있다(법 제13조 제2항). 해산급여에 필요한 수급품은 수급자나 그 세대주 또는 세대주에 준하는 자에게 지급한다. 다만, 그 급여를 의료기관에 위탁하는 경우에는 수급품을 그 의료기관에 지급할 수 있다(법 제13조 제3항).

### 3) 해산급여의 급여액

2015년도 기준으로 출산여성에게 1인당 60만 원을 현금으로 지급한다. 추가 출생영아 1인당 60만 원을 추가로 지급한다. 예컨대, 쌍둥이를 출산하게 되면 120만 원을 지급받는다. 「국민건강보험법」에 의하여 해산비를 지급받는 수급자는 해당 금액을 차감하여 지급한다. 여기서 출산이라 함은 사산 또는 유산한 경우도 포함한다. 다만, 임신 후 만 4개월 이상 경과한 경우만 해당된다.

## 6. 장제급여

장제급여는 생계급여, 주거급여, 의료급여 중 하나 이상의 급여를 받는 수급자가 사망한 경우 사체의 검안(檢案)·운반·화장 또는 매장, 그 밖의 장제조치를 하는 것으로 한다(법 제14조 제1항). 장제급여는 보건복지부령으로 정하는 바에 따라 실제로 장제를 실시하는 사람에게 장제에 필요한 비용을 지급하는 것으로 한다. 다만, 그 비용을 지급할 수 없거나 비용을 지급하는 것이 적당하지 아니하다고 인정하는 경우에는 물품을 지급할 수 있다(법 제14조 제2항).

2015년도 기준으로 근로능력의 유무와 관계없이 1구당 60만 원을 지급한다.

## 7. 자활급여

### 1) 자활급여의 내용

자활급여는 수급자의 자활을 조성하기 위하여 다음의 급여를 행하는 것으로 한다(법 제15조 제1항).

① 자활에 필요한 금품의 지급 또는 대여
② 자활에 필요한 근로능력의 향상 및 기능습득의 지원
③ 취업 알선 등 정보의 제공
④ 자활을 위한 근로기회의 제공
⑤ 자활에 필요한 시설 및 장비의 대여
⑥ 창업교육, 기능훈련 및 기술·경영지도 등 창업지원
⑦ 자활에 필요한 자산형성지원
⑧ 그 밖에 대통령령이 정하는 자활조성을 위한 각종 지원

### 2) 자활급여의 운영

자활급여는 관련 공공기관·비영리법인·시설, 그 밖에 대통령령이 정하는 기관에 위탁하여 이를 행할 수 있다. 이 경우 그에 소요되는 비용은 보장기관이 이를 부담한다(법 제15조 제2항).

# 제7절 자활지원

## 1. 자활지원사업의 의의

저소득층이 사회적으로 유익한 서비스를 제공하는 가운데 근로의욕과 능력을 함양하여 자립할 수 있도록 함으로써 빈곤문제를 적극적·능동적으로 극복하는 길을 마련하고자 하는 사업이다. 근로능력이 있는 기초생활보장수급자(조건부수급자)에게는 자활사업에 참여하는 것을 조건으로 생계급여를 지급한다(법 제9조 제5항).

참가자들의 근로능력과 자활욕구·가구여건 등을 고려하여 적절한 프로그램에 참여하는 체계를 구축하고, 근로능력과 가구여건이 상대적으로 미약한 비취업대상자는 보건복지부 주관 자활공동체·자활근로 등에, 근로능력이 상대적으로 높은 취업대상자는 고용노동부 주관 취업 알선·직업훈련 등에 참여하도록 한다.

자활지원사업을 추진하는 기구로는 자활촉진사업을 수행하는 중앙자활센터, 지역자활센터가 있다. 자활지원사업의 효율적인 추진을 위하여 지역자활센터, 직업안정기관, 사회복지시설의 장 등과 상시적인 자활기관협의체를 구축하고, 협의체는 자활후견기관 또는 자활공

동체의 지원에 필요한 사업을 수행하기 위하여 자활정보센터를 운영한다. 자활사업에 참가하는 수급자 및 차상위자는 상호 협력하여 자활공동체를 설립·운영할 수 있다.

## 2. 중앙자활센터

수급자 및 차상위자의 자활촉진에 필요한 다음의 사업을 수행하기 위하여 중앙자활센터를 둘 수 있다(법 제15조의2 제1항).

① 자활 지원을 위한 조사·연구·교육 및 홍보사업
② 자활 지원을 위한 사업의 개발 및 평가
③ 광역자활센터, 지역자활센터 자활기업의 기술·경영지도 및 평가
④ 자활 관련 기관 간의 협력체계 및 정보네트워크 구축·운영
⑤ 취업·창업을 위한 자활촉진 프로그램 개발 및 지원
⑥ 고용지원서비스 및 사회복지서비스의 대상자 관리
⑦ 그 밖에 자활촉진에 필요한 사업으로서 보건복지부장관이 정하는 사업

## 3. 광역자활센터

보장기관은 수급자 및 차상위자의 자활촉진에 필요한 다음의 사업을 수행하게 하기 위하여 사회복지법인, 사회적 협동조합 등 비영리법인과 단체 등의 신청을 받아 "시·도" 단위의 광역자활센터로 지정할 수 있다. 이 경우 보장기관은 법인 등의 지역사회복지사업 및 자활지원사업의 수행 능력·경험 등을 고려하여야 한다(법 제15조의3 제1항).

① 시·도 단위의 자활기업 창업지원
② 시·도 단위의 수급자 및 차상위자에 대한 취업·창업 지원 및 알선
③ 지역자활센터 종사자 및 참여자에 대한 교육훈련 및 지원
④ 지역특화형 자활 프로그램 개발·보급 및 사업개발 지원
⑤ 지역자활센터 및 자활기업에 대한 기술·경영 지도
⑥ 그 밖에 자활촉진에 필요한 사업으로서 보건복지부장관이 정하는 사업

## 4. 지역자활센터

### 1) 지역자활센터의 지정

보장기관은 수급자 및 차상위자의 자활 촉진에 필요한 다음의 사업을 수행하게 하기 위하여 사회복지법인, 사회적 협동조합 등 비영리법인과 단체 등의 신청을 받아 지역자활센터로 지정할 수 있다. 이 경우 보장기관은 법인 등의 지역사회복지사업 및 자활지원사업 수행능력·경험 등을 고려하여야 한다(법 제16조 제1항).

① 자활의욕 고취를 위한 교육

② 자활을 위한 정보 제공, 상담, 직업교육 및 취업 알선

③ 생업을 위한 자금융자 알선

④ 자영창업 지원 및 기술·경영 지도

⑤ 자활기업의 설립·운영 지원

⑥ 그 밖에 자활을 위한 각종 사업

### 2) 지역자활센터협회의 설립

지역자활센터는 수급자 및 차상위자에 대한 효과적인 자활 지원과 지역자활센터의 발전을 공동으로 도모하기 위하여 지역자활센터협회를 설립할 수 있다(법 제16조 제4항).

## 5. 자활기관협의체의 구축

시장·군수·구청장은 자활지원사업의 효율적인 추진을 위하여 지역자활센터, 직업안정기관, 사회복지시설의 장 등과 상시적인 "자활기관협의체"를 구축하여야 한다(법 제17조 제1항).

## 6. 자활기업

수급자 및 차상위자는 상호 협력하여 자활기업을 설립·운영할 수 있다(법 제18조 제1항). 보장기관은 자활기업에게 직접 또는 중앙자활센터, 광역자활센터 및 지역자활센터를 통하여 다음의 지원을 할 수 있다(법 제18조 제3항).

① 자활을 위한 사업자금 융자
② 국유지·공유지 우선 임대
③ 국가나 지방자치단체가 실시하는 사업의 우선 위탁
④ 국가나 지방자치단체의 조달구매 시 자활기업 생산품의 우선 구매
⑤ 그 밖에 수급자의 자활촉진을 위한 각종 사업

## 7. 수급자의 고용촉진

### 1) 수급자를 채용하는 기업에 대한 지원

보장기관은 수급자 및 차상위자의 고용을 촉진하기 위하여 상시근로자의 일정비율 이상을 수급자로 채용하는 기업에 대하여는 자활기업에 대한 지원(법 제18조 제3항)에 해당하는 지원을 할 수 있다(법 제18조의2 제1항).

### 2) 고용지원서비스의 연계

시장·군수·구청장은 수급자 및 차상위자에게 가구별 특성을 감안하여 관련 기관의 고용지원서비스를 연계할 수 있다(법 제18조의2 제2항).

### 3) 아동·노인 등 돌봄서비스 지원

시장·군수·구청장은 수급자 및 차상위자의 취업활동으로 인하여 지원이 필요하게 된 해당 가구의 아동·노인 등에게 사회복지서비스를 지원할 수 있다(법 제18조의2 제3항).

## 8. 자활기금의 적립

보장기관은 이 법에 따른 자활지원사업의 원활한 추진을 위하여 일정한 금액과 연한을 정하여 자활기금을 적립할 수 있다(법 제18조의3 제1항). 보장기관은 자활지원사업의 효율적 추진을 위하여 필요하다고 인정하는 경우에는 자활기금의 관리·운영을 중앙자활센터 또는 자활지원사업을 수행하는 비영리법인에 위탁할 수 있다. 이 경우 그에 드는 비용은 보장기관이 부담한다(법 제18조의3 제2항).

## 9. 자산형성지원

### 1) 수급자의 자산형성을 위한 지원

보장기관은 수급자 및 차상위자가 자활에 필요한 자산을 형성할 수 있도록 재정적인 지원을 할 수 있다(법 제18조의4 제1항).

### 2) 자산형성교육

보장기관은 수급자 및 차상위자가 자활에 필요한 자산을 형성하는 데 필요한 교육을 실시할 수 있다(법 제18조의4 제2항).

### 3) 지원으로 형성된 자산에 대한 특례

지원으로 형성된 자산은 대통령령으로 정하는 바에 따라 수급자의 재산의 소득환산액 산정 시 이를 포함하지 아니한다(법 제18조의4 제3항).

## 10. 자활의 교육

보건복지부장관, "시・도지사", 시장・군수・구청장은 수급자 및 차상위자의 자활촉진을 위하여 교육을 실시할 수 있다(법 제18조의5 제1항). 보건복지부장관은 교육을 위하여 교육기관을 설치・운영하거나, 운영의 전부 또는 일부를 법인・단체 등에 위탁할 수 있다(법 제18조의5 제2항). 보건복지부장관은 교육기관의 운영을 위탁받은 법인・단체 등에 대하여 그 운영에 필요한 비용을 지원할 수 있다(법 제18조의5 제3항).

## 11. 자활지원사업의 현황

2008년도 현재로 자활사업 참여 현황을 〈표 13-9〉에서 보면 기초수급자, 차상위계층 등 저소득층 7만여 명이 자활근로(근로유지형, 사회적 일자리형, 시장진입형 등), 자활공동체, 지역봉사, 사회적응 프로그램 등의 자활사업에 참여하였다. 보건복지부의 자활 프로그램에 참가한 수는 68천여 명으로 전체의 97%를 차지하였고, 고용노동부 자활사업에는 3%인 2천여 명이 참가하였다.

**표 13-9** 자활사업 참여 현황

(단위: 천명)

| | 총 참여자 | 자활성공률 | 탈 수급률 | 희망키움통장 |
|---|---|---|---|---|
| 2009 | 78,340 | 16.9 | 7.7 | |
| 2010 | 88,286 | 19.7 | 9.0 | 10,647 |
| 2011 | 98,951 | 21.8 | 10.0 | 14,740 |
| 2012 | 98,146 | 28.3 | 14.7 | 17,824 |
| 2013 | 109,206 | 31.8 | 15.9 | 26,904 |

출처: 보건복지부(2014.10), 「2013 보건복지백서」, p.103.

## 12. 기초생활보장제도의 현황과 과제

### 1) 기초생활보장제도의 현황

2011년 12월 기준으로 국민기초생활보장수급자는 1,469,254명(850,689가구)으로 전 인구 대비 국민기초생활수급자의 비율인 수급률은 2.9%가 된다. 수급자의 종류별로 보면, 일반수급자가 대부분(93.9%)이며, 시설수급자는 6.1%이다.

**표 13-10** 국민기초생활수급자 현황

(단위: 명, %)

| 구분 | 총수급자 | | 일반수급자 | | 시설수급자 | |
|---|---|---|---|---|---|---|
| | 가 구 | 인 원 | 인 원 | 비 율 | 인 원 | 비 율 |
| 2005 | 809,745 | 1,513,352 | 1,425,684 | 94.2 | 87,668 | 5.8 |
| 2006 | 831,692 | 1,534,950 | 1,449,832 | 94.5 | 85,118 | 5.5 |
| 2007 | 852,420 | 1,549,848 | 1,463,140 | 94.4 | 86,708 | 5.6 |
| 2008 | 854,205 | 1,529,939 | 1,444,010 | 94.4 | 85,929 | 5.6 |
| 2009 | 882,925 | 1,568,533 | 1,482,719 | 94.5 | 85,814 | 5.5 |
| 2010 | 878,799 | 1,549,820 | 1,458,198 | 94.1 | 91,622 | 5.9 |
| 2011 | 850,689 | 1,469,254 | 1,379,198 | 93.9 | 89,389 | 6.1 |
| 2012 | 821,879 | 1,394,042 | 1,300,499 | 93.3 | 93,543 | 6.7 |
| 2013 | 810,544 | 1,350,891 | 1,258,582 | 93.2 | 92,309 | 6.8 |

출처: 보건복지부(2014), 「2014 주요업무참고자료」, p.228.

### 2) 기초생활보장제도의 과제

기초생활보장제도는 (구)생활보호제도에 비해 대상자의 선정조건에서나 보호의 수준에서 괄목할 만한 발전을 했음에는 틀림이 없다. 그러나 아직도 선진국의 수준에는 못 미치고 있다.

첫째로 보호대상자의 부양의무자기준이 법률적으로 부양의무자가 있다고 하더라도 현실적으로 부양의 의무를 다하지 않는 경우에 대해서 예외적으로 판정하는 제도를 현실화할 필요가 있다. 법의 규정을 실제 적용에서 지나치게 엄격한 해석을 함으로써 법의 정신을 살리지 못하는 경우를 없게 해야 할 것이다.

둘째로, 수급자 개개인의 욕구수준을 파악하여 차별적으로 대응하는 필요적응의 원리를 적극적으로 도입해야 할 것이다.

부양의무자 규정과 필요적응의 원리를 이번 개정법은 어느 정도 반영시켰다. 아직 시행령과 시행규칙이 나오지 않아 구체적으로는 알 수 없으나 기대가 된다.

## 참고문헌


고용노동부(2014.09), 「2014. 9월말 산업재해 발생현황」.

고용노동부(2014.11), 「2013년 산업재해현황분석」.

고용노동부(2014.12), 「2014년 고용노동통계백서」.

고용노동부(2014.12), 「2014년판 고용보험백서」.

국민건강보험(2014.10), 제329회 정기국회 국정감사보고서, 「주요업무현황」.

국민건강보험공단(2014.06), 「2013 노인장기요양보험 통계연보」.

국민건강보험공단(2014.08), 「2014 상반기 건강보험 주요통계」.

국민연금공단(2014.11), 「2015년 알기 쉬운 국민연금 사업장 실무안내」.

국민연금공단연구원(2012.05), 「2013 국민연금 통계연보」, 제26호.

국민연금공단연구원(2012.06), 「2012 OECD 연금전망」 보고서.

국민연금재정추계위원회(2013.10), 「2013 국민연금 장기재정추계」.

국민연금재정추계위원회 · 보건복지부(2013.03), 제3차 국민연금재정계산, 「장기재정전망 결과」.

국방부(2007.12), 「2006년도 군인연금통계연보」.

권녕성(1997), 『헌법학원론』, 법문사.

權汶一(1999), "국민연금급여의 적절성 분석", 「국민연금관리공단 연구보고서」, 99-11.

권순원 외(1992), 「분배불균 등의 실태와 주요 정책과제」, 한국개발연구원.

근로복지공단(2010.12), 「2011년 달라지는 산재 · 고용보험 보험료 납부제도」.

김기원(2000), 『공공부조론』, 학지사.

김대진(1977), "사회문제연구의 사적 일고찰", 『사회복지연구』, Vol.6, 한사대 사회복지연구소.

김봉룡(1988), "의료보험법해설", 『월간경리사』.

김상균(1991), "제7차 5개년 계획과 국민연금제도", 『계간아산』, 아산사회복지사업재단.

김영모(1986), 『각국의 사회보장』, 유풍출판사.

김유성(2000), 『사회보장법』, 법문사.

김태성(1996), "조세정책과 소득재분배 효과", 『사회복지연구』, 제7호, 서울대학교 사회복지연구소.

김한주(1982), "선진주요제국의 의료제도에 관한 국제비교", 『사회보장논집』, 제2집, 동국대 사회보장연구소.

김현숙(1987), 「미국 사회보장제도에 관한 고찰」, 국립사회복지연구소.

남세진 · 조흥식(1995), 『한국사회복지론』, 나남출판.

노병일(1999), 『사회보장론』, 대학출판사.

르네이 C. 팍스, 조혜인 역(1993), 『의료의 사회학』, 나남.

마이클 디 그라임즈 저, 김규원 외 역(1995), 『계급연구와 미국사회학』, 파란나라.

문옥륜(1993), "의료보험정보체계의 발전방향", 『사회보장연구』, 제9권, 한국사회보장학회.

문옥륜 · 이윤현(1990), “직장의료보험의 업종 및 직급별 보험료부담에 관한 연구”, 『사회보장연구』, 제6권, 한국사회보장학회.
문형표, 류일호(1994), “우리나라 노후소득보장제도의 과제－국민연금제도를 중심으로”, 『사회보장연구』, 한국사회보장학회.
박석돈 외(2006), 『노인복지론』, 삼우사.
박석돈 외(2009), 『사회복지법제론』, 양서원
박석돈 외(2012), 『사회복지법제의 이해』, 정민사.
박인순(1998), “한 · 미 양국의 의료보장제도의 비교”, 『복지행정논총』, 제2집.
박지훈(2010.08), 튜더왕조 구빈정책의 전개 과정 분석, 부산대학교 대학원 석사학위논문.
백화종(2000.6), “국민연금 기금운용 현황과 개선방향”, 『보건복지포럼』.
보건복지부(2014.08), 「2014 주요업무 참고자료」.
보건복지부(2014.10), 「2013 보건복지백서」.
비센트 나바로 저, ‘보건과 사회’연구회 역(1989), 『현대자본주의와 보건의료』, 한울.
설윤 · 황상현(2013), 『소득세제의 소득재분배 효과 분석 및 시사점』, 한국경제연구원.
손준규(1992), 『한국복지정책』, 대학출판사.
송건용 · 이의경(1990), “의료보장 가입자와 미가입자의 인구 · 사회적 특성 및 의료이용실태에 대한 비교분석”, 『보건사회논집』, 제10권, 제2호, 한국보건사회연구소.
송정부(1988), “사회복지의 대상에 관한 연구”, 『한국의 사회복지』, 한국복지연구회, 집현전.
신수식(1994), 『사회보장론』, 박영사.
禹在賢(1984), 『產業福祉의 歷史』, 經進社.
윤찬영(2001), 『사회복지법제론』, 나남출판사.
의료보장개혁위원회(1994), 의료보장개혁과제와 정책방향.
이 순(1984), 『현대의료보장론』, 법문사.
이광찬(1991), “한국의료보험의 소득재분배 연구에 대한 비판적 고찰”, 『사회정책논총』, 제6집(Vol.6), 한국사회정책연구소.
이두호외(1992), 『국민의료보장론』, 나남.
이인재 · 류진석 · 권문일 · 김진구(2000), 『사회보장론』, 나남출판.
李廷雨(1991), 『所得分配論』, 比峰出版社.
이준구(1992), 『소득분배의 이론과 현실』, 다산출판사.
장 훈(1977), “영국의 의료보험제도에 관한 사적 고찰”, 『사회복지연구』, Vol.6.
전광석(1999), 『한국사회보장법론』, 법문사.
정인홍 · 박용치(1971), “보건의료 및 사회보장행정조직의 개편에 관한 연구”, 『지역복지정책』, 제5집, 한국지역복지정책학회.

趙基勳 譯(1973), 「그리스도교 사회관」, 飯島幡司, キリスト教の社會觀, 가톨릭출판사.
조지 M. 포스트, 바바라 G. 앤드슨 저, 구본인 역(1994), 『의료인류학』, 한울.
車泰煥(1991), "生存權的 基本權으로서의 公的扶助에 관한 硏究", 동국대학교 대학원 박사학위논문.
최천송(1983), "의료보험일원화문제", 『사회보장논집』, 동국대학교부설 한국사회보장연구소.
통계청(2014.11.19), 보도자료 「2014년 사회보험 가입현황」.
한국고용정보원(2014), 「2014년 11월 고용보험통계 현황」.
한국법제연구원(1992), 『生活保護法制의 運用實態와 改善方向』.
한국보건사회연구원(2001), 「2000년도 장애인실태조사」.
한국조세연구원(1996), 『조세정책과 소득재분배』, 통신요약자료.
한림과학원(1993), 『복지국가의 현재와 미래』, 나남.
함세남(1995), 『선진국 사회복지발달사』, 홍익제.
홍원탁(1993), "불로소득과 토지정책", 『한국자본주의와 경제윤리』, 아산사회복지재단.

Bessel, R.(1970), *Introduction to Social Work,* London: Batsfrod, Ltd..
Beveridge, William(1942), *Social and Allied Services*(The Beveridge Report).
Booth, T. A.(1982), *Planning for Welfare,* Oxford: Basil Blackwell, Ltd..
Calvert, H.(1978), *Social Security Law,* London: Sweet and Maxwell.
Chesterton, G. K.(1956), *Saint Thomas Aquinas-The Dumb Ox-,* New York: Doubleday & Company, Inc..
Compton. B. R.(1980), *Introduction to Social Welfare and Social Work,* Homewood, Ⅲ: The Dorsey Press.
Dolgoff, R. & Feldstein, D.(1980), *Understanding Social Welfare,* New York: Longman Inc..
Donald Brieland & Hohn Lemmon(1977), *Social Work and The Law.* St. Pall Minn.: West Publishing Co.
Forder, A. et al.(1984), *Theory of Welfare,* London: R. K. P..
Friedland, W. A., & Apte, R. Z.(1980), *Introduction to Social Welfare*(5th ed.), Englewood Cliffis, N.J.: Prentice-Hall, Inc..
Friedman, L. M.(1977), *Law and Society: an Introduction,* Englwood Cliffis, N.J.: Prentice-Hall, Inc.
Friedmann, R. R., Gilbert, N., Sherer, M. ed.(1987), *Modern Welfare State: A Comparative View of Trends and Prospects,* Brighton, Sussex: Wheatsheaf Books, Ltd..
Furniss, N. & Tilton, T.(1979), *The Case for the Welfare State: From Social Security to Social Equality,* Bloomington: Indiana University Press.

George, V. & Willding, P.(1994), *Welfare and Ideology,* 김영화 · 이옥희 옮김(1999), 『복지와 이데올로기』, 도서출판 한울.

Giddens, A.(1994), *Beyond Left and Right-The Future of Radical Politics-,* 김현옥 옮김(1997), 『좌파와 우파를 넘어서』, 도서출판 한울.

Giddens, A.(1998), *The Third Way: The Renewal of Social Democracy,* 한상진 · 박찬욱 옮김(1999), (주)생각의 나무.

Gilbert, N.(2000), *From Welfare State to Enabling State.* 김영화 · 임성옥 · 공정원 옮김, 『복지국가에서 능력개발국가로』, 도서출판 한울.

Goedhart, Theo · Halberstadt, Victor · Kapteyn, Arie, & Praag, van Bernard(1977), "The Poverty Line: Concept and Measurement", *The Journal of Human Resources,* Vol.12, No.4. (Autumn, 1977).

Gordon, S.(1980), *Welfare, Justice and Freedom,* New York: Columbia University Press.

Gronbjerg, K. A.(1982), "Private Welfare in the Welfare State: Recent U. S. Patterns", *Social Service Review,* Vol. 56. No. 1. (March, 1982).

Harold J. Cornacchia & Stephen Barreff(1982), *Shopping For Health Care,* Mosby Medical Library.

Hechscher, G.(1984), The Welfare State and Beyond, Minneapolis: University of Minesota Press.

Heffernan, W.(1979), *Introduction to Social Welfare Policy,* Itasca, IL: F. E. Peacock Publishers.

Hewitt, M.(2000), *Welfare, Ideology and Need-Developing Perspectives on the Welfare State-,* 김영화 외(2000), 『욕구, 복지와 이데올로기』, 도서출판 한울.

Higgins, J.(1981), *State of Welfare Comparative Analysis in Social Policy,* Oxford: Basil Black- well & Martine Robertson.

ILO(1984), *The Introduction to Social Security.*

John G. Callins & Peter A. West(1977), *The Economics of Health,* New York University Press.

Johnson, H. W.(1980), *The Social Service: An Introduction,* Itasca, Ⅲ: F. E. Peacock Pub., Inc.

Jones, K., Brown, J., & Bradshaw, J.(1983), *Issues in Social Policy,* London: RKP.

Kadushin, A.(1985), *Supervision in Social Work,* New York: Columbia University Press.

Klein, P.(1968), *From Philanthropy to Social Welfare,* San Francisco: Jossey-Bass.

Klein, R. & O'Higgins(1985), M., *The Future of Welfare,* Oxford: Basil Blackwell, Ltd..

Lawrence M. Friedman(1977), *Law and Society: an Introduction,* Englewood Cliffs, N.J.: Prentice-Hall, Inc.

Leiby, J.(1985), "Moral Foundation of Social Welfare and Social Work: A Historical View", *Social Work*, Vol.30. No.4.

Loney, M., Boswell, D., & Clarke, J.(1987), *Social Policy & Social Welfare, Stony Stratford,* Milton Keyne: Open University Press.

Macarov, D.(1978), *The Design of Social Welfare,* New York: Holt, Rinehart & Winston, Inc.

Martin Partington & Jeffrey Jowell ed.(1979), *Social Law & Policy,* New York: Nichols Publishing Co.

Meyer, C. H.(1987), "Content and Process in Social Work Practice: A New Look at Old Issues", *Social Work*, Vol. 32, No. 5.

Minahan, A. & Pincus, A.(1977), "Conceptual Frameworks for Social Work Practice", *Social Work*, Vol. 22, No. 5.

Mishra, R.(1984), *The Welfare State in Crisis,* Ontario: Harvester Press.

Myrdal, G.(1960), *Beyond The Welfare State,* London: Methuen & Co., Ltd..

NASW(1987), *Encyclopedia of Social Work*, 18th ed.

Patti, R. J.(1983), *Social Welfare Administration,* Englewood Cliffs, New Jersey: Prentice-Hall.

Piccard, B. J.(1979), *An Introduction to Social Work,* Ontario: The Dorsey Press.

Plant, R., Lesser, H., Gooby, P. T.(1980), *Political Philosophy and Social Welfare,* London RKP.

Reder, M. W.(1951), *Studies in the Theory of Welfare Economics,* New York: Columbia University Press.

Rein, M.(1982), *Dilemmas of Welfare Policy,* New York: Praege Publishers.

Rosen, S. M., Fanshel, D., & Lutz, M. E. ed.(1987), *Face of the Nation 1987*(Statistical Supplement to the 18th ed. of the Encyclopedia of Social Work), NASW.

Skidmore, R. A. & Thackeray, M. G.(1982), *Introduction to Social Work*(3th ed.), Englewood Cliffs, N. J.: Prentice-Hall, Inc..

Specht, H.(1986), "The Professionalization of Social Work", 『社會福祉學會誌』, 第8號.

Spicker, P.(1984), *Stigma and Social Welfare,* London: Croom Helm, Ltd.

St. Thomas Aquinas, *The Summa Theologica.*

Theo Goedhart, Victor Halberstadt, Arie Kapteyn, & Bernard van Praag(1977. Fall), "The Poverty Line: Concept and Measurement", *The Journal of Human Resources.*

Thomas. J.(1977), "Residential Care-Resource or Resort?－The Fieldworker's Dilemma", *Social Work Today,* Vol. 8, No. 37, BASW.

Timms, N. & Timms, R.(1982), *Dictionary of Social Welfare,* London: RKP.

Walter A. Friedlander, & Robert Z. Apte(1980), *Introduction to social welfare,* Prentice-Hall Inc.

Walter I. Traffner(1983), *Social Welfare or Social Control?,* The Univ of Tennesse Press.

Watson, D.(1985), *A Code of Ethics for Social Work,* London: RKP.

Wilensky, H. L. & Lebeaux, C. N.(1965), *Industrial Society and Social Welfare,* New York: The Free Press.

Yuchman, E., & Seashore(1980), E., *System Resources Organization,* New York: Macmillan Publishing Co. Inc.

Zastrow, C.(1982), *Social Welfare Institution,* Homewood, Ⅲ: Dorsey Press.

高原亮治(1990), "건강つくりの 정책적 타당성", 사회보장연구소, Vol. 26, No. 1.

小泉 明(1984), "의료자원을めぐって", 『사회보장연구』, Vol. 20, No. 1, 동경대학출판부.

芹澤勇(1973), 『社會福祉施設管理論』, 京都: ミネルヴア書房.

大塚達雄・井桓章二・澤田建次郎(1973), 『社會福祉』, 京都: ミネルヴア書房.

北村圭文(1983), 『社會福祉法要說』, 東京: 成文堂.

三浦文夫(1984), "社會福祉傳換 の 視点", 『社會福祉改革論Ⅰ』, 東京: 東京大學出版會.

桑原洋子(1982), 『社會福祉法制要說』, 東京: 有斐閣.

小林節夫(1981),『 歐洲諸國 の 社會保障制度』, 東京: 社會保險出版社.

小山路男, 佐口卓(1981), 『社會保障論』, 東京: 有斐閣.

小川政亮(1985), 『社會事業法制』, 京都: ミネルヴア書房.

佐藤 進(1979), "兒島美都子", 『社會福祉 の 法律入門』, 東京: 有斐閣.

佐藤 進(1980), 『社會福祉 の 法と行財政』, 東京: 勁草書房.

佐藤 進(1981), "社會福祉事業法 の 理念 と その問題点", 『月刊福祉』, 第64卷, 第7號.

佐藤 進(1982), "右田紀久惠", 『社會福祉 の 法 と 行財政』, 東京: 有斐閣.

岸野駿太(1970), 『新社會福祉行政』, 東京: 良書普及會.

林迪廣, 久塚純一(1982),『 社會福祉法』, 東京: 光生舘.

中山 茂・小林捷減・佐藤順一・河田喬夫(1993), 『精選 社會福祉法規の解說』, 東京: 建帛社.

秋山智久(1980), "戰後社會福祉施設發達史", 全國社會福祉協議會 編, 『社會福祉施設運營管理論』.

板山賢治・高澤武司(1986), 『實踐的 施設運營論』, 東京: 東京書籍株式會社.

荒木誠之(1983), 『社會保障法讀本,』 東京: 有斐閣.

孝橋正一(1977), 『新社會事業概論』, 京都: ミネルヴア書房.

# 찾아보기

## 인명

### • 국내


김상균 57
김영화 77
김진수 53
김태성 53, 107
남세진 153
남찬섭 60
박석돈 151, 230
박태영 34
송근원 107
이두호 92, 97
이인재 12
전재일 34
정무성 38
조흥식 153
함세남 28


### • 국외


고프(Gough) 77
길버트 토마스(Gilbert Thomas) 20
라로크(Laroque) 64
라운트리(Rowntree) 56
라이언(Ryan) 71
롤스(J. Rawls) 73
루스벨트(F. D. Roosevelt) 9, 26, 81
마르크스(K. Marx) 68
베버리지(Beveridge) 11, 38
볼리바르(Simon Bolivar) 9
비스마르크(Bismark) 23
아리스토텔레스(Aristotle) 72
엥겔(Engel) 85
오샨스키(Orshansky) 86
킬패트릭(Kilpatrick) 89
타운센트(Townsend) 88
토마스(Thomas) 73
티트머스(R. M. Titmuss) 57
틸튼(Tilton) 58
퍼니스(Furniss) 58
헤프만(Hefferman) 13


## 내용


가난 82
가족요양비 237
간병급여 297
갈등주의 212
개별연장급여 361
개산보험료 327
개인별 급여제 53
갹출 73
계급 78
고용보험 312, 318
고용보험사업 330
고용보험제도 307, 328
고용안정사업 333
공공부조 39, 126, 150
공장법 23
광역구직활동비 369
광역자활센터 408
교육급여 405
구빈법 18, 46, 70
구직급여 354
구직급여일액 364
국민기초생활보장법 41, 42
국민연금 159
국민연금급여 173
국민연금기금 운용 189
국민연금제도 159

균일처우의 원칙 ... 21
근대법 ... 250, 251
근로기준법 ... 257, 372
근로의욕 ... 79
근로장려금 ... 117
근로장려세제 ... 117
급여 ... 42, 73
급여수준 ... 52
기능주의 ... 212
기준 중위소득 ... 397
기준소득월액 ... 169
기초연금액 ... 204
기초연금제도 ... 201
기초일액 ... 363
길드 ... 17
길버트법 ... 20

노동 3권 ... 23
노령연금 ... 177, 201
노인장기요양보험법 ... 217
뉴딜정책 ... 9, 27

라이덴(Leyden) 방식 ... 90

무갹출노령연금 ... 25

반물량 방식 ... 85
반환일시금 ... 186
보수 ... 362
보충성 ... 43
보편성 ... 40
보편적용 ... 39
보편주의 ... 47, 70, 71
보험 ... 145
보험급여 ... 227
보험료 ... 51, 271
본인부담금 ... 243
부가가치세 ... 103
부과방식 ... 58
부당이득 ... 244
부세 ... 104
부양가족연금액 ... 175
부양의무자 ... 395
분할연금 ... 179
비교-지니계수 ... 107
빈곤 ... 69, 82
빈곤문화 ... 98, 99
빈곤문화이론 ... 98
빈민 ... 100
빈민구제 ... 18
빈부격차 ... 14

사망일시금 ... 188
사업장가입자 ... 162
사회보장 ... 9, 10, 12, 14, 77, 125
사회보장 전달체계 ... 140
사회보장급여 ... 129
사회보장기본법 ... 11, 147
사회보장비 ... 101
사회보장세 ... 110
사회보장수급권 ... 129, 130
사회보장제도 ... 55
사회보장헌장 ... 53
사회보험 ... 125, 144, 147
사회복지 ... 11, 12
사회서비스 ... 126
사회의 양극화 ... 67
산업재해 ... 250
산재발생률 ... 266
산재보험 ... 149, 254
산재보험의 보험급여 ... 277
산재보험의 적용 ... 267
상대적 빈곤 ... 87
상병급여 ... 367
상병보상연금 ... 299
상호주의 ... 41, 168

생계급여 391, 398
생계급여 수급권자 398
생활보호법 380
선발이론 93
선별주의 70
세계노동조합연맹 53
소득대체율 199
소득세 102
소득인정액 393
소득재분배 57
소득재분배정책 77
소득평가액 394
소비세 102
수급권 305
수급권자 389
수정자본주의 68, 69
수평적 형평성 115
스핀햄랜드법 20
시설급여 237
신구빈법 21
신청급여 130
실업 351
실업급여 351, 354
실업급여사업 377
실업보험 149
실업자 내일 카드제 348
실태생계비 83

엥겔계수 85
엥겔법칙 85
연금급여 174
연금보험 149
연금제도 153
열등처우의 원칙 21
예외주의 71
오샨스키척도 86
완전고용 61, 64
외국인가입자 164
요양급여 225, 289
요양병원간병비 238
요양비 226
욕구(needs) 29, 37
우선지원대상기업 331
원외구호 20
유럽형 복지제도 75
유족급여 294
유족연금 183
육아휴직급여 373
육아휴직제도 372
의료보험 149
이론생계비 84
이의신청 248
이주비 369
이중경제이론 96
인간존엄성 72
인적자본이론 95
임금보조제도 20
임금피크제 339
임의가입자 164
임의계속가입자 164

자조 38, 105
자활급여 406
작업장법 19
작업장활용의 원칙 21
장기요양급여 236
장기요양요원 241
장기요양위원회 245
장기요양인정 234
장애연금 182
장의비 300
장제급여 406
장해급여 293
재가급여 236
재산세 104
재산의 소득환산액 394

재산이전 104
재원 51
재직자 내일배움카드제 349
재해율 263
적응성 94
전물량 방식 84
절대적 빈곤 83
정기급여 400
정상화 34
정주법 19
조기재취업수당 368, 377
조세 101
조세감면정책 116
조세부담률 110
조세비용 106
조세정책 119
주거급여 404
중앙자활센터 408
지니계수 123
지역가입자 163
지역자활센터 409
직업능력개발 융자사업 378
직업능력개발수당 368
직업재활급여 301
직업훈련비용 301
직접급여 400
직접세 119

**차**상위계층 390
차상위자 391
청년고용지원사업 377
최저보장수준 397
최저생계비 129, 198, 392
최저생활수준 83
최저임금 129
최저임금법 65
최저임금제 62, 64
출산전후휴가급여액 372
출산전후휴가제도 372

**통**상임금 363
통상임금액 279
특례노령연금 179
특례요양비 238
특별소비세 103
특별현금급여 237

**평**균임금 279
평생사회안전망 126

**해**산급여 405
헌법 15, 42
현금급여 400
훈련성 94
훈련연장급여 361
휴업급여 290

**기타**

ILO 10, 40
ME운동 35
NASW 13

## 저자약력

**박 석 돈**

http://www.parksimon.com

psdon@knu.ac.kr

경북대학교 법정대학 법학과(법학사)

대구대학교 대학원 사회복지학과(철학박사)

Johannes Kepler University(Linz, Austria) 연구교수

경북대학교 평생교육원장

경북대학교 사회복지연구소장

현, 경북대학교 사회복지학과 명예교수

현연사회복지연구소장

〈저서〉

사회복지서비스법, 노인복지론, 사회복지개론,
핵심 사회복지법제론, 사회복지법제론 외 다수

# 사회보장론

5판 1쇄 인쇄 – 2016년 1월 5일
5판 1쇄 발행 – 2016년 1월 15일

저 자 - 박석돈
발 행 인 - 강 철 원
발 행 처 - 양 성 원
주 소 - 경기도 고양시 일산서구 송산로 18(구산동)
전 화 - 031-912-3301(代)
팩 스 - 031-912-3304
이 메 일 - tnwpub@naver.com
출판등록 - 2015년 8월 31일 제 2015-000211 호

ISBN 979-11-87118-12-1

정가 20,000원